Interkulturelle Bildung
Eine Einführung

LERNEN FÜR EUROPA

herausgegeben von Georg Hansen,
Raimund Pfundtner und Norbert Wenning

Band 10

Trotz aller Bemühungen um die europäische Integration werden auch heute noch viele Bereiche unserer Lebenswirklichkeit von nationalstaatlichem Gedankengut durchdrungen. Die Nationalstaaten des 19. und 20. Jahrhunderts haben diesen Ethnozentrismus in Geschichtsschreibung und Schulunterricht, in den Medien und in der Politik gepflegt und so ins Bewusstsein der Menschen eingeschrieben. LERNEN FÜR EUROPA übt einen anderen Umgang mit ethnischer und sprachlicher Vielfalt ein. Damit soll Lernen für Europa ein erster Schritt in Richtung auf ein Lernen für die eine Welt sein. Die Bücher in dieser Reihe basieren auf einer Auswahl von Studienbriefen aus der FernUniversität Hagen, an der die Herausgeber lehren und forschen.
Die Reihe wendet sich nicht ausschließlich an „Europa-Fachleute", sie will vielmehr allen interessierten Personen durch Studientexte einen Zugang zur Thematik ermöglichen.

Marianne Krüger-Potratz

Interkulturelle Bildung
Eine Einführung

Waxmann Münster / New York
München / Berlin

Bibliografische Informationen Der Deutschen Bibliothek
Die Deutsche Bibliothek verzeichnet diese Publikation in
der Deutschen Nationalbibliografie; detaillierte bibliografische
Daten sind im Internet über http://dnb.ddb.de abrufbar.

Lernen für Europa, Band 10

ISSN 1430-2675
ISBN 3-8309-1484-9

© Waxmann Verlag GmbH 2005
Postfach 8603, 48046 Münster

www.waxmann.com
info@waxmann.com

Umschlaggestaltung: Pleßmann Kommunikationsdesign, Ascheberg
Druck: Buschmann GmbH, Münster
Gedruckt auf alterungsbeständigem Papier, DIN 6738

Alle Rechte vorbehalten
Printed in Germany

Inhalt

Abbildungsverzeichnis	9
Tabellenverzeichnis	10
Textverzeichnis	10
0 Vorbemerkung	**11**
1 Interkulturelle Bildung und Erziehung – zur Einführung	**13**
1.1 Zum Verlauf der Diskussion über interkulturelle Bildung und Erziehung	14
1.2 Notwendigkeit interkultureller Bildung und Erziehung	15
1.3 Interkulturelle Bildung als Querschnittaufgabe, Schlüsselqualifikation und Fachrichtung	22
1.4 Zu den unterschiedlichen Bezeichnungen des Arbeits- und Forschungsgebiets Interkulturelle Bildung	24
1.5 Interkulturelle Bildung und Erziehung – ein Praxis- und Forschungsfeld wird sichtbar	27
1.6 Interkulturelle Bildung und Erziehung – zum aktuellen Stand der Diskussion	30
1.7 Interkulturelle Bildung und Erziehung – ein erstes Fazit	34
2 Ordnung des Feldes I: Versuch, sich chronologisch der ‚kurzen Geschichte' der Interkulturellen Bildung zu vergewissern	**37**
2.1 Die chronologische Darstellung	38
2.2 Die chronologische Darstellung – plausibel, aber problematisch	43
2.3 Ein Blick auf die Varianten innerhalb der chronologischen Darstellung	47
2.4 Zur Problematik der Periodisierung als Ordnungskriterium	52
2.5 Eine chronologische Ordnung des Feldes schützt nicht vor historischer Verkürzung	55
2.6 Fazit	59

3	**Ordnung des Feldes II: ein Exkurs in die ‚lange Vergangenheit' der Interkulturellen Bildung**	62
3.1	Nationale schulische Bildung und sprachliche, ethnische, nationale und kulturelle Heterogenität	63
3.2	Differenz und Gleichheit in der Geschichte des nationalen Bildungswesens	64
3.3	Vier Differenzlinien	66
3.3.1	Differenzlinie Staatsangehörigkeit	67
3.3.2	Differenzlinie Ethnizität	76
3.3.3	Differenzlinie Sprache	81
3.3.4	Differenzlinie Kultur	93
3.4	‚Lange Schatten' – zur Wirksamkeit der Differenzlinien	98
3.5	Fazit	101
3.6	Ein zweiter Strang der ‚langen Vergangenheit': Vergleichende Erziehungswissenschaft	101
3.6.1	Pädagogik des Grenz- und Auslanddeutschtums	105
3.6.2	Kolonialpädagogik	107
3.7	Fazit	109
4	**Ordnung des Feldes III: Versuche der synchronischen Beschreibungen und Systematisierung**	112
4.1	Ansätze, Perspektiven, Programme und Konzepte	113
4.2	Interkulturelle Bildung – Systematisierungsvorschläge in Form von Diagrammen	114
4.2.1	Beispiel: Problemsicht – Konzepte – Adressaten	115
4.2.2	Beispiel: Ordnung nach Konzepten und Paradigmen	116
4.2.3	Ordnung auf der Forschungsebene	117
4.2.4	Beispiel: Ordnung nach den drei ‚D's: Defizit, Differenz, Diskriminierung	119
4.2.5	Fazit	121
4.3	Verschiedene Ansätze interkultureller Bildung	121
4.3.1	Ausländerpädagogische Ansätze	121
4.3.2	Interkulturelle Ansätze	136
4.3.3	Fazit	156
4.4	Exkurs: Modelle interkulturellen Lernens – zwei Beispiele	157
4.4.1	Beispiel: interkulturelles Lernen als ‚Phasen-Modell'	158
4.4.2	Beispiel: Interkulturelles Lernen – ein ‚spiralförmiges Stufenmodell'	161
4.5	Fazit	166

5	**Ordnung des Feldes III: Diskurse**	168
5.1	Interkulturelle Bildung als Teil eines internationalen und interdisziplinären Diskursraumes	169
5.2	Der Diskursraum ‚Interkulturelle Bildung'	171
5.2.1	Der Gleichheitsdiskurs	172
5.2.2	Der Essentialisierungsdiskurs	173
5.2.3	Der Universalitätsdiskurs	174
5.2.4	Pluralitätsdiskurs	175
5.2.5	Fazit	177
6	**Orientierung im Feld I: Fachterminologie, sprachliche Präzision und Bilder**	178
6.1	Sprache als ‚soziales Werkzeug'	181
6.2	Begriffe und Begriffsfelder – ausgewählte Beispiele	183
6.2.1	Beispiel: ‚Ausländer', ‚Aussiedler' …	183
6.2.2	Beispiel: ‚Gastarbeiter'	191
6.2.3	Beispiel: ‚Asylant'	192
6.2.4	Beispiel: ‚ausländisch' = ‚türkisch'	194
6.2.5	Beispiel: Zuwanderung, Einwanderung	198
6.2.6	Fazit	202
6.3	Begriffsfeld: ‚Rassismus', ‚Rasse', ‚Kultur'	203
6.3.1	‚Rasse'/‚Rassismus'	204
6.3.2	‚Kultur' statt ‚Rasse'	210
6.3.3	Fazit	212
6.4	Die offenen und heimlichen ‚Botschaften' von Bildern und Illustrationen	213
6.4.1	Beispiel: Bilder und Illustrationen	214
6.4.2	Beispiel: Schaubilder und Diagramme	221
6.4.3	Fazit	236
7	**Orientierung im Feld II: Literaturlage und Studierhilfen**	238
7.1	Zur Entwicklung der Literaturlage	238
7.2	Einführungen	241
7.2.1	Fachlexika und Handbücher	242
7.3	Fachzeitschriften	244
7.3.1	Zeitschriften in Printform	245
7.3.2	E-Mail-Newsletter und Internet-Zeitschriften	247
7.3.3	Regelmäßige Informationsdienste	248
7.4	Bibliographien	249
7.4.1	Beispiele für bibliografische Reihen:	249

7.4.2	Beispiel für thematische Bibliographien	250
7.4.3	Beispiele für elektronische Bibliographien	250
7.5	Weitere Studierhilfen im WWW: Internet-Portale, interkulturelle und internationale Datenbanken und Dokumentationszentren	251

Glossar 255

Literaturverzeichnis 268

Anhang 297

Abbildungsverzeichnis

Abbildung 1:	Die kurze Dauer ‚deutscher' Grenzen	64
Abbildung 2:	Die Siedlungsgebiete der nationalen Minderheiten in Deutschland	77
Abbildung 3:	Interkulturelle Bildung – Mindmap	142
Abbildung 4:	Beispiel: Differenzlinien im sozialen Raum	153
Abbildung 5:	Phasen interkulturellen Lernens – ein mögliches Modell	160
Abbildung 6:	Spiralmodell der Persönlichkeitsentfaltung – Kontaktmodell	163
Abbildung 7:	Spiralmodell interkulturellen Lernens	165
Abbildung 8:	Reduktionistisch-determinierender Kulturbegriff	212
Abbildung 9:	Türkei-Quartett	215
Abbildung 10:	„Lernen mit Menschen aus verschiedenen Kulturen zusammenzuarbeiten" – Ausländerkinder zwischen zwei Stühlen	216
Abbildung 11:	Text und Bild passen nicht zueinander	218
Abbildung 12:	Titelblätter „Der Spiegel"	220
Abbildung 13:	Als Menschen gleich, aber individuell verschieden	221
Abbildung 14:	„Vom Auswanderungsland zum Einwanderungsland"	222
Abbildung 15:	„Zu- und Fortzüge über die Grenzen der BRD"	223
Abbildung 16:	Das Boot ist voll	224
Abbildung 17:	Andrang von Asylanten	225
Abbildung 18:	Grenzüberschreitende Pendler 1995 nach Herkunfts- und Zielländern	226
Abbildung 19:	Zu- und Abwanderung in der Bundesrepublik Deutschland im Jahr 1999 (Ausländer und Deutsche)	227
Abbildung 20:	Zuwanderer-Wellen	228
Abbildung 21:	Magnet Deutschland	228
Abbildung 22:	Eingewandert – ausgewandert: 1991-1999	229
Abbildung 23:	Nachbarn aus dem Ausland	230
Abbildung 24:	Wo leben die meisten Ausländer?	230
Abbildung 25:	Anteil der Ausländer an der Bevölkerung Ausländer – wo? – Ausländer in deutschen Großstädten	231
Abbildung 26:	Anteil der ausländischen Bevölkerung an der Gesamtbevölkerung in den Bundesländern am 31.12.2001	232
Abbildung 27:	Formen der Zuwanderung nach Deutschland 1999/2000	233
Abbildung 28:	Die Deutschen aus dem Osten	234
Abbildung 29:	Ausländer wandern ab	234
Abbildung 30:	Flüchtlinge in Deutschland	235
Abbildung 31:	Die ausländischen Mitbürger	236

Tabellenverzeichnis

Tabelle 1:	Geschichtliche Übersicht zur Entwicklung Interkultureller Pädagogik	52
Tabelle 2:	Konzepte interkultureller Pädagogik	115
Tabelle 3:	Variante des „geschichtetens Beobachtermodells" von Roth	116
Tabelle 4:	Die Behandlung kultureller Vielfalt in der Minderheitenforschung und in der Pädagogik	118
Tabelle 5:	Pädagogische Konzepte nach den drei ‚D's – erster Teil	120
Tabelle 6:	Pädagogische Konzepte nach den drei ‚D's – zweiter Teil	120

Textverzeichnis

Text 1:	Demographische und sozialpolitische Argumente pro Zu- resp. Einwanderung	18
Text 2:	Bevölkerungsvorausberechnungen über 50 Jahre – moderne Kaffeesatzleserei	19
Text 3:	Berufsaussichten für Absolventen und Absolventinnen des Magisterstudiengangs Erziehungswissenschaft	26
Text 4:	Die „Völkermühle Europa"	63
Text 5:	Wanderarbeiterkinder 1900/1910	68
Text 6:	Kindermärkte in Oberschwaben Ende des 19. Jahrhunderts	69
Text 7:	Aufgaben der International und Interkulturell Vergleichenden Erziehungswissenschaft	110
Text 8:	Erziehung in Familien mit Migrationshintergrund – Beispiel für eine kulturalistische Darstellung	182
Text 9:	Ausländer	184
Text 10:	Daten zu Doppelstaatlern	186
Text 11:	Aussiedler	187
Text 12:	„Eine Gruppe, die keine ist"	190
Text 13:	Zuwanderung = Einwanderung light	199
Text 14:	Ohne Angst verschieden sein können …	213

Wir sind alle aus lauter Flicken und Fetzen und so kunterbunt unförmlich zusammengestückt, daß jeder Lappen jeden Augenblick sein eigenes Spiel treibt. Und es findet sich ebensoviel Verschiedenheit zwischen uns und uns selber wie zwischen uns und andern. (Michel de Montaigne 1533-1592)

0 Vorbemerkung

Die vorliegende Einführung in die Interkulturelle Bildung ist als Hilfe zur Orientierung in der erziehungswissenschaftlichen Fachrichtung Interkulturelle Bildung gedacht, die sich als gesondertes Forschungs- und Lehrgebiet Ende der 1960er, Anfang der 1970er Jahre herausgebildet hat. Zwar ist sprachlich-kulturelle, ethnische und nationale Heterogenität in Gesellschaft und Schule sowie in anderen pädagogischen Arbeitsfeldern historisch nichts Neues, nur vor Ende der 1960er, Anfang der 1970er Jahre hat sich innerhalb der Erziehungswissenschaft als Disziplin keine Fachrichtung herausgebildet, die sich explizit mit den Folgen der faktisch gegebenen sprachlich-kulturellen, ethnischen und nationalen Heterogenität für Bildung und Erziehung befasst hat. Gegenstand der Einführung ist die Geschichte der Fachrichtung Interkulturelle Bildung – auch vor den 1960er Jahren –, ihre Position innerhalb der Erziehungswissenschaft, die im Verlauf der letzten dreißig bis vierzig Jahren entwickelten Konzepte interkultureller Bildung und Erziehung und der sie begleitenden Kontroversen auf der Ebene der Disziplin, der Bildungspolitik und der pädagogischen Praxis.

Die Einführung ist für alle diejenigen gedacht, die sich im Studium, in der Ausbildung und beruflichen Praxis mit Fragen von Bildung und Erziehung beschäftigen und sich in das Forschungs-, Lehr- und Arbeitsgebiet Interkulturelle Bildung einarbeiten möchten. Die Einführung ist als Arbeitsbuch konzipiert. Es ist Wert darauf gelegt worden, „Ordnungs- und Orientierungshilfen" für die selbständige Arbeit „im Feld" zu geben.

Die ersten Kapitel sind dem Stichwort „Ordnung des Feldes" zugeordnet, die beiden letzten sollen die „Orientierung im Feld" ermöglichen. Unter dem ersten Stichwort werden verschiedene Ansätze vorgestellt, einen Überblick über die Entwicklung der Interkulturellen Bildung zu geben. Gezeigt wird, welche Ansätze zur Darstellung der Geschichte der Fachrichtung es gibt, wie die Ansätze zur Theoriebildung und Konzeptentwicklung eingeordnet werden können, wie das Verhältnis der Fachrichtung Interkulturelle Bildung zur Disziplin Erziehungswissenschaft ist, welche fachlichen Traditionen hier eine Rolle gespielt haben, und wie sich dies auf die Theoriebildung, aber auch auf die bildungspolitische und pädagogische Praxis auswirkt. In den beiden letzten Kapiteln geht es um die „Orientierung im Feld", um Fragen der Terminologie, um die „versteckten" Botschaften von Diagrammen und Bildern, Botschaften, die die Wahrnehmung steuern, ohne dass man sich als Leserin oder Leser dieser Steuerung bewusst ist. Diese Beispiele sind zugleich als Hilfen für die Erstellung eigener Texte zu Fragen interkultureller Bildung und Erziehung gedacht. Für die eigene Arbeit „im Feld" finden sich in Kapitel 7 Informationen über wichtige gedruckte wie elektronische Arbeits- und Studierhilfen; hingewiesen wird auf weitere Einführungstexte, auf ausgewählte Fachzeitschriften, einschlägige Bibliographien, Datenbanken usw.

Zwei weitere Arbeits- und Lesehilfen sind die am Ende jedes Kapitels abgedruckten Übungsaufgaben mit Lösungshilfen im Anhang sowie das ebenfalls in den Anhang eingeordnete Glossar. In der Literaturliste ist die zitierte Literatur vermerkt; die für die eigenständige Arbeit empfohlenen Publikationen sind durch ein Sternchen markiert. Dabei ist zu beachten, dass auch Texte per Sternchen markiert sind, die für bestimmte Kontroversen in der Geschichte der Interkulturellen Bildung relevant waren, auch wenn die dort vertretenen Positionen nicht mehr dem aktuellen Diskussionsstand in der Fachrichtung entsprechen.

Abschließend möchte ich allen Studierenden danken, die in verschiedenen Seminaren durch ihre Nachfragen und kritischen Beiträge die Arbeit an dieser Einführung vorangebracht haben. Ulrike Fromm danke ich für die Umsicht und Geduld bei der Erstellung des Manuskripts und Anne Feldhaus, Cathrin Germing, Georg Hansen, Jürgen Helmchen, Katrin Huxel sowie Norbert Wenning für ihre Hilfe bei Recherchen bzw. für die kritische und sorgfältige Lektüre der verschiedenen Textfassungen.

1 Interkulturelle Bildung und Erziehung – zur Einführung

Migration, Kultur- und Sprachkontakte hat es zu allen Zeiten gegeben. Sie sind der Normalfall der Geschichte. Im Bereich von Bildung und Erziehung wird sprachliche, ethnische, nationale und kulturelle Heterogenität erst seit Ende des 18. Jahrhunderts – mit dem Aufkommen des ‚Zusammenunterrichts' anstelle der Einzelunterweisung (vgl. Braun 1794, zit. in: Petrat 1979, S. 193 f.) – als bildungspolitisches und pädagogisches Problem definiert und problematisiert. In Zusammenhang mit der Installierung der öffentlichen, für alle Kinder des jeweils eigenen Landes resp. Staates gedachten Schule, der unter anderem die Aufgabe zugedacht wurde, die sprachlich-kulturelle Einheit zu befördern und zur Bildung einer nationalen Identität beizutragen, wurde sprachlich-kulturelle Pluralität zunehmend negativ gesehen, als etwas Störendes, das entweder zu ‚beseitigen' oder – wo dies nicht möglich sei – zum Ausnahmefall zu deklarieren sei. Diese Perspektive hat bis heute nicht ihre Gültigkeit verloren (vgl. Krüger-Potratz 1998; 2000a; Gogolin 1994; Diehm/Radtke 1999).

Die politischen und ökonomischen Entwicklungen nach dem Zweiten Weltkrieg, die Unterzeichnung internationaler Vereinbarungen hinsichtlich der Verpflichtung zur Beachtung der Menschenrechte, die Grundlegung der europäischen Einigung, die Auslösung umfangreicher Migrationsbewegungen im Zuge der Auflösung des Kolonialsystems, der gezielten Anwerbung von Arbeitskräften in ökonomisch schwächeren Ländern und der ‚Zerfall' des Ostblocks haben die ‚westlichen' Gesellschaften erneut tiefgreifend verändert. Mit den Menschen sind viele unterschiedliche Sprachen, Lebensweisen und Glaubensvorstellungen usw. in die verschiedenen Zielländer, darunter auch nach Deutschland, (zu-)gewandert.

Um gemeinsam in Deutschland bzw. in Europa unter Beachtung menschenrechtlicher Normen leben zu können, ist ein *qualitativ* anderer Umgang mit nationaler, sprachlicher und kultureller Vielfalt gefordert. Erste Reaktionen auf diese Veränderungen sind in der Bundesrepublik Deutschland ab der zweiten Hälfte der 1960er Jahre zu verzeichnen, in anderen ‚westlichen' Ländern mit postkolonialer Einwanderung schon etwas früher. Seit den 1990er Jahren sind die ostdeutschen Bundesländer in diesen Prozess und in die ihn begleitenden Debatten einbezogen, und seitdem wird die Diskussion – mit je spezifischen Akzentuierungen – auch in verschiedenen Ländern des ehemaligen Ostblocks geführt (vgl. zum Beispiel die entsprechenden Beiträge im Jahrbuch 2001 „Humanisierung der Bildung" Golz/Keck/Mayrhofer [Hrsg.]; vgl. auch Schmidt/ Krüger-Potratz [Hrsg.] 1999).

Die Beifügung ‚interkulturell' hat insbesondere seit den 1990er Jahren Karriere gemacht: Zunehmend häufiger trifft man auf entsprechende Wortkombinationen. Sie zeigen an, dass die Auseinandersetzung mit den Problemen und Fragen des Zusammenlebens in einer ‚globalisierten Welt' und in sprachlich-kulturell pluralisierten Gesellschaften quer durch die Disziplinen reicht: ‚interkultureller Fremdsprachenunterricht', ‚interkulturelle Berufspädagogik', ‚interkulturelle ästhetische Erziehung', ‚interkulturelle Sozialarbeit', aber auch: ‚interkulturelle Philosophie', ‚interkulturelle Theologie', ‚interkulturelle Germanistik', ‚interkulturelle Psychologie', ‚interkulturelle Wirtschaftskommunikation', ‚interkultureller Journalismus' usw. bis hin zu ‚interkulturelle Justiz'. Ob sich mit der neuen Benennung in den verschiedenen Disziplinen und den ihnen zugeordneten Arbeitsfeldern auch ein Perspektivwechsel andeutet bzw. wie tragfähig die jeweils entwickelten Konzepte sind, bleibt zu prüfen. In der Erziehungswissenschaft sind erste Versuche zu beobachten, die ungenaue und noch zu sehr an die Migration gebundene Kombination mit ‚interkulturell' durch eine Bezeichnung zu ersetzen, in der der Anspruch der Querschnittaufgabe gefasst ist; Beispiele dafür sind ‚Pädagogik der Vielfalt', ‚Pädagogik der Anerkennung' bzw. ‚Pädagogik des Anderen', ‚Pädagogik der Einen Welt' oder ‚Inklusive Erziehung' im Sinne des Vorschlags der Konferenz der Unesco 1994 in Salamanca (vgl. Kap. 4). Andere plädieren dafür ‚interkulturell' durch ‚transkulturell' zu ersetzen, da im Begriff ‚interkulturell' die vielfach kritisierte Idee vom Aufeinandertreffen zweier als in sich geschlossen gedachter Kulturen tradiert würde (vgl. Welsch 1994) und ‚transkulturell' auf die Weltgesellschaft verweise (Schöfthaler 1984; Wulf 2002), ohne die Idee einer „globalen Monokultur" hervorzurufen (Flechsig 2001). Auf die Kritik an den im Laufe der Diskussion über die Folgen von Bildung und Erziehung eingeführten Termini wird noch in Kapitel 6 näher eingegangen.

1.1 Zum Verlauf der Diskussion über interkulturelle Bildung und Erziehung

Die in den 1960er/1970er Jahren in der (alten) Bundesrepublik mehrheitlich unter der Bezeichnung ‚Ausländerpädagogik' geführte Diskussion über interkulturelle Bildung und Erziehung war zunächst ausschließlich auf die Zielgruppe der im Zuge der Arbeitsmigration zugewanderten Ausländerinnen und Ausländer, speziell der ausländischen Kinder und Jugendlichen sowie deren Eingliederung in die deutsche Schule und Gesellschaft bezogen. Ab den 1980er Jahren wurde jedoch zunehmend herausgestellt, dass die interkulturelle Problematik nicht an eine spezifische Zielgruppe und auch nicht allein an die Migration gebunden sei, sondern dass sie auf die Notwendigkeit der Gewinnung einer neuen supranationalen resp. transnationalen Perspektive im Bereich von Bildung und Erziehung verweise (vgl. Kap. 2). Zugleich kam mit der Diskussion über die Geschichte der Interkulturellen Bildung auch ihre ‚lange Vergangenheit' in den Blick, das heißt die Tatsache, dass die Auseinandersetzungen über den ‚richtigen' Umgang mit sprachlicher, nationaler, ethnischer und kultureller Heterogenität im nationalen Bildungswesen bis in dessen Anfänge zurückreichen, ohne dass sich *vor* den 1970er Jahren ein spezielles Arbeits- und Forschungsgebiet – und somit eine *direkte* Vorgängerin der Fachrichtung Interkulturelle Bildung – herausgebildet hätte (vgl. Kap. 3).

In den 1990er Jahren – unter anderem in Zusammenhang mit der Frage nach einem zeitgemäßen Begriff von ‚allgemeiner Bildung' – hat eine intensive Auseinandersetzung über das Verhältnis von Pluralität, Differenz und Gleichheit begonnen, in der nun auch die Verschränkungen der verschiedenen ‚Differenz-Diskurse' – Geschlechterforschung, Interkulturelle Bildung, Integrationspädagogik (als spezielle Richtung in der Sonderpädagogik) und Ungleichheitsforschung (bezogen auf den Sozialstatus) – thematisiert werden (vgl. Kap. 5). In dieser Weitung der Perspektive erscheint Interkulturelle Bildung und Erziehung letztlich als nichts Anderes, aber auch nichts Schwierigeres, als Erziehung und Bildung *in einer und für eine* sprachlich, ethnisch, national, sozial und im weitesten Sinn kulturell pluralisierte(n) demokratische(n) Gesellschaft. Diesem Verständnis versucht eine Definition von interkultureller Bildung und Erziehung als *Schlüsselqualifikation* und somit als *Querschnittaufgabe* im Bereich von Bildung und Erziehung Rechnung zu tragen, wie sie zum Beispiel in dem Beschluss der Ständigen Konferenz der Kultusminister der Länder (KMK) von 1996 „Interkulturelle Bildung und Erziehung in der Schule" Eingang gefunden hat (KMK 1996).

1.2 Notwendigkeit interkultureller Bildung und Erziehung

Wenn es darum geht zu begründen, weshalb interkulturelle Bildung und Erziehung heute notwendig, ja unumgänglich ist, so werden in der Regel drei eng miteinander zusammenhängende politische und gesellschaftliche Entwicklungen genannt: die internationale Migration, die europäische Einigung und der Prozess der Globalisierung. Alle drei Entwicklungsmomente haben historische Vorläufer: Migration sowie Sprach- und Kulturkontakt hat es zu allen Zeiten gegeben. Die Versuche europäischer Einigung bzw. der Intensivierung der politischen und ökonomischen Beziehungen unter europäischen Staaten reichen weit in das 19. Jahrhundert zurück und dem Prozess der Globalisierung ist der der Internationalisierung vorausgegangen (vgl. Gollwitzer 1951; Burke 1980; Wehberg 1984).

Historisch ist sprachliche, ethnische, nationale und kulturelle Heterogenität in Gesellschaft und Schule nichts Neues, nur die Nationalstaaten definierten sich – zum Zwecke der Einigung nach innen und der Abgrenzung nach außen – als sprachlich, ethnisch und kulturell homogen. Diese Selbstbeschreibung wurde unterfüttert durch entsprechende (Re-)Konstruktionen der ‚eigenen' Geschichte und eines ‚eigenen' kulturellen Erbes, vergegenständlicht in Werken nationaler

Geschichte, Literatur, Musik, Philosophie usw. Das staatliche Territorium wurde zum ‚eigenen' erklärt, auf dem man schon immer gesiedelt habe. Sprachlich-kulturelle Heterogenität im Inneren eines Staates wurde als (zu überwindender) Ausnahmefall interpretiert. Im Fall der Staaten mit mehreren politisch einflussreichen Sprachgruppen, z. B. Belgien, wurde zumindest die Einheit von Sprache und (Teil-)Territorium politisch festgelegt. Demzufolge erschien sprachlich-kulturelle Pluralität nur als Summe der Nationalkulturen und -sprachen denkbar (vgl. Hansen 1996; Wenning 1996a; Kremnitz 1997). Hans Magnus Enzensberger beschreibt diese Sichtweise in seinem Buch „Die große Wanderung" wie folgt:

> „Fast alle Nationen rechtfertigen ihre Existenz durch eine wohlzementierte Selbstzuschreibung. Die Unterscheidung zwischen ‚eigenen' und ‚fremden' Leuten kommt ihnen ganz natürlich vor, auch wenn sie historisch äußerst fragwürdig ist. Wer an ihr festhalten will, müsste eigentlich, seiner eigenen Logik folgend, behaupten, er sei schon immer dagewesen – eine These, die nur allzu leicht zu widerlegen ist" (Enzensberger 1992, S. 17).

Diese Sichtweise beginnt sich zu ändern, allerdings sehr langsam und in widersprüchlichen Bewegungen. Noch haben sich erst sehr wenige Staaten explizit als ‚multiethnisch' resp. ‚multikulturell' bezeichnet, wie zum Beispiel die Niederlande oder Australien, und damit zumindest den politischen Willen für die Anerkennung sprachlicher, ethnischer und kultureller Diversität bekundet, auch wenn dies keineswegs bedeutet, dass dort alle zugewanderten Sprachen und Lebensweisen die gleichen Rechte hätten. Eine Reihe anderer europäischer Staaten haben inzwischen zumindest die Tatsache sprachlicher, ethnischer, nationaler und kultureller Heterogenität als innenpolitisches Faktum anerkannt. In der Bundesrepublik war ein erstes politisch-rechtliches Zeichen dafür die Änderung des Staatsbürgerschaftsgesetzes (in Kraft getreten 1. Januar 2000).

Ein zweiter Schritt war die 1999 erfolgte Einberufung einer „Unabhängigen Kommission Zuwanderung", deren Bericht im Juli 2001 der Öffentlichkeit vorgestellt wurde. Der Zuwanderungsbericht bildete die Basis für den Entwurf für ein Zuwanderungsgesetz, das sowohl Fragen der Zuwanderung wie der Integration der Zuwandernden behandelt und das – nach langwierigen Auseinandersetzungen – Anfang Juli 2004 im Bundestag wie im Bundesrat verabschiedet worden ist (Zuwanderungsgesetz 2004). Zu diesem zweiten Schritt gehört auch die Einrichtung des in Nürnberg angesiedelten Bundesamtes für Migration und Flüchtlinge (BAMF) (hervorgegangen aus dem Bundesamt für die Anerkennung ausländischer Flüchtlinge), das unter anderem für die ÄSprach- und Orientierungskurse für neu Zugewanderte verantwortlich zeichnet und seit 2004 in diesem Zusammenhang die Herausgeberschaft für die Zeitschrift „Deutsch als Zweitsprache" übernommen hat (siehe Kapitel 7.3.2).

Der sich in diesen beiden politisch-rechtlichen Schritten andeutende Prozess des Umdenkens, den man mit der Formel „... vom unerklärten Einwanderungsland zum erklärten Zuwanderungsland ...' beschreiben könnte, war durch eine Reihe von Aktionen auf der Ebene symbolischer Politik begleitet. So hat zum Beispiel Johannes Rau in seiner Rede vor der Bundesversammlung nach seiner Wahl zum Bundespräsidenten deutlich gemacht, dass er der Bundespräsident „aller Deutschen [...] und der Ansprechpartner für alle Menschen, die ohne deutschen Paß bei uns leben und arbeiten" sein möchte (Stenographisches Protokoll 1999, S. 7[1]). Dies war – wenn auch immer noch mit ethnischer und nationaler Differenzmarkierung – eine wichtige Geste, die ihre Fortsetzung in seiner „Berliner Rede" im Mai 2000 gefunden hat. In ihr warb er für die Anerkennung der „schlichten Tatsache [...,] dass Menschen unterschiedlicher Herkunft und Kultur in unserem Land leben, [und dass sich dies] nicht mehr ändern" werde (Rau 2000, S. 10).

Dieser Prozess der Anerkennung der Realität verläuft keineswegs ohne Widersprüchlichkeiten, Kontroversen und Konflikte. Insbesondere in Zeiten von Wahlkämpfen oder in Zusammenhang mit Problemen wie Arbeitslosigkeit, innere Sicherheit, Kriminalität werden die Themen Zuwanderung und Integration hochgespielt, aber auch in Zusammenhang mit Bildung: So war anlässlich der Ergebnisse der internationalen Schülerleistungsvergleichsstudie PISA 2000, bei der die Schülerinnen und Schüler aus Deutschland nur unterdurchschnittliche Leistungen im Bereich Lesekompetenz gezeigt hatten, eine der ersten Fragen im politischen Raum, ob dies nicht an der hohen Zahl von Kindern und Jugendlichen mit Migrationshintergrund in der ‚deutschen Schule' liegen könne (zu dieser Debatte vgl. Deutsches PISA-Konsortium 2001[2]). Ein anderes Beispiel ist der ‚Kopftuchstreit', mit dem inzwischen alle juristischen Instanzen befasst waren (vgl. Rux 2002) und der – auf Länderebene – zu neuen gesetzlichen Regelungsinitiativen geführt hat bzw. führt.

Trotzdem kann man festhalten, dass sich in der Bundesrepublik langsam ein Wandel vollzieht: Deutschland beginnt sich zumindest als Ein- resp. Zuwanderungsland zu verstehen. Die Gründe für diesen Wandel sind vielfältig. Genannt und kontrovers diskutiert werden vor allem demographische, ökonomische und sozialpolitische Gründe, die Einwanderung als unumgänglich erscheinen lassen: die zunehmende ‚Vergreisung' der bundesrepublikanischen Bevölkerung, das

---

1 In ähnlichen Worten nahm der im Mai 2004 gewählte Bundespräsident Köhler eine entsprechende Trennung zwischen Deutschen und allen, die in Deutschland leben, vor: In der Rede vom 2. Mai 2004 sagte Köhler: „Ich möchte Bundespräsident aller Deutschen sein und ein Präsident für alle Menschen, die hier leben" (http://www.bundespraesident.de/top/dokument/Rede/ix_95139.htm (Stand: 16.07.2004).
2 Diese Auseinandersetzung fand vorwiegend in der Tagespresse, in ersten politischen Statements, Leserbriefen usw. statt. Sie spiegelt sich jedoch in zahlreichen Empfehlungen, in denen als (einzige) Konsequenz in Bezug auf Migrantenkinder schon im Vorschulalter einsetzende Deutschkurse und/oder Sprachtests gefordert werden. Die so vermittelte Botschaft heißt: Hätten sie besser Deutsch gekonnt, hätte Deutschland besser abgeschnitten.

Fehlen qualifizierter Arbeitskräfte oder die ungesicherte Rentenfrage (siehe Text 1).

Text 1: Demographische und sozialpolitische Argumente pro Zu- resp. Einwanderung

„Eine aktuelle Studie des EU-Statistikamts Eurostat belegt, dass die Anzahl der Lebendgeburten in allen 15 EU-Staaten von 18,3 pro 1.000 im Jahre 1960 auf 10,7 1999 gesunken ist. Die Kinderzahl liegt jetzt etwa bei 1,7 Kindern je Frau. Zur Aufrechterhaltung des Bevölkerungsbestands wären allerdings 2,1 Kinder je Frau erforderlich. Und es wird prognostiziert, dass in Zukunft die Geburtenzahl in Europa noch weiter abnehmen wird. Besonders drastisch sieht dies in Spanien und Italien aus, wer hätte das gedacht. Spanien hat heute sogar die weltweit niedrigste Geburtenrate. [...]

Ostdeutschland bald menschenleer?
In Deutschland ist schon jetzt zu bemerken, dass aufgrund der besonders geringen Geburtenraten und Landflucht in Ostdeutschland ganze Landstriche veröden. Doch auch im Westen tut sich was. Die große Zahl der Frauen aus den geburtenstarken Jahrgängen der 60er Jahre werden nun ihr gebärfähiges Alter überschreiten. An ihre Stelle tritt die geringe Zahl der Frauen, die den geburtenschwachen Jahrgängen von 1965 bis 1975 angehören. Daher wird der Anteil der über 65-jährigen in Zukunft zunehmen. Die UN prophezeit, dass beispielsweise in Spanien ihr Anteil von heute 17 % auf 37 % im Jahre 2050 steigen wird.

Einbruch des Wohlstandsniveaus
Aufgrund dessen stellt sich die Frage, wie die europäischen Sozialsysteme auch in Zukunft funktionieren sollen, wenn immer weniger Junge immer mehr Alte versorgen müssen. Ein solcher Bevölkerungsrückgang hätte Folgen für die Renten-, Kranken- oder Pflegeversicherung und für den Bestand von Kindergärten und Schulen. [...]

458.000 Zuwanderer jährlich gebraucht
Die deutsche Bevölkerung würde laut einer UNO-Studie von heute 82 Millionen auf knapp 59 Millionen im Jahr 2050 sinken, wenn nicht mehr Menschen zuwandern. Das würde einen Rückgang von 28 Prozent bedeuten. Anders ausgedrückt, bedeutet es die Einwohnerzahl Ostdeutschlands, Hessens und Rheinland-Pfalz zusammen. Die Zahl der Erwerbstätigen würde um 41 Prozent abnehmen, während die Zahl der Rentner um etwa ein Drittel ansteigen würde. Künftig müssten nicht mehr vier, sondern zwei Beschäftigte einen Rentner versorgen.
Deshalb halten Bevölkerungswissenschaftler eine gezielte Migration für unverzichtbar. Wenn die heutige Bevölkerungzahl konstant gehalten werden soll, müssten bis 2050 jährlich 324.000 Ausländer einwandern. Zur Erhaltung der heutigen Zahl der 15- bis 64jährigen würden 458.000 Zuwanderer jährlich gebraucht. Das entspräche bis 2050 einer Summe von 25,2 Millionen. [...]

Ohne Einwanderer erst mit 77 in Rente?
Nach Frankreich müssten gemäß der UN-Studie bis 2050 jährlich 99.000 und nach Großbritannien 114.000 Ausländer einwandern, will man die Zahl der Erwerbstätigen zwischen 15 und 64 Jahren auf dem Stand von 1995 halten. Deshalb rät die UN-Studie zur Migration und Bevölkerungspolitik den Industriestaaten, ihren Geburtenrückgang durch zusätzliche Einwanderungen auszugleichen. Hierbei spricht man oft von ‚Bestandserhaltungsmigration'. Es bezieht sich auf die Zahl der Zuwanderer, die ein Land benötigt, um zu vermeiden, dass seine Bevölkerung aufgrund niedriger Geburten- und Sterblichkeitsraten abnimmt und überaltert. Über diesen Begriff wird allerdings diskutiert, da manche darin eine Reduzierung der Migranten auf rein wirtschaftliche Interessen sehen."

Quelle: Dieckmann 2001

1 Interkulturelle Bildung und Erziehung – zur Einführung

Kritisch anzumerken ist, dass diese Argumente nur bedingt haltbar sind, denn sie beruhen auf Hochrechnungen und Simulationen, zum Teil bis 2050, die die aktuelle Situation in die Zukunft verlängern, ohne die möglichen, wenn auch zur Zeit nicht absehbaren Veränderungen einrechnen zu können, die die Entwicklung in eine andere Richtung lenken könnten. Selbst von Seiten des Statistischen Bundesamtes, dessen Daten den Kontroversen über die demographische Entwicklung zugrunde liegen, wird – so Bosbach (2003) – darauf hingewiesen, dass die Berechnungen *Modellcharakter* haben, also keine Prognosen darstellen (siehe Text 2).[3] Von daher sei es unzulässig, von einer unausweichlichen Entwicklung zu sprechen.

Text 2: Bevölkerungsvorausberechnungen über 50 Jahre – moderne Kaffeesatzleserei

Gerd Bosbach setzt sich kritisch mit der Gleichsetzung von Modellrechnungen und Prognosen und der Art und Weise wie die Politik – wider besseres Wissen – derartige Modellrechnungen zur Legitimierung und Durchsetzung sozial einschneidender Maßnahmen nutzt, auseinander. Im Folgenden wird nur ein kleiner Ausschnitt – im Kontrast zu Text 1 – wiedergegeben.

In der politisch-ökonomischen Diskussion der letzten Monate spielte die 10. koordinierte Bevölkerungsvorausberechnung des Statistischen Bundesamtes, veröffentlicht im Juni 2003, eine große Rolle. Die zu erwartende demographische Entwicklung dient als Hauptargumentation für [einschneidende] Veränderungen. [...] Während über die Konsequenzen hart diskutiert und gestritten wird, gelten die Berechnungen der Statistiker selbst als unumstritten, und gleich einem Naturgesetz wird angenommen, dass alles in 47 Jahren genau so eintritt.

Dass diese Prognosegläubigkeit unberechtigt ist und auch von den Fachleuten des Statistischen Bundesamtes gar nicht so gesehen wird, wird zu erörtern sein. Und selbst, wenn die Vorhersagen so eintreffen würden, haben sie bei weitem nicht die Dramatik, die uns in den letzten Monaten vorgeführt wurde – wie Fakten und Sichtweisen, die von den Fachleuten des Amtes dargestellt werden, belegen. [...] Die wesentlichen Voraussetzungen und Modellannahmen für die Berechnungen sind:
1. Bevölkerungsstand und -aufbau zum 31.12.2001;
2. Konstanz der Geburtenhäufigkeit von 1,4 Kindern pro Frau bis 2050 (in den neuen Bundesländern erst ab 2011);
3. Zunahme der Lebenserwartung. Dazu wurden drei Varianten untersucht. Den meisten Veröffentlichungen, auch jenen des Amtes, liegt die mittlere Variante zu Grunde. Danach wird die Lebenserwartung Neugeborener im Jahre 2050 rund 6 Jahre mehr betragen als heute (für Jungen 81,1 Jahre, für Mädchen 86,6 Jahre);
4. Saldo zwischen Zu- und Abwanderungen von Ausländern nach bzw. aus Deutschland. Auch dort wurden drei Varianten berechnet, wovon die mittlere Variante mit einem jährlichen Wanderungsüberschuss nach Deutschland von 200 000 Personen Grundlage der meisten Publikationen ist.

[...]
Argument 1: 50-Jahres-Prognosen sind moderne Kaffeesatzleserei
Ein Blick um 50 Jahre zurück bestätigt obige These eindrucksvoll: Zwangsläufig hätte man 1950 bei einer Schätzung für das Jahr 2000 u.a. folgende Einflussfaktoren übersehen müssen:
- Entwicklung und Verbreitung der Antibabypille;

---

[3] Die weitere Diskussion ist zu verfolgen über den E-Newsletter „Migration und Bevölkerung" (siehe Kapitel 7.3.2).

> - Anwerbung und Zuzug von ausländischen Arbeitskräften und ihren Familien;
> - Trend zur Kleinfamilie bzw. Single-Dasein;
> - Öffnung der Grenzen im Osten mit dem Zuzug von etwa 2,5 Millionen Aussiedlern aus den osteuropäischen Ländern nach Deutschland.
>
> Auch die besten Berechnungsprogramme hätten nichts genutzt, denn auch diese können nur existierende, bekannte Trends fortschreiben. Strukturbrüche sind nicht vorhersagbar – das Problem jeder Langfristprognose! Noch deutlicher wird die Problematik, wenn wir annehmen, im Jahre 1900 sei eine 50-Jahres-Prognose gewagt worden. Es wären schlicht zwei Weltkriege übersehen worden! Wenn zutreffende 50-Jahres-Prognosen also in der Vergangenheit unmöglich waren, warum sollen sie in unserer schnelllebigen Zeit plötzlich wie Naturgesetze gelten? [...]
>
> Quelle: Bosbach 2003

Ein weiterer Kritikpunkt ist, dass Migration hier in erster Linie als ‚Quantitäts- und Nutzenfrage' behandelt wird; die verkürzte politische Leit- und Streitfrage heißt: Wie viele Einwanderinnen und Einwanderer braucht die Bundesrepublik, wann und wofür? Gegebenenfalls wird noch nach nicht zu kostenintensiven Integrationsmaßnahmen gefragt. Diese Sichtweise verstellt den Blick dafür, dass Einwanderung in die Bundesrepublik Deutschland nur ein Moment der aktuell zu beobachtenden tiefgreifenden gesellschaftlichen Veränderungen darstellt, die *alle* Menschen betreffen. Sie verstellt den Blick für die *neue Qualität* der politischen und gesellschaftlichen Veränderungen, für deren Komplexität und Widersprüchlichkeit, die mit dem Wort ‚Globalisierung' zu fassen versucht wird. Seyla Benhabib beschreibt dies wie folgt:

> „Die gegenwärtige Lage ist gekennzeichnet durch die allmähliche Auflösung all dieser naturalistischen Begriffe [wie Ost = sie und West = wir] in den Bereichen der Politik und Kultur und durch den verzweifelten Versuch, sie wiederherzustellen. Nicht nur in Europa, sondern auch andernorts sind im Augenblick gegenläufige Tendenzen wahrnehmbar: Die rasant voranschreitende Globalisierung, die globale materielle Kultur, die die Welt von Hongkong bis Lima, von Pretoria bis Helsinki überzieht, die weltweite Integration auf den Gebieten der Wirtschaft und Finanzen, der Kommunikation und des Transports, des Militärs und des Tourismus sind begleitet von kultureller und kollektiver Desintegration. [...] Die globale Integration verläuft parallel zu einer soziokulturellen Auflösung und dem Wiederaufflammen ethnischer, nationalistischer, religiöser und kultureller Separationsbestrebungen, weist also eine soziale Dynamik auf, die wir noch kaum verstanden haben. [...] Der globale Trend zur Demokratisierung existiert tatsächlich. Aber ebenso real feststellbar sind die Widerstände und Antagonismen, die sich gegen diesen Trend im Namen vielfältiger Differenzen – ethnischer, nationaler, linguistischer, religiöser und kultureller Natur – behaupten. Wir erleben auf der ganzen Welt das Wiedererstarken einer Politik, die um die Anerkennung kollektiver Formen von Identität kämpft" (Benhabib 1999, S. 14 f.).

Globalisierung bedeutet also – infolge der abnehmenden Bedeutung der Nationalstaaten – Verlust der „Mechanismen sozialer Integration auf der innerstaatlichen Ebene" und Wiedererstarken von Separationsbestrebungen sowie gleichzeitig „Systemintegration auf globaler Ebene" (Benhabib 1999, S. 28). Daraus folgt, dass die historisch herausgebildete „integrative Leistung der Nationalstaaten, eine kohärente nationale und ethnische[4] Identität zu schaffen und zu wahren", durch die Globalisierung in Frage gestellt ist.

> „Die gleichen Kräfte, die die Fähigkeit des Nationalstaates, die internationale Umwelt im Griff zu haben, in Frage stellen, unterminieren ebenfalls die Macht seiner sozialisierenden innerstaatlichen Institutionen" (Benhabib 1999, S. 29).

Dies betrifft insbesondere die Institutionen von Bildung und Erziehung. Wenn diese auch zukünftig einen Beitrag zur sozialen und kulturellen Integration leisten wollen resp. sollen, so müssen sie ihre hierzu historisch herausgebildeten Strategien grundlegend überprüfen und verändern (vgl. Kap. 3).

Nicht so klar, aber doch in die gleiche Richtung zielend, hat die KMK in der Begründung ihres 1996er Beschlusses argumentiert. Unter der Überschrift „Ausgangslage" heißt es dort:

> „Das ausgehende 20. Jahrhundert ist von einer zunehmenden Internationalisierung geprägt; ökonomische und ökologische, politische und soziale Entwicklungen vollziehen sich in hohem Maße in weltweiten Bezügen. Lösungen für Schlüsselprobleme erscheinen nur noch im Bewußtsein einer Welt tragfähig; [...]. Die weltweite Vernetzung spiegelt sich in veränderten Wahrnehmungen der Menschen: Ereignisse aus entfernten Regionen werden von den Medien täglich und unmittelbar präsentiert, moderne Kommunikations- und Verkehrsnetze ermöglichen weltweite Kontakte und Verbindungen, durch persönliche und berufliche Mobilität werden staatliche und kulturelle Grenzen überschritten" (KMK 1996).

Dies gehe, so die KMK weiter, mit tiefreichenden Widersprüchen einher, die den Alltag der Menschen prägen. So habe sich zum Beispiel der „Erlebnis- und Erfahrungshorizont Jugendlicher globalisiert", unter anderem in Form einer „internationalen Jugendkultur [...], in der individuelle Unterschiede in weltumspannenden Orientierungen und Konsumgewohnheiten eingeebnet erscheinen". Gleichzeitig bestünden die „Unterschiede in den Alltagserfahrungen Jugendlicher, die von ihrer unmittelbaren Lebenswelt, durch Sprache, Sozialisation, soziale Einbindung und weltanschauliche Orientierung geprägt sind", weiter fort (KMK 1996).

---

4   Im Original steht: „ethische Identität".

1.3 Interkulturelle Bildung als Querschnittaufgabe, Schlüsselqualifikation und Fachrichtung

Zu unterscheiden sind *Interkulturelle Bildung und Erziehung* als Querschnittaufgabe und Schlüsselqualifikation einerseits und *Interkulturelle Bildung* als Fachrichtung innerhalb der Erziehungswissenschaft andererseits: *Interkulturelle Bildung und Erziehung* als Querschnittaufgabe betrifft alle Bereiche der Erziehungswissenschaft und der pädagogischen Praxis. In diesem Sinne sind sie eine *Dimension in der Erziehungswissenschaft*: Gefordert ist ein Perspektivwechsel, d. h. ein ‚Neudenken' der Fragestellungen in allen erziehungswissenschaftlichen Teildisziplinen und Fachrichtungen (Schulpädagogik, Historische Pädagogik, Erwachsenenbildung, Sozialpädagogik, außerschulische Jugendarbeit usw.) unter der Perspektive von sprachlich-kultureller Heterogenität.[5] Interkulturelle Bildung als Schlüsselqualifikation verweist auf die subjektive Seite, auf die Kompetenzen, die jede Schülerin, jeder Schüler im Verlauf ihrer bzw. seiner Schullaufbahn erwerben soll. Gleichzeitig hat sich im Verlauf der letzten 40 Jahre *Interkulturelle Bildung (in anderen Texten auch Interkulturelle Pädagogik oder Interkulturelle Erziehungswissenschaft genannt)* als eine spezielle Fachrichtung herausgebildet und etabliert (siehe weiter unten), die sich speziell mit den Folgen der Migration und Globalisierung für Bildung und Erziehung und mit der Frage nach dem Umgang mit sprachlicher, ethnischer, nationaler und kultureller Heterogenität im Bereich von Erziehung und Bildung beschäftigt. Die Herausbildung und Entwicklung dieser neuen Fachrichtung ist Gegenstand der vorliegenden Einführung.

Mit der Forderung nach einem Perspektivwechsel in der Erziehungswissenschaft hat sich die Fachrichtung Interkulturelle Bildung zu den Fachrichtungen hinzugesellt, die den Allgemeingültigkeitsanspruch der Allgemeinen Pädagogik sowie deren Befangenheit zwischen universellem Anspruch und national-beschränkter Perspektive in Frage stellen: Ihre Kritik richtet sich gegen die Verallgemeinerung einer ethnozentrischen, national- und kulturspezifischen Weltsicht und gegen die sich daraus ergebenden Legitimationen politischer und sozialer Machtverhältnisse. Noch sehr vorsichtig hatte Hohmann 1989 hinsichtlich des Verhältnisses von Interkultureller Bildung und Allgemeiner Erziehungswissenschaft formuliert, dass erstere

> „erziehungswissenschaftlich nur dann legitimiert [sei], wenn sie selbst um ihre Abhängigkeit von allgemeineren Fragestellungen, Theorien und Methoden [wisse] und dieses entsprechend bei ihren Arbeiten berücksichtig[e]. Anderseits [müsse] sie von einer allgemeinen Erziehungswissenschaft als Pädagogik in einer besonderen Situation, als Herausforderung für die tradi-

---

5 Sprachlich-kulturelle Heterogenität ist ein Ausschnitt aus der faktisch gegebenen Verschiedenheit. Hinzu kommen weitere Differenzlinien: Geschlecht, Sozialstatus, Gesundheit usw. (vgl. Lutz/Wenning 2001).

tionelle pädagogische Theorie und Praxis verstanden werden", da sie „spezielle pädagogische Probleme" offenlege, „die von einer allgemeineren Perspektive aus nicht ohne weiteres erkennbar und bewertbar [seien]. Anders und genauer gesagt: *Traditionelle Pädagogik findet hier ihre eigenen Probleme in zugespitzter Form wieder*" (Hohmann 1989, S. 11; Hervorh. M. K.-P.).

Die Kritik gegenüber einer Allgemeinen Pädagogik, die ihren historischen Standort nicht reflektiert, ist in den letzten Jahren schärfer geworden (vgl. Kap. 4). Von verschiedener Seite wird ein Perspektivwechsel und ein positiver Umgang mit der „unterschiedlichen Verschiedenheit" von Menschen gefordert, unter anderem von der Geschlechterforschung und der Integrativen Pädagogik (zu diesen und anderen Differenzlinien in der Erziehungswissenschaft vgl. z. B. Prengel 1995^2; Lutz/Wenning [Hrsg.] 2001; Krüger-Potratz/Lutz 2002; Allemann-Ghionda 2004). Eine *Allgemeine* Pädagogik müsste in ihrer Theoriebildung von der ‚unterschiedlichen Verschiedenheit' ausgehen. Wie dies aussehen könnte, ist zurzeit erst ansatzweise in den Debatten über Transkulturalität, Differenz usw. in der Erziehungswissenschaft erkennbar und ohne den Beitrag der genannten Fachrichtungen und der Forschungen über soziale Ungleichheit und Bildung nicht denkbar. Sie bearbeiten jeweils einen Ausschnitt aus diesem ‚Feld der Verschiedenheiten', so auch die vorliegende Einführung, die ausschließlich auf den Umgang mit sprachlicher, ethnischer, nationaler und kultureller Differenz in Bildungspolitik und Pädagogik bezogen ist.

Für die Darstellung der Geschichte und vor allem der ‚Vor'geschichte der Fachrichtung Interkulturelle Bildung spielt die *Schule* eine zentrale Rolle: Als einzige Pflicht-Bildungsinstitution hat sie stets im Mittelpunkt der Auseinandersetzungen über den gesellschaftlich-politischen Umgang mit sprachlich-kultureller Homogenität oder Heterogenität gestanden. In der Geschichte der Interkulturellen Bildung nach dem Zweiten Weltkrieg haben von den erziehungswissenschaftlichen Teildisziplinen die Sozialpädagogik und die Schulpolitik eine wichtige Rolle gespielt, zumal man zunächst meinte, die Frage der Integration der Arbeitsmigrantinnen und -migranten bzw. der Arbeitsmigrantenfamilien durch sozialpädagogische Betreuung (vgl. Puskeppeleit/Thränhardt 1990) einerseits und durch die schulische Eingliederung der ‚Gastarbeiterkinder' einschließlich verschiedener ergänzender außerschulischer Hilfen andererseits lösen zu können (vgl. Langenohl-Weyer/Wennekes/Bendit u. a. 1980).

Die zunächst um außerschulische sozialpädagogische Hilfen und um die Schule konzentrierte Diskussion hat erst relativ spät Eingang in die Erwachsenenbildung (Weiterbildung) gefunden. „Fast zwei Jahrzehnte hat es gedauert", schreibt Klaus Meisel 1984,

> „bis man sich auf die Daueranwesenheit von Arbeitsmigranten eingestellt hatte, bis man in der Weiterbildung einsah, daß es sich bei der Ausländerarbeit nicht allein um eine Betreuungsaufgabe karitativer Verbände handelt,

sondern um eine politische und soziale Daueraufgabe ersten Ranges" (Meisel 1984, S. 117; vgl. auch Friedenthal-Haase 1992)

– und, so ist hinzuzufügen, noch länger bis diese Fragen seitens der Erwachsenenbildung als forschungsrelevant (an)erkannt wurden. Bis in die ersten Jahre des 21. Jahrhunderts ist diese Daueraufgabe eher ein ‚Stiefkind' der Erwachsenenbildung, insbesondere in der Forschung und Ausbildung geblieben.

In den Praxisfeldern der Erwachsenenbildung zeichnet sich eine zwiespältige Entwicklung ab: Ein erster, gut etablierter (aber nicht hinreichend ausgebauter) Bereich in der Erwachsenenbildung waren die Sprachkurse für Zugewanderte. Inzwischen haben viele Weiterbildungseinrichtungen die Zielgruppe ‚Ausländer' resp. ‚Zuwanderer' entdeckt, und einige haben auch ein über die Sprachkurse hinausreichendes Angebot aufgebaut, das in Qualität und Umfang starken Schwankungen unterworfen ist, da es an speziell ausgebildetem Personal fehlt und nur in wenigen Fällen die Finanzierung über längere Zeiträume gesichert ist. Daneben gibt es Angebote zum Erwerb interkultureller Kompetenz, die zwar jedem offenstehen, die aber aufgrund ihrer Ausrichtung eher für ‚Einheimische' gedacht sind: Zum einen sind es Kurse zu Fragen von Migration und Fremdenfeindlichkeit, oder es geht um die Herkunftsländer und -kulturen der Zugewanderten. Zum anderen werden Kurse zu ‚interkultureller Kommunikation' und ‚interkulturellem Training und Management' angeboten. Sie sind zur Vorbereitung des (Führungs-)Personals in Betrieben, Organisationen mit bi- und internationalen Geschäftskontakten gedacht oder auch für die Koordinierung von (Entwicklungshilfe-)Projekten. Während der erste Strang Interkultureller Bildung seine Vorläufer in Maßnahmen der Anpassung und ‚Zivilisierung' von Fremden im Inneren des Landes hat (autochthone Minderheiten und Zugewanderte), hat der zweite Strang seine Vorläufer in Maßnahmen zur ‚Zivilisierung' des und Begegnung mit dem Fremden außerhalb des Landes: in der Ausbildung von Missionaren, Kolonialbeamten oder auch Diplomaten sowie – später – in der Vorbereitung von Mitgliedern des *Peace Corps* (vgl. Flechsig 1998). Diese unterschiedlichen Herkünfte sind bis heute zu spüren (vgl. Kap. 3). Erst langsam setzt sich durch, dass interkulturelle Kompetenz in allen pädagogischen Einrichtungen gefragt ist.

1.4 Zu den unterschiedlichen Bezeichnungen des Arbeits- und Forschungsgebiets Interkulturelle Bildung

Im Folgenden wird das Arbeits- und Forschungsgebiet bzw. die Fachrichtung, die Gegenstand des vorliegenden Textes ist, mit ‚Interkulturelle Bildung' bezeichnet. Eine andere, häufig anzutreffende Bezeichnung ist ‚Interkulturelle Pädagogik'. Aber schon ein flüchtiger Blick in Fachlexika, Handbücher, Einführungen in die Erziehungswissenschaft usw. fördert eine Fülle weiterer Benennungen zu Tage: ‚Interkulturelle Erziehung', ‚Interkulturelle Erziehungswissenschaft', ‚Interkulturelle Bildungsforschung', ‚Interkulturelle Kommunikation', vereinzelt auch ‚multikulturelle Pädagogik' bzw. ‚multikulturelle Erziehung', ‚Migrantenpädagogik', ‚Migrationspädagogik', ‚Minderheitenpädagogik' einschließlich der immer noch seit den 1980er Jahren vielfach kritisierten Bezeichnung ‚Ausländerpädagogik'.

In neueren bildungspolitischen Dokumenten, wie zum Beispiel im Beschluss der KMK von 1996, in verschiedenen Texten zur Lehrerbildungsreform oder im Zuwanderungsbericht hat sich für das Arbeits- und Forschungsfeld die Bezeichnung ‚Interkulturelle Bildung und Erziehung' oder auch nur ‚interkulturelle Erziehung' eingebürgert. Nur selten dagegen ist in deutschen Texten von ‚multikultureller Erziehung' die Rede, und die Kombination mit ‚transkulturell' ist in der Erziehungswissenschaft – wie schon gesagt – gerade erst in die Diskussion gebracht worden. Dass letztere seit Anfang des 21. Jahrhunderts jedoch zunehmend ‚an Terrain gewinnt', zum Beispiel im Titel von Tagungen oder Aufsätzen, ist nicht zu übersehen, aber als neue Bezeichnung für die Fachrichtung ist sie noch nicht zu finden. Die Geschichte der in den letzten 40 Jahren im Verlauf der Diskussionen über ‚Interkulturelle Bildung und Erziehung' kreierten Bezeichnungen ist unter anderem an den Namen der für diesen Bereich zuständigen Institute, Arbeitsstellen und (Zusatz-)Studiengänge in den Hochschulen abzulesen. In den Benennungen ist das gesamte Spektrum abgebildet: von ‚Ausländerpädagogik' bis hin zu Umschreibungen wie zum Beispiel „Bildung und Kommunikation in Migrationsprozessen".

Aus der englischsprachigen Diskussion stammt die Bezeichnung ‚Inclusive education' oder ‚Inklusionspädagogik', eine Bezeichnung, die im englischsprachigen und vor allem im deutschsprachigen Raum – wenn überhaupt – eher für die Teildisziplin benutzt wird, die traditionell unter ‚Heil-', oder ‚Sonderpädagogik' bzw. unter ‚Integrationspädagogik' firmiert, aber in der Idee einer nicht diskriminierenden, kein Kind mit besonderem Förderbedarf ausschließenden Erziehung auch auf den Umgang mit sprachlich-kultureller und ethnischer Heterogenität als übertragbar angesehen wird (vgl. Wenning 2003a, S. 23). Die Wahl der Bezeichnung für die Fachrichtung ist weder beliebig noch streng geregelt, sondern die Autorinnen und Autoren folgen – in der Regel allerdings nicht offengelegten – Vorverständnissen. Dies ist bei der Analyse der jeweiligen Darstellungen zur Geschichte und Theoriebildung in der ‚Interkulturellen Bildung' und generell im Umgang mit den verschiedenen Texten zu beachten. Für die vorliegende Veröffentlichung wurde – trotz der sicherlich diskussionswürdigen Kritik an der Beifügung ‚interkulturell' (siehe Kap. 6) – die Bezeichnung ‚Interkulturelle Bildung' gewählt, nicht zuletzt auch deshalb, um nicht die Idee zu erzeugen, hier würde ein neues Konzept vorgestellt.

Diese terminologische Gemengelage ist weder etwas Neues noch ist es etwas, das nur der Erziehungswissenschaft oder gar der Fachrichtung ‚Interkulturelle Bildung' eigen ist. Vergegenwärtigt man sich die Auseinandersetzungen in Fragen der Begrifflichkeit, so wird deutlich, wie schwierig es ist, eine einmal eingeführte und den gängigen Denkmustern entsprechende Bezeichnung zu korrigieren. Ein Beispiel dafür ist die Karriere der Bezeichnung ‚Ausländerpädagogik'. Sie passte sehr gut zu der bis Ende der 1990er Jahre dominanten Vorstellung, dass die Bundesrepublik kein Einwanderungsland sei und es daher reiche, für die Ausländerinnen und Ausländer spezielle Eingliederungshilfen und Beratungsangebote bereitzustellen, Maßnahmen, die unter den Begriffen ‚Ausländerarbeit' und ‚Ausländerpädagogik' zusammengefasst wurden. Die Kritik an dieser Bezeichnung und an der mit ihr einhergehenden ausgrenzenden und diskriminierenden Sichtweise (‚Sonderpädagogik für Ausländer') hat schon früh, noch in den 1970er Jahren, eingesetzt, und es besteht seit langem Konsens darüber, dass sie aus mehreren Gründen problematisch ist (vgl. Kap. 2 und 5). Trotzdem ist sie – vor allem in Texten der Bildungsverwaltung und -politik – weiterhin präsent, zum Beispiel in Studiengangsstatistiken und Titeln für Studiengänge (u. a. bei den baden-württembergischen Hochschulen), bei Registerbegriffen der Universitätsbibliotheken oder in den Schriften der Studienberatungen, der Arbeitsämter, usw. (siehe Text 3). Vereinzelt trifft man selbst in Fachlexika der 1990er und 2000er Jahre noch auf die Bezeichnung ‚Ausländerpädagogik' bzw. ‚Ausländerkinderunterricht' (Schröder 2001[3]).

Text 3: Berufsaussichten für Absolventen und Absolventinnen des Magisterstudiengangs Erziehungswissenschaft

Auf der Website der Studienberatung der Universität Jena waren eine Reihe von (zusätzlichen) Studienangeboten einschließlich der Arbeitsfelder zusammengestellt, auf die sie vorbereiten; darunter auch zur ‚Ausländerpädagogik'. In der Art und Weise wie die Arbeitsfelder beschrieben werden, kommt die Zielgruppenorientierung deutlich zum Ausdruck:
„Für Ausländerpädagogen, die mindestens eine relevante Fremdsprache beherrschen, die Kultur des jeweiligen Herkunftslandes kennen und Fachleute für Deutsch als Zweitsprache sein müssen, ergeben sich folgende Tätigkeitsfelder:
- Schulen und Ausbildungsstätten:
  Erziehung, Bildung und Ausbildung der Ausländerkinder; neben dem Unterrichten obliegt ihnen die Beratung der Schulleitung, der Kollegen und der Eltern
- in Kommunen, Verbänden, Betrieben, Behörden, sozialen Diensten:
  leitende, planende, verwaltende und beratende Funktionen
- in Forschungseinrichtungen und Ministerien:
  Erfassung der Entwicklungs-, Sozial- und Lernbedingungen der Ausländerkinder; Entwicklung pädagogischer Pläne, Methoden und Medien usw."
Quelle: Studienberatung der Universität Jena.
URL: http://www2.uni-jena.de/erzwiss/ber.htm#ap (Stand 29.7.2003)[6]

---

6 Vgl. auch die Mitteilungen der Arbeitsämter betr. Berufschancen. So heißt es bei der Bundesanstalt für Arbeit (URL: http://berufnet/arbeitsamt.de/bret2/B8828101/ perspekt_t.html) (Stand: 22.03.2003) unter der Überschrift „Dipl.-Pädagoge/Pädagogin (Uni): Perspektiven/ Spezialisierungen […] Ausländerpädagoge/-pädagogin":
„Die zunehmend multikulturelle Gesellschaft Europas erfordert immer mehr pädagogische Hilfen für die Heranwachsenden. Kinder ausländischer Arbeitnehmer/innen und

Festzuhalten bleibt an dieser Stelle, dass (1) die Frage nach der korrekten Bezeichnung des Arbeits- und Forschungsgebiets noch nicht abgeschlossen ist, dass es (2) nicht beliebig ist, unter welchen Namen die Vorstellungen über Bildung und Erziehung in einer und für eine sprachlich-kulturell pluralisierte Gesellschaft firmieren, dass (3) alle Bezeichnungen vermieden werden sollten, die die Fachrichtung an eine Zielgruppe (Ausländer, Migranten, Minderheiten usw.) binden und dass (4) jeder neue Namensvorschlag daraufhin zu prüfen ist, ob er darauf verweist, dass ‚interkulturelle Bildung und Erziehung' sowohl eine Querschnittaufgabe und Schlüsselqualifikation wie eine fachliche Spezialisierung innerhalb der Erziehungswissenschaft ist.

1.5 Interkulturelle Bildung und Erziehung – ein Praxis- und Forschungsfeld wird sichtbar

Interkulturelle Bildung – so wird zu zeigen sein – hat eine ‚lange Vergangenheit' und eine ‚kurze' resp. ‚junge Geschichte'. Die ‚lange Vergangenheit' reicht in die Anfänge der nationalen Bildung zurück (vgl. Kap. 3). Die ‚kurze Geschichte' hingegen beginnt erst in den 1960er Jahren mit der Diskussion über die Integration der ab Mitte der 1950er Jahre angeworbenen Arbeitsmigrantinnen und -migranten[7] und speziell über die Frage der richtigen Beschulung ihrer Kinder (vgl. Kap. 2, 4 und 5). Zunächst wurde es als ein neues, aber randständiges und ‚flüchtiges' Thema wahrgenommen, das nur für die Betroffenen selbst, für die sie betreuenden Lehrkräfte, Sozialpädagoginnen und -pädagogen sowie für die in Arbeitskreisen, Hausaufgabenhilfen und in verschiedenen „Initiativen in der Ausländerarbeit"[8] engagierten Laien Bedeutung zu haben schien.

Die ersten Veröffentlichungen waren zumeist kurze Beiträge ‚aus der Praxis für die Praxis', in denen die als neu und belastend empfundene Situation in den Grund- und Hauptschulen und in den sozialpädagogischen Beratungsstellen beschrieben und skandalisiert wurde (vgl. Koch 1970; Müller 1971; 1974). Die Autorinnen und Autoren skizzierten ihre Wahrnehmung der Situation: Sie klagten über unzumutbare Belastungen, Überforderung und fehlende Ausbildung und beschrieben, wo ihrer Meinung nach die Ursachen der Probleme zu suchen seien, welche Lösungsversuche sie mit welchem Erfolg resp. Misserfolg unternommen hatten, welche weiteren Lösungsschritte ihnen Erfolg versprechend erschienen, und sie formulierten und begründeten ihre Forderungen nach Hilfen. Der folgende Ausschnitt aus der ersten Buchveröffentlichung zum Thema ver-

---

Flüchtlinge, Aussiedlerkinder mit zusätzlichen sprachlichen Schwierigkeiten und kulturellen Anpassungsproblemen sind nur ein Beispiel dafür."

7 Zu Geschichte und Verlauf der Migration in Europa und speziell der Zuwanderung nach Deutschland siehe Wenning 1996b; Bade 1997; 2000.
8 So der Name des ersten bundesweiten Dachverbands, siehe weiter unten und Kapitel 7.

mittelt einen Einblick in die Art und Weise der Problemwahrnehmung und -definition:

„Leidtragende dieser unerquicklichen Zustände sind die deutschen und die ausländischen Kinder, selbstverständlich auch die Lehrer: praktisch also sämtliche Beteiligten – die Lehrer sind überfordert, die Ausbildung gefährdet. Ein Lehrer, der eine mehr als fünfzigköpfige Anfängerklasse unterrichten muß und zudem noch gegen Verständigungsschwierigkeiten anzukämpfen hat, ist hoffnungslos überfordert. Der Unterricht leidet zwangsläufig, weil die ausländischen Kinder oft Anweisungen und Ausführungen nicht verstehen. So gibt es oft Schwierigkeiten, den Lehrplan überhaupt einzuhalten. Und das geht wiederum zu Lasten der deutschen Schüler. Mancher Lehrer sagt unter dem Zwang der Situation: ‚Ich ziehe eben meinen Stoff durch. Ob die mitkommen oder nicht, darum kann ich mich nicht entscheidend kümmern. Schließlich habe ich sie nicht geholt!' Auch läßt sich nicht vermeiden, daß manche Kinder der ausländischen Arbeitnehmer in ihrem Heimatland die dort geforderte Schulpflicht erfüllt haben – in Deutschland aber erst noch einmal zur Schule gebeten werden. Rektor Z. schätzt die Zahl der Schulgegner unter den türkischen Eltern auf 75 %: ‚Aber die Kinder selbst geben kaum Anlaß zu Klagen!'

Primitive Unterkünfte!

Bei den Schularbeiten können die Ausländer-Eltern normalerweise nicht helfen, weil sie schlechter Deutsch sprechen als ihre Kinder. Oft sind auch ihre Unterkünfte derart primitiv, daß die Schüler kaum die Möglichkeit haben, ihre Hausaufgaben zu machen. Oft müssen sie auch auf ihre kleinen Geschwister aufpassen" (Koch 1970, S. 137 f.).

Aus der Ende der 1960er, Anfang der 1970er Jahre gegebenen Gemengelage von Situationsbeschreibungen, Klagen und Reflexionen über die „unerquicklichen Zustände" (Koch 1970, S. 137) und aus der Kritik an den unzureichenden bildungspolitischen und politischen Rahmenbedingungen entwickelte sich eine Diskussion zwischen einzelnen bildungspolitischen Fachleuten, in der schulischen und außerschulischen Praxis arbeitenden Pädagoginnen und Pädagogen und einigen (zunächst nur wenigen) Wissenschaftlerinnen und Wissenschaftlern, die in der Lehrer- und Sozialpädagogenausbildung sowie im Bereich „Deutsch als Fremdsprache" tätig waren (vgl. Kap. 7.1). Eine wichtige Rolle spielten gerade in der ersten Zeit die verschiedenen Initiativgruppen und Vereine, die im Bereich der außerschulischen Arbeit tätig waren und Hausaufgabenhilfen, Spielgruppen und verschiedene andere Betreuungs- und Beratungsangebote bereitgestellt haben (vgl. Siewert 1980).

Relativ schnell waren Anzeichen dafür zu erkennen, *dass diese Diskussion sich in Form neuer Spezialisierungen zu etablieren begann*: zum einen in der Erziehungswissenschaft unter den Bezeichnungen ‚Ausländerpädagogik' mit

Bezug auf schulpolitische und -pädagogische Maßnahmen bzw. ‚Ausländerarbeit' mit Blick auf sozialpädagogische Maßnahmen und zum anderen in der Germanistik als neuer ‚fachlicher Zweig' „Deutsch als Zweitsprache" neben dem schon traditionsreicheren Gebiet „Deutsch als Fremdsprache" (vgl. Baur 2001).

Äußere Anzeichen für die Etablierung dieser neuen Spezialisierungen waren z. B. die steigende Zahl von Publikationen, Tagungen und Lehrveranstaltungen, in denen es um Fragen der „Ausländerintegration", „Ausländerbetreuung" und „Ausländerbeschulung" ging, die Gründung spezieller Informationsdienste und Zeitschriften und die Einrichtung erster koordinierter Studien- und Fortbildungsangebote zu diesen Themen. All dies waren ‚Orte' der fachlichen Auseinandersetzung und Reflexion. Besonders wichtige ‚Orte der Diskussion' waren die ab der zweiten Hälfte der 1970er Jahre gegründeten ersten interkulturellen Zeitschriften und Newsletter: Zum Beispiel *Deutsch lernen* (1978-2000), *Informationsdienst zur Ausländerarbeit* (1980; 1994 umbenannt in *iza-Migration und soziale Arbeit*) oder *Materialien zum Projektbereich Ausländische Arbeitnehmer, später ViA-Magazin* (1970 bzw. 1986 ff., herausgegeben vom (Dach-) *Verband der Initiativgruppen in der Ausländerarbeit e.V. – VIA*, später umbenannt in *Verband für Interkulturelle Arbeit e. V.*).

Schon Mitte der 1970er Jahre war die Zahl der Publikationen so angestiegen, dass das 1974 gegründete Frankfurter Institut für Sozialarbeit und Sozialpädagogik, zu dessen „wichtigsten Aufgaben [damals] [...] die Auseinandersetzung mit mehreren Problemen der Ausländer und die Durchführung von Projekten in diesem Praxisfeld" (Pfriem/Vink 1977, Einführung) gehörte, die erste Jahresbibliographie herausgab (vgl. Kap. 7).

Parallel dazu etablierte sich die Interkulturelle Bildung an den Hochschulen. Erste Anzeichen dafür, dass sich nicht nur ein neues Praxis- sondern auch ein neues Forschungsfeld herauszubilden begann, waren die ebenfalls in den 1970er Jahren einsetzenden wissenschaftlichen Aktivitäten: Wissenschaftliche Begleitung und/oder Evaluation von Modellvorhaben und erste Forschungsprojekte, erste Qualifikationsarbeiten in diesem Themenfeld usw. Ende der 1970er Jahre wurde der erste Zusatzstudiengang „Lehrer für Kinder fremder Muttersprache" (PH Landau) eingerichtet, Anfang der 1980er Jahre folgten weitere Gründungen, zum Beispiel an den Universitäten Hamburg, Bielefeld, Münster, Köln, Essen usw. (vgl. Krüger-Potratz 2001a). Damit verbunden war die Einrichtung von speziellen Arbeitsstellen oder Instituten als institutionelle Absicherung für die Aktivitäten in Forschung und Lehre. Der universitätsübergreifende organisatorische Zusammenschluss der an den Hochschulen in diesem Feld Tätigen erfolgte allerdings erst 1994 durch die Gründung der *Arbeitsgemeinschaft Interkulturelle Bildung* in der *Deutschen Gesellschaft für Erziehungswissenschaft – DGfE* (seit 2000 als Kommission *Interkulturelle Bildung*, Teil der *Sektion für International und Interkulturell Vergleichende Erziehungswissenschaft – SIIVE – URL: http://www.dgfe.de)*.

Im Verlauf der 1970er Jahre bildete sich ein spezieller Diskussionsstrang heraus, in dem diese Aktivitäten in Forschung, Lehre und pädagogischer Praxis innerhalb wie außerhalb der Schule und die sie leitenden Annahmen und Normalitätsvorstellungen mehr oder weniger kritisch reflektiert wurden. Es begann das, was man als ‚Selbstverständnis-Diskussion' bezeichnen kann – die Auseinandersetzung über die verschiedenen Aspekte der zunehmend an Kontur gewinnenden Spezialisierung: über die für sie konstitutiven Problemdefinitionen, Sichtweisen und Konzepte, über Theorien und Methoden der Forschung, über terminologische Fragen und damit zusammenhängend immer wieder auch über die adäquate Bezeichnung der Fachrichtung selbst. Die diese Diskussion spiegelnden Texte und die Art und Weise, wie in ihnen aus verschiedenen Perspektiven die Herausbildung und Entwicklung der ‚jungen Geschichte' der Interkulturellen Bildung als Fachrichtung rekonstruiert und beschrieben wird, sind Gegenstand der vorliegenden Einführung: Im zweiten Kapitel werden die Versuche vorgestellt, die Geschichte der Interkulturellen Bildung diachronisch und chronologisch nachzuzeichnen und in den Kapitel 4 und 5 verschiedene Versuche, einen systematischen Zugang zu finden und zu zeigen, wie sich nach- *und* nebeneinander verschiedene, sich überschneidende Diskussionslinien bzw. Diskurse herausgebildet haben, in die sowohl nationale Traditionen wie international und interdisziplinär geführte Diskussionen eingehen.

1.6 Interkulturelle Bildung und Erziehung – zum aktuellen Stand der Diskussion

Bevor in den folgenden Kapiteln im Rahmen des vorgestellten Ausschnitts aus der Geschichte interkultureller Bildung und Erziehung die unterschiedlichen in der Literatur wie in der Praxis auffindbaren Positionen und Konzepte vorgestellt und diskutiert werden, soll hier – ungeachtet aller noch im Einzelnen zu thematisierenden Unklarheiten und Kontroversen – festgehalten werden, dass in der erziehungs*wissenschaftlichen* Diskussion in folgenden Punkten inzwischen weitgehend Konsens besteht:

- Interkulturelle Bildung und Erziehung richtet sich an *alle:* an Kinder, Jugendliche und Erwachsene, an Lernende wie Lehrende. Sie ist kein spezielles Konzept für Bildungssituationen mit Personen mit Migrationshintergrund. Dies schließt zugleich die in der pädagogischen Praxis immer noch anzutreffende Auffassung aus, dass interkulturelle Bildung und Erziehung nur in Schulen bzw. in Bildungseinrichtungen mit einer nennenswerten Anzahl von Migrantinnen und Migranten relevant sei.
- Interkulturelle Bildung und Erziehung ist kein gesondertes (Unterrichts-) Fach. Es reicht nicht, sie zum Gegenstand einzelner Fächer, Projekte oder Kurse zu machen, sondern sie stellt eine *Schlüsselqualifikation* für jeden Einzelnen und eine *Querschnittaufgabe* in allen erziehungswissenschaftlichen

1 Interkulturelle Bildung und Erziehung – zur Einführung

Teildisziplinen und pädagogischen Tätigkeitsfeldern dar. Demzufolge ist sie auch nicht gleichzusetzen mit kultur- oder landeskundlicher Bildung im Sinne des Erwerbs von Kenntnissen über die anderen Länder und Kulturen.

- Interkulturelle und europäische Bildung – letztere im Sinne der geforderten europäischen Dimension im Bildungswesen, d. h. der Öffnung der nationalen Bildungssysteme im Kontext der Europäischen Integration – sind *nicht* voneinander zu trennen. In beiden Fällen geht es um Bildung und Erziehung für ein Leben in einer sprachlich, ethnisch, sozial, national und kulturell pluralisierten Gesellschaft, in der infolge der internationalen Migrationen, der europäischen Integration (oder genereller: infolge der Globalisierung) ein neues Spannungsverhältnis von global und lokal, von universell und partikular entstanden ist.
- Die Schule ist eine der Institutionen, die der nachwachsenden Generation helfen kann, sich in einer globalisierten Gesellschaft zu orientieren und den je eigenen Platz darin zu finden. Sie *initiiert* eine Bildung, die ihre Fortsetzung in anderen Bildungseinrichtungen und -projekten bzw. in anderen gesellschaftlichen Bereichen findet und in einer adäquaten (Bildungs-)Politik Unterstützung und ihre Weiterführung erfahren muss.
- Interkulturelle Bildung und Erziehung zielt auf die Veränderungen von Deutungsmustern, Einstellungen und Haltungen. Sie ist Teil allgemeiner Bildung. „Interkulturelle Erziehung […] ist kein Projekt, sondern eine Haltung. Wer sie sich zu eigen macht, kann sie jeden Tag anwenden und braucht keine großen Programme und Veranstaltungen" (Verband bi-nationaler Partnerschaften 2000), wohl aber umfangreiches Wissen und die Fähigkeit, die eigenen Sichtweisen zu hinterfragen und ggf. zu relativieren oder auch ändern zu können. Interkulturelle Bildung und Erziehung ist auch keine ‚Umerziehung' der Majorität im Hinblick auf einen toleranten Umgang mit den verschiedenen Minoritäten. Die Forderung nach einer Veränderung der Haltungen, Einstellungen, Wahrnehmungen usw. schließt vielmehr *alle* ein. In der Gefahr, die je eigene Sichtweise für normal und selbstverständlich zu halten und den ‚Anderen' am eigenen (unreflektierten) Maßstab zu messen, steht jeder Mensch.
- Interkulturelle Bildung zielt auf eine Veränderung ausgrenzender und diskriminierender Strukturen im Bildungswesen, Strukturen wie sie im Zuge der Herausbildung eines nationalen Bildungssystems entwickelt wurden, um unter anderem die Idee von sprachlicher, kultureller, ethnischer und nationaler Homogenität als ‚Normalfall' durchsetzen zu können.
- Interkulturelle Bildung ist eine Entwicklungsaufgabe. An ihr sind alle im Bereich von Bildung und Erziehung Tätigen beteiligt in Bezug auf die Veränderung der Strukturen, in denen sie arbeiten und lernen, wie auch hinsichtlich der Denkfiguren und Handlungsmuster, mit denen sie sich Wissen aneignen, vermitteln und in die Praxis übersetzen.
- *Interkulturelle Bildung als Fachrichtung* innerhalb der Erziehungswissenschaft ist sowohl ein spezielles Arbeits- und Forschungsgebiet wie auch eine

Dimension quer durch alle Bereiche der Erziehungswissenschaft. Die Herausbildung einer speziellen Fachrichtung entlastet die anderen Teildisziplinen und Fachrichtungen der Erziehungswissenschaft *nicht* von der Notwendigkeit, auf die in ihrem Gegenstandsfeld erfolgten Veränderungen und den damit erforderlichen Perspektivwechsel reagieren zu müssen.
- Interkulturelle Bildung und Erziehung umfasst auch *förderpädagogische Angebote* für Kinder und Jugendliche, z. B. für neu Zugewanderte, insbesondere für Flüchtlingskinder, oder spezielle Sprach- und Integrationsangebote für Erwachsene. Auch hier sind interkulturelle Kompetenz gefragt, Kenntnisse in Deutsch als Zweitsprache, Wissen über verschiedene Lebensformen, Weltsichten usw.

Auch wenn über die genannten Punkte unter denjenigen, die sich mit Fragen interkultureller Bildung und Erziehung in Forschung und Lehre befassen, weitgehend Konsens besteht, so sind die in der allgemeinen erziehungswissenschaftlichen Diskussion und vor allem in der pädagogischen Praxis vorfindbaren Vorstellungen von Interkultureller Bildung und Erziehung noch längst nicht darauf abgestimmt. So hält sich insbesondere in der Bildungsverwaltung und in der pädagogischen Praxis die Auffassung, dass Interkulturelle Bildung und Erziehung *nur* in Schulen resp. Klassen ‚mit hohem Ausländeranteil' notwendig sei, oder dass es reiche, wenn man die interkulturelle Fragestellung in einzelnen Unterrichtsprojekten bzw. innerhalb von Projektwochen ‚praktiziert' oder bei bestimmten Anlässen (Feiertagen) auf die Religion, die Kultur und Sprache der ‚Anderen' eingeht.

Auch in den Teildisziplinen der Erziehungswissenschaft wird sprachlich-kulturelle und ethnische Heterogenität noch eher als Sonderfall denn als ‚Normalität' begriffen. Ein Indiz dafür ist, dass in neuen Fachbüchern, zum Beispiel in fachdidaktischen Einführungen oder Einführungen in die Schulpädagogik, mit keinem Wort darauf eingegangen wird (vgl. Kiper 2001[9]). In der Sozialpädagogik und Erwachsenenbildung trifft man weiterhin auf die Auffassung, dass interkulturelle Bildung ausschließlich Zielgruppenarbeit sei: einerseits ‚Ausländerarbeit', d.h. Maßnahmen zur Integration ‚ausländischer' Kinder, Jugendlicher, Mädchen, Frauen, Deutschkurse, Gesprächskreise usw. und andererseits ‚Mehrheitsaufklärung', d.h. Kurse, Initiativen und Projekte gegen Fremdenfeindlichkeit und Rechtsextremismus für Angehörige der Mehrheit, für ‚Deutsche'.

Zu den Angeboten, die sich vorrangig an die Mehrheitsangehörigen richten, gehören neben Kursen über die Herkunftsländer und -kulturen der Migrantinnen und Migranten mit dem Ziel der Aufklärung über Ursachen und Folgen der Mig-

---

[9] In der von ihr zusammen mit Hilbert Meyer und Wilhelm Topsch verfassten „Einführung in die Schulpädagogik" hingegen hat sie ein eigenes Kapitel zum „Umgang mit Heterogenität", in dem allerdings die verschiedenen Differenzlinien nur sehr allgemein angesprochen werden (Kiper/Meyer/Topsch 2002, S. 157-169).

ration, auch Kurse von privaten Anbietern und (internationalen) Fachvereinigungen wie SIETAR (Society für Intercultural Education, Training and Research; vgl. auch Kap. 7) zur interkulturellen Kompetenz oder interkulturellen Kommunikation, die vorrangig für Personen gedacht sind, die sich auf eine berufliche Tätigkeit *im Ausland* vorbereiten oder in Organisationen tätig sind, die internationale Austauschprogramme initiieren und durchführen. Diese Angebote sind zwar keineswegs überflüssig, aber dringend notwendig ist die ‚Interkulturalisierung' (im Sinne der geforderten Querschnittaufgabe) der beruflichen Aus- und Fortbildung von Verwaltungspersonal, Ärzten, Krankenschwestern, Richtern, Rechtsanwälten, Polizei, Personal der öffentlichen Verwaltungen, da auch sie täglich mit sprachlicher, ethnischer, nationaler und kultureller Vielfalt *in Deutschland* umgehen müssen. Hier existieren bisher einzelne, sehr interessante Projekte auf kommunaler Ebene (vgl. z. B. Amt für multikulturelle Angelegenheiten der Stadt Frankfurt 2000; Leiprecht 2002; Leenen/Groß/Grosch 2002). Sie können durchaus als Anregung für die Umgestaltung des Curriculums der ‚normalen' Ausbildung dienen.

Ein weiteres kritisches Moment ist die in der öffentlichen politischen, teilweise aber auch in der fachlichen Diskussion noch zu beobachtende Trennung von interkultureller und europäischer Bildung. Interkulturelle Erziehung und Bildung wird dann – mehr oder weniger offen – als ‚Reparaturpädagogik für Migrationsschäden' einerseits und als ‚Toleranztraining für die Einheimischen' andererseits verstanden, während europäische Bildung als Vermittlung zusätzlicher Kenntnisse – insbesondere von (Fremd-)Sprachkenntnissen – interpretiert wird, die diejenigen benötigen, die auf dem europäischen resp. internationalen Arbeitsmarkt konkurrenzfähig sein sollen (vgl. die Kritik der Sachverständigenkommission „Lehrerausbildung" 1996, S. 113 f.). Diese scheinbar natürliche oder zumindest als unproblematisch angesehene Trennung ist falsch, vor allem aber wirkt sie diskriminierend. Deutlich wird dies im Schulbereich zum Beispiel dann, wenn Schulen ihr Schulprofil benennen wollen/sollen: Dann erscheint die Bezeichnung ‚Europaschule', ‚Schule mit europäischem Profil' oder ‚internationale Schule' attraktiver als ‚interkulturelle Schule' oder ‚Schule ohne Rassismus'. Ersteres scheint den Eltern und Schülerinnen und Schülern eine konfliktfreie und weltoffene Bildung zu versprechen, während die anderen Benennungen eher mit der Gefahr vorprogrammierter Konflikte infolge der ‚Belastung durch ausländische Schüler' verbunden werden, so dass befürchtet wird, (bildungsnahe) Eltern könnten diese Schulen für ihre Kinder als nicht passend ansehen.

Angesichts einer Entwicklung, die unter dem Etikett ‚Autonomisierung' den Schulen zwar mehr Entscheidungsfreiheiten zubilligt, sie aber zugleich einem enormen Konkurrenzdruck aussetzt, steht zu befürchten, dass die Trennung von europäischer und interkultureller Bildung in dem hier angedeuteten Sinne als eine politisch-opportune beibehalten wird. Damit verbunden ist die Gefahr der Ausgrenzung nicht mehr von einzelnen Schülerinnen und Schülern oder von

Schülergruppen, sondern bestimmter Schulen, die in den Geruch kommen, ‚Ausländerschulen' und damit von minderwertiger Qualität zu sein. In der Bundesrepublik ist dies erst ansatzweise, in anderen Ländern, darunter in England, schon sehr viel deutlicher zu beobachten (vgl. Gomolla/Radtke 2000; 2002; Gomolla 2005).

1.7 Interkulturelle Bildung und Erziehung – ein erstes Fazit

Als erstes Fazit ist festzuhalten, dass es weder *das* Konzept noch *die* ‚Rezepte' für eine Interkulturelle Bildung und Erziehung gibt, welche(s) an die eigene Praxis nur noch anzupassen wäre(n). Sondern Interkulturelle Bildung als *Schlüsselqualifikation* und *Querschnittaufgabe* ist eine *Entwicklungsaufgabe*, an der *alle* beteiligt sind und die im hier entwickelten Verständnis internationale und europäische Bildung einschließt. *Interkulturelle Bildung ist die erziehungswissenschaftliche Fachrichtung, die an dieser Entwicklungsaufgabe im Bereich von Forschung und Ausbildung beteiligt ist.* Die Subsumierung von internationaler und europäischer Bildung unter Interkulturelle Bildung ist nicht als Dominanzanspruch zu lesen, sondern als eine hilfsweise Lösung bis entweder ein passenderer Terminus an die Stelle tritt, oder – und dies wäre zu wünschen – bis jeder Zusatz (‚interkulturell' oder ‚transkulturell' oder ‚europäisch' usw.) überflüssig wird, weil Bildung und Erziehung im Ausgang von sprachlich-kultureller Heterogenität und transnationaler Beziehungen gedacht und konzipiert werden.

Interkulturelle Bildung in dieser Perspektive verlangt ein ‚Neudenken' der in den verschiedenen pädagogischen Arbeitsfeldern zu vermittelnden Inhalte, der Deutungs-, Argumentations- und Handlungsmuster sowie der Einstellungen und Verhaltensweisen. Dies schließt die Überprüfung der Denkmuster, Einstellungen und Verhaltensweisen der jeweiligen Lehrkräfte und Moderatoren resp. Trainer ein, damit sie – wie es die KMK in ihrem Beschluss von 1996 ausdrückt – „in ihrer pädagogischen Arbeit Raum für unterschiedliche Sichtweisen und Sichtwechsel geben können" (KMK 1996[10]). Zu den ‚neu zu denkenden' Arbeitsfeldern gehören auch die Hochschulen, insbesondere hinsichtlich der Lehre und Forschung in den Fächern, die an der Ausbildung des pädagogischen Personals beteiligt sind.

Interkulturelle Bildung und Erziehung bedeutet also vorrangig nicht neue bzw. zusätzliche Inhalte und Methoden, sondern die kritische Überprüfung der bisherigen Inhalte und Methoden, sowie die Überprüfung und Veränderung von Einstellungen, Denk- und Wahrnehmungsmustern, von Selbstverständlichkeiten, Gewohnheiten, professionellen Routinen usw. Diese sind daraufhin zu prüfen, ob sie den aktuellen gesellschaftlichen Verhältnissen angemessen sind, ob sie das Recht auf Bildung eines jeden Menschen unabhängig von seinem sprachli-

---

10 Im KMK Beschluss wird dies mit Blick auf die der Mehrheitsgesellschaft angehörenden Lehrkräfte gesagt; es gilt aber für alle!

chen und kulturellen Hintergrund, seiner Staatsangehörigkeit oder ethnischen Zugehörigkeit usw. behindern oder fördern, welche Vorstellungen sie über das Verhältnis von ‚eigen' und ‚fremd' vermitteln, ob sie ethnozentrische oder pluralistische Denkmuster stützen, und inwieweit sie eine reflexive Haltung befördern.

Aufgaben zu Kapitel 1

Aufgabe 1
Erstellen Sie nach dem vorgegebenen Muster eine Multiple Choice Aufgabe mit mindestens drei, maximal fünf möglichst eng beieinanderliegenden Lösungsmöglichkeiten in Ergänzung des Satzes: „Dass Deutschland sich vom Auswanderungsland zum Einwanderungsland entwickelt hat, ..." Wenn Sie drei Antwortmöglichkeiten anbieten, sollte eine davon die richtige sein; bei fünf Antwortmöglichkeiten können auch zwei richtige Antwortmöglichkeiten angeboten werden.

Muster:
Aufgabe 1: Bitte kreuzen Sie die aus Ihrer Sicht korrekte/n Antwort/en an. Mehrfachankreuzungen sind möglich.
   stimmt, weil ...
   stimmt, weil ...
   stimmt nicht, weil ...
Lösungsvorschlag siehe Anhang

Aufgabe 2
Stellen Sie eine Multiple Choice Aufgabe, in der Sie danach fragen, welche Folgen sich für Bildung und Erziehung aus der Tatsache ergeben, dass sprachlich-kulturelle Heterogenität der Normalfall der Geschichte sind. Geben Sie mindestens drei, möglichst eng beieinanderliegende Antworten vor, von denen aber nur eine korrekt ist.
Lösungsvorschlag siehe Anhang

Aufgabe 3
Grenzen Sie Interkulturelle Bildung als Fachrichtung gegen interkulturelle Bildung und Erziehung als Querschnittaufgabe und Schlüsselqualifikation ab.
Lösungshinweis siehe Anhang

Aufgabe 4

Suchen Sie die verschiedenen, im Kapitel genannten Bezeichnungen für das Arbeits- und Forschungsfeld Interkulturelle Bildung heraus und überprüfen Sie, welche davon im Glossar erläutert werden. Zu den anderen schreiben Sie bitte eine kurze Erläuterung auf, aus der zugleich deutlich wird, weshalb Sie die Bezeichnung für adäquat oder nicht geeignet oder irreführend oder ... halten.
Lösungshinweis siehe Anhang

2 Ordnung des Feldes I: Versuch, sich chronologisch der ‚kurzen Geschichte' der Interkulturellen Bildung zu vergewissern

Im folgenden Kapitel und in den Kapiteln 4 und 5 geht es um verschiedene Versuche, die Herausbildung und Entwicklung des Arbeits- und Forschungsgebiets Interkulturelle Bildung zu beschreiben und zu ‚ordnen'. Dafür steht die Metapher ‚Ordnung des Feldes'. Diese Versuche weisen eine Reihe von Problemen auf, vor allem fehlt ihnen allen eine Einbettung in die Geschichte von Bildung und Erziehung bzw. in die Geschichte der Erziehungswissenschaft und ihrer disziplinären Ausdifferenzierungen (vgl. Auernheimer 2003, S. 51-57). Wie dies aussehen könnte, kann in den folgenden Kapiteln nur angedeutet werden, so zum Beispiel wenn es um die Frage nach dem Verhältnis von Interkultureller Bildung und Allgemeiner Pädagogik geht, oder wenn im dritten Kapitel gezeigt wird, welche ‚Bausteine' bei einer Geschichte der Erziehungswissenschaft und ihrer disziplinären Ausdifferenzierungen – sozusagen als ‚Vorgeschichte' der Fachrichtung Interkulturelle Bildung – beachtet werden müssten.

In der vorliegenden Einführung soll zum einen gezeigt werden, dass die Interkulturelle Bildung als spezielle Fachrichtung zwar ‚jung' ist, aber eine ‚lange Vergangenheit' in der national ausgerichteten Bildungspolitik und Pädagogik hat und dass sie als Fachrichtung nur entstehen konnte, weil die ‚Allgemeine' Pädagogik sprachlich-kulturelle, ethnische und nationale Heterogenität ausgeblendet hat. Zum anderen soll die Darstellung der unter verschiedenen Perspektiven vorgenommenen Rekonstruktionen der ‚kurzen Geschichte' zum besseren Verständnis der in den Texten über Bildung und Erziehung in der Einwanderungsgesellschaft oft nicht mehr offengelegten Denk- und Argumentationsmuster beitragen.

Bei den im zweiten Kapitel vorgestellten Versuchen der ‚Ordnung des Feldes' stehen Texte von Autorinnen und Autoren im Mittelpunkt, die die Geschichte der jungen Fachrichtung „Interkulturelle Bildung" *chronologisch* rekonstruieren, sei es in schlichter ‚Nacherzählung', sei es im Bemühen, sich dieser Geschichte kritisch zu vergewissern und ggf. Forderungen mit Blick auf zukünftige Entwicklungen daraus abzuleiten. Charakteristisch für diese Herangehensweise ist, dass versucht wird, den Verlauf der Entwicklung in mehrere Phasen zu unterteilen und diesen jeweils bestimmte Sichtweisen, Konzepte, Theorien zuzuordnen und sich ggf. auch selbst innerhalb dieses Prozesses zu verorten. Bei einigen Autorinnen und Autoren mündet diese diachronisch angelegte ‚Ordnung des Feldes' in der Beschreibung verschiedener pädagogischer Konzepte oder Diskussionslinien, die als zeitlich nebeneinander bzw. auch einander überschneidend vorgestellt werden, oder in Versuchen, neue Modelle der Interkulturellen Pädagogik zu entwerfen: eine „Pädagogik der Vielfalt" auf der Basis eines „egalitären Differenzbegriffs" (Prengel 1995[2], 2001) oder eine „Pädagogik der Anerkennung" (Kiesel 1996), der eine „Theorie der moralischen Urteilsbildung" und der „sozialen Perspektivübernahme" sowie eine „Moral der Anerkennung" zugrunde liegen (vgl. Kap. 4 und 5).

2.1 Die chronologische Darstellung

Den ersten Versuch zu einer chronologisch geordneten Darstellung der Herausbildung und Entwicklung der Fachrichtung Interkulturelle Bildung hat Wolfgang Nieke (1986) vorgelegt und in späteren Texten ergänzt[11] (Nieke 1992; 1995/ 2000[2]). Andere Autorinnen und Autoren haben diese chronologische Darstellung mit mehr oder weniger bedeutenden Varianten übernommen (vgl. Friesenhahn 1988; Niekrawitz 1990; Auernheimer 1990; 1995[2]; Marburger 1991; Hinz-Rommel 1994; Jungmann 1995; Griese 1995; Griese [Hrsg.] 2002; Kiesel 1996).

Nieke unterteilt die Geschichte der Interkulturellen Bildung in drei Phasen: Die erste Phase lässt er vom Ende der 1960er Jahre bis zum Ende der 1970er Jahre dauern und stellt sie unter die Überschrift „Ausländerpädagogik als Nothilfe". Die zweite Phase vom Ende der 1970er bis Anfang der 1980er Jahre übertitelt er mit „Kritik an der ‚Ausländerpädagogik'" und die dritte, die er noch in der ersten Hälfte der 1980er Jahre beginnen lässt, mit „Konsequenzen aus der Kritik: ‚Interkulturelle Erziehung'". Sein roter Faden durch die Geschichte ist nach eigenem Bekunden die Frage nach dem Fortgang der wissenschaftlichen Beschäftigung mit den Folgen der Migration für Bildung und Erziehung seitens der Erziehungswissenschaft, die in späteren Texten Niekes in den Entwurf eines eigenen Konzepts mündet.

In seinem Aufsatz von 1986 unterscheidet Nieke im ‚Rückblick auf die bisherigen Konzeptualisierungen der Auslandspädagogik zwei Phasen der Theoriebildung' und zeigt den „Beginn einer dritten Phase" an. Die erste Phase, deren Anfang er nicht datiert, überschreibt er mit „Ausländerpädagogik als kompensatorische Erziehung und Assimilationspädagogik"[12] und charakterisiert sie wie folgt:

> „Naheliegenderweise dominierte *anfangs* das Problem kaum vorhandener Deutschkenntnisse bei den ausländischen Schülern, die von den Eltern aus

---

[11] Die Phaseneinteilung kann deshalb ausgehend von dem frühen Ansatz her dargestellt werden.
[12] Die Überschriften zu den einzelnen Phasen sind in den späteren Publikationen teilweise leicht verändert.

den Heimatländern nachgeholt wurden, als erkennbar wurde, dass sie nicht nur für kurze Zeit in Deutschland bleiben würden. Es galt, den ausländischen Schülern möglichst schnell soviel Deutsch beizubringen, dass sie dem Unterricht überhaupt folgen konnten. Dies war eine Aufgabe, der sich die deutsche Schule *bisher* nicht hatte zu stellen brauchen.[13] Dabei machte man *zunächst* Anleihen bei Konzepten der Didaktik des Deutschen als Fremdsprache, also einer Fremdsprachendidaktik. *Je mehr* jedoch die Schüler ausländischer Herkunft bei längerem Aufenthalt in der Bundesrepublik außerhalb der Schule in ungesteuerter Weise Deutsch gelernt hatten, *desto stärker* musste an die Stelle der Fremdsprachendidaktik eine spezielle Didaktik des Deutschen als Zweitsprache treten. [...]

Dies jedoch erforderte eine schul- und unterrichtsorganisatorische Neuerung. Es wurden also *zunächst* Grund- und Hauptschulen, *später* auch an anderen Schulformen – spezielle Vorbereitungsklassen eingerichtet, in denen vor allem Deutsch, aber auch die zentralen Sachfächer unterrichtet wurden. Die besonderen didaktischen Probleme dieser Vorbereitungsklassen standen *zunächst* im Vordergrund der Konzeptualisierungen, die speziell auf dieses Problem eingingen und *bald* den Namen Ausländerpädagogik erhielten. [...] Dabei zeigte sich *bald* die Abhängigkeit der didaktischen und schulorganisatorischen Bemühungen von grundlegenden bildungspolitischen Zielsetzungen. Ausgehend von der ausländerpolitischen Maxime, die Bundesrepublik sei kein Einwanderungsland, wurde die bildungspolitische Doppelaufgabe formuliert, eine Integration in die deutsche Gesellschaft für die Dauer des Aufenthalts zu ermöglichen und zugleich die Rückkehrfähigkeit zu erhalten. [...]

Die Erhaltung der Rückkehrfähigkeit sollte durch das Angebot eines Muttersprachlichen Ergänzungsunterrichts gewährleistet werden. [...]

Bald wurde jedoch deutlich, dass diese anspruchsvolle Zielsetzung unter den gegebenen institutionellen Bedingungen des Bildungswesens nicht zu realisieren war. Die Ratlosigkeit der unterrichtenden Lehrer *führte dazu*, dass eine spezielle Qualifizierung in der Lehrerausbildung[14] und Lehrerfortbildung gefordert und auch angeboten wurde. [...] Damit geriet die *neu entstehende* Ausländerpädagogik in Gefahr größere Erwartungen zu wecken, als sie aktuell zu erfüllen in der Lage war.

Rückblickend lässt sich feststellen, dass diese erste Phase der Ausländerpädagogik den Ausgleich von Defiziten im Auge hatte und den Maßstab dafür ganz selbstverständlich aus dem deutschen Schulsystem bezog. Ohne dass ausdrücklich darauf Bezug genommen wurde, waren dies Konzepte

---

13 Vgl. dagegen Kapitel 3, insbesondere 3.3.3
14 Gemeint sind die Ende der 1970er/Anfang der 1980er Jahre an verschiedenen Hochschulstandorten eingerichteten Zusatzstudiengänge (vgl. Krüger-Potratz 2001a).

kompensatorischer Erziehung für Schüler, die aus soziostrukturellen Gründen benachteiligt sind. Die selbstverständliche Orientierung an den Anforderungen des deutschen Schulsystems führte dazu, dass mit diesen pädagogischen Bemühungen faktisch eine Assimilation – eine Anpassung an die selbstverständlichen Denkmuster, Werte und Normen der deutschen Majorität – betrieben wurde – auch wenn das den engagierten Pädagogen nicht immer klar war und abgestritten wurde. (Nieke 1986, S. 462 f. – Hervorh. M. K.-P.).

Die zweite Phase nennt Nieke „Kritik der Ausländerpädagogik und der Assimilationspädagogik" und lässt sie „etwa 1980" beginnen.

„*Seit etwa 1980* werden die bis dahin praktischen und konzeptionellen Bemühungen um Ausländerkinder scharf kritisiert. Diese Kritik fand ihren Ausdruck in dem Motto der Jahrestagung 1980 des VIA [...] ‚Wider die Pädagogisierung der Ausländerprobleme'. [...] Die *einsetzende* Rezession lenkte die Aufmerksamkeit von den pädagogischen Problemen auf deren Ursachen im gesellschaftlichen, vor allem im politischen Bereich.

Grundaussage dieser Kritik ist der Vorwurf, durch vorschnelle Hilfsangebote der Ausländerpädagogik werde der falsche Eindruck erweckt, dass durch diese Hilfen die Problematik wirksam und zufriedenstellend gelöst werden könnte. [...]

Wesentliche Impulse erhielt die Diskussion über interkulturelle Erziehung und Bildung [...] aus den Ländern mit *längerer* Tradition in der besonderen pädagogischen Förderung sprachlicher und kultureller Minderheiten: vor allem aus Großbritannien, Kanada, Frankreich, Schweden und den Niederlanden. In diesen Ländern wird auf jeden Versuch einer schnellen und endgültigen Assimilation der Minoritäten an die Kultur der Majorität verzichtet: Ziel ist vielmehr die Erhaltung der kulturellen, ethnischen Identität bei gleichzeitiger Handlungsfähigkeit im durch die Majorität dominierten und definierten öffentlichen Alltagsleben [...]. Die pädagogische Konsequenz aus dieser Einsicht besteht in der Ablehnung aller Versuche, die in soziologischem Kontext als Assimilation und Akkulturation zu verstehen sind [...] und in der Maxime, statt dessen das gegenseitige Verstehen zu fördern" (Nieke 1986, S. 463 f. – Hervorh. M. K.-P.).

In der Bundesrepublik, so Nieke weiter, zeichneten sich hierfür *gegenwärtig* (1986) zwei Richtungen ab, die Hohmann in einem Aufsatz des gleichen Jahres „begegnungsorientiert" und „konfliktorientiert" genannt habe. In der erstgenannten Richtung, so Nieke Hohmann zitierend, vertrete die „interkulturelle Erziehung den hochgreifenden, wenn nicht utopischen Anspruch auf kulturellen Austausch und kulturelle Bereicherung im Verhältnis zwischen kulturell unterschiedlichen Gruppen" befördern zu können. Im zweiten Fall handele es sich um einen „Ansatz, der sich die Beseitigung von Barrieren zum Ziel setzt, die der

Entwicklung einer multikulturellen Gesellschaft entgegenstehen: die Bekämpfung von Ausländerfeindlichkeit, Diskriminierung und Rassismus, die Beseitigung von Ethnozentrismus und Vorurteilen, aber auch die Herstellung von Chancengleichheit als Voraussetzung für die angestrebte Begegnung der Kulturen" (Hohmann 1986, zit. nach Nieke 1986, S. 464).

Damit leitet Nieke zu der sich ankündigenden dritten Phase, die er mit „Interkulturelle Erziehung für eine multikulturelle Gesellschaft" überschreibt, über. Kennzeichnend für diese neue Phase sei es, dass die Tatsache der sich herausbildenden multikulturellen Gesellschaft akzeptiert und von einem dynamischen Kulturbegriff ausgegangen werde. Anschließend weist er nur noch darauf hin, dass sich verschiedene „Ansätze Interkultureller Erziehung" abzeichneten, deren Vertreterinnen und Vertreter davon ausgingen, „daß alle Kulturen [...] eine selbstverständliche Existenzberechtigung hätten, aber dass darüber gestritten würde, wie das Verhältnis von Kultur und Gesellschaft zu fassen sei. Sein 1986 gezogenes Fazit: Diese – für die dritte Phase kennzeichnenden – Diskussionen seien

> „sehr abstrakt und theoretisch teilweise sehr vorrausetzungsreich. Noch ist nicht absehbar, wie sie für konkrete Konfliktsituationen in der Praxis interkultureller Erziehung nutzbar gemacht werden können. Am leichtesten lässt sich das für den Menschenrechtsansatz vorstellen: abzulehnen wären alle Elemente einer Migrantenkultur, die Menschenrechte verletzen" (Nieke 1986, S. 465).

Nieke beendet seinen Versuch einer Geschichte der interkulturellen Erziehung mit einer Zusammenstellung der Perspektiven und Aufgaben für die nächste Zeit, einmal „Aufgaben mit Blick auf die Minorität" und einmal „Aufgaben mit Blick auf die Majorität" (Nieke 1986, S. 466-470).

In seinen späteren Publikationen schreitet Nieke mit der Zeit voran und fügt weitere Phasen hinzu. In seinem Buch „Interkulturelle Erziehung und Bildung – Wertorientierungen im Alltag" (1995/2000^2) fügt er eine vierte und fünfte Phase an.[15] Charakteristisch für die vierte Phase sei die „Erweiterung des Blickes auf die ethnischen Minderheiten" – so auch die Überschrift für die undatierte, aber den zitierten Veröffentlichungen nach Anfang bis Mitte der 1990er Jahre angesetzte Periode. Zum einen sei der Blick auf die autochthonen Minderheiten (Dä-

---

[15] Er betont, dass er die Kritik Auernheimers, seine „1986 erstmals vorgestellte Einteilung [sei] zu unilinear" akzeptiere, aber schließlich müsse „jeder Versuch einer *solchen* Einteilung von komplexen, uneinheitlichen und ineinander verschränkten Diskussionsverläufen [...] unvermeidlich stark vereinfachen. Dennoch", so Nieke seine ‚Ordnung' verteidigend, „hätten solche Einteilungen eine orientierende Funktion, und sei es, dass sie zum Widerspruch reizen" (Nieke 2000^2, S. 14). – Dass möglicherweise eine andere Art der ‚Ordnung' eher geeignet sein könnte, die Komplexität und die Verschränkungen abzubilden, wird von Nieke nicht weiter reflektiert.

nen und Sorben) sowie auf die Sinti und Roma gelenkt worden, ferner auf die Flüchtlinge und „grundsätzlich weitergedacht" habe

> „ein solcher Blick über die ethnischen Minderheiten hinaus zu strkturell benachteiligten und als andersartig definierten Gruppierungen in der Gesellschaft [geführt], ohne daß diese Gruppierungen zahlenmäßig in der Minderheit sein müssen: auf Behinderte und Frauen [...], aber auch auf sexuell Andersartige und gebrechliche Alte" (Nieke 2000², S. 18 f.).

Eine Begründung für diese ‚Blick-Erweiterung' und ein zumindest knapper Hinweis darauf, wie sie sich auf die Theoriebildung in der Interkulturellen Pädagogik oder in anderen Bereichen ausgewirkt hat, fehlen. Stattdessen folgt die fünfte Phase mit dem Titel „Interkulturelle Erziehung und Bildung als Bestandteil von Allgemeinbildung". Während er die vierte Phase unter Verweis auf Arbeiten aus der sozial- und erziehungswissenschaftlichen Forschung charakterisiert, stellt er bei der fünften Phase bildungspolitische und didaktische Texte in den Mittelpunkt, insbesondere die KMK Empfehlungen von 1996 „Interkulturelle Bildung und Erziehung in der Schule". Zentral für diese Phase sei zum einen die

> „Einsicht [...], daß eine Vorbereitung auf ein Zusammenleben von Angehörigen verschiedener Lebenswelten in einer pluralen und damit auch multikulturellen Gesellschaft – und das heißt eben interkulturelle Erziehung – selbstverständlicher und obligatorischer Bestandteil aller Bildungsbemühungen sein soll" (Nieke 2000², S. 19).

Zum anderen wirke sich der Prozess der Einigung Europas auf das Bildungssystem dahingehend aus,

> „daß hier neben der bisherigen Institutionenkunde die Anforderung der Vorbereitung auf die europaweite Mobilität vor allem der künftigen Arbeitnehmer verstärkt in den Blick genommen wird [und] unter der Aufgabenbezeichnung *Erziehung für Europa* wird dann auch die Interkulturelle Erziehung und Bildung thematisiert" (Nieke 2000², S 19 f.; Hervorh. im Orig.),

da Europa als sprachlich-kulturell ausdifferenzierter Raum (Nieke spricht vom Europa der Regionen) zu verstehen sei.

In seiner Beschreibung der Phasen drei bis fünf verzichtet Nieke auf Datierungen und damit auch auf die Markierung von Wendepunkten in der Diskussion, außer – wie schon zuvor – im Fall der ersten und zweiten Phase. Hier bleibt er bei der – historisch nur bedingt richtigen – Aussage, dass die „Aufgabe, [...] den ausländischen Schülern möglichst schnell soviel Deutsch beizubringen, daß sie dem Unterricht überhaupt folgen konnten", eine „neuartige Aufgabe" gewesen sei, und der Wendepunkt von der „Ausländerpädagogik" zur „Interkulturellen

Pädagogik" wird weiterhin mit dem Datum der Jahrestagung des VIA in Verbindung gesehen (Nieke 2000[2], S. 14).

2.2 Die chronologische Darstellung – plausibel, aber problematisch

Die am Beispiel des 1986er Aufsatzes von Nieke (einschließlich der Ergänzungen von 2000[2]) vorgestellte chronologische Darstellung erscheint auf den ersten Blick plausibel: Sie ist eingängig und – sofern Bezüge zur Zuwanderungs- und Ausländerpolitik hergestellt werden – macht sie darüber hinaus auf den Zusammenhang zwischen Politik und Pädagogik aufmerksam, so zum Beispiel bei Siewert (1980). Sie hat jedoch den Nachteil, dass der Eindruck von einem etappenförmigen Entwicklungsablauf entsteht. Dies wiederum verleitet dazu, jeder Etappe resp. Phase bestimmte Denk-, Handlungs- und Entscheidungsmuster zuzuordnen und sich die Geschichte der Interkulturellen Bildung so vorzustellen, als seien mit Beginn der jeweils neuen Phase die alten Denk- und Handlungsmuster ‚verschwunden' bzw. als könne man sie als ‚überholt' zurückweisen.

Ein weiteres Problem ist, dass die Kriterien, nach denen die Ereignisse, die Anfang oder Ende einer Phase markieren sollen, in den entsprechenden Publikationen nicht hinreichend durchdacht sind. Mal werden *bildungspolitische* Maßnahmen als ‚Wendepunkt' gewählt, mal wird auf *Tagungen* verwiesen, weil deren Titel sich eignen, um die neue Sichtweise zu charakterisieren bzw. eine neue Problemdefinition anzuzeigen, oder es wird der Beginn eines *Forschungsschwerpunktprogramms* als Wendemarke genutzt (vgl. Nieke 1992; Niekrawitz 1990; Marburger 1991; Kiesel 1996; Prengel 1993 resp. 1995[2]), bis hin zu Darstellungen, in denen der Autor meint, den Diskussionsverlauf entlang der *eigenen Wissenschaftler-Biographie* strukturieren zu können (vgl. Griese 1995; 2002). Eine Reihe der Autorinnen und Autoren ist sich zwar dieser Problematik bewusst, setzt sich aber damit nicht explizit auseinander bzw. verzichtet darauf, die Konsequenzen aus ihrer kritischen Distanzierung zu ziehen (vgl. Auernheimer 2003, S. 34 ff.), oder aber sie beenden ihre Kritik mit einem Vorschlag für eine andere ‚Ordnung des Feldes', die letztlich doch nur auf eine weitere Phaseneinteilung hinausläuft (vgl. Roth 2002) bzw. als solche gelesen werden kann (vgl. Diehm/Radtke 1999). Dies wird im Einzelnen noch weiter unten erläutert.

Die Idee von Phasen oder Etappen, in die sich der Weg *‚... von der Ausländerpädagogik zur Interkulturellen Pädagogik ...'* einteilen ließe, verführt zu mehr oder weniger impliziten Wertungen. Niekes Text wie auch die Darstellungen anderer Autorinnen und Autoren lesen sich wie eine Fortschrittsgeschichte. Zwar wird nicht explizit von Fortschritt gesprochen, aber die Darstellungsweise suggeriert eine fortschreitende Verbesserung der Situation: Immer mehr Personen hätten sich des ‚Ausländerproblems' angenommen, die Problemdefinition und damit auch die Problemlösung seien immer genauer geworden, alte Sichtweisen seien verworfen worden usw. Ein Beispiel dafür ist die folgende Textpassage aus einem Vortrag, den Helga Marburger im Rahmen einer Ringvorlesung im Wintersemester 1990/91 an der Humboldt-Universität Berlin gehalten hat.[16] Der Sprachduktus bzw. die Verwendung bestimmter Konjunktionen, Adverbien und Verben (im Zitat kursiv gesetzt) lassen vor den Augen der Hörer/Leser das Bild einer in Bewegung geratenen, um Fortschritt bemühten Szene entstehen: Praktiker, Bildungsbehörden, Stiftungen, Hochschullehrer usw. – sie alle waren daran beteiligt, die Entwicklung *voran*zutreiben:

> „Diese praktische Arbeit der Initiativgruppen und Modellprojekte *hielt* die Diskussion um die Situation der Migrantenkinder *in Gang* [...] *Anfangs* dominierten die Bemühungen *einzelner* HochschullehrerInnen, entsprechende Aspekte in ihre Lehrveranstaltungen miteinzubeziehen, *später* werden *ganze* Vorlesungen und Seminare diesem Thema gewidmet, und *schließlich* werden Professuren eingerichtet und Institute gegründet, die sich *ausschließlich* diesem Arbeitsgebiet widmen. Eine *neue* erziehungswissenschaftliche Subdisziplin *entsteht*: die Ausländerpädagogik. Eine *Vielzahl* von Forschungsarbeiten *bemüht sich um die Erhellung* des sozio-kulturellen Hintergrunds der Migrantenkinder, um die *Klärung* familialer, schulischer und außerschulischer Bedingungen in den verschiedenen Herkunftsländern, *andere sondieren* das familiale Wert- und Normgefüge, die Erziehungspraxen in der Migration und *analysieren* die Identitätsentwicklung und Sozialisationsbrüche und -konflikte, die ein Leben ‚zwischen den Kulturen' mit sich bringt. Ein weitaus größerer Forschungsbereich *entwickelt sich* zum Prozeß des Zweitsprachenerwerbs der Migrantenkinder und um die Didaktik des Faches Deutsch als Fremdsprache. Schließlich *bemüht man sich* um die theoretische Fundierung von Förderkonzepten, die die schulische und soziale Eingliederung der sog. ‚zweiten Generation' erleichtern sollen. *All dies fließt ein* [in] die Aus- und Fortbildung von LehrerInnen und SozialarbeiterInnen" (Marburger 1991, S. 26; Hervorh. M. K.-P.).[17]

Andere Autoren hingegen schätzen – mit Blick auf die gleichen Aktivitäten – die Entwicklung pessimistischer ein. Sie zeichnen eher das Bild einer Geschichte uneingelöster Erwartungen und Versprechen und deuten die Gefahr der Stagnation bzw. des Scheitern an; hierzu zwei Beispiele: Dodenhoeft und Reuter haben 1988 eine umfangreiche Analyse der bis zu diesem Zeitpunkt erschienenen Literatur zur Lebens- und Bildungssituation von Migrantinnen und Migranten vorgelegt, die sie zu dem Schluss kommen lässt,

---

[16] Die Ringvorlesung sollte speziell Studierende und interessierte Lehrerinnen und Lehrer aus Ost-Berlin mit Fragen der Interkulturellen Pädagogik bekannt machen.

[17] Nicht so nachdrücklich macht dies auch Nieke 1986; vgl. weiter oben die in Kap. 2.1 zitierten Passagen, in denen er die erste und zweite Phase beschreibt.

> „daß *trotz* zahlreicher Modellversuche und Projekte, dokumentierter Praxisbeispiele, eingerichteter Institute und entwickelter Studiengänge mit Schwerpunkten zur Ausländerpädagogik und Ausländerarbeit die interkulturelle Perspektive *eher undeutlicher* geworden, und die Diskussionen *kaum weitergekommen* sind; polemisch formuliert: Der Begriff legitimiert ein schier unbegrenztes Forschungs- und Publikationsfeld für Erziehungs- und Sozialwissenschaftler, die nur der Konsens über die Notwendigkeit interkultureller Bildung eint" (Reuter/Dodenhoeft 1988, S. 105; Hervorh. M. K.-P.).

Unter Berufung auf eine Reihe von Autoren beschreiben sie den Stand der Diskussion Ende der 1980er Jahre mit Termini wie:

> „Begriffs*verwirrung*, *Defizite* in Didaktik, Curriculumentwicklung und sorgfältiger Praxisanalyse. Es herrscht Übereinstimmung, dass Interkulturelle Bildung *mehr Ziel als Realität* […], eher allgemeines Prinzip als didaktische Vorgabe […], kurzum, ein Postulat ‚an sich' darstellt, um das […] eine unpolitische und beispielarme Debatte geführt [wird]. Das Dilemma, konkrete Unterrichtsmaßnahmen auf eine Konzeption zu gründen, die nichts anderes sein soll als ein ‚allgemeines Prinzip' […], ist offenkundig; und schließlich dürfte auch das Urteil, von einigen Beispielen abgesehen, nicht falsch sein, *die interkulturelle Bildungspraxis löse die selbstgewählten Ansprüche nicht ein*" (Reuter/Dodenhoeft 1988, S. 105 f.; Hervorh. M. K.-P.).

Eine andere skeptische Einschätzung stammt wenige Jahre später von Schreiner, der sich im Bayerischen Lehrer- und Lehrerinnenverband für Fragen der interkulturellen Erziehung engagierte. Er sieht sich Anfang der 1990er Jahre ernüchtert, wenn nicht gar enttäuscht. Denn einerseits

> „müsse man angesichts ausländerfeindlicher Tendenzen bei Jugendlichen aller Schularten feststellen, dass die interkulturelle Erziehung *offensichtlich nicht das gebracht hat, was man von ihr erwartete*" und „andererseits werde sich die (Ausländer-)pädagogik immer mehr bewußt, daß sie angesichts der politisch gewollten Vorgaben durch das Ausländerrecht mit ihrem Idealbild des interkulturell erzogenen Bürgers in einer gewollten multikulturellen Gesellschaft *so lange einer Chimäre hinterherläuft*, bis die politischen und rechtlichen Voraussetzungen für eine multikulturelle Gesellschaft geschaffen sind" (Schreiner o. J. [1992], S. 77; Hervorh. M. K.-P.).

Deshalb, so Schreiners Schlussfolgerung in Verwechslung von Politik und Pädagogik, werde die interkulturelle Erziehung, sofern sie die Gleichstellung der Migrantinnen und Migranten nicht erreiche,

> „als eine pädagogische Episode in die Geschichte eingehen, ja weit schlimmer noch: zur Verharmlosung und Verschleierung bestehender gesellschaft-

licher Unterschiede mißbraucht werden können" (Schreiner o. J. [1992], S. 78; Hervorh. M. K.-P.).

1994 zieht Hans-Heinz Reich, Mitbegründer der ersten, 1973 gegründeten Forschungsgruppe im Bereich Interkulturelle Bildung[18], Bilanz und stellt unter Einbeziehung der Entwicklung in England und Frankreich fest, dass die „interkulturelle Pädagogik ihre Nothelferfunktion erfüllt und ihre Blütezeit gehabt habe". Einige Erfolge hätte sie erzielt: Sie habe „institutionelle Änderungen" bewirkt, die „man als partielle Anpassung der Bildungsprobleme an die gesellschaftliche Pluralisierung deuten" könne. Sie habe außerdem Spuren in den Schulbüchern hinterlassen und in einer

> „theoretisch nicht mehr zurücknehmbaren Weise gezeigt, wie einseitig die kommunikativen, curricularen und institutionellen Traditionen in den Schulen der Nationalstaaten waren, und wie monokulturell viele pädagogische Theorien, die so gerne im Mantel des Allgemeinen daherkommen" gewesen sind (Reich 1994, S. 22).

Gleichzeitig beschreibt er die weitere Erfolge verhindernden Gegenkräfte und die Mitte der 1990er Jahre laufenden Kontroversen. Seine vorsichtigpessimistische Bilanz läuft auf eine Präzisierung der noch anstehenden Aufgaben hinaus, die die interkulturelle Bildung jedoch nicht allein, sondern nur durch ihre „Einfügung in die dynamische Entwicklung des Faches [Erziehungswissenschaft] insgesamt" (Reich 1994, S. 24; vgl. Kap. 1.6) und nicht ohne Unterstützung der Politik lösen könne.

In ähnlicher Weise argumentiert Roth Anfang der 2000er Jahre. Für ihn steht fest, dass – ungeachtet aller Kritik – inzwischen erkennbar sei, dass

> „die ‚Zentralität' des Interkulturellen als Schlüsselqualifikation einer Bildungstheorie im Übergang zum 21. Jahrhundert ins Bewusstsein verschiedener Fachdisziplinen vorgedrungen ist", wenn auch „mit Blick auf die Erziehungswirklichkeit […] der Erfolg interkulturellen Lernens und interkultureller Erziehung […] noch nicht allzu weit gekommen [ist]. Genau genommen fängt die Arbeit jetzt erst an: zu einem Zeitpunkt, wo nicht mehr nur engagierte Einzelne interkulturell arbeiten, sondern zudem sich die Notwendigkeit interkulturellen Denkens als differenzoffene Haltung erst allgemein durchzusetzen scheint" (Roth 2002, S. 3).

Zusammenfassend ist festzuhalten: Die mit den chronologisch angelegten Beschreibungen der Herausbildung und Entwicklung des Arbeits- und Forschungsgebiets Interkulturelle Bildung explizit oder implizit mitgeteilten Bewertungen dieser Geschichte reichen von der Konstatierung eines unaufhaltsamen Fort-

---

[18] Gemeint ist die Forschungsgruppe ALFA (Ausbildung von Lehrern für Ausländerkinder), die u. a. eine Reihe europäischer Modellversuche evaluiert hat.

schritts über skeptische Rückblicke mit vorsichtig-optimistischer Prognose bis zum Hinweis auf Anzeichen von Stagnation und der Gefahr des Scheiterns. Zu unterscheiden sind Darstellungen, die einen Überblick über die Entwicklung der Fachrichtung geben wollen (wie zum Beispiel Nieke) und durch die chronologische Anlage – mal mehr, mal weniger nachdrücklich – den Eindruck einer linear verlaufenden Entwicklung vermitteln, von Texten, in denen der Rückblick wie zum Beispiel bei Reich lediglich dazu gedacht ist, Bilanz zu ziehen. Erstere bieten eine ‚Ordnung des Feldes' an, letztere versuchen eine Standortbestimmung im Feld.

2.3 Ein Blick auf die Varianten innerhalb der chronologischen Darstellung

In den Publikationen (resp. Passagen in Publikationen), in denen die Geschichte der Interkulturellen Bildung chronologisch nachgezeichnet wird, wird die Phaseneinteilung von Nieke zwar kritisiert, aber vielfach nur dahingehend, dass die Zahl der Phasen als zu klein oder zu groß angesehen oder andere zeitliche Einschnitte gesetzt werden. So hat Helga Marburger zum Beispiel der ersten Phase von Nieke eine „überschriftslose Vorphase" vorangestellt. In dieser Zeit – so Marburger – habe es zwar schon Erlasse und andere Regelungen zum Unterricht für ausländische Kinder und Jugendliche gegeben, aber das Thema der ‚Ausländerbeschulung' habe noch keine nennenswerte Rolle gespielt. Denn, so ihre ‚Begründung', „die ersten zahlenmäßig kaum ins Gewicht fallenden sog. Gastarbeiterkinder [seien] ohne viel Aufhebens in ihrem Alter entsprechende Volksschulklassen eingewiesen und dank der meist intensiven Zuwendung engagierter Lehrerinnen und Lehrer in der Regel auch ohne größere Probleme ins Schulleben integriert" worden (Marburger 1991, S. 23). Mit der Titelwahl „überschriftslose Phase" und der Charakterisierung dieser Phase erweckt sie den Eindruck, als hätten Bildungspolitik und Pädagogik sich ‚neutral' verhalten (vgl. Kap. 2.4) und implizit bekräftigt sie die Idee, dass die Schule erstmals nach dem Zweiten Weltkrieg mit dem ‚Phänomen Ausländerkind' konfrontiert gewesen sei.

Auch Schreiner meint, dass sich in der „kurzen, aber spannenden Geschichte der sogenannten Ausländerpädagogik" zwischen 1965 und 1992 vier Phasen unterscheiden ließen: eine erste Phase des „unreflektierten Pragmatismus" (1965 bis 1975), eine zweite des „Streits um Modelle" (1975 bis 1981), eine dritte der „interkulturellen Erziehung für eine multikulturelle Gesellschaft" (die er 1982 beginnen und bis in die Zeit des Erscheinens seines Artikels andauern lässt) und schließlich eine vierte „vom interkulturellen Lernen zur Gleichberechtigung", die noch in der Zukunft liege, aber schon in Form von Forderungen gegenwärtig sei (Schreiner o. J. [1992], S. 78, 82, 85). Anstelle von Begründungen bietet er Feststellungen, so zum Beispiel wenn er schreibt: „Spätestens ab 1973 wurde erkannt, daß die so gut gemeinte Ausländerpädagogik [...] gescheitert ist", oder:

„Anfang der 80er Jahre verlagerte sich die Diskussion auf die Forderung: Eine multikulturelle Gesellschaft braucht interkulturellen Unterricht" (Schreiner o. J. [1992], S. 78, 82).

Besonders deutlich wird die Problematik der Merkmalsbestimmung für die jeweils gewählte Periodisierung bei Griese. In seinem 1995 veröffentlichten Artikel „Von der ‚Gastarbeiterforschung' zum ‚interkulturellen Lernen'" (vgl. auch Griese 2002, S. 5-9), in dem er die „Geschichte der wissenschaftlichen Reaktionen auf Einwanderungsprozesse in der Bundesrepublik Deutschland" anhand seiner *eigenen* Beschäftigung mit dem Thema „Ausländer, Migration, Gastarbeiter" darstellt, unterscheidet er fünf Phasen. Als Anfangs- und Endpunkt der jeweiligen Phase wählt er mal Ereignisse aus seiner eigenen (wissenschaftlichen) Biographie, mal Publikationen, die *er* als ‚Wendemarken' ansieht. Das Ergebnis ist eine egozentrische Periodisierung. Die erste Phase, die er ‚Gastarbeiterforschung' nennt, lässt er 1971 mit *seiner* Einstellung als wissenschaftlicher Mitarbeiter in einem Forschungsprojekt zur „Sozialisation und Akkulturation ausländischer Kinder in der Bundesrepublik Deutschland" beginnen. Zuvor – so Griese zur Begründung dieser Datierung – habe es „so gut wie keine" entsprechende Forschung gegeben, denn *er*, der „zwischen 1966 und 1971 Soziologie, Psychologie und Pädagogik" studierte, habe nichts darüber gehört. Die zweite Phase mit dem Titel „Ausländerpädagogik" setzt nach seinem Verständnis mit dem 1974 erschienenen Buch „Ausländerkinder in deutschen Schulen" ein[19]. Diese Phase sei

> „auf der *einen* Seite eine Integrations- und Defizitpädagogik gewesen mit Schwergewicht auf schulischen Fragen [...,] wobei der Integrationsbegriff nicht kritisch hinterfragt wurde. Auf der anderen Seite gab [es den] Versuch einer sozialwissenschaftlichen Analyse und einer empirischen Untersuchung der Situation der Kinder der zweiten Generation" (Griese 1995, S. 72; Hervorh. im Orig.).

Mit letzterem ist die (viel kritisierte) Studie von Schrader, Nikles und Griese (1976) gemeint, an der er ab 1971 mitgearbeitet hat (siehe oben). Für die dritte Phase folgt er weitgehend Nieke, nur dass für ihn wiederum *sein* Referat mit dem Titel „Wider die Pädagogisierung des Ausländerproblems" als Markierungspunkt dient (vgl. Griese 1995, S. 76). Unklar wird die weitere Periodisierung. Einerseits lässt er die vierte Phase „etwa [...] Mitte der 80er Jahre" beginnen und bis zum Zeitpunkt der Abfassung *seines* Beitrags, d. h. 1995, andauern. Er sieht sie durch das „Zweigespann von ‚Interkultureller Pädagogik' und ‚Multikultureller Gesellschaft'" charakterisiert (Griese 1995, S. 87). Zugleich meint er feststellen zu können, dass „wir [...] heute [also Mitte der 1990er Jahre] viel-

---

[19] Die Zuordnung der Publikation zu Herbert R. Koch (vgl. Griese 1995, S. 67, Anm. 7) ist nicht korrekt; das Buch von Herbert R. Koch ist 1970 erschienen; sein Titel „Gastarbeiterkinder in deutschen Schulen". Herausgeber des Buches von 1974 ist Hermann Müller.

leicht schon im Übergang zu einer *neuen Phase* [sind], die einen neuen Schwerpunkt setzt" und sich dadurch auszeichne, dass in ihr „scharfe Kritik an der unrechtmäßigen Reduktion von Gesellschaft und Kultur" geübt werde. In seinem Ausblick kommt er schließlich noch auf diese neue Phase zu sprechen, die sich seit 1989/90 andeute, sich aber noch nicht habe durchsetzen können und die er glaubt, mit den Begriffen „Migration und Rassismus" kennzeichnen zu können (vgl. Griese 1995, S. 88 f.).

In seinem 2002 erschienenen Buch, dessen Titel seiner Charakterisierung dieser fünften Phase entspricht („Kritik der ‚Interkulturellen Pädagogik'. Essays gegen Kulturalismus, Ethnisierung, Entpolitisierung und einen latenten Rassismus"), und das nichts anderes als eine Sammlung seiner veröffentlichten und unveröffentlichten Artikel aus den Jahren 1981 bis 2000 ist, versucht er seine ‚Prognose' mit zwei Beiträgen aus dem Jahr 2000 einzulösen. In der Einleitung vermerkt er nun allerdings, dass seit Ende der 1980er Jahre für ihn „keine eindeutige Phasenentwicklung" mehr erkennbar sei, sondern „mehrere verschiedene Konzepte, Theoreme, Begriffskonstrukte nebeneinander" existierten (Griese 2002, S. 8).

Die ausführliche Darstellung der verschiedenen Geschichtsrekonstruktionen soll die chronologische Darstellungsweise insgesamt nicht als eine rein willkürliche abstempeln, wohl aber nachdrücklich verdeutlichen, dass alle bisher vorgeschlagenen Periodisierungen und die dafür angeführten Begründungen und Belege für eine disziplingeschichtliche Darstellung in vielerlei Hinsicht problematisch sind (vgl. Krüger-Potratz 1994b). Bislang liegt kein Vorschlag für eine Periodisierung vor, die so gewählt und begründet ist, dass sie die Entwicklungen auf den verschiedenen Ebenen (Bildungspolitik, Praxis und Wissenschaft) berücksichtigt und die ‚kurze Geschichte' in die Entwicklungen der Erziehungswissenschaft als Disziplin einbindet.

Auernheimer kritisiert zwar in seiner zweiten Auflage der „Einführung in die interkulturelle Erziehung" (1995^2) die von Nieke vorgenommene Phaseneinteilung, da sie „das Bild einer unilinearen Entwicklung" suggeriere und „einige Kontroversen" unterschlage. Doch sein eigener Vorschlag läuft schließlich auch nur auf eine Variation der Phaseneinteilung hinaus, allerdings mit dem Unterschied, dass er deutlicher als Nieke in der zweiten und dritten Phase zwischen den verschiedenen Diskussionslinien und Konzepten trennt:

> „Vielleicht wird man dem tatsächlichen Diskussionsverlauf seit den 1980er Jahren eher gerecht, wenn man konstatiert, dass sich in der zweiten Phase aus der Negation der ersten Phase zwei kontroverse Linien entwickeln: eine Gruppe von Wissenschaftlern sieht in der rechtlichen und sozialen Benachteiligung der Ausländer das ausschlaggebende Problem und damit die Lösung vor allem in der strukturellen und sozialen Integration, d.h. der Angleichung von Sozialchancen, wobei kulturelle Fragen eher in den Hintergrund treten. Man argwöhnt sogar, dass Schlagworte wie ‚Kulturkonflikt'

eher die eigentlichen Probleme verdecken (Hamburger u. a. 1984; Hamburger 1988). Dem stehen Positionen gegenüber, bei denen die Hauptaufgabe in der interkulturellen Erziehung gesehen wird, verbunden mit der Zuversicht, dadurch wesentlich zum Abbau von Diskriminierung und zur Verständigung beizutragen. Adressaten der interkulturellen Erziehung in diesem Sinne sind – anders als bei der kompensatorisch ausgerichteten Ausländerpädagogik – sowohl einheimische wie ausländische Kinder. Daneben schält sich im Verlauf der 80er Jahre in zum Teil heftiger Kontroverse mit integrationistischen Vorstellungen eine Position heraus, die auf die stärkere Berücksichtigung der Muttersprache und überhaupt der Herkunftskultur bzw. Migrantenkultur im Bildungsgang der ausländischen Kinder drängte. Für diese Position setzten sich verständlicherweise sehr stark ausländische Eltern, Lehrer, Wissenschaftler, Publizisten und Vertreter von Immigrantenverbänden ein. Der Leitbegriff hierfür hieß ‚bilingual-bikulturelle Bildung' (vgl. Bundesarbeitsgemeinschaft der Immigrantenverbände, BAGIV 1985). Dieses Konzept wurde nicht als ausschließende Alternative zur interkulturellen Erziehung verstanden, wenngleich sich bei der Realisierung einige Widersprüche zu deren Zielsetzung ergeben dürften, wenn man an die [dafür] unvermeidliche zeitweilige Trennung der Schüler nach Sprachgruppen denkt" (Auernheimer 1995[2], S. 10; in leicht veränderter Form 2003, S. 40).

Die weitere Entwicklung der dritten Phase ordnet Auernheimer dann einmal nach Zielgruppen und zum anderen nach Themen. So seien Ende der 1980er Jahre der Pädagogik „mit der stark anschwellenden Zahl der Aussiedler aus osteuropäischen Ländern neue Aufgaben" zugewachsen und seit Anfang der 1990er Jahre beherrsche die

> „Auseinandersetzung mit dem jugendlichen Rechtsextremismus die pädagogische Diskussion, allerdings ohne an die Debatte über interkulturelle Erziehung anzuschließen. Die beiden Diskurse sind bislang miteinander kaum verknüpft. Sonst ließe sich von einer vierten Phase sprechen" (Auernheimer 1995, S. 11; vgl. Auernheimer 2003, S. 40).

Dies führt er in der dritten, stark überarbeiteten Auflage (2003) bis in die späten 1990er Jahre fort, trennt nun aber zwischen dem allgemeinen Diskussionsverlauf seit 1970, für den er weitgehend die Einleitung nach Phasen (Etappen) und Diskussionslinien beibehält und den Entwicklungen in verschiedenen Feldern: Bildungspolitik, „pädagogischer Alltag", Aus- und Fortbildung von Lehrkräften, interkulturelle Öffnung der sozialen Dienste. Hier arbeitet er nicht mit Phaseneinteilungen, sondern erzeugt den Eindruck von ‚historischer Dynamik' über die Kombination von Jahresdaten. Damit gelingt es ihm einerseits den Leserinnen und Lesern einen Eindruck von ‚Bewegung' in den verschiedenen Feldern zu vermitteln. Andererseits besteht die Gefahr, dass Ursache-Wirkungs-Zusammenhänge gesehen werden, wo der Autor lediglich zeitlich korrekt Ereignisse hintereinander ordnet:

> „1977 gab die Richtlinie des Rats der Europäischen Gemeinschaft zur ‚Verbesserung der Bedingungen für die Freizügigkeit der Arbeitnehmer' noch einmal den Anstoß zur Verbesserung der Aus- und Fortbildungsangebote für Lehrerinnen. 1978 wurde der erste Studiengang an der Erziehungswissenschaftlichen Hochschule Landau als Ergänzungsstudiengang eingerichtet. In den folgenden Jahren ist eine starke Expansion der Ausländerpädagogik als Lehr- und Forschungsgebiet zu verzeichnen" (Auernheimer 2003, S. 47).

Auch andere aus der Kritik an Nieke oder an anderen Modellen entwickelten Vorschläge stellen sich bei näherem Hinsehen als Varianten, aber nicht als Alternativen zur chronologischen Ordnung heraus. Ein Beispiel ist Roths Auseinandersetzung mit der Problematik der chronologischen Modelle in seiner Schrift „Kultur und Kommunikation" (2002). Er diskutiert verschiedene Modelle über Migrations- und Integrationsverläufe aus der soziologischen, politikwissenschaftlichen und erziehungswissenschaftlichen Literatur und deren Tauglichkeit im Hinblick auf die bildungspolitische und pädagogische Diskussion. Er kommt zu dem Schluss, dass Parallelen zur bildungspolitischen Entwicklung gezogen werden könnten, nicht aber zum Verlauf der pädagogischen Diskussion, da

> „bei solchen Betrachtungen […] Einzelschicksale außen vor [bleiben], individuelles Leiden und individuelle Problemlösungen werden nicht berücksichtigt. Mit diesen jedoch hat es die Pädagogik in besonderer Weise zu tun. Außerdem spielt für die Pädagoginnen und Pädagogen gerade die private Lebensgestaltung ihrer Klientel eine bedeutende Rolle, da diese immer wieder auf die Realisierung des sozialen Systems Schule durchschlägt. Eltern und Kinder unterscheiden eben nicht zwischen ihrer strukturellen und sozial-emotionalen Integration, sondern sehen beides in einem unmittelbaren Zusammenhang" (Roth 2002, S. 31).

Dieses Argument müsste jedoch erst mit der Entwicklung in der pädagogischen Theoriebildung verbunden werden, denn der Rückzug auf den ‚pädagogischen Bezug' ist kein hinreichender Grund, eine – wie auch immer gestaltete – Periodisierung der Disziplingeschichte abzulehnen. Außerdem verzichtet auch Roth letztlich nicht auf ein Phasenmodell, nur dass er eine Einteilung in zwei Phasen für richtig hält, da die von Nieke markierten „Phasen zwei und drei sowie auch die Phasen eins und drei" sich überlagerten. Gleichzeitig meldet er Zweifel an, ob „man überhaupt von historischen Phasen sprechen sollte" (Roth 2002, S. 35), verzichtet aber bei seinem Modell trotzdem nicht auf eine zeitliche Zuordnung. Seinen Gegenvorschlag nennt er ein „geschichtetes Beobachtermodell" mit vier, wie er betont, vom Umfang und ihrer Bedeutung her unterschiedlich zu gewichtenden Teilfeldern: „ausländerpädagogische Aspekte", „interkulturelle Erziehung, Bildung"; „antirassistische Arbeit"; „interkulturelle Kommunikation" (Roth 2002, S. 42). Da jedes der Teilfelder einem Zeitabschnitt zugeordnet ist (vgl. Tab. 1), ergibt sich letztlich doch ein *auch zeitlich* geschichtetes Beobachtermodell. Die Tatsache, dass er damit wieder zu einer Art Phasenmodell zurückkehrt, hebt sein Hinweis, „dass sich keine scharfen Trennlinien zwischen den Ebenen der Teilfelder ergeben dürfen, sondern alle Maßnahmen stets auch auf dem Hintergrund der anderen Teilfelder reflektiert werden müssen", nicht auf (Roth 2002, S. 42; für eine andere Lesart siehe Kap. 4.2.2).

Tabelle 1: Geschichtliche Übersicht zur Entwicklung Interkultureller Pädagogik

				Interkulturelle Kommunikation „Pädagogik der Vielfalt" *Zielgruppe:* *alle* Leitziel: Anerkennung - interkulturelle Kommunikationskompetenz
90er				
80er			**Antirassistische Erziehung** Interkulturelle Pädagogik *Zielgruppe:* „*Inländer"* Leitziel: Differenz - Handlungsfähigkeit	
70er		**Interkulturelle Erziehung** Integrative Pädagogik *Zielgruppe:* „*Ausländer - Inländer"* Leitziel: Integration		
60er	**Ausländerpädagogik** Förderpädagogik *Zielgruppe:* „*Ausländer"* Leitziel: Sprachlernen			

Quelle: Roth 2002, S. 43

2.4 Zur Problematik der Periodisierung als Ordnungskriterium

Es wäre jedoch falsch, die chronologische Darstellungsweise gegen andere auszuspielen oder gar völlig abzulehnen. Nur gilt es einige Grundregeln zu beachten: Zum einen darf nicht der Eindruck vermittelt werden, als habe es einen ‚Zeitpunkt Null' gegeben, an dem die Interkulturelle Bildung sozusagen aus dem Nichts heraus auf den Plan getreten sei und von dem aus sie sich quasi aus sich selbst heraus fortentwickelt habe. Zum zweiten darf nicht der Eindruck entstehen, als handele es sich um eine unilineare, stufenförmig fortschreitende Entwicklung, in der die der jeweiligen Phase zugeordneten Probleme aufgekommen und gelöst worden seien, bevor eine neue begann. Periodisierungen sind immer *nachträglich* gesetzte Einschnitte, die lediglich für eine grobe Orientierung nützlich sind und die zudem oftmals so gesetzt sind, dass sie der Legitimation der aktuellen Phase, von der aus die Entwicklung im Rückblick rekonstruiert wird, dienen. Zum dritten müssen die verschiedenen Ebenen bzw. Bereiche unterschieden werden, auf denen die Entwicklung beobachtet und beschrieben wird: *Bildungspolitische* Diskussionen und Entscheidungen folgen einem anderen Rhythmus als die *wissenschaftliche* Diskussion oder die *pädagogische Praxis*. Ferner darf die Geschichte der Interkulturellen Bildung nicht aus ihrem gesellschaftlich-politischen Kontext herausgelöst werden. Dafür bedarf es mehr als nur der Parallelisierung von migrationsgeschichtlichen und ausländerpolitischen Ereignissen und/oder pädagogischen und bildungspolitischen Maßnahmen, Konzepten o. ä. Derartige Tabellen zu „Entwicklungslinien und Positionen zur Interkulturellen Erziehung", wie man sie unter anderem als Seminarmaterial im Internet findet, sind *untauglich*! Sie erzeugen trugschlüssige Argumentationen: So wird zum Beispiel die Zunahme der Zahl von Arbeitsmigranten mit der Herausbildung der ‚Ausländerpädagogik' und des für sie charakteristischen kompensatorischen Ansatzes schlicht mit der steigenden Zahl türkischer (!) Arbeitnehmer parallelisiert und dann wiederum 10 Jahre später (Beginn der 1980er Jahre) mit dem verstärkten Familiennachzug aus der Türkei und dem Regierungswechsel, d. h. dem Beginn der Regierung Kohl, erklärt.[20] Vor allem aber muss sie mit den Entwicklungen in der Erziehungswissenschaft verbunden werden, mit den dort geführten Auseinandersetzungen über soziale Ungleichheit, Geschlechterdifferenz usw. Ansätze hierzu sind bei Prengel (1993, 1995²), in dem von Lutz/Wenning (2001) herausgegebenen Sammelband oder auch in verschiedenen Artikeln vorgestellt worden (Krüger-Potratz/Lutz 2002; Lutz 2004). Dies alles muss bei der Einteilung in verschiedene Perioden oder Phasen bedacht werden. Gleichzeitig muss sprachlich deutlich gemacht werden, dass es vielfache Überschneidungen und Überlappungen gibt (vgl. Kap. 5).

In Bezug auf die *bildungspolitische Entwicklung* lässt sich eine Einteilung in verschiedene Perioden durchaus vertreten, sofern man beachtet, dass die einzelnen bildungspolitischen Dokumente (Gesetze, Erlasse, Prüfungsordnungen usw.) zwar eindeutig datiert sind, dass aber der schriftlichen Form und vor allem ihrer Verabschiedung und Inkraftsetzung vielfach ein langwieriges und teilweise langjähriges Procedere vorausgeht, dass die Entscheidungen nicht allein aus sachlogischen Gründen fallen und dass es wiederum viele Jahre dauern kann, bis eine derartige Entscheidung in der Praxis nicht nur angekommen, sondern auch tatsächlich durchgesetzt ist bzw. bis Lösungen für die mit ihr verbundenen Folgeprobleme gefunden sind.

Zur Markierung eines ersten deutlichen Einschnitts auf der bildungspolitischen Ebene kann man zum Beispiel den KMK-Beschluss von 1964 zur Schulpflichtfrage heranziehen. Eine zweite deutliche Markierung mit Hinweis auf die Notwendigkeit eines Perspektivwechsels im Bildungsbereich stellt der KMK-Beschluss von 1996 dar[21]: 1964 forderte die KMK die Bundesländer, in denen

---

[20] Vgl. zum Beispiel URL: http://homepages.compuserve.de/agaumann/ik/node6.html (Stand: 05.07.2004).
[21] Die KMK-Beschlüsse sind zusammengestellt in: Puskeppeleit/Krüger-Potratz 1999, Bd.1

die ausländischen Kinder noch nicht in die allgemeine Schulpflicht einbezogen waren, auf, den „Eintritt ausländischer Kinder in öffentliche Schulen durch Verfügung der Unterrichtsverwaltung anzuordnen" und, um ihnen die „Eingewöhnung in die deutschen Schulen zu erleichtern [...], ihnen Grundkenntnisse im Deutschen durch zusätzlichen Unterricht zu vermitteln" (KMK 1964). Dieser Beschluss hat eine ‚Vor'-Geschichte, die nicht nur bis in die Zeit der ersten Anwerbeverträge für Arbeitsmigrantinnen und -migranten in den 1950er Jahren, sondern weit ins 19. Jahrhundert zurückreicht und die sowohl mit einer nationalstaatlich orientierten Bildungspolitik und Pädagogik mit Fragen des Staatsbürgerschafts- und Ausländerrechts wie auch mit arbeitsmarktpolitischen, innen- und außenpolitischen Fragen usw. eng verbunden war (vgl. Kap. 3).

Mit ihrem Beschluss von 1996 zur „Interkulturellen Bildung und Erziehung in der Schule" hat die KMK auf Diskussionen und Forderungen vor allem im wissenschaftlichen Bereich reagiert, mit denen angesichts der Herausbildung einer globalisierten, mehrsprachigen und pluriformen Gesellschaft seit Ende der 1980er Jahre immer nachdrücklicher ein Perspektivwechsel unter anderem im Sinne interkultureller Erziehung und Bildung für alle gefordert wird.

Weitere und andere Einschnitte, die für den Verlauf auf der bildungspolitischen Ebene zu beachten wären, ergeben sich, wenn man sich die Bildungspolitik bezüglich einzelner Migrantengruppen ansieht (Arbeitsmigranten- oder Aussiedler- oder Flüchtlingskinder): die Regelungen zu Fördermaßnahmen, zum Muttersprachlichen Unterricht bzw. zur Frage ‚Muttersprache' anstelle einer Fremdsprache, Hausaufgabenbetreuung, Lehrerbildung usw. und ab 1990 durch die Einbeziehung der fünf neuen Bundesländer in die Bildungspolitik für eine ‚multikulturelle Gesellschaft' (vgl. Gogolin/Neumann/Reuter [Hrsg.] 2001).

Eine entlang der bildungspolitischen Maßnahmen und Diskussionen geschriebene Geschichte ergäbe andere zeitliche Einschnitte als eine Darstellung, die sich zum Beispiel am Verlauf der Institutionalisierung der Interkulturellen Pädagogik im Bereich von Lehre und Forschung orientierte (Institutsgründungen, Studiengänge, Forschungsprojekte) oder an der Etablierung der Fachrichtung, wie sie sich in der Literaturproduktion und der Schaffung von ‚Orten der Diskussion' in Form von ‚ausländerpädagogischen' bzw. interkulturellen Zeitschriften, in der Bereitstellung der notwendigen fachlichen Hilfsmittel wie Bibliographien, Handbücher, Einführungstexten usw. spiegelt (vgl. Kap. 7). Wieder anders stellt sich der Verlauf dar, wenn nicht nur die Entwicklungen in Deutschland, sondern auch in anderen europäischen Ländern oder auf der europäischen Ebene mit berücksichtigt werden, wie dies Reich (1994; 1997) für die bildungspolitischen Entscheidungen hinsichtlich des Unterrichts in der Herkunftssprache vorführt.

2.5 Eine chronologische Ordnung des Feldes schützt nicht vor historischer Verkürzung

Obwohl gerade eine chronologisch geordnete Darstellung der Geschichte der Interkulturellen Pädagogik Geschichtsbewusstsein suggeriert, ist für sie – so wie sie in den Texten nachzulesen ist – von wenigen Ausnahmen abgesehen eine gewisse ‚Geschichtsblindheit' charakteristisch. Für die meisten Autorinnen und Autoren beginnt die Geschichte der Interkulturellen Pädagogik erst ab dem Moment, ab dem sie als neues Arbeitsfeld und Forschungsgebiet sichtbar wird, oder wie Auernheimer in seiner „Einführung in die interkulturelle Erziehung" schreibt, ab dem sie als Idee „im Horizont der Erziehungswissenschaft in der Bundesrepublik [...] *im Gefolge der Arbeitsmigration und in der Konfrontation mit deren sozialen Folgen*" auftaucht (Auernheimer 1995[2], S. 5; Hervorh. im Orig.).

Interkulturelle Bildung wird in historischer Verkürzung als Reaktion auf „mehrere demographische Entwicklungen der letzten Jahrzehnte" vorgestellt, als Reaktion „zuerst und vor allem [auf] die Arbeitsimmigration, zweitens [auf] die Fluchtmigration und drittens [auf] die Zuwanderung von Aussiedlern aus osteuropäischen Ländern" (Auernheimer 1995[2], S. 38). Diese verkürzende Sichtweise findet sich in vielen Texten und mit ihr geht die – bis in die Gegenwart tradierte – Aussage einher, dass die ab Mitte der 1950er Jahre durch gezielte Anwerbung ausgelöste Arbeitsmigration die (deutsche) Schule und Pädagogik *erstmals* vor das Problem gestellt habe, ausländische Kinder und Jugendliche unterrichten zu müssen. Dies sei eine „neuartige Aufgabe [gewesen], der sich die Schule bis dahin nicht hatte zu stellen brauchen" (Nieke 1986, S. 462; 1992, S. 49).

Bei genauerem Hinsehen zeigt sich jedoch, dass diese Aussagen in dieser Form nicht stimmen. Richtig ist zwar, dass die *sichtbare Geschichte* der Interkulturellen Bildung als Fachrichtung innerhalb der Erziehungswissenschaft in den 1960er Jahren beginnt, doch dies darf nicht den Blick auf die voraufgegangene Geschichte des Umgangs mit sprachlicher, kultureller, ethnischer und nationaler Heterogenität im Bildungswesen verstellen. Die Frage, ob bzw. unter welchen Bedingungen Kinder ausländischer Staatsangehörigkeit und/oder mit einer anderen Familiensprache als Deutsch die *öffentliche* (staatliche) Schule besuchen sollten, ist Teil der Schulgeschichte seit Ende des 18. Jahrhunderts (vgl. Kap. 3).

Mit der Einbeziehung der Kinder ausländischer Staatsangehörigkeit in die allgemeine Schulpflicht in den 1960er Jahren in allen Bundesländern beginnt lediglich ein neuer Abschnitt in dieser Geschichte, ohne dass die zuvor herausgebildeten Strategien außer Kraft gesetzt wurden. Und selbst die Einbeziehung in die allgemeine Schulpflicht war – bei genauerem Hinsehen – für einzelne Bundesländer bzw. Regionen nicht neu, denn in Bayern und Baden z. B. waren Kinder fremder Staatsangehörigkeit auch schon im 19. Jahrhundert bzw. seit Anfang des 20. Jahrhunderts im Prinzip schul- resp. bildungspflichtig. Neu war lediglich, dass in der zweiten Hälfte der 1960er Jahre in *allen* Bundesländern ‚passfremde' Kinder und Jugendliche in die allgemeine Schulpflicht einbezogen wurden[22], dass der *gemeinsame Unterricht* deutscher und ausländischer Schülerinnen und Schüler in *allen* Bundesländern zum *Regelfall* erklärt wurde und dass staatlicherseits – in Anlehnung an die in der Vergangenheit schon für die innerstaatlichen sprachlichen Minderheiten getroffenen Regelungen – nun auch Maßnahmen zur Eingliederung ausländischer Kinder und Jugendlicher in die deutsche Schule installiert wurden (vgl. Puskeppeleit/Krüger-Potratz 1999; Gogolin/Neumann/Reuter [Hrsg.] 2001).

Diese Entscheidungen sind auf die veränderten internationalen politischen und gesellschaftlichen Verhältnisse zurückzuführen und auch darauf, dass die Bundesrepublik Deutschland in Artikel 3 (3) des Grundgesetzes einen Schutz vor Diskriminierung verankert und schon bis zur Mitte der 1960er Jahre eine Reihe von internationalen resp. europäischen Vereinbarungen unterzeichnet hatte, die neue Formen des Umgangs mit nationaler, ethnischer, sprachlicher und kultureller Heterogenität erforderten: so zum Beispiel die „Allgemeine Erklärung der Menschenrechte" (1948), die „Konvention zum Schutze der Menschenrechte und Grundfreiheiten vom 4.11.1950" mit verschiedenen Ergänzungen oder das „Internationale Übereinkommen zur Beseitigung jeder Form von Rassendiskriminierung" (1966).[23]

Vergegenwärtigt man sich diese – in Kapitel 3 noch ausführlich vorzustellende – ‚Vor'-Geschichte der Interkulturellen Bildung, so trägt auch die in vielen Texten zu findende Beschreibung, der zufolge die Pädagogik „in der ersten Zeit der Arbeitsmigration während der 60er Jahre [...] überhaupt noch nicht auf das Problem reagiert" habe (Auernheimer 1990, S. 4; 2003, S. 35), zu einer verkürzten Sicht auf die Geschichte der Interkulturellen Bildung bei. Sie erweckt den Eindruck, als habe sich die Pädagogik bis in die 1960er Jahre ‚neutral' bzw. ‚gleichgültig' und ‚desinteressiert' verhalten, während in Wirklichkeit die historisch herausgebildeten diskriminierenden und exkludierenden Strategien durchaus wirksam waren. Die Tatsache, dass nicht gleich mit Beginn der Anwerbung von Arbeitsmigranten bzw. gleich nach dem Zweiten Weltkrieg angesichts der beachtlichen Zahl staatenloser Flüchtlinge bzw. von Flüchtlingen fremder

---

[22] Genau betrachtet sind auch aktuell (2004) noch nicht alle Kinder und Jugendliche fremder Staatsangehörigkeit in die Schulpflicht einbezogen: Denn noch gibt es Bundesländer, in denen Kinder von Asylsuchenden und Bürgerkriegsflüchtlingen nur Schulberechtigt sind (vgl. Reuter 2003). Ob sich dies infolge des Zuwanderungsgesetzes ändern wird, bleibt abzuwarten bzw. ist nachzuprüfen.

[23] Zu diesen und in der Folgezeit unterzeichneten (teilweise auch nur mit Vorbehalten ratifizierten) internationalen Vereinbarungen vgl. URL: http://www.troc.es/ciemen/mercator/ NORM-GB.htm (Stand: 11.10.2003) bzw. Bundeszentrale für politische Bildung (Hrsg.) 1996^2; 1999^3.

Staatsangehörigkeit die Schulpflichtfrage neu geregelt worden ist[24], ist durchaus auch als ‚Reaktion' zu sehen. In diesem historisch-logischen Sinne kann die Bildungspolitik *nicht nicht reagieren;* in diesem Sinne gibt es auch *keine ‚Stunde Null' in der Frage des Umgangs mit sprachlich-kultureller, nationaler oder ethnischer Differenz.*

Diehm/Radtkes Erklärung, dass die Ausländerpädagogik, als „Einheitsvorstellung für eine Vielzahl von schulischen Praktiken [...] zu einer Zeit, als theoretisch abgesicherte Konzepte für den pädagogischen Umgang mit Migranten noch fehlten, eher administrativ-organisatorische Ad-hoc-Lösungen" gesucht habe, um auf eine „neue und als problematisch wahrgenommene Klientel" (Diehm/Radtke 1999, S. 135) reagieren zu können, suggeriert ebenfalls die Idee von einer ‚Stunde Null'. Auch sie übersehen, dass weder die Klientel noch die administrativ-organisatorischen Lösungen neu waren. Unter Ausländerpädagogik sind nicht einfach „Ad-hoc-Lösungen" zusammengefasst worden, sondern es war der – wie immer auch (un-)bewusste – Versuch, mit den *historisch herausgebildeten und bis dahin bewährten Lösungen* für den Umgang mit sprachlich-kultureller Heterogenität im nationalstaatlich verfassten Bildungswesen den Anforderungen zu genügen, die sich mit der neuen gesellschaftlich-politischen Situation stellten. Unter den neuen politischen Konstellationen stieß diese ‚Wiederbelebung' historisch überholter (restriktiver und exkludierender) Maßnahmen im Umgang mit sprachlich-kulturellen Minderheiten für die Beschulung der Kinder der angeworbenen Arbeitskräfte zunehmend auf Kritik – auf zwar auf nationaler wie auf europäischer Ebene. Es zeigte sich, dass sie mit den sich entwickelnden internationalen Beziehungen, in die auch die Mehrzahl der Herkunftsstaaten der Migrantinnen und Migranten eingebunden waren, zunehmend weniger vereinbar waren, wenn auch die nationalstaatlichen Interessen noch deutlich Vorrang hatten, wie die kontroversen Debatten über die EG-Richtlinie von 1977 zum „Unterricht der Kinder von Wanderarbeitnehmern" erkennen lassen (vgl. Boos-Nünning/Hohmann/Reich/Wittek 1983).

Zur Vermeidung einer verkürzenden Rekonstruktion der Geschichte der Interkulturellen Bildung reicht es deshalb nicht – wie dies in einigen Texten geschieht –, einleitend darauf aufmerksam zu machen, dass Deutschland stets ein Ein- und Auswanderungsland gewesen sei, dass die Anwesenheit von Ausländerinnen und Ausländern sowie fremdsprachiger Minderheiten in Deutschland kein neues Phänomen darstelle und dass es auch schon früher Überlegungen dazu gegeben habe, „welche Aufgaben [...] unserer Schule aus dem Vorhandensein der fremdsprachigen Kinder" erwachsen (Friesenhahn 1988, S. 10). Geschichte wird in diesen Fällen lediglich als Hinweis auf etwas Vergangenes präsentiert, nach dem Muster: Auch das gab es schon mal ... und anschließend wird

---

24 Anfang der 1950er Jahre wurde lediglich empfohlen, diese Kinder in die allgemeine Schulpflicht einzubeziehen (siehe Dokumente 1 und 2 in Puskeppeleit/Krüger-Potratz 1999, S. 35 f.).

zur ‚Tagesordnung' übergegangen, das heißt zur ‚derzeitigen Migration' und den durch sie erzeugten, dann vermeintlich doch ganz neuen Problemen im Bereich von Bildung und Erziehung. Die Frage nach Kontinuitäten und Diskontinuitäten wird nicht gestellt (vgl. Sandfuchs 1981, S. 7, 9 ff.; Friesenhahn 1988, S. 12; Meinhardt 1996, S. 14 f.; Bock 1994, S. 659).

Aufgehoben ist diese Art historischer Verkürzung und ‚Geschichtsblindheit' erst, wenn konsequent die Frage nach Kontinuität und Diskontinuität der Denk-, Handlungs- und Entscheidungsmuster gestellt wird, und wenn die Geschichte von Bildung und Erziehung – und speziell die der Schule – *auch* als eine Geschichte des (ausgrenzenden) Umgangs mit sprachlich-kultureller und nationaler Heterogenität begriffen wird. Hierzu bedarf es noch intensiver Forschungsarbeit. Bislang liegen erst wenige gruppenbezogene Studien vor: Zur Geschichte der Beschulung einzelner (autochthoner) Minderheitsgruppen sowie ausländischer Kinder. Zumeist handelt es sich um Länder- oder Regionalstudien zum Beispiel für Preußen, für das Ruhrgebiet oder Berlin.

Die entscheidende Frage ist also, ob und wie die im 19. und 20. Jahrhundert bis in die Zeit des Anfangs der ‚ausländerpädagogischen Diskussion' in den 1960er Jahren herausgebildeten Denk- und Wahrnehmungsmuster bezüglich dessen, was als Normalfall und was als Ausnahme zu gelten hat, fortgewirkt haben, ob und wie sie die bildungspolitischen Entscheidungen und pädagogischen Konzepte beeinflusst haben, unabhängig davon, ob sich die Beteiligten dieser Kontinuität bewusst waren oder nicht (vgl. Krüger-Potratz 1998; 2000b). Denn nur so wird der Blick auf die Strukturen im Bildungswesen und die Konstellationen, in denen sich die Interkulturelle Bildung herausgebildet hat, gelenkt.

Erst in dieser historischen Perspektive wird deutlich, dass sich die Herausbildung der ‚Ausländerpädagogik'/Interkulturellen Bildung als Fachrichtung nicht der zufälligen Wahl einer Möglichkeit disziplinärer Teilung verdankt, wie dies Nieke nahe legt, wenn er schreibt:

„Entsprechend einer *allgemeinen Entwicklungsrichtung* in der Erziehungswissenschaft, sich nicht nur nach Institutionen der Erziehung und Bildung zu differenzieren (Schulpädagogik, Sozialpädagogik, Erwachsenenbildung), sondern auch nach Zielgruppen, deren besondere Lebenslage und Bedürfniskonstellationen spezifische Handlungskonzepte erfordern (z. B. Jugendbildung, Arbeiterbildung), konstituierte sich in dem Bemühen einer solchen Spezialisierung auf die *besondere, neuartige* Aufgabenkonstellation die ‚Ausländerpädagogik' als eine *neu* zu den bisherigen hinzutretende Zielgruppenpädagogik" (Nieke 1992, S. 50; Hervorh. M. K.-P.).

Zwar ist die Feststellung, dass die Ausländerpädagogik sich als Zielgruppenpädagogik herausgebildet habe, richtig; nur die Erklärung, dass dies eine quasi ‚natürliche' Möglichkeit disziplinärer Spezialisierungen – entsprechend einer allgemeinen Entwicklungsrichtung in der Erziehungswissenschaft – sei, überzeugt nicht. Niekes schon zuvor und zu Recht geäußerter kritischer Einwand, „ob es sinnvoll sein könne, jede Problemgruppe zum Ausgangspunkt für eine eigene erziehungswissenschaftliche Subdisziplin zu machen" (Nieke 1992, S. 14), hätte ihn zu der Frage führen müssen, warum in Reaktion auf die Arbeitsmigration gerade diese Variante ins Spiel kommt, und mit welchen Konsequenzen diese Form der ‚Arbeitsteilung' innerhalb der Erziehungswissenschaft verbunden ist. Doch weder er noch diejenigen, die seiner Darstellung folgen, haben sich diese Frage gestellt.

Dabei ist *eine* Antwort auf diese Frage offensichtlich, wenn auch nicht hinreichend, da nur beschreibend: Die ‚arbeitsteilige' Etablierung der „Ausländerpädagogik" als Zielgruppenpädagogik hat die Erziehungswissenschaft zunächst davon ‚entlastet', sich mit den durch die Migration und Europäische Einigung sowie generell durch die Globalisierung bedingten Veränderungen in ihrem Gegenstandsfeld zu beschäftigen. Inzwischen ist zwar unbestritten, dass diese sprachlich-kulturelle Pluralisierung alle Bereiche der Erziehungswissenschaft betrifft (siehe die Definition der Interkulturellen Bildung als Querschnittaufgabe und Schlüsselqualifikation [vgl. Kap. 1]), aber vielfach wird auch aktuell noch so argumentiert, als reiche es, wenn sich die Fachrichtung Interkulturelle Bildung mit den Folgen der Migration und Globalisierung befasst.

Dass die Fragen quer durch die Felder der Erziehungswissenschaft reichen, zeigt sich bisher vor allem darin, dass die Vertreterinnen und Vertreter der Ausländerpädagogik/Interkulturellen Bildung Fragen aus allen pädagogischen Arbeitsfeldern – vom Kindergarten bis zur Erwachsenenbildung, von der frühkindlichen Sozialisation bis zur Altenpädagogik einschließlich Gesundheitserziehung usw. behandeln (müssen). Die ab Ende der 1970er Jahre erschienenen Bibliographien belegen dies eindrücklich, desgleichen die Beiträge in den ‚interkulturellen' Zeitschriften oder auch die Handbücher und Einführungen (vgl. Kap. 7). Der geforderte Perspektivwechsel hingegen müsste hingegen darauf hinauslaufen, dass die Expertinnen und Experten in den verschiedenen erziehungswissenschaftlichen Forschungs- und Arbeitsfeldern ihr Feld unter Einbeziehung der ‚interkulturellen Perspektive' arbeiten.

2.6 Fazit

Eine Geschichte der Fachrichtung Interkulturelle Bildung innerhalb der Erziehungswissenschaft steht bis heute aus. Die bisher vorliegenden Versuche, sie nach Phasen, Etappen mit je verschiedenen Diskussionslinien geordnet oder in Form eines „geschichteten Beobachtermodells" von miteinander in enger Verbindung stehenden Teilfeldern darzustellen, erscheinen auf den ersten Blick plausibel und auch hilfreich. Doch bei genauerem Hinsehen sind die damit verbundenen Probleme und Missverständnisse nicht zu übersehen. Davor bewahrt auch den Leser nicht, wenn verschiedene Autorinnen und Autoren vor dem einen oder anderen Missverständnis warnen, so zum Beispiel davor, „dass die zeitliche Entwicklung nicht als [unilinearer] Prozeß im strengen Sinne aufzufassen

[sei], in dessen Verlauf die Inhalte späterer Konzepte automatisch bereits vorhandene ablösen" (Niekrawitz 1990, S. 9; vgl. Auernheimer 1995², S. 10 ff.). Jede Rekonstruktion der Herausbildung und Entwicklung der Interkulturellen Bildung, die – in welcher Variante auch immer – dem Muster „… von der Ausländerpädagogik zur Interkulturellen Pädagogik …" folgt, bleibt der *Zielgruppen*perspektive verhaftet. Die Alternative ist, die Interkulturelle Bildung konsequent als Teil der (Allgemeinen) Erziehungswissenschaft zu begreifen und so wie Hohmann schon 1983 vorgeschlagen hatte zum einen danach

> „… zu fragen, wie die *gegebene* Pädagogik theoretisch und praktisch verändert werden muß, damit sie adäquate Antworten auf die durch die Migration bestimmte gesellschaftliche Situation zu geben vermag. *Somit wird die Migration zur Bewährungsprobe für das Bildungssystem und die Pädagogik der Aufnahmeländer*" (Hohmann 1983, S. 6; Hervorh. M. K.-P.).

Diese Forderung ist auch auf die Darstellungen zur Geschichte von Erziehung und Bildung zu beziehen, um die bislang weitgehend dethematisierten Formen des Umgangs mit sprachlicher, ethnischer, nationaler und kultureller Differenz sichtbar zu machen und zu zeigen, dass die Geschichte der Pädagogik in Theorie und Praxis stets auch eine Auseinandersetzungen zwischen Minderheiten und Mehrheiten war.

Die Forderung, die *Geschichte der Interkulturellen Bildung als Teil der Geschichte der (Allgemeinen) Pädagogik* zu verstehen bzw. zu erforschen, heißt, sich von der Vorstellung zu lösen, dass die Herausbildung der ‚Ausländerpädagogik' eine Reaktion auf eine „neuartige Aufgabe [gewesen sei], der sich die Schule [und andere Bildungsinstitutionen] bis dahin nicht hatte[n] zu stellen brauchen" (Nieke 1992, S. 49). *Statt dessen gilt es zu sehen, dass es sich um eine anders ausgerichtete, unter veränderten Rahmenbedingungen stattfindende Reaktion auf ein bekanntes Phänomen (sprachlich-kulturelle, ethnische und nationale Heterogenität) handelt, für die die alten Reaktionsmuster reaktualisiert worden sind, sich aber als unzureichend erwiesen haben und eine Lösung letztlich nur gegeben sein wird, wenn die Schule bzw. die Bildungsinstitution auch in ihrem Kern, d. h. in ihren Strukturen entsprechend verändert werden.*

Mit anderen Worten: Die Herausbildung einer Zielgruppenpädagogik war kein Zeichen von ‚Ad-hoc-Reaktion' oder ‚Hilflosigkeit', sondern die Fortführung einer *bis dahin erfolgreichen Strategie der Ausgrenzung ‚fremder Schülerinnen und Schüler' resp. ‚fremder Personen' durch Homogenisierung* (vgl. auch Hansen 2003). Dies anzuerkennen macht den Blick dafür frei, dass mit dem Wechsel zur Interkulturellen Bildung (Interkulturellen Pädagogik) *der entscheidende Perspektivwechsel zwar eingefordert, aber noch nicht eingetreten ist. Es geht nicht um die Verbesserung einer Fachrichtung, um die Verfeinerung ihrer theoretischen und methodischen Instrumente, sondern um ihre Beiträge zu einer grundlegenden Veränderung der Erziehungswissenschaft insgesamt. In diesem Sinne sind auch die verschiedenen Konzepte und Diskurse zu prüfen, die in den*

2 Ordnung des Feldes I

Kapiteln 4 und 5 vorgestellt werden. Zuvor wird im folgenden dritten Kapitel gezeigt, dass das Bildungswesen stets mit sprachlicher, ethnischer, nationaler und kultureller Heterogenität konfrontiert war, und wie es auf der Ebene von Bildungspolitik und disziplinärer Arbeitsteilung reagiert hat.

Aufgaben zu Kapitel 2

Aufgabe 1
Beschreiben Sie, was unter Defizithypothese und unter Differenzhypothese verstanden wird, und geben Sie für jede der Hypothesen ein Beispiel aus der für Kapitel 2 herangezogenen Literatur.
Lösungshinweis siehe Anhang

Aufgabe 2
Nennen Sie die Merkmale, an denen erkennbar ist, dass es sich um eine chronologische Darstellung der Geschichte der Interkulturellen Bildung als Fachrichtung handelt und skizzieren Sie kurz (z.B. in Tabellenform) die mit dieser Darstellungsweise verbundenen Vor- und Nachteile.
Lösungshinweis siehe Anhang

Aufgabe 3
Was bedeutet die Aussage, dass es hinsichtlich des Umgangs mit sprachlich-kultureller, ethnischer und nationaler Verschiedenheit in Bildungseinrichtungen, insbesondere in der Pflichteinrichtung Schule, keine „Stunde Null" gibt? Warum kann man den Anfang der Geschichte des Umgangs mit sprachlich-kultureller, ethnischer und nationaler Heterogenität (die „Stunde Null") letztlich nicht festlegen, wohl aber den Beginn der Herausbildung einer Fachrichtung, die sich speziell diesen Fragen widmet?
Lösungshinweis siehe Anhang

3 Ordnung des Feldes II: ein Exkurs in die ‚lange Vergangenheit' der Interkulturellen Bildung

In diesem Kapitel gilt das Interesse der ‚Vor'-Geschichte der Interkulturellen Bildung auf der Ebene der Bildungspolitik und der Fachgeschichte: Im ersten Teil wird relativ ausführlich auf die Geschichte des bildungspolitischen und pädagogischen Umgangs mit sprachlich-kultureller Heterogenität in der Zeit vor 1945 eingegangen; im zweiten – kürzeren – Teil geht es um die Frage nach der Geschichte der Definition und Bearbeitung des Verhältnisses von ‚fremd' und ‚eigen' bzw. von national und international in der Erziehungswissenschaft: in der Vergleichenden Erziehungswissenschaft und deren verschiedenen Ausdifferenzierungen einschließlich der Kolonialpädagogik und hinsichtlich der über erste Anfänge der Etablierung nicht hinausgekommenen ‚Minderheitenpädagogik' mit der Zielgruppe deutsche Minderheiten im Ausland. Letztere sind zwei Spezialisierungen im Sinne von Handlungsfeldern, mit denen das ‚Eigene' ins Ausland transportiert bzw. im Ausland gestärkt und geschützt werden sollte.

Die ‚Vor'-Geschichte der Interkulturellen Bildung als Fachrichtung ist noch nicht systematisch erforscht worden (vgl. Kap. 2). Auch in den Darstellungen zur Geschichte von Bildung und Erziehung oder zur Geschichte der Vergleichenden Erziehungswissenschaft findet sich kein Hinweis auf die hier angesprochenen Entwicklungslinien. Bisher liegen nur einige erziehungswissenschaftliche Einzelstudien zur Geschichte der Schulpolitik für Minderheiten in Deutschland und zum Export des ‚Eigenen' unter den Bedingungen von Krieg und Okkupation und zur Geschichte der Kolonialpädagogik vor[25] sowie erste Versuche, den Bezug zur Geschichte der Interkulturellen Bildung als Fachrichtung herzustellen (Gogolin 1994; Hansen 1986, 1994a; Krüger-Potratz 1989; 1994a; b; 1997; 1998, Wenning 1993). Das folgende Kapitel stellt verschiedene Bausteine für die noch zu erforschende Geschichte der Interkulturellen Bildung als Teil der allgemeinen Geschichte von Bildung und Erziehung seit Ende des 18./Anfang des 19. Jahrhunderts, also seit Beginn des Aufbaus eines (national)staatlichen Bildungswesens, vor[26].

---

[25] Vgl. n. a. Heinemann 1975; Hansen 1986; Arbeitsgruppe Pädagogisches Museum 1987; Oenning 1991; Krüger-Potratz/Jasper/Knabe 1998; Hansen 1994a;b; Knabe 2000; Adick/Mehnert 2001, Bachmaier 2003; Hansen/Wenning 2003.

[26] Ein sehr schönes Beispiel für die Rekonstruktion der ‚Vor'-Geschichte Interkultureller Bildung als integralem Bestandteil allgemeiner Bildung – hier bezogen auf die Frage der „Zweisprachigkeit", bietet die Geschichte des „interkulturellen Konstrukts" Zweisprachigkeit (vgl. List 2003).

3.1 Nationale schulische Bildung und sprachliche, ethnische, nationale und kulturelle Heterogenität

Seitdem sich die Bundesrepublik als Einwanderungsland zu verstehen *beginnt*, wird nicht mehr nur in wissenschaftlichen, sondern auch in zentralen (bildungs)politischen Texten darauf verwiesen, dass Migration keineswegs ein neues Phänomen sei, sondern, dass „in Geschichte und Gegenwart [...] Menschen fremder Herkunft auch in Deutschland die kulturelle Entwicklung beeinflußt" haben (KMK 1996; vgl. auch Zuwanderung gestalten 2001, S. 13). Daraus folgt, dass auch schon früher Kinder ‚fremder Herkunft' private oder öffentliche Schulen besucht haben müssen. Doch darüber, wie in dieser Zeit die Schule mit nationaler, sprachlicher und kultureller Differenz umgegangen ist, ist kaum etwas bekannt. Hinzu kommt, dass in vielen Texten zur Interkulturellen Bildung so argumentiert wird, als sei sprachliche, ethnische und kulturelle Heterogenität allein eine Folge von Einwanderung. Damit gerät aus dem Blick, dass die Bevölkerung, die als ‚deutsche' bezeichnet wird, zu keinem Zeitpunkt sprachlich-kulturell homogen war, zumal das ‚deutsche Territorium' sich im Laufe der letzten zweihundert Jahre – das heißt in dem Zeitraum, in dem sich die *öffentlichen* (staatlichen) Bildungsinstitutionen herausgebildet und entwickelt haben – mehrfach vergrößert wie auch verkleinert hat. Diese Grenzverschiebungen – meist infolge von Kriegen – wirkten sich jeweils auf die innerstaatliche sprachliche, ethnische und kulturelle Situation aus (vgl. Demandt 1990 und Text 4 sowie Abb. 1).

Text 4: Die „Völkermühle Europa"

> „Und jetzt stellen Sie sich doch mal Ihre Ahnenreihe vor – seit Christi Geburt. Da war ein römischer Feldhauptmann, ein schwarzer Kerl, braun wie 'ne reife Olive, der hat einem blonden Mädchen Latein beigebracht. Und dann kam ein jüdischer Gewürzhändler in die Familie, das war ein ernster Mensch, der ist noch vor der Heirat Christ geworden und hat die katholische Haustradition begründet. – Und dann kam ein griechischer Arzt dazu oder ein keltischer Legionär, ein Graubündner Landsknecht, ein schwedischer Reiter, ein Soldat Napoleons, ein desertierter Kosak, ein Schwarzwälder Flößer, ein wandernder Müllerbursch vom Elsaß, ein dicker Schiffer aus Holland, ein Magyar, ein Pandur[27], ein Offizier aus Wien, ein französischer Schauspieler, ein böhmischer Musikant – das hat alles am Rhein gelebt, gerauft, gesoffen und gesungen und Kinder gezeugt –. Und der Goethe, der kam aus demselben Topf und der Beethoven und der Gutenberg und der Mathias Grünewald und – ach was, schau im Lexikon nach. Es waren die Besten, mein Lieber! Die Besten der Welt! Und warum? Weil sich die Völker dort vermischt haben. Vermischt – wie die Wasser aus Quelle und Bächen und Flüssen, damit sie zu einem großen, lebendigen Strom zusammengerinnen."

Quelle: Zuckmayer: Des Teufels General. Drama in drei Akten (Uraufführung Zürich 1946)

---

[27] Magyar (Madjar) – Bezeichnung für einen Ungarn; Pandur – ungarisch für Fußsoldat/Leibdiener

Abbildung 1: Die kurze Dauer ‚deutscher' Grenzen

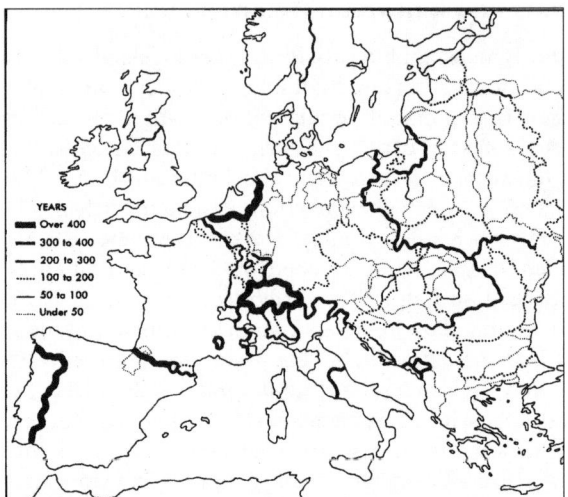

Quelle: Die Dauerhaftigkeit der europäischen Grenzen, nach Colum Gilfillan, aus: N. J. G. Pounds, Political Geography. New York 1963, S. 29; zit. nach Demandt 1990, S. 26.

3.2 Differenz und Gleichheit in der Geschichte des nationalen Bildungswesens

Für den Bildungsbereich lässt sich dies am deutlichsten am Beispiel der Schule als der staatlichen Institution zur kulturellen und sozialen Integration der nachwachsenden Generation zeigen, zum einen, weil sie die einzige Institution ist, die zunächst der Forderung und später auch der Praxis nach von allen Kindern in einer bestimmten Altersspanne besucht werden *musste*, und zum anderen, weil die anderen pädagogischen Arbeitsfelder – Sozialpädagogik[28], Erwachsenenbildung, Vorschulerziehung usw. – vor dem Zweiten Weltkrieg noch nicht so ‚ausgebaut' waren wie heute.

Sichtet man die im 19. Jahrhundert und bis zur Mitte des 20. Jahrhunderts zusammengestellten Kompendien schulpolitischer Vorschriften und bildungsrechtlicher Texte, so wird erkennbar, dass die für alle Kinder des ‚eigenen' Landes geschaffene Schule stets mit dem Problem konfrontiert war, ‚unterschiedlich verschiedene' Kinder zu unterrichten: Kinder verschiedenen Alters, Jungen und Mädchen, Arme und Reiche, Kinder aus ländlichen und städtischen Milieus,

---

[28] Für die Sozialpolitik und -pädagogik als Handlungsfeld lässt sich allerdings eine Geschichte des Umgangs mit den Fremden/Ausländern rekonstruieren, die ebenfalls weit in die Vergangenheit zurückreicht, und für die Erwachsenenbildung wäre u. a. in ihrer Vergangenheit der Zusammenhang von „Volksbildung und Volkbildung" zu beachten.

Kinder unterschiedlicher Religionszugehörigkeit bzw. Weltanschauung, Kinder, die sich hinsichtlich ihrer physischen und psychischen Gesundheit unterschieden, Kinder mit unterschiedlichen Familiensprachen, die verschiedenen ethnischen Gruppen (Volksgruppen) zugerechnet wurden bzw. sich als Angehörige solcher Gruppen definierten und fremde – seit Schaffung der Staatsangehörigkeit – dann auch ausländische Kinder. Somit ist die Tatsache, dass die Schule auf die Heterogenität der Schülerschaft reagieren muss, nichts Neues. Sondern es war und ist eine ihrer grundlegenden Aufgaben, sie *gleich und doch verschieden* zu behandeln (vgl. Hansen 2001; 2003; Krüger-Potratz 2000b; Lenhardt 1996; Wenning 1999).

Zur ‚Lösung' dieser Aufgabe sind Strategien herausgebildet worden, die darauf ausgerichtet waren, aus ‚unterschiedlichen' Kindern ‚gleiche' Schüler zu machen, das heißt die ‚heterogene Masse' der Kinder so zu ‚sortieren', dass möglichst homogene Lerngruppen entstehen, genauer: dass mit einer gewissen Plausibilität die Gruppen als homogen definiert werden können. Zu diesen ‚Lösungen' gehörte zum Beispiel die bis zur Verabschiedung des Reichsgrundschulgesetzes 1920 vorfindliche Teilung in ein niederes und ein höheres Schulwesen, zwecks Trennung nach sozialer Lage, eine Teilung, die ihre Fortsetzung in der Dreigliedrigkeit des Schulwesens gefunden hat, ferner die geschlechtsspezifische Beschulung bzw. über längere Zeit auch der Ausschluss von Mädchen von bestimmten Bildungsgängen, die Teilung in Jahrgangsklassen zur Schaffung altershomogener Lerngruppen, die Trennung der Schulen nach Konfession und Religion bzw. zu bestimmten Zeiten auch der Ausschluss von ‚nichtchristlichen' Kindern aus den öffentlichen Schulen, die Aussonderung von Kindern, die der jeweils gesetzten Norm physischer und psychischer Gesundheit nicht genügten, in spezielle (Hilfs-)Schulen bzw. deren Ausschluss, wenn sie als nicht schulfähig angesehen wurden.

Für die ‚Vor'-Geschichte der Interkulturellen Bildung ist der Umgang mit sprachlicher, nationaler, ethnischer und kultureller Heterogenität im öffentlichen Bildungswesen von besonderem Interesse. Auch in diesem Fall zielten die Maßnahmen auf die Herstellung homogener Gruppen. Das entsprechende Mittel zur Erreichung dieses Ziels war im Fall der Kinder fremder Staatsangehörigkeit die Nicht-Einbeziehung in die allgemeine Schulpflicht und somit der Verweis in private Bildungseinrichtungen. Im Fall der Schülerinnen und Schüler aus den autochthonen Minderheiten, die zwar staatsangehörig waren, aber aufgrund ihrer Mutter- resp. Familiensprache und ihrer ethnischen Zugehörigkeit als ‚nicht deutsch' galten, wurde die sprachliche und ethnische Differenz entweder geleugnet, und die Kinder wurden einem hohen assimilatorischen Druck ausgesetzt, oder es wurde ihnen in Form von Ausnahmeregelungen Lese-, Schreib- und Religionsunterricht in der Minderheitssprache bzw. der Besuch spezieller Klassen oder Schulen zugestanden. Hierauf wird weiter unten ausführlicher eingegangen. Aber auch die Wahl der Inhalte, der pädagogischen Arrangements, der Methoden und didaktischen Prinzipien war auf die Konstruktion wie Legitimation sprachlicher, ethnischer, nationaler und kultureller Homogenität als Regelfall ausgerichtet: nationalzentrierte bzw. volkstümliche Bildung, kollektive Unterweisung, lehrerzentrierter Unterricht, das Prinzip ‚vom Nahen zum Fernen'/vom ;Eigenen' zum ‚Fremden', wobei Ersteres stets maßstabsgebend war, Monolingualität der Bildung ganz abgesehen von den schon genannten ‚Teilungen' nach Sozialstatus, Geschlecht usw.

Ohne diese Ordnungsprinzipien ist ‚die Schule' bis heute nicht vorstellbar. Allerdings sind im Verlauf der Zeit einzelne Trennlinien durchlässiger geworden bzw. aufgehoben *und zugleich* verschoben worden: so die Trennlinie zwischen sozialen Klassen, zwischen den Geschlechtern, zwischen als behindert und als nicht behindert definierten Schülerinnen und Schülern oder zwischen ‚nichtstaatsangehörigen' und staatsangehörigen Kindern und Jugendlichen. Doch sie sind keineswegs verschwunden. Davon zeugen nicht zuletzt die zahlreichen Untersuchungen über geschlechtsspezifische Diskriminierung in der koedukativen Schule, neuerdings auch auf Jungen bezogen, über institutionelle Diskriminierung von Migrantenkindern (Gomolla/Radtke 2002; Gomolla 2005), über den Zusammenhang von Schul(miss)erfolg und Sozialstatus oder über die Schwierigkeiten, auf die die Befürworter einer gemeinsamen Beschulung von behinderten und nicht behinderten Kinder stoßen, vor allem wenn diese über die Grundschule hinausgehen soll.

Dass der Schulerfolg von Kindern mit Migrationshintergrund[29] zwar einerseits gestiegen ist, andererseits aber im Vergleich zu den entsprechenden ‚deutschen Gruppen' immer noch geringer ist (allerdings mit deutlichen Unterschieden zwischen den Migrantengruppen), ist zahlreichen Untersuchungen und nicht zuletzt auch den nationalen wie internationalen Schulleistungsstudien (z. B. PISA, IGLU) zu entnehmen. Letztere haben noch einmal überzeugend gezeigt, dass „niedrige soziale Schicht, niedriges Bildungsniveau und Migrationshintergrund der Herkunftsfamilie sowie männliches Geschlecht" entscheidende Risikofaktoren im deutschen Bildungssystem darstellen, und dass diese Defizite unter anderem auf die frühe ‚Sortierung' der Schülerinnen und Schüler in unterschiedliche Schulformen und auf die mangelhafte Beachtung des Sprachfaktors zurückzuführen seien (Deutsches PISA-Konsortium [Hrsg.] 2001, S. 372 ff., 401; vgl. außerdem: Die Beauftragte der Bundesregierung für Ausländerfragen 2002, S. 14-16; Institut der deutschen Wirtschaft 2000, S. 57 f.; Schwippert/Schnabel 2000, S. 288 ff.).

3.3   Vier Differenzlinien

Wenn – wie hier angedeutet – die Geschichte der Schule und der auf sie bezogenen pädagogischen Theorien im Hinblick auf den homogenisierenden Umgang mit der unterschiedlichen Verschiedenheit der Kinder und Jugendlichen kritisiert

---

[29] Zur Terminologie siehe Kapitel 6 und Glossar.

wird, so darf nicht vergessen werden, dass das so ‚geordnete' System der Massenunterweisung und der Durchsetzung einer gemeinsamen (Landes-) Sprache – trotz aller sozialen und individuellen Kosten – auch ein Moment von Demokratisierung und Modernisierung war. In dieser Schule haben nach und nach fast alle Kinder und Jugendliche eine Grundbildung erhalten. Vielen von ihnen sind weitere Bildungswege eröffnet worden; Mädchen sind inzwischen schulisch sehr erfolgreich, und Kinder ausländischer Staatsangehörigkeit sind seit knapp vierzig Jahren den staatsangehörigen Kindern und Jugendlichen formal gleichgestellt. Die gegen die faktisch stets gegebene Mehrsprachigkeit durchgesetzte Monolingualität der Schule (vgl. Gogolin 1994) hat zunächst einmal – so kritisch sie auch heutiger Sicht zu sehen ist – entscheidend zur gesellschaftlichen Kohärenz, zur innerstaatlichen und auch zur sozialen Mobilität beigetragen und Möglichkeiten politischer Partizipation eröffnet (vgl. hierzu ausführlicher: Wenning 1999). Bei der noch zu schreibenden Geschichte der Interkulturellen Bildung müsste der Zusammenhang zwischen dieser positiven wie der negativen Seite der Entwicklung herausgearbeitet werden.

Hier ist nicht der Ort, um der Geschichte des Umgangs mit sprachlicher, ethnischer, nationaler und kultureller Heterogenität im Einzelnen nachzugehen. Doch da dieser Strang der Geschichte von Schule und Pädagogik in der pädagogischen Historiographie bisher allenfalls eine marginale Rolle spielt (vgl. z. B. die entsprechenden Kapitel in den Bänden III und IV des „Handbuchs zur deutschen Bildungsgeschichte": Jeismann/Lundgren [Hrsg.] 1987; Berg [Hrsg.] 1991), soll im Folgenden wenigstens an vier Beispielen gezeigt werden, welche Traditionslinien in den 1960er Jahren, als die Kinder der Arbeitsmigrantinnen und -migranten in die ‚deutsche Schule' kamen, mehr oder weniger direkt fortgesetzt worden sind (vgl. Krüger-Potratz 1998). Die hier getrennt vorgestellten vier Differenzlinien sind faktisch eng miteinander verschränkt: Zur Legitimation von Ausgrenzungsentscheidungen wurde zwar vielfach nur ein Merkmal betont, aber die anderen spielten stets mit hinein: ‚Fremde' Staatsangehörigkeit implizierte in der Regel, aber nicht zwingend, ‚fremde' Sprache, unterstellt wurde jedoch auch ‚fremde' Kultur, letztere meist gleichgesetzt mit ‚fremder' Ethnizität (‚fremdes Volkstum'). Desgleichen wurde ‚fremde' Sprache auf jeden Fall mit ‚fremder' Ethnizität resp. Kultur gleichgesetzt, nicht aber zwingend mit ‚fremder' Staatsangehörigkeit. Zu beachten ist insbesondere, dass vielfach das hervorgehobene differenzmarkierende Merkmal, z. B. Kultur oder Sprache, das tatsächlich entscheidende – insbesondere Sozialstatus – verdeckt(e)/verdecken soll(te).

3.3.1 Differenzlinie Staatsangehörigkeit

Die Schaffung eines staatlichen Bildungssystems ging in der Regel mit dem Ausschluss von Nichtstaatsangehörigen einher. Für Deutschland ist die Besonderheit zu vermerken, dass bis nach dem Ersten Weltkrieg in einer Reihe von

Bundesstaaten, darunter auch in Preußen, nicht nur die Angehörigen anderer Staaten außerhalb Deutschlands, sondern auch die Angehörigen der anderen *deutschen* Bundesstaaten als ‚Nicht-Inländer'[30] galten, wenngleich es seit 1870 auch eine Bundesangehörigkeit gab (vgl. Hansen 2001; Edathy 2000, S. 36 f., 151). Sie hatten somit nicht ‚automatisch' Zugang zur öffentlichen Schule reichsweit.[31] Um Kindern aus anderen deutschen Bundesstaaten zum Beispiel in Preußen den gleichberechtigten Zugang zur öffentlichen (Pflicht-)Schule zu eröffnen, bedurfte es *zwischenstaatlicher* Abkommen. Entsprechende Abkommen gab es darüber hinaus mit Staaten außerhalb des Deutschen Reichs. Statistiken, Berichte und Aktenvermerke zeigen, dass stets eine gewisse Anzahl ausländischer Schüler auch öffentliche Schulen in Deutschland resp. in Preußen besucht hat, darunter sogar in einigen Fällen auch Kinder von ausländischen Wanderarbeitern. Bei letzterem kann es sich nur um Ausnahmefälle gehandelt haben, denn es war verboten, Wanderarbeiter mit schulpflichtigen Kindern ins Land zu lassen. Aber ungeachtet dieses Verbots hat eine nicht geringe Zahl von Kindern als Saisonarbeiter in der Landwirtschaft, in Ziegeleien und anderen Betrieben gearbeitet. Diese dürften allerdings keine Schule besucht haben, denn zum einen kamen sie zum Zweck der Arbeitsaufnahme, und zum anderen haben die Arbeitgeber großzügig über das Alter hinweggesehen. Neben der Arbeit eine Schule zu besuchen, war in der Regel nicht möglich (Text 6), bzw. da sie ihr Geburtsdatum gefälscht hatten, waren sie nicht mehr schulpflichtig (Text 5).[32]

Text 5: Wanderarbeiterkinder 1900/1910

Wanderarbeiterinnen und -arbeitern war es untersagt, ihre minderjährigen Kinder mitzubringen, und Kinderarbeit war ab Anfang des 20. Jahrhunderts gesetzlich verboten. Doch sowohl die Arbeiter und Arbeiterinnen wie die Unternehmer unterliefen nicht selten diese Bestimmungen, unter anderem durch Fälschung der Geburtsurkunden: Denn die Arbeitgeber schätzten Kinder als billige Arbeitskräfte, und die Familien benötigten das Geld. Allein von den in den süd- bzw. südwestlichen Bundesstaaten arbeitenden Italienern und Italienerinnen sollen knapp 6 % unter 15 Jahren alt gewesen sein (Britschgi-Schimmer 1916/1996, S. 49). Nach Del Fabbro (1996, S. 101) waren es 1910 sogar 24,6 %, darunter viele Mädchen. Vor dem Ersten Weltkrieg bestand „[D]er überwiegende Teil der Italienerinnen [...] aus Mädchen oder Frauen bis zu 35 Jahren. Auch extrem junge Mädchen wurden eingestellt, sie arbeiteten als Lehrlinge oder Laufburschen. Viele Quellen aus dieser Zeit [vor dem Ersten Weltkrieg] und insbesondere die deutschen Fabrikinspektoren berichten davon, dass italienische Kinder weit häufiger eingestellt wurden als einheimische. Sehr oft wird geschildert, wie in den Fabriken und Industriewer-

---

[30] Dieser Status ist in etwa dem der EU-Bürger heute vergleichbar: Staatsangehörige eines EU-Landes sind ‚EU-Inländer', aber trotzdem (auch noch) aus der Sicht der einzelnen Mitgliedsstaaten Ausländer, vgl. Hansen 2004.

[31] Hier war entscheidend, ob die Unterrichtspflicht nach dem Territorialprinzip oder dem Personalprinzip geregelt war (siehe weiter unten). Preußen hat 1842 das *ius sanguinis* als Grundlage für den Erwerb der Staatsangehörigkeit festgelegt (vgl. Edathy 2000, S. 20).

[32] Allerdings fehlen hier Forschungsarbeiten; einen Eindruck von der Problematik gibt der Artikel von Kasberger 1994.

ken Jungen und Mädchen italienische Pässe vorzeigten mit gefälschtem Geburtsdatum, um die deutschen Kinderschutzvorschriften zu umgehen."
Quelle: Trincia 1998, S. 70; vgl. auch Del Fabbro 1996, S. 97-102.

Text 6: Kindermärkte in Oberschwaben Ende des 19. Jahrhunderts[33]

In Oberschwaben, zum Beispiel in Ravensburg, wurden im Frühjahr ‚Kindermärkte' abgehalten, auf denen die jährlich aus Tirol und dem Vorarlberg nach Oberschwaben wandernden Kinder für die Arbeit in der Landwirtschaft ‚angeboten' wurden.[34] „Die Kinder standen auf einem Marktplatz und wurden von den Bauern begutachtet nach ihrem Äußeren, so wie eben der Bauer auch beim Viehmarkt gewöhnt ist, ein Stück Vieh zu begutachten. Dann wurde vereinbart, was das Kind bekommen werde, an Kleidung und Lohn. Je nachdem, ob es beiden gefiel, vielmehr wenn es dem Bauern gefiel, das Kind hatte wenig zu sagen, wurde der Vertrag abgeschlossen. Zunächst mündlich, erst von 1891 an schriftlich" (Uhlig 1978). Mit der Gründung des Vereins zum Wohle der Schwabenkinder, der ab diesem Zeitpunkt mit staatlichem und kirchlichem Einverständnis den Transport und die ‚Vermittlung' der Kinder in die Arbeitsstellen organisierte, besserte sich deren Lage ein wenig. Die Praxis der ‚Kindermärkte' blieb trotz Schulpflicht und Kinderarbeitsverbot bis in die späten 1920er Jahre erhalten (Spaich 1981, S. 162).

Erst nach dem Ersten Weltkrieg wurde zunächst die Gleichstellung von Kindern aus den jeweils anderen Staaten des Deutschen Reichs per Erlass und später auch durch das Gesetz geregelt. Die rechtliche Grundlage waren die Artikel 143 und 145 der Reichsverfassung von 1919 (Reichsgesetzblatt 1919, Nr. 152, S. 1410). In ihnen war festgelegt, dass „für die Bildung der Jugend [...] durch öffentliche Anstalten zu sorgen" sei, bei deren Errichtung Reich, Länder und Gemeinden zusammenwirken sollten (Art. 143), und dass allgemeine Schulpflicht herrsche, zu deren „Erfüllung [...] die [unentgeltliche] Volksschule mit mindestens acht Schuljahren und die anschließende Fortbildungsschule bis zum vollendeten achtzehnten Lebensjahre"[35] dienen sollte (Art. 145).

Die gesetzliche Gleichstellung erfolgte im Verlauf der 1920er Jahre durch die Pflichtschulgesetze der einzelnen Bundesstaaten. In Preußen dauerte dies bis 1927. In den Ausführungsbestimmungen zum preußischen Schulpflichtgesetz heißt es:

„§ 1 Satz 1 des Gesetzes legt die Schulpflicht in diesem Sinne außer für die staatsangehörigen Kinder allgemein auch für diejenigen anderen reichsan-

---

33 Hierzu gibt es einen Spielfilm: Schwabenkinder. Deutschland 2002; Buch und Regie: Jo Baier; Kamera: Thomas Erhart; Schnitt: Clara Fabry und Musik: Enjott Schneider (siehe URL: http://www.arte-tv.com) (Stand 7.4.2003).
34 In Württemberg bestand – im Unterschied zu Preußen – seit 1830 allgemeine Schulpflicht (Territorialprinzip); die oberschwäbischen Behörden ignorierten dies jedoch.
35 Die Erstreckung der Schulpflicht auf die Fortbildungsschule ist in der Weimarer Republik nicht realisiert worden. Das einzige Reichsschulgesetz bezog sich auf eine Grundschule (vgl. Krüger-Potratz/Jasper/Knabe 1998, S. 291 f.).

gehörigen Kinder fest, die sich dauernd in Preußen aufhalten. Die Schulpflicht in Preußen erstreckt sich demnach künftig auch auf die Kinder aus denjenigen deutschen Ländern, die an den früheren Vereinbarungen der Preußischen Regierung mit mehreren deutschen Bundesstaaten über die gegenseitige Durchführung der Schulpflicht (Zentr[al]bl[att] 1876, S. 683 ff., 1921, S. 64) nicht beteiligt waren. Wann die Voraussetzung des dauernden Aufenthalts erfüllt ist, ist nach Lage der tatsächlichen Verhältnisse zu entscheiden. [...] Abweichend von dem bisherigen Recht, das von den in Preußen schulpflichtigen Kindern grundsätzlich den Besuch einer preußischen Volksschule forderte, bestimmt § 1 Satz 2 des Gesetzes, dass die Schulpflicht durch den Besuch einer deutschen Volksschule zu erfüllen ist. Danach würde ein Kind preußischer Staatsangehörigkeit, dessen Eltern in Preußen wohnen, seiner Schulpflicht auch durch den Besuch z. B. einer bayerischen Volksschule genügen" (Zentralblatt 1928, S. 95 f.).

In den Ausführungsbestimmungen zum Schulpflichtgesetz war jedoch noch einmal unmissverständlich festgehalten, dass auch weiterhin reichs*ausländische* Kinder in Preußen nicht schulpflichtig seien. Denn, so die schon in den Jahren davor mehrfach wiederholte, auf Gerichtsurteilen basierende Begründung:

„[...] kein Staat [könne] ein Interesse daran haben [...], Ausländer zu verpflichten, ihr Wissen im Inlande zu vervollkommnen. [...] Deshalb sei Artikel 145 der Reichsverfassung nur als ein Niederschlag der herrschenden Auffassung zu betrachten; er beschränke die Schulpflicht auf die Inländer, was sich daraus erhelle, dass er sich im zweiten Hauptteil der Verfassung ‚Grundrechte und Grundpflichten der Deutschen' befinde" (Zentralblatt 1924, S. 323).

Eine Ausnahme gab es jedoch. Die Kinder der sich in Preußen aufhaltenden *österreichischen* Bundesbürger waren per Schulpflichtgesetz in die allgemeine (deutsche) Schulpflicht einbezogen (Zentralblatt 1928, S. 178 f.). Die rechtliche Grundlage dafür war ein zwischen Preußen und Österreich 1926 geschlossener Staatsvertrag. Der politische Hintergrund war die 1918/19 gescheiterte Einbeziehung Österreichs ins Deutsche Reich. Legitimiert wurde diese Entscheidung darüber hinaus mit dem Hinweis darauf, dass Österreicher sozusagen nur formal Ausländer seien, sprachlich und ethnisch seien sie deutsch.

Weitere Erlasse zeugen davon, dass auch noch andere der Staatsangehörigkeit nach ausländische, aber als ethnisch-deutsch definierte (deutschstämmige wie lang ansässige) Schülerinnen und Schüler einen Sonderstatus hatten. So heißt es zum Beispiel in einem Erlass zur Höhe des Schulgeldes vom September 1922, dass den inländischen Schülerinnen und Schülern außer den „Deutsch-Österreichern" noch folgende gleichzustellen seien:

„[...] Deutsch-Balten, [...] Reichsausländer deutscher Abstammung und Muttersprache, die in abgetretenen Gebieten oder in der Diaspora beheimatet sind [und] Schüler (Schülerinnen), deren Eltern die deutsche Staatsangehörigkeit zwar nicht haben, aber bereits längere Zeit im Inlande ansässig sind [d. h. vor Juli 1914] und ihr Einkommen wesentlich aus dem Inlande beziehen" (Zentralblatt 1923, S. 78).

Über die Geltung des Ausschlussgrunds ‚Staatsangehörigkeit' herrschte weitgehend Konsens. Nur einige wenige Juristen vertraten eine andere Position, und von den Parteien forderte allein die Kommunistische Partei Deutschlands (KPD), die Schulpflicht für *alle in Preußen rechtmäßig lebenden* schulpflichtigen Kinder einzuführen und sie in einer gemeinsamen Schule, ungeachtet der Herkunft, der Staatsangehörigkeit, der Aufenthaltsdauer, der Religion, der Sprache und des Geschlechts zu unterrichten (vgl. Entschließungsantrag 1929, S. 1488).

Die wenigen Juristen, die in Preußen in der Frage der Schulpflicht gegen die herrschende Meinung argumentierten, plädierten für eine Regelung nach dem *ius soli*-Prinzip[36]: Kinder von Reichsausländern im schulpflichtigen Alter, die sich dauernd in Preußen aufhielten, sollten wie staatsangehörige Schülerinnen und Schüler in die Schule aufgenommen werden, sofern sie „der deutschen Sprache so weit mächtig [seien], dass sie dem Unterricht mit Nutzen folgen" könnten, so z. B. Jeiler (1926, S. 51) unter Berufung auf die Regelungen in Thüringen. Zur Unterstützung ihrer Position führten sie rechtliche, soziale und „allgemein kulturelle" Gründe an. Rechtlich verwiesen sie zum einen darauf, dass der Wortlaut des entsprechenden Passus im Allgemeinen Preußischen Landrecht (1794) auch eine andere Deutung zulasse, „denn der Ausdruck ‚Einwohner' [sei] nicht unbedingt gleich ‚Staatsangehöriger'" (Jeiler 1926, S. 58). Zum anderen würden die in der Verfassung niedergelegten Grundrechte der Deutschen nicht „für deutsche Staatsbürger gelten, sondern für das deutsche Territorium". Es ginge dort nicht

> „um die Aufrichtung einer Grenze zwischen den Rechten der Deutschen und der Ausländer, sondern um die Festlegung der Freiheitssphäre des Individuums gegenüber den staatlichen Ansprüchen" (Fraustädter 1927/28, S. 213).

Außerdem – so Fraustädter weiter – gäbe es andere deutsche Staaten, in denen das Territorialprinzip seit langem gelte, so in Bayern oder in Baden.[37]

---

[36] ius soli – Boden- oder Territorialrecht: entscheidend ist der Wohnsitz im Unterschied zum ius sanguinis – Abstammungsrecht: entscheidend ist die ‚Volkszugehörigkeit' bzw. die Staatsangehörigkeit des Vaters/der Eltern (vgl. Gosewinkel 2001).

[37] Das Schulpflichtgesetz für Baden stammt aus dem Jahr 1867 und ab 1876, gab es die konfessionell gemischte Volksschule. Zur Frage der Staatsbürgerschaft: In Baden galt bis 1900 der auf Veranlassung von Napoleon geschaffene Code civil als „Badisches Landesrecht". Demnach galt in Baden neben dem Abstammungsprinzip auch das Territorialprinzip. Desgleichen galt das Territorialprinzip in Bayern aufgrund des Indigenatsedikts von

Die „allgemein kulturellen" Argumente bezogen sich darauf, dass es im besten Eigeninteresse des deutschen Staates sei, reichsausländische Kinder in die Schulpflicht einzubeziehen, um das – von den Autoren unterstellte – ‚Kulturgefälle' auszugleichen und sozialen Unruhen vorzubeugen. Schließlich erkläre sich

> „der Zweck und die grundsätzliche Bedeutung der Schulpflicht [...] daraus, daß sie dem Analphabeten- und Nichtwissertum den Boden entzieht" (Dahl 1925, S. 714).

Dies wiederum bringe Vorteile für den Arbeitsmarkt, denn

> „gerade vom Standpunkt des Arbeitsmarktes [besteht] das größte Interesse daran, das Kulturniveau der Ausländer in qualitativer Beziehung dem allgemeinen deutschen Niveau anzugleichen. Gerade eine tieferstehende Einwandererschicht würde die von den Arbeiterorganisationen der Einwanderungsländer, besonders der Vereinigten Staaten, sogar übermäßig betonte Gefahr der Unterbietung und Schmutzkonkurrenz heraufbeschwören. [...] Zweck des Artikels 145 (‚Es besteht allgemeine Schulpflicht') ist die Hebung des gesamten Kulturniveaus der deutschen Reichsgebiete. Es würde dem Zweck dieses Artikels der RV. [Reichsverfassung] widersprechen, wenn man dies Programm auf die inländische Majorität beschränken wollte, ja, es sogar durch die kulturelle Niederhaltung der ausländischen Minorität gefährden würde" (Fraustädter 1927/28, S. 214).

Noch schärfer hatte Dahl (1925, S. 715) das Eigeninteresse des Staates an der Bildung der auf seinem Gebiet wohnenden Ausländer unter Hervorhebung ordnungspolitischer Gesichtspunkte betont. Er schrieb:

> „Wo in der völligen Bildungslosigkeit eine statistisch nachweisbare Quelle sozialen Elends und sozialer Mißstände (Armut, körperliche Leiden und Seuchen, Krankheiten des Geistes, Laster und Verbrechertum) sichtbar wird, ist es auch dem Ausländer gegenüber ein Gebot, in dem Mittel der Schulpflicht eine vorbeugende Maßnahme der Sozial- und Kriminalpolitik anderen hintennach einsetzenden Abwehrmaßnahmen voranzustellen. [...] Nebenbei wäre als untergeordneter Gesichtspunkt zu erwähnen, dass die Verneinung der Schulpflicht der Ausländer für den inneren Schulbetrieb infolge des dadurch verursachten Nebeneinanderbestehens eines zweifachen Disziplinarrechts (Schulzwang und Schulfreiheit) eine erhebliche Störung bedeuten muß" (Dahl 1925, S. 715).

1812. Doch mit der Reichsgründung 1871 ist das Territorialprinzip für das gesamte Bundesgebiet aufgehoben worden (vgl. Gosewinkel 2001; Trevisiol 2003). Inwieweit für die Schulpflichtfrage auch weiterhin das Territorialprinzip galt, wie Fraustädter schreibt, konnte nicht ermittelt werden; siehe aber Kasberger 1994.

Die Gegner der Einbeziehung ausländischer Kinder in die allgemeine Schulpflicht betonten hingegen, dass es angesichts der schwierigen „volkswirtschaftlichen und bevölkerungspolitischen Lage des deutschen Volkes" gerade nicht ratsam sei, das deutsche Volk zu verpflichten,

> „*auf seine Kosten* und ohne Rücksicht auf den späteren Wettbewerb und ohne Rücksicht auf Gegenseitigkeit [...] den Ausländern eine Bildung und Fortbildung zuteil werden zu lassen, die das ‚Kulturniveau der Ausländer in qualitativer Beziehung dem allgemeinen deutschen Kulturniveau angleicht'" (Storck 1927/28, S. 243; Hervorh. im Orig.).

Ein weiteres Argument der Gegner kann sowohl als impliziter Bezug auf die Idee vom Selbstbestimmungsrecht der Völker oder aber als Ausdruck eines biologisch-historischen Verständnisses vom Nationalcharakter (siehe Kap. 3.3.4) interpretiert werden. Argumentiert wird, dass mit Blick auf die nationalpolitische Aufgabe der Schule die obligatorische Beschulung nicht staatsangehöriger Kinder sich in *deren eigenem Interesse* verbiete:

> „Die deutsche Staatsschule hat den Zweck, deutsche Staatsbürger zu erziehen. Menschen anderer Staatszugehörigkeit die Verpflichtung aufzuerlegen, ihre Kinder unserer Staatsschule zuzuführen, damit sie in der Gedankenwelt unseres Volkes und als deutsche Staatsbürger erzogen werden, das verbietet unsere Achtung vor dem fremden Staate, solange nicht beide Staaten sich darauf geeinigt haben, wie das zwischen Preußen und der Republik Österreich in einem auf Gegenseitigkeit beruhenden Vertrag geschehen ist" (Storck 1927/28, S. 243).

Dieses nationalpolitische Argument münzte Dahl wiederum um und betonte den daraus für Deutschland zu ziehenden Vorteil, da

> „das, was das fremde Kind an Elementarbildung, Lebensrüstung und vor allem an ursprünglichen Eindrücken vom deutschen Volks- und Kulturleben in der Volksschule empfängt, *werbende Kraft* in und gegenüber dem Auslande wird" (Dahl 1925, S. 714; Hervorh. im Orig.).

Die sich für eine Schulpflicht nach dem Territorialprinzip einsetzenden Juristen und Politiker konnten sich nicht durchsetzen. Die reichsausländischen Kinder waren in Preußen nach herrschender Meinung und Gesetzeslage nicht schulpflichtig – eine Entscheidung, die sich noch bis in die Zeit der Bundesrepublik Deutschland auswirkte (vgl. Kap. 2).

Doch ungeachtet der Gesetzeslage dürfte auch die Mehrzahl der in Preußen ansässigen reichsausländischen Kinder ihre Pflichtschulzeit in öffentlichen Schulen[38] absolviert haben. Grundlage dafür waren zwischenstaatliche Verein-

---

38 Darüber hinaus gab es – insbesondere in den Großstädten – (ausländische) Privatschulen, die ausländische Schülerinnen und Schüler aufgenommen haben.

barungen mit Gegenseitigkeitsverbürgung, die Preußen in den 1920er Jahren mit fast allen europäischen Staaten und einer Reihe weiterer außereuropäischer Staaten abgeschlossen hatte. In diesen Verträgen war allerdings nur festgelegt, dass die ausländischen Kinder zu den gleichen *formalen* Bedingungen zu beschulen seien wie die inländischen. Dies geschah nicht zuletzt deshalb, weil

> „im allgemeinen [...] Wert darauf [gelegt wurde], dass [ausländische Schülerinnen und Schüler] nicht ohne Unterricht bleiben, *schon weil die eine Schule nicht besuchenden Kinder ein schlechtes Beispiel für die einheimischen Kinder geben*" (Erlass vom 17.12.1929. Ia: GStAPK I. HA, Rep. 76, Nr. 1413, Bl. 9).

Nur bei Kindern, die sich lediglich „vorübergehend in Preußen aufhalten, namentlich [bei] Kinder[n] von ausländischen Wanderarbeitern", sollte die Aufnahme im Fall beschränkter Raumverhältnisse der Schule verweigert werden, oder wenn damit zu rechnen sei, dass „ihre Teilnahme am Unterricht die unterrichtliche Versorgung der deutschen Schulkinder" beeinträchtige, während – und hier kommt wieder die ethnische Zugehörigkeit ins Spiel – „bei der Aufnahme der Kinder *deutschstämmiger* ausländischer Wanderarbeiter [...] besonders entgegenkommend" verfahren werden sollte (Erlass vom 17.12.1929, in: Geheimes Staatsarchiv Preußischer Kulturbesitz (GStA PK) HA, Rep. 76, Nr. 1413, Bl. 9; Hervorh. M. K.-P.).

Doch die formale Gleichstellung reichsausländischer Schülerinnen und Schüler – dies sei hier noch einmal nachdrücklich hervorgehoben – bezog sich lediglich auf die Möglichkeit des Schulbesuchs und die Regelung der Schulgeldfrage. Besondere Maßnahmen, wie z. B. spezielle Deutschkurse zum Erwerb der Unterrichtssprache oder andere Eingliederungshilfen, waren ebenso wenig Gegenstand dieser Verträge und der auf sie bezogenen Erlasse wie Vereinbarungen über Unterricht in der Sprache des Herkunftslandes.

==Die vollständige Einbeziehung der ausländischen Kinder und Jugendlichen in die allgemeine Schulpflicht und damit verbunden die Installierung entsprechender Eingliederungshilfen erfolgte erst nach dem Zweiten Weltkrieg== – wiederum auf Länderebene, zunächst auch nur wieder in ‚weicher' Form per Erlass und dann in der zweiten Hälfte der 1960er Jahre per Gesetz (vgl. Puskeppeleit/Krüger-Potratz 1999, Band 1).

Doch ungeachtet dieses entscheidenden, die Traditionen durchbrechenden rechtlichen Schritts bestehen viele Probleme, die in den Debatten der 1920er Jahre eine Rolle gespielt haben, bis heute weiter. Zum einen sind auch noch Anfang des 21. Jahrhunderts schulgesetzlich unzulässige und verfassungswidrige Regelungen in Geltung, denn die „Kinder von Asylbewerbern [sind] in sieben Bundesländern von der Schulpflicht ausgenommen [und] in drei Bundesländern sind die Kinder von (Bürger-)Kriegsflüchtlingen nicht schulpflichtig". Für sie besteht lediglich ein Schulbesuchsrecht, das allerdings

„zum Teil unter den Vorbehalt der personellen, finanziellen oder sächlichen Voraussetzungen gestellt wird. Aber selbst in den Bundesländern, in denen sie der Schulpflicht unterliegen, beginnt dies Recht erst dann zu greifen, wenn das Bundesamt für die Anerkennung ausländischer Flüchtlinge[39] (unter Umständen nach mehreren Monaten) eine Entscheidung über den Aufenthaltsort für die Dauer des Asylverfahrens getroffen hat" (Reuter 2001b, S. 112 f.; vgl. auch Gogolin/Neumann/Reuter 2001)[40].

Zum anderen bedeutet die Einbeziehung in die Schulpflicht auch heute nicht, dass der Schulbesuch tatsächlich gesichert ist. Zwar ist die Zahl der ausländischen Kinder, die die Schule *nicht* besuchen (für die Statistiken ist allein die Staatsangehörigkeit ausschlaggebend) nicht mehr so hoch wie in den 1960er/1970er Jahren (vgl. Diamant 1972, S. 66), aber das Problem besteht noch immer (vgl. Institut der deutschen Wirtschaft 2000, S. 58). Vor allem aber geht die Einbeziehung in die allgemeine Schulpflicht nicht automatisch mit einem dem Leistungsvermögen der Kinder und Jugendlichen entsprechenden Bildungserfolg einher. Noch immer gilt, dass ein „strukturelle[r] Unterschied in der Bildungsbeteiligung zwischen Kindern aus deutschen und gemischten Ehen und Kindern, deren beide Eltern nach Deutschland zugewandert sind", erkennbar ist und dass der ‚Ausländerstatus' bzw. genauer die „Zuwanderung mindestens eines Elternteils" einen Risikofaktor für die Schulkarriere darstellt (Deutsches PISA-Konsortium 2001, S. 373, 399; vgl. auch Cortina/Baumert/Leschinsky 2003; Krüger-Potratz 2004).

Von daher ist Popp zuzustimmen, wenn sie 1998 im Abschnitt über die Integrationsfunktion der Schule festhält, dass mit der Einbeziehung in die allgemeine Schulpflicht die Zugewanderten nicht als Staatsbürger, sondern immer noch ‚als Ausländer' integriert worden seien, das heißt, dass ihr Status als Ausländer

> „sie von vornherein von staatsbürgerlichen Rechten und politischer Partizipation ausschließt, und sie sich dessen bewusst sind. [...] Hier steckt das Schulsystem in einem Dilemma, seinem Erziehungs- und Bildungsauftrag, worin Unterstützung bei der Subjektwerdung, Fähigkeitsentfaltung, Persönlichkeitsentwicklung und Erlernen kritischer Handlungsfähigkeit und gesellschaftlicher Teilhabe enthalten sind, nur mit Einschränkungen nachkommen zu können: Integration ins politische System und Partizipation an relevanten Werten dieser [bundesrepublikanischen] Gesellschaft bleiben deutschen Staatsangehörigen vorbehalten" (Popp 1998, S. 273).

In der Erlasslage wie in der Kritik von Popp ist – unbewusst bzw. ungekannt – die Debatte der 1920er Jahre präsent. Trotz der Einbeziehung in die allgemeine

---

[39] 2002 umbenannt in Bundesamt für Migration und Flüchtlinge (Nürnberg).
[40] Es wird zu prüfen sein, ob und wie sich das zurzeit [Mitte des Jahres 2004] noch immer nicht in Kraft gesetzte Zuwanderungsgesetz auf diese exkludierende Regelungen auswirkt.

Schulpflicht hat sich nichts daran geändert, dass der ‚Ausländerstatus' als Differenzlinie weiterhin wirksam ist. Dies zeigt sich zum einen darin, dass für die Kinder der Arbeitsmigranten der muttersprachliche Unterricht zum Erhalt ihrer „nationalen und kulturellen Identität" beitragen soll[41] und zum anderen darin, dass sie ‚als Ausländer' die Rechte und Pflichten, auf die sie die Schule auch vorbereiten soll, nicht bzw. nur partiell ausüben können. Sofern sie eingebürgert sind, trifft letzteres zwar nicht zu, dann aber wirken die Differenzlinien Sprache, Kultur, Ethnizität weiterhin ausgrenzend, insofern die deutsche Schule in ihrem ‚nationalstaatlichen Kern' unverändert geblieben ist. Ihr Erziehungsauftrag lautet heute nicht mehr „Erziehung im Geiste des deutschen Volkstums" (RV 1919, Art. 148), aber die Erlasslage sieht nur eine ‚Teil-Integration' vor und auch die KMK-Empfehlung von 1996 bleibt in diesem Punkt unbestimmt. Dort heißt es, dass der in den Schulgesetzen der Länder formulierte Bildungsauftrag davon ausgehe „daß alle Menschen gleichwertig und ihre Wertvorstellungen und kulturellen Orientierungen zu achten" seien. In diesem Sinne werde

> „interkulturelle Bildung [...] also zunächst in der Wahrnehmung des allgemeinen Erziehungsauftrags der Schule verwirklicht. Er [der Bildungsauftrag der Schule] fordert bei allen Schülerinnen und Schülern die Entwicklung von Einstellungen und Verhaltensweisen, die dem ethischen Grundsatz der Humanität und den Prinzipien von Freiheit und Verantwortung, von Solidarität und Völkerverständigung, von Demokratie und Toleranz verpflichtet sind" (KMK 1996, S. 2).

Damit bleibt die Differenzlinie ‚Staatsangehörigkeit' letztlich erhalten, überlagert von der Aufforderung zur Beachtung der Menschenrechte und verfassungsrechtlichen Bestimmung (vgl. Reuter 2003).

3.3.2 Differenzlinie Ethnizität

Auf dem Territorium des sich im Laufe des 19. Jahrhunderts konstituierenden Deutschen Reiches lebten – vor allem im Norden und Osten Preußens – verschiedene Minderheitsgruppen, die als sprachlich und ethnisch fremd galten bzw. die sich auch ihrer Selbstdefinition nach nicht, oder nicht ausschließlich, als Deutsche verstanden. Dazu gehörten die dänischsprachige Minderheit an der Nordgrenze Preußens, die polnisch- (masurisch und schlesisch-polnisch), (pomeranisch-)kaschubisch-, litauisch- sowie tschechisch-(mährisch-)sprachigen Gruppen entlang der preußischen Ostgrenze und – verteilt auf die Staaten Preußen und Sachsen – die nieder- wie obersorbischsprachigen Gruppen in der Lausitz. Ferner hatte sich durch Binnenwanderung Ende des 19./Anfang des 20.

---

[41] Storck hätte von der „Achtung vor dem fremden Staat" gesprochen bzw. davon, jeder Staat ein Interesse daran habe, ‚seine' Kinder als seine Staatsbürger zu erziehen (siehe weiter oben).

Jahrhunderts eine zahlenmäßig relativ starke polnischsprachige Minderheit im Ruhrgebiet und später auch in Berlin herausgebildet, die allerdings als zugewanderte Gruppen zu keinem Zeitpunkt als innerstaatliche Minderheitsgruppen anerkannt worden sind. Auch die friesische Minderheit war nur bedingt in diese Minderheitenpolitik eingeschlossen, zum einen weil die preußische Seite daran interessiert war, die Zahl der Minderheitsgruppen klein zu halten und zum anderen weil der zahlenmäßig größte Teil der Friesen sich nicht als Minderheit definieren wollte (vgl. Krüger-Potratz/Jasper/Knabe 1998, Kapitel 1 und 4; vgl. Abb. 2).

Abbildung 2: Die Siedlungsgebiete der nationalen Minderheiten in Deutschland[42]

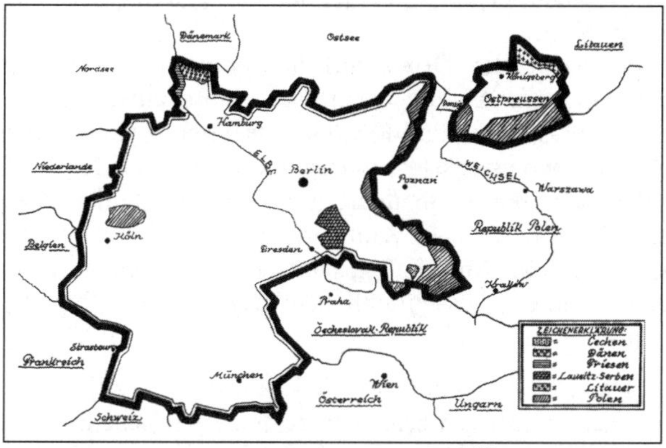

Quelle: Bogensee & Scala 1929[43]

Die nach Artikel 113 der Reichsverfassung von 1919 als „fremdsprachige Volksteile"[44] bezeichneten Personengruppen waren ‚Inländer', das heißt Staatsbürger des Staates bzw. Landes, in dem sie lebten, und – nach Inkrafttreten des Reichs- und Staatsbürgergesetzes von 1913 – zugleich deutsche Reichsbürger. Aufgrund ihrer ‚nicht deutschen' Familiensprache und ihrer Zugehörigkeit zu einer als ‚nicht deutsch' definierten Volksgruppe (sei es durch Fremd- oder

---

[42] Es gibt kaum Karten zu den Minderheiten- und Sprachverhältnissen im Deutschen Reich. Für die Zeit vor 1918 sind weitere anders- resp. zweisprachige Gebiete hinzuzudenken: die an Frankreich, Dänemark, Litauen, Polen und die Tschechoslowakei abgetretenen Gebiete. Die oben abgebildete Karte – hier einer Broschüre entnommen – ist wahrscheinlich identisch mit einer Karte, die von Vertretern der Minderheiten für eine Ausstellung angefertigt wurde (1928) und zu Protesten seitens der offiziellen Politik führte (vgl. Krüger-Potratz/Jasper/Knabe 1998, S. 93, Anm. 8; 95).

[43] Zur Legende: In der Reihenfolge von oben nach unten: Čechen, Dänen, Friesen, Lausitzer Sorben, Litauer, Polen.

[44] Über diesen Begriff ist bei den Verhandlungen zur Reichsverfassung intensiv gestritten worden, vgl. Krüger-Potratz/Jasper/Knabe 1998.

Selbstzuschreibung) galten sie aber als ‚fremd'. Für die Frage der Schulpflicht und der Bildungsmöglichkeiten war dies zunächst einmal ohne Bedeutung. Ihre Kinder unterlagen – wie alle anderen inländischen Schülerinnen und Schüler auch – den jeweils geltenden Unterrichts- resp. Schulpflichtbestimmungen.

Spätestens ab Mitte des 19. Jahrhunderts und vor allem nach der Reichsgründung von 1871 waren die ‚fremdsprachigen Minderheiten' einem starken Assimilationsdruck ausgesetzt. Der Lese-, Schreib- und Religionsunterricht in der Minderheitssprache wurde verboten. Die zuvor geltenden Ausnahmeregelungen wurden Zug um Zug aufgehoben, wenn auch der Druck regional bzw. lokal unterschiedlich stark war und die Minderheitsgruppen nicht gleichermaßen betraf. Der Erfolg der Maßnahmen entsprach jedoch keineswegs den Erwartungen (vgl. Hansen/Wenning 2003).

Besonders stark war der Druck auf die polnische Minderheit. Hier verschränkten sich mit dem Anfang der 1870er Jahre einsetzenden Kulturkampf zwei Differenzlinien: Sprache und Konfessionszugehörigkeit, das heißt polnisch und katholisch und – wo es passte – wurde auch noch das Geschlecht als stigmatisierendes Differenzmerkmal hinzugefügt. So begründete der Oberpräsident von Westfalen und spätere preußische Kultusminister von Studt in einer Denkschrift vom 8. Oktober 1898 die Anordnung, dass der Unterricht in den polnischsprachigen Gebieten Preußens ausschließlich in Deutsch zu erfolgen habe, mit den Worten, dass damit

„an den Polen selbst [...] ein gutes Werk vollzogen [wird], denn es tritt an die Stelle eines minderwertigen, stets zu Exzessen geneigten, namentlich auch in dem weiblichen Theile mit bedenklichen Eigenschaften ausgestatteten Elementes ein solches, dem die wirtschaftliche und sittliche Überlegenheit des Deutschtum in vollem Umfange zugute kommen kann" (Studt 1898, zit. nach Glück 1979, S. 134).

Nach dem Ersten Weltkrieg ließ dieser Druck etwas nach. Infolge der veränderten politischen Situation und des Beginns einer internationalen Minderheitenschutzpolitik musste auch das Deutsche Reich bzw. Preußen seinen autochthonen Minderheiten gewisse Zugeständnisse machen. Doch in den 1930er Jahren verschärften sich die Regelungen gegenüber den Minderheiten erneut bis hin zur Ausgrenzung einzelner ethnischer Gruppen (vgl. Krüger-Potratz/Jasper/Knabe 1998, S. 401 f.).

Die Entwicklungen in der Zeit der Weimarer Republik sind von besonderem Interesse. Denn nach dem Ersten Weltkrieg wurde der Schutz der sprachlich-kulturellen innerstaatlichen Minderheiten in verschiedenen internationalen Verträgen erstmals als eine wichtige und internationale Aufgabe definiert. Es gründeten sich Minderheitenverbände auf nationaler und europäischer Ebene, und dem Völkerbund wurde die Überwachung des zugesicherten Schutzes aufgetragen. Anlass für diese Neuorientierung war die Neuziehung der Grenzen in Europa, durch die einerseits sprachlich heterogene neue Staaten entstanden (z. B. Polen und die Tschechoslowakei) und andererseits Bevölkerungsgruppen, die zuvor der Mehrheit angehört hatten, sich als Minderheit jenseits der Reichsgrenze in einem fremden Staat wieder fanden: so auch ehemalige Reichsdeutsche als deutsche Minderheiten in Frankreich, in Belgien, in Dänemark, in Polen, in Litauen und in der Tschechoslowakei (vgl. Bachmaier 2003).

Abgesehen von Oberschlesien, für das 1922 ein besonderes internationales Minderheitenschutzgesetz (Genfer Konvention) in Kraft gesetzt wurde, waren dem Deutschen Reich von internationaler Seite keine Minderheitenschutzregelungen auferlegt worden. Doch in den Friedensverhandlungen hatte die deutsche Regierung ihrerseits den Schutz der innerstaatlichen Minderheitsgruppen zugesagt. Die Aufnahme eines Minderheitenschutzartikels in die neue Reichsverfassung war ein erster Schritt zur Einlösung dieser Zusage, dem allerdings der zweite, die Inkraftsetzung von Ausführungsbestimmungen, nie gefolgt ist. Das Interesse der deutschen (und auch preußischen) Regierung galt nicht der Durchsetzung eines aktiven Minderheitenschutzes im *Innern* des Reiches, sondern es ging vorrangig um *außenpolitische* Erwägungen. Im Vordergrund stand die Sicherung des Einflusses auf die Situation der *deutschen* Minderheiten im Ausland, und speziell auf die Situation der so genannten ‚Grenzlanddeutschen' jenseits der neuen politischen Ostgrenzen des Reiches. Sie wurden als Vorposten für zukünftige Grenzrevisionen angesehen, und auf sie bezogen war das Interesse hinsichtlich ‚Sprach- und Kulturerhalt' groß (vgl. Krüger-Potratz/Jasper/Knabe 1998, Kap. 1; Weidenfeller 1995).

Die Zugeständnisse an die innerstaatlichen Minderheiten blieben auf das Notwendigste beschränkt. Die Minderheitsschulfrage blieb Landessache und letztlich wurden nur drei Gruppen berücksichtigt. Keine der Regelungen hatte Gesetzesrang. Es handelte sich ausschließlich um nicht einklagbare, jederzeit widerrufbare Erlasse und Verfügungen, die zunächst auch nur für eng umgrenzte Regionen (einzelne Kirchspiele und Regierungsbezirke) in Geltung gesetzt wurden: Für die dänische und polnische Minderheit waren Unterricht *und* Schule in der Minderheitssprache und die Berücksichtigung des eigenen ‚Volkstums' zugelassen. Der sorbischen Minderheit wurde zumindest Schreib-, Lese- und Religionsunterricht in Sorbisch zugestanden, während die anderen Minderheitengruppen, die litauische, tschechische, kaschubische und masurische, unberücksichtigt blieben. Den Friesen wurde die Pflege der friesischen Sprache im Rahmen des Deutschunterrichts erlaubt, aber unter ausdrücklicher Betonung, dass dies keine Anerkennung als Minderheit bedeute. Die für die ‚anerkannten Minderheiten' verabschiedeten Erlasse und Ordnungen – vor allem die 1928 für die dänische und polnische Minderheit ergangenen – waren dem Text nach relativ großzügig gehalten, aber die minderheitenbildungspolitische Praxis vor Ort war eindeutig restriktiv.

Auch die ab 1933 propagierte Minderheitenpolitik schien auf den ersten Blick ‚minderheitenfreundlich', insofern jeglicher Versuch der Germanisierung für unzulässig erklärt wurde. Doch letztlich bedeutete dies nichts anderes, als dass die Minderheiten aus dem ‚Deutschtum' ausgeschlossen und ihre Sprache und Kultur für *minderwertig* erklärt wurden. Die in Deutschland lebenden Juden, die sich mehrheitlich in der Weimarer Republik gegen eine Selbstdefinition als Minderheit ausgesprochen hatten (Krüger-Potratz/Jasper/Knabe 1998, S. 29, Anm. 18), wurden durch die nationalsozialistischen Rassengesetze als rassische Minderheit definiert. Den jüdischen Schülerinnen und Schüler wurde ab März 1933 in zunehmend schärferer Form bedeutet, dass sie in der „deutschen Schule" unerwünscht seien und diese zu verlassen hätten. Gleichzeitig wurden die jüdischen Gemeinden gezwungen, eigene Schulen zu gründen und die aus der ‚deutschen Schule' Verjagten dort zu unterrichten. Nach 1938 verschlechterte sich die Situation zusehends, bis 1942 auch die jüdischen Schulen verboten wurden (vgl. Keim 1997, S. 220-250).

Zur Geschichte sprachlicher, kultureller, ethnischer und nationaler Heterogenität und Bildung gehört auch die bisher erst ansatzweise erforschte Schulpolitik des nationalsozialistischen Regimes in den okkupierten Gebieten. In Polen zum Beispiel wurden die polnischen Schulen und Hochschulen geschlossen. Zugelassen waren nur mehr Grund- und Berufsschulen (in reduzierter Zahl), und der Unterricht musste in deutscher Sprache erfolgen (vgl. Hansen 1994a; Hansen/ Krüger-Potratz/Oenning 1993). Gleichzeitig war es aber verboten, den Schülerinnen und Schülern mehr als nur rudimentäre Kenntnisse in Deutsch zu vermitteln, da eine „Eindeutschung von Polen […], abgesehen von zahlenmäßig geringen Ausnahmen, nicht nur unerwünscht [sei], sondern nationalsozialistisch falsch". Deshalb sollte

> „in den polnischen Schulen […] deutsch nur soweit gelehrt werden, als es notwendig ist, dass der polnische Arbeiternachwuchs, den wir zur Erfüllung der Kriegs- und der Aufbauarbeit brauchen, sich in deutscher Sprache verständlich machen kann: d.h. die deutsche Sprache wird vokabelmäßig gelernt, darf aber grammatikalisch nicht richtig gesprochen werden" (Schreiben des Reichsstatthalters im Warthegau, Februar 1943; hier zit. nach Hansen 1994, Dokument 26; siehe auch Dokument 38).

Der ‚deutschsprachige Pole' im ‚Warthegau' sollte stets an seiner fehlerhaften Ausdrucksweise und Aussprache erkennbar bleiben, vor allem sollte er aus der Zweisprachigkeit keinen (beruflichen) Nutzen ziehen können.

Nach 1945 resp. nach 1949 haben beide deutsche Staaten Minderheitenschutzregelungen getroffen: die DDR für die sorbische Minderheit und Schleswig-Holstein für die dänische. Die damit verbundenen schulischen Regelungen sind in Fortsetzung der in den 1920er Jahren entwickelten Leitlinien getroffen worden. Der Versuch, nach der deutschen Einigung den Minderheitenschutz im Grundgesetz zu verankern, ist gescheitert. Minderheitenschutz ist weiterhin Landessache. Schleswig-Holstein, Brandenburg und Sachsen haben dementsprechend Minderheitenschutzbestimmungen in ihre Landesverfassungen aufgenommen und darüber hinaus haben Mecklenburg-Vorpommern sowie Sachsen-

Anhalt eine sehr allgemein gehaltene Minderheitenschutzzusage in ihren Landesverfassungen verankert. In Artikel 37 der Verfassung von Sachsen-Anhalt heißt es, dass „die kulturelle Eigenständigkeit und die politische Mitwirkung ethnischer Minderheiten [...] unter besonderem Schutz des Landes und der Kommunen" stehen, und in Mecklenburg-Vorpommern wird in Artikel 18 „die kulturelle Eigenständigkeit ethnischer und nationaler Minderheiten und Volksgruppen von Bürgern deutscher Staatsangehörigkeit unter den besonderen Schutz des Landes" gestellt (zit. nach Reuter 2001a, S. 209; 2001c, S. 399).

Dass der Minderheitenschutz in diesen Bundesländern nicht nur für die ‚klassischen' autochthonen Minderheiten gilt, sondern – im Sinne des internationalen Minderheitenrechts – auch für andere „Personen, die sich einer Minderheit zugehörig fühlen [und] über die deutsche Staatsbürgerschaft verfügen", ist neu. Wer dies sein könnte, wird allerdings nicht expliziert. Aber die Formulierung kann so ausgelegt werden, dass zum einen deutsche Sinti und Roma sowie eingebürgerte Einwanderinnen und Einwanderer eine solche schützenswerte Minderheit darstellen *könnten*. Doch bisher gibt es keine entsprechende Initiative. Als sprachlich-kulturell nicht schützenswert gelten weiterhin alle „Zuwanderergruppen, die (noch) nicht die deutsche Staatsbürgerschaft besitzen" (Reuter 2001a, S. 209). Einen etwas anderen Akzent hat Sachsen gesetzt. Dort heißt es in Artikel 5, Satz 2 der Verfassung, dass „die Interessen ausländischer Minderheiten, die sich rechtmäßig im Land aufhalten" – zu achten seien (zit. nach Schröder 2001, S. 379). Die vage Formulierung – Interessen achten – geht aber letztlich nicht über Artikel 3 des Grundgesetzes hinaus, dem zufolge niemand wegen „[...] seiner Heimat und Herkunft [...] benachteiligt oder bevorzugt" werden darf (Grundgesetz 1949/2002).

Insgesamt bleiben alle in den Verfassungen dieser vier neuen Bundesländer niedergelegten Schutzzusagen, die nicht die Sorben betreffen, – notwendigerweise – vage; vor allem sind aus ihnen keine Verbindlichkeiten für die Bildungs- und Schulpolitik abzuleiten. Wie eine Regelung aussehen könnte, die nicht der ‚alten' Logik, das heißt der Ausgrenzung der Minderheit(en) durch Sonderregelungen, folgt, ist noch offen. Eine neue Gesetzgebung müsste von der sprachlich-kulturellen Heterogenität der Bevölkerung ausgehen und festlegen, welche Aufgaben durch den Staat und/oder durch gesellschaftliche Gruppen wahrgenommen werden müssen bzw. welche in den Privatbereich gehören.

3.3.3 Differenzlinie Sprache

Im Fall der reichs*ausländischen* Kinder war nicht die fremde Sprache, sondern die fremde Staatsangehörigkeit das für den Ausschluss entscheidende Kriterium. Die fremde Sprache spielte keine Rolle, weil die fremde Staatsangehörigkeit schon Grund genug für den Ausschluss war. Hinsichtlich der Sprache gingen bis in die 1960er Jahre alle Beteiligten wie selbstverständlich davon aus, dass nicht der Staat, sondern die Eltern dafür Sorge zu tragen hätten, dass die Kinder über hinreichende Deutschkenntnisse verfügen, um dem Unterricht folgen zu können. Andernfalls blieb ihnen nur der Besuch einer Privatschule. Nur in den Fällen, in denen die Sprache der reichsausländischen Kinder mit einer der Sprachen der innerstaatlichen Minderheiten identisch war, wurde sie in der Zwischenkriegszeit als zusätzliches Ausschlusskriterium genommen; insbesondere galt dies für das Polnische. Hier setzte sich das fort, was schon im Kaiserreich festgelegt war; so heißt es z. B. in einem Bericht über die Wirksamkeit der „Bestimmungen über die Beschäftigung und die Kontrolle der ausländisch-polnischen Saisonarbeiter":

> „[...] daß Familien mit schulpflichtigen Kindern nicht zuzulassen sind, hat seinen Grund darin, daß im anderen Falle die Schwierigkeiten, mit welchen die Schulverwaltung insbesondere in den Landesteilen mit gemischtsprachiger Bevölkerung an sich schon zu kämpfen hat, eine wesentliche Steigerung erfahren, und die Förderung des Deutschtums durch die Schule beeinträchtigt werden würde" (Minister des Innern, 4. September 1899. In: Geheimes Staatsarchiv Preußischer Kulturbesitz GStA PK I. HA Rep. 77, Titel 1176, Nr. 6, Bd. 1, Bl. 14).

Der pädagogisch wichtigste Konfliktpunkt war die Frage der Zweisprachigkeit. Die Vor- und Nachteile, vor allem aber die Gefahren des Aufwachsens in anderssprachigen, das heißt in nicht deutschsprachigen oder in zweisprachigen Gebieten, wurden seit Beginn des 19. Jahrhunderts heftig diskutiert. Die Kontroversen darüber, ob Kinder aus sprachlichen Minderheiten in ihrer Muttersprache alphabetisiert und Schreib-, Lese- und Religionsunterricht erhalten oder sogar in eigenen Volksschulen (mit der Minderheitensprache als Unterrichtssprache) unterrichtet werden sollten, vermischte sich mit einer Fülle anderer konfliktreicher Fragen, angefangen von der Bereitstellung von finanziellen und personellen Mitteln für den Auf- und Ausbau des Volksschulwesens insgesamt und der Durchsetzung der Schulpflicht bis hin zu konfessionell-politischen Fragen, wie sie vor allem in der Zeit des Kulturkampfs (1871-1887)[45] den Streit über den Unterricht in polnischer Sprache dominierten.

---

45 Kulturkampf – der Begriff geht auf Rudolf Virchows antikirchlichen Wahlkampf 1873 zurück und ist zum Synonym geworden für den Konflikt zwischen dem 1871 gegründeten Deutschen Reich und der katholischen Kirche über die (Re-)Definition des Verhältnisses von Staat und Kirche, insbesondere auch in Fragen des Bildungswesens. Mit besonderer Schärfe ist der Kulturkampf in Preußen geführt worden. Den Höhepunkt bildeten die vier Maigesetze, u. a. betr. die staatliche Schulaufsicht. Formell ist der Kulturkampf mit den Friedensgesetzen um 1886/1887 beendet worden; der schrittweise Abbau der Maigesetze hatte 1879 begonnen (vgl. Lill [Hrsg.] 1997). – Ein anderes Beispiel für ‚Integration' durch Verbot der Sprache und der eigenen Religion ist die Verfügung des württembergischen Königs Wilhelm I, der 1823 die lutherische und reformierte Kirche zusammenlegte und die französische Sprache als Kirchen- und Schulsprache verbot. Damit hob er die Rechte auf, die den Waldensern, Glaubensflüchtlingen aus Frankreich, bei ihrer Ansiedlung Ende des 17. Jahrhunderts zugesichert worden waren.

3 Ordnung des Feldes II

Den Verlauf der Kontroversen und der schulpolitischen Entscheidungen hier auch nur in groben Linien nachzuzeichnen, ist nicht möglich, zumal die Unterschiede zwischen den Regionen und im Umgang mit den einzelnen Minderheitssprachen nicht unbedeutend waren. Angezeigt werden kann hingegen das Spektrum der ‚Argumente', die gegen oder für die Berücksichtigung der Minderheitssprache in der Schule vorgetragen wurden. Entscheidend ist, dass im Laufe des 19. Jahrhunderts die *altersgemäße Beherrschung der deutschen Sprache* zu den als ‚normal' (im Sinne von selbstverständlich) angesehenen Voraussetzungen für den Besuch der (Volks-) Schule in Deutschland durchgesetzt wurde; damit wurde ‚Anderssprachigkeit' zum Ausschlusskriterium.

Die Argumente pro und contra andere Unterrichtssprachen und Zweisprachigkeit im *niederen Schulwesen* resp. in der *Volksschule* lassen sich auf zwei Kernpunkte reduzieren: Die Befürworter der Berücksichtigung der Minderheitssprachen betonten, dass die Muttersprache (Familiensprache) für die psychische, emotionale und soziale Entwicklung unerlässlich sei. Die Gegner sahen hingegen die Gefahr des ‚Zerrissenseins' zwischen zwei Sprachen, Kulturen und Heimaten. Sie verstanden die nationalsprachige, in Deutschland also die deutschsprachige Beschulung als einen zivilisatorischen Akt und Beitrag zur politischen Erziehung im Sinne von ‚Volk-Bildung'. In diesem Sinne setzen sie ‚Muttersprache' nicht mit der tatsächlich in den Familien gesprochenen Sprache bzw. mit der Erstsprache des Kindes gleich, sondern mit der Staatssprache, d. h. mit der ‚Muttersprache des Vaterlandes'.

Die Diskussion bezog sich nur ausnahmsweise auf den Fremdsprachenunterricht in den höheren Schulen und richtete sich auch nicht grundsätzlich gegen das zwei- oder sogar mehrsprachige Aufwachsen in einzelnen Familien der höheren Schichten bzw. gegen eine Zweisprachigkeit „aus Nützlichkeitsgründen [...] im Namen des zunehmenden Verkehrs und eines erfolgreichen geschäftlichen Betriebes" (Blocher 1909, S. 4). Aber für alle anders gelagerten Fälle und generell gesehen überwog die Auffassung, dass die Nachteile größer seien als die Vorteile:

> „[...] ohne dringende Notwendigkeit soll Zweisprachigkeit nicht erzeugt oder gefördert werden. Die Muttersprache gehört zur geistigen Heimat des Menschen. Daraus folgt: künstliche Zweisprachigkeit durch Dienstboten und Hauslehrer im Kindesalter zu erzeugen, ist ein Fehler. Die heutige Erziehungswissenschaft billigt das Verfahren des Danziger Kaufmanns Schopenhauer nicht, der seinen Sohn Artur mit 9 Jahren nach Frankreich schickte, um ihn dort französisch lernen zu lassen. Erst nach einem gewissen Abschluss der Schulbildung (etwa mit 15 Jahren) darf dergleichen gewagt werden. Wo der Staat um seiner selbst willen die Kinder sprachlicher Minderheiten in den sog. utraquistischen[46] Schulen mit der Staatssprache ver-

---

46 Utraquistisch (lat. uterque – das eine und das andere): nach amtlicher Definition Schulen, an denen „einzelne Gegenstände in einen und die übrigen Gegenstände in einer anderen

traut machen muß (Polen, Lothringen), da ist dies als ein Notzustand anzusehen. Bei Auswanderern sollten Kinder, die in natürlicher Zweisprachigkeit aufwachsen, doch möglichst einsprachig geschult werden, am besten in der Sprache der Eltern[47]. [...] Die Zweisprachigen können nützlich werden, wenn sie zu beruflichen Übersetzern, Übertragern, Vermittlern ausgebildet werden. Eine solche Verteilung der Arbeit wird dem Volksganzen nützlich sein und für die Zweisprachigen die Nachteile aufwiegen, unter denen sie zu leiden haben" (Blocher 1909, S. 14).

Die Warnung vor der Sprachverwirrung (des Volkes) ist eines der Argumente, das in vielen Variationen seit Beginn des 19. Jahrhunderts ins Feld geführt wurde. So beklagte zum Beispiel schon 1815 – als seitens des preußischen Staates noch weitgehend auf sprachliche Zwangsmaßnahmen verzichtet wurde – der Herausgeber der Zeitschrift *Der Schulrath an der Oder* die ethnische und sprachliche Heterogenität in seiner Heimatregion:

„Kein Uebel ist schlimmer in der Bildung als das der Volks- und Sprachverzwitterung. Und leider gefallen sich solche Verzwitterte in ihrer Gestalt, wie jeder Narr in seiner Kappe. Schlesien krankt am rechten Oderufer auch an dieser Sprachverzwitterung; und dem Aufschwunge für Bildung hängt desshalb ein großes Bleigewicht an. Die polnischen Schlesier oder die schlesischen Polen sind weder Polen noch Deutsche, sprechen weder polnisch noch deutsch. Der Staat muß mit allem Eifer darauf halten, dieses Gezwitter zu vertilgen und Geistliche und Schullehrer müssen ihm Hand bieten, wenn sie es redlich meinen mit dem Vaterlande" (Der Schulrath an der Oder 1815, S. 134).

Diese – auch aus anderen zweisprachigen Gebieten bekannten – Klagen und die daraus abgeleitete Forderung nach einem nur deutschen Unterricht werden im Verlauf des 19. Jahrhunderts immer lauter und verbinden sich mit den nationalpolitisch motivierten Homogenisierungsbestrebungen nach dem Muster: ein

---

Unterrichtssprache gelehrt" wurden oder in denen „die Unterrichtssprache für ein- und denselben Gegenstand in den einzelnen Klassen der Schulen verschieden waren oder ‚eine solche Einrichtung für alle Schüler als obligat' [verpflichtend] galt" (Stourzh 1985, S. 178; zit. nach Reiter 2001, S. 40).

47 Hier deutet sich schon ein Dilemma an: Was ist die ‚Muttersprache' der aus Deutschland zu verschiedenen historischen Zeitpunkten ausgewanderten Personen, die zu großen Teilen schon seit mehreren Generationen in dem Land leben, das sie ursprünglich aufgenommen hat. Sie auf eine ‚Deutsch-Einsprachigkeit' zu verpflichten – ganz abgesehen davon, dass niemand die Macht hätte, es durchzusetzen – hieße, sie im ‚Aufnahmeland' zu isolieren. Wie aber bewahrt man sie vor der – behaupteten – Schädlichkeit der Zweisprachigkeit (zu den ‚Argumenten' und ‚Lösungen', die in den 1920er/1930er Jahre ausgetauscht bzw. vorgeschlagen wurden, vgl. Krüger-Potratz 2001b; List 2003).

Staat – ein Volk – eine Sprache[48]. Sie münden schließlich in der – auf Seiten der Mehrheit – weit verbreiteten Auffassung, dass Zweisprachigkeit für die geistige, psychische und physische Entwicklung von Kindern schädlich sei und dass eine ‚gesunde' Entwicklung nur in einer Sprache, in der Landessprache, stattfinden könne, weil es sich bei ihr – so die zeitgenössische Charakterisierung der von den Minderheiten gesprochenen Sprachen – nicht um ‚irgendeine Bauernsprache' oder eine ‚zum Dialekt verkommene Sprache', sondern um eine Kultursprache handele. Daneben gab es – allerdings nur wenige – Stimmen, die sich gegen eine repressive Einsprachigkeitspolitik aussprachen bzw. eine konsequente Beachtung der Regel – erst die Ausbildung der Muttersprache (im Sinne von Erstsprache), dann Erlernen einer Zweitsprache (hier der Staatssprache) – forderten.

Die im Laufe der Zeit propagierten bzw. per Erlass möglichen, wenn auch nicht immer in die Praxis entsprechend umgesetzten Varianten waren: (1) Lese-, Schreib- und Religionsunterricht in der Minderheitssprache, (2) Religionsunterricht in der Minderheitssprache, (3) die Minderheitssprache als Brücke zur deutschen Sprache – insbesondere im Anfangsunterricht, (4) Unterricht in der Minderheitssprache erst in einer höheren Klasse der Volksschule, nachdem die deutsche Sprache als Unterrichtssprache schon ihren festen Platz hatte, (5) Minderheitenvolksschulen mit der Minderheitssprache als Unterrichtssprache und Deutsch als zentralem Fach und (6) Unterricht ausschließlich in Deutsch mit Strafen bei Gebrauch der Minderheitssprache im Unterricht und/oder in den Pausen, zeitweise ergänzt um (7) Strafen für Lehrer, die nicht konsequent auf den Gebrauch der deutschen Sprache achten oder (8) Prämien für diejenigen Lehrer, die sehr gute Erfolge hinsichtlich der ‚sprachlichen Eindeutschung' ihrer Schulklassen vorweisen konnten.

Eines der gängigen und nicht nur von Minderheits- sondern auch von Mehrheitsvertretern genutztes Argument für die Erteilung des Religionsunterrichts in der Familiensprache war die Unterscheidung zwischen ‚Gemüts' bzw. ‚Seelensprache' und der Sprache, die für die intellektuelle Entwicklung förderlich sei; so zum Beispiel führt Schubert 1873 aus:

> „Vielmehr muss es Pflicht der mit der Leitung des Schulwesens betrauten Behörden sein, die Sprache jeder Nation zu schonen und zu pflegen, so weit sie mit dem tiefinnersten Gemüths- und Seelenleben, mit seiner Religion in Beziehung steht; dort aber, wo Fortkommen, intellectuelle Bildung, Befähigung zu Amt und Geschäft in Frage gestellt sind, dafür zu sorgen, dass auch die eine andre, weniger fortgebildete Sprache redenden und nur auf einen engen Raum beschränkten Nationalitäten befähigt werden, die Culturspra-

---

[48] Eine ausführliche und die verschiedenen Argumentationsebenen und -linien gut herausarbeitende Darstellung bietet List 2003.

che des gemeinsamen Vaterlandes mit Vortheil zu gebrauchen" (Schubert 1873, S. 599).

Andere Mehrheitsvertreter argumentierten pro Minderheit unter anderem mit Verweis darauf, dass man in Deutschland nicht so handeln dürfe wie andere Staaten gegenüber der deutschen Minderheit, zumal es

> „dem deutschen Humanitätsgefühl [widerstrebe], die fremde Muttersprache von dem Volksunterricht ganz auszuschließen, oder wie es anderwärts geschieht, sie zu lästern oder zu verbieten" (Boeckh 1894, zit. nach Glück 1979, S. 239).

Oder es wurde darauf hingewiesen, dass eine kompromissbereite (Schul-)Sprachenpolitik sich positiv auf den innerstaatlichen Frieden auswirken würde, während die Unterdrückung der Minderheitssprache sich als Hass gegen die Mehrheitssprache und gegen die Mehrheit selbst wenden könnte.

Doch die Gegner der innerstaatlichen kollektiven Zweisprachigkeit hatten – aus machtpolitischen Gründen – die Oberhand. Sie ‚begründeten' ihre Position mit Hinweisen auf linguistische, psychologische und pädagogische Probleme, die durch Zweisprachigkeit erzeugt würden, ohne allerdings je einen empirisch haltbaren Nachweis für die von ihnen behaupteten Defizite und beschworenen Gefahren zu erbringen. So wurde zum Beispiel behauptet, dass die Minderheitssprachen vom Deutschen schon so durchdrungen seien, dass sie allenfalls noch dem Laut, aber nicht dem ‚Wesen' nach noch der Ausgangssprache ähnelten (vgl. Schmidt-Rohr 1932).

Insbesondere gegenüber dem (Minderheits-)Polnischen wurde vorgebracht, dass die Varianten, die von den polnischen Minderheitsgruppen gesprochen würden, schon so weit von der polnischen Hochsprache entfernt seien, dass letztlich beide Sprachen, das (Hoch-)Deutsche wie das Hochpolnische, für die Kinder Fremdsprachen seien. Von daher könnten die Kinder gleich (Hoch-) Deutsch lernen. Oder die Nutzung der ‚fremden' (nicht-deutschen) Sprache wurde nicht nur als ein ‚sprachliches Vergehen', sondern darüber hinaus als ein Zeichen für mangelnde Vaterlandsliebe, für psychische und physische Gestörtheit, als sittliche Gefahr u. ä. m. gewertet. In diesem Zusammenhang kleideten die Autoren ihre Ablehnung in die Sorge um das zukünftige Schicksal der Kinder und das politische Schicksal eines sprachlich nicht einheitlichen Vaterlandes. So ist zum Beispiel Lichte zu verstehen, der 1901 mit Blick auf die „mit einem hohen Prozentsatz fremdsprachiger Elemente durchsetzten Klassen" im Ruhrgebiet und in den „gemischtsprachigen Gauen" besorgt fragt, ob und wie es gelingen könne, „dass die heranwachsende Jugend, insbesondere die fremdsprachige, deutsches Fühlen, Denken und Sprechen als unverlierbares Eigentum im späteren Leben" erwirbt. Seine Antwort lautete: Vaterlandsliebe kann nur in der ‚Muttersprache des Vaterlandes' eingeübt werden:

> „Eine der ersten Aufgaben, welche den Lehrern in *unseren gemischtsprachigen Gauen* zufallen, ist die Pflege der Heimat- und Vaterlandsliebe. Wohl hat jede Volksschule die Pflicht, die Liebe zum Vaterland bei der Jugend zu wecken, zu heben und zu pflegen, wohl ist jede berufen, dass Gefühl der Zusammengehörigkeit der deutschen Stämme bei ihren Zöglingen wachzurufen und zu befestigen, *wir aber haben in unseren Schulen die Aufgabe, mit viel höherem Nachdruck diese Liebe, dieses Gefühl zu pflegen und mit doppeltem Eifer die Herzen aller Kinder zu erwärmen und zu begeistern für unser herrliches Vaterland und seinen erhabenen Fürsten.* Neben der Förderung echter und wahrer Religiosität, der Gewöhnung der Kinder an Gehorsam, Selbstverleugnung und Opferwilligkeit, der Pflege des patriotischen Volksliedes und der würdigen Feier der vaterländischen Feste und Gedenktage ist es besonders der Unterricht in der Heimat- und Vaterlandskunde, *in der Geschichte und der deutschen Muttersprache*, wodurch sie begeisterte Liebe zu Fürst und Vaterland befestigen können" (Lichte 1901, S. 192; Hervorh. M. K.-P.).

In gleicher Weise äußerte sich Berthold Otto[49], ein Jahr später. In seinem „Mahnwort an die deutsche Jugend" heißt es unter anderem:

> „Jedes deutsche Kind, das einem polnischen Kind zuliebe einige polnische Wörter spricht, sollte immer denken: ‚Jetzt ist ein Stück *von mir*, also auch *ein kleines Stückchen Deutschland*, von den Polen erobert'. Darum braucht man nicht etwa unfreundlich zu sein gegen polnische Kinder; man kann freundlich und nett mit ihnen spielen; aber wenn sie mit uns reden wollen, müssen sie deutsch sprechen; in Deutschland wird deutsch gesprochen [...]
>
> Also unsere erste Losung muß sein: kein Wort polnisch! [...] Und wenn polnische Kinder mit euch spielen wollen: um so besser, stoßt sie nicht zurück, spielt immer gern mit ihnen; aber ihr sprecht deutsch dabei, und wenn sie polnisch sprechen, dann hört ihr nicht darauf und thut so, als wenn sie gar nichts gesagt hätten. Da werden nun manche sagen: ‚Das ist grausam und häßlich, daß ihr mit euren Gespielen nicht in deren Sprache reden wollt'. Dann müßt ihr sagen: ‚Nein, das ist gar nicht grausam, das ist nur freundlich von uns [...] Genau solchen deutschen Unterricht wollen wir den polnischen Kindern geben und wir thun das ganz umsonst. Das ist doch nicht grausam, das ist nett von uns. Denn die polnischen Kinder müssen deutsch lernen, wenn sie in Deutschland wohnen und mitreden wollen.' [...] Und nicht bloß beim Spielen müßt ihr deutsch sprechen, sondern auch beim Einholen. [...] Der Händler, bei dem ihr was einkauft, muß euch in deutscher Sprache antworten, sonst müßt ihr einfach wieder rausgehen aus

---

49 Berthold Otto (1859-1933) wird zu den Reformpädagogen gerechnet, bekannt ist er insbesondere aufgrund der von ihm in Berlin gegründeten und geleiteten ‚Hauslehrerschule' und seines Konzepts zum ‚Gesamtunterricht'.

dem Laden. Und dann müßt ihr eure Eltern bitten, daß ihr nie mehr dahin zu gehen braucht, sondern, daß ihr nur da einzuholen braucht, wo man deutsch mit euch spricht. [...] Es ist einmal *Krieg zwischen den Sprachen*, und ein *Volksverräter* ist jeder Deutsche, der nicht zu seiner Sprache hält" (Otto 1902, S. 8 f.; Hervorh. M. K.-P.).

Ein typischer Vertreter des Schädlichkeitsarguments war der schon zitierte Deutsch-Schweizer Eduard Blocher. Sein Artikel über Vor- und Nachteile der Zweisprachigkeit – an prominenter Stelle, d. h. in dem von Wilhelm Rein herausgegebenen „Encyklopädischen Handbuch der Pädagogik" veröffentlicht und als Extradruck erschienen – hat in der deutschen Diskussion eine wichtige Rolle gespielt. Er betont nachdrücklich die Gefahren für Körper, Leib und Seele, die von der Zweisprachigkeit ausgehen:

„Also erster Nachteil: ein ungemein großer Aufwand an Zeit und geistiger Kraft muß auf die Erhaltung und Verwirklichung der Zweisprachigkeit verwendet werden. [...] Ein weiterer Nachteil ist die Abstumpfung und Schwächung des Sprachgefühls. Natürlich gibt es hier nach Begabung, Erziehung, Umgebung sehr große Unterschiede. Aber die Schwächung ist immer da. [...] Die höchsten sprachlichen Leistungen sind nur dem Einsprachigen möglich. [...] Sind alle Schädigungen sprachlicher Art überwunden, so zeigt immer noch das Denken gewisse Spuren der Zweisprachigkeit. [...] Zusammenfassung der Nachteile, die aber nicht alle bei demselben Menschen vorzukommen brauchen: großer Aufwand von Zeit und Kraft auf Kosten anderer Arbeit, Schwächung des Sprachgefühls durch gegenseitige Beeinflussung der beiden Sprachen, Unsicherheit des Ausdruckes, Sprachmengerei, Armut des lebendigen Wortschatzes, Lockerung der geistigen Gemeinschaft mit den Einsprachigen, d.h. mit der großen Mehrzahl der Volksgenossen".

Außerdem verführe die Zweisprachigkeit zur Arroganz und Gesinnungslosigkeit:

„[...] der Zweisprachler kommt sich gebildeter vor als die einsprachige Umgebung. Den Genuss, den ihm die Literatur zweier Völker verschafft, hält er leicht für eine Förderung seiner geistigen Eigenart. Er lebt in schädlichen Täuschungen und leidet vielfach an Selbstüberschätzung. Wer in zwei Sprachen heimisch ist, spielt zwei Rollen, lebt eine Art Doppelleben. [...] Das ertragen nicht alle Menschen ohne sittliche Schädigung. [...] Heimatgefühl, Vaterlandsliebe, Freude am angestammten Volkstum sind natürlich beim Zweisprachigen geschwächt. Er verhält sich ‚neutral' gegen das, was andern ein hohes sittliches Gut bedeutet, ist er doch immer auch noch anderswo zu Hause als da, wo er gerade ist. Kosmopolitische Phrasen und internationale Gesinnungslosigkeit finden den Boden vorbereitet" (Blocher 1909, S. 12 f.).

3 Ordnung des Feldes II

Die Debatte über die Gefahren der Zweisprachigkeit erreichte ihren Höhepunkt in der Zwischenkriegszeit bemerkenswerter Weise zu dem Zeitpunkt, als auf internationalen Druck eine Reihe der europäischen Staaten sich per Vertrag zum Minderheitenschutz verpflichtet hatten. Auf dem 1928 vom Genfer Internationalen Erziehungsbureau (*Bureau International d'Education – BIE*) in Luxemburg organisierten internationalen Kongresses über „*Education et bilinguisme*" waren sich alle Teilnehmer darin einig, dass Zweisprachigkeit – abgesehen von individuellen Ausnahmen – sich hemmend und schädigend auf die psychische, intellektuelle und physische Entwicklung der Einzelnen auswirke. Ohne empirisch überzeugende Belege stimmten sie weitgehend darin überein, dass – wie Wilhelm Henß unter Berufung auf eigene Erfahrungen, vorliegende Literatur und die Aussagen des belgischen Reformpädagogen Decroly[50] ausführte – die in zwei Sprachen Lebenden deutlich häufiger

> „eine sehr wahrscheinliche Beziehung zwischen der Zweisprachigkeit und gewissen *motorischen Störungen* (allgemeiner Ungeschicklichkeit, Linkshändigkeit bezw. Unsicherheit in der Unterscheidung von rechts und links, Schielen, Stottern)" aufwiesen und dass sie in der „Gefahr des Sich-selbst-Verlierens bezw. des Zerrissenwerdens zwischen zwei kulturellen (und teilweise auch geographischen) Heimaten" stünden (Henß 1928, S. 251; vgl. Henß o. J. [1929]).

Die Ablehnung der Zweisprachigkeit und die Anstrengungen zur Durchsetzung der ‚einen und richtigen' Sprache richtete sich lange Zeit nicht nur gegen ‚fremde' Sprachen auf deutschem Boden, sondern auch gegen die Varietäten des Deutschen, denn

> „[...] wer bloß die Mundart kennt, kann sich nur innerhalb eines beschränkten Gebiets verständlich machen; ihm sind Mittel u[nd] Wege verschlossen, seinen Geist auszubilden; Folge geistiger Verarmung ist sittliche Verwahrlosung. Nur die h[och]d[eutsche] Schriftsprache ist der Schlüssel zu den Geistesschätzen der Nation; sie ‚schlingt ihr Band um alle Kinder des Volkes in Höhen u[nd] Tiefen' [...], ja noch über die Grenzen des Vaterlandes erstreckt sich ihre Wirksamkeit; sie verbindet die in der Fremde weilenden Kinder mit der Heimat u[nd] hält selbst in den fernsten Zonen deutsches Volkstum aufrecht" (Weicken 1914, S. 792).

Nach dem Ersten Weltkrieg wurden die Mundarten im Unterschied zu den ‚fremden' Sprachen nicht grundsätzlich diskreditiert, da sie als Teil des ‚Volksguts' galten und als solches gepflegt werden sollten (im Sinne von Heimatverbundenheit). Dies geschah in der Schule zum Beispiel in Form von kleinen Lesestücken, Liedern und Gedichten, die zu bestimmten Anlässen vorgetragen

---

50 Ovide Decroly (1871-1932), belgischer Psychologe und Pädagoge bekannt für sein Konzept der *centres d'intérêt* und seine Leselernmethode (*lecture globale*).

wurden. Der Status als Sprache wurde ihnen abgesprochen, während ihre Bedeutung als regionale, identitätsstiftende Folklore betont wurde:

„Der heimischen Mundart gebührt unter allen Umständen *liebevolle Pflege*. Das sinnlose Vorurteil, die Mundarten seien verdorbenes Hochdeutsch, sie seien etwas Ungebildetes und Häßliches, spukt noch immer in vielen Köpfen. [...] Heimat und Vaterland, die Einheit in der Vielheit der Stämme[51], treten gerade durch die Mundart in helle und warme Beleuchtung; wertvolle volkstümliche Anregungen werden ausgestreut" (Sprengel 1931, Sp. 349).

Damit fiel das Verhältnis Hochsprache – Mundart nicht in die Rubrik Zweisprachigkeit. Der (auch) Mundart sprechende Deutsche galt als einsprachig; wichtig war, dass er die Hochsprache als den auch für ihn verbindlichen Maßstab anerkannte. Die Deutsch-Einsprachigkeit in der ‚richtigen deutschen Sprache' als *Maßstab* für ‚richtiges Sprechen' durchzusetzen, war eine der zentralen Aufgaben der (Volks-)Schule.

Dass Einsprachigkeit des Menschen als (gesunder) Normalfall zu gelten habe, hat sich über die Zeit verfestigt. Noch in den 1960er Jahren bestand weitgehend Konsens darüber, dass es

„[F]ür die große Menge Geltung [behält], dass der Mensch im Grunde einsprachig angelegt ist (vor allem insofern die dem sprachlichen Sektor zukommende geistige Energie mit dem Bewältigen einer Sprache vollauf beschäftigt ist), dass die geistige Anverwandlung der Welt die Geschlossenheit einer Muttersprache fordert (so wie man auch nicht erwartet, dass jemand in zwei Religionen lebt) und dass mit dem Zusammentreffen der für erfüllte Zweisprachigkeit nötigen Vorbedingungen nie in dichter Häufigkeit zu rechnen ist" (Weisgerber 1966, S. 85; vgl. die kritische Darstellung bei Gogolin 1994, S. 99).[52]

Inzwischen wird die Frage der Zwei- und Mehrsprachigkeit wesentlich differenzierter gesehen. Das Erlernen anderer Sprachen wird für notwendig gehalten und frühes Fremdsprachenlernen wird sowohl auf europäischer wie auf nationaler Ebene politisch gefordert und gefördert. Sprachliche Vielfalt gilt als ein positives Kennzeichen der EU und individuelle Mehrsprachigkeit als ein wichtiges und identitätsförderndes Merkmal des im Maastrichter Vertrag begründeten EU-

---

[51] Sprengels Formulierung klingt wie eine Anspielung auf den Vorspruch zur Reichsverfassung von 1919: „Das deutsche Volk einig in seinen Stämmen und von dem Willen beseelt, sein Reich in Freiheit und Gerechtigkeit zu erneuern und zu festigen, dem inneren und äußeren Frieden zu dienen und den gesellschaftlichen Fortschritt zu fördern, hat sich diese Verfassung gegeben" (Reichsverfassung 1919, S. 1383).

[52] Ganz in dieser Tradition sind die Vermutungen/Schlussfolgerungen von Schrader/Nikles/Griese (1976), die von der „gegenhaltenden Wirkung muttersprachlicher Strukturen" sprechen, die den Erwerb der Zweitsprache Deutsch behindern würden (vgl. weiter unten Kapitel 4.3.1.2).

3 Ordnung des Feldes II

Bürgertums. Seit 1995 gibt es die Forderung, dass jede Bürgerin, jeder Bürger der EU mindestens drei Gemeinschaftssprachen beherrschen soll: neben der eigenen Sprache (gemeint ist jedoch nicht einfach jede eigene Sprache, sondern vorrangig die Sprache des Aufenthaltslandes), auf jeden Fall Englisch, als weltweite *lingua franca*, und die Sprache eines weiteren Mitgliedstaates. Anerkennung sprachlicher Vielfalt und sprachliche Kompetenz in mehreren Landes- oder wie es früher hieß Kultursprachen werden als Einheit gesehen. Allerdings – auch in diesem Kontext – wird die durch Einwanderung entstandene Mehrsprachigkeit nicht oder nur am Rande erwähnt. Die zugewanderten Minderheitssprachen gelten hier nicht als ‚eigene Sprachen', und die Mitgliedsstaaten der EU werden in dieser sprachpolitischen Formel erneut als in sich sprachlich-homogen gedacht. Durch Migration erzeugte lebensweltliche Zweisprachigkeit gilt weiterhin eher als Problem denn als Kompetenz und Ressource. Dies wirkt sich weiterhin negativ auf die Bildungschancen aus.[53]

Auch den Reden der Politiker, die sich positiv zu Einwanderung resp. Zuwanderung und Integration aussprechen, oder dem Zuwanderungsbericht von 2001 und anderen politischen Dokumenten ist zu entnehmen, dass mehr oder weniger bewusst die ‚Einsprachigkeit des Territoriums' weiterhin als der ‚gesunde Idealfall' angesehen wird. Diese Sichtweise bestimmt auch das Alltagsbewusstsein der Mehrheitsbevölkerung. Erlernen der Staats- und Unterrichtssprache wird nicht in einen positiven Zusammenhang mit der Weiterentwicklung der ‚nicht deutschen' Familiensprache gestellt, sondern Ersteres wird thematisiert, Letzteres dethematisiert bzw. implizit diskreditiert und somit wird – wenn auch kaum noch ausgesprochen – die nationalpolitische Argumentation fortgeführt.

Ein Beispiel für die öffentliche Thematisierung von Deutschlernen bei gleichzeitiger Dethematisierung und impliziter Diskreditierung von Zweisprachigkeit ist die schon erwähnte „Berliner Rede" des Bundespräsidenten Johannes Rau, mit der er für „eine neue gemeinsame Anstrengung für das Zusammenleben in unserem Land" geworben hat. Sprachliche Vielfalt wird nur indirekt und dann als Problem angesprochen. Hier schwingt unausgesprochen (und möglicherweise ungewollt) die Idee der Einsprachigkeit mit. So heißt es zum Beispiel im Zusammenhang mit seinem Appell für ein tolerantes Zusammenleben und gegen Ausländerfeindlichkeit sowie für Bildungskonzepte, die der Migrationssituation angemessen sind:

> „Im klimatisierten Auto multikulturelle Radioprogramme zu genießen, ist eine Sache. In der U-Bahn oder im Bus umgeben zu sein von Menschen, deren Sprache man nicht versteht, das ist eine ganz andere. Ich kann Eltern verstehen, die um die Bildungschancen ihrer Kinder fürchten, wenn der

---

53 Vgl. dagegen die UNESCO-Erklärung zur Erziehung in einer mehrsprachigen Welt (UNESCO 2003).

Ausländeranteil an der Schule sehr hoch ist. Ich kenne das aus eigener Erfahrung. [...] Es ist kein Zeichen von Ausländerfeindlichkeit, wenn Lehrer und Schulleiter darauf bestehen, dass in der Schule deutsch gesprochen wird. Ganz im Gegenteil: Wo das nicht geschieht, scheitert die Integration von Anfang an – zum Schaden aller Kinder" (Rau 2000, Absatz V; IX).

Auch in der Passage, in der es darum geht, wie eine auf ‚Zuwanderung' positiv eingestellte Gesellschaftspolitik aussehen sollte, ist wiederum nur von den „geringen Sprachkenntnissen" der Migrantenkinder im Deutschen die Rede, nicht aber von ihren anderen sprachlichen Kompetenzen. In der gesamten Rede findet sich kein einziges positives Wort zur sprachlichen Vielfalt in der Bundesrepublik und/oder zu Zweisprachigkeit als gesellschaftlicher Ressource, sondern auf der positiven Seite steht allein das nachdrückliche Plädoyer dafür, dass ‚Zugewanderte' und ‚Zuwandernde' Deutsch lernen müssen.

Notwendig hingegen wäre eine auch öffentlich propagierte und legitimierte Integrations- und Sprachpolitik, die das Erlernen der deutschen Sprache und die Fortentwicklung der ‚mitgebrachten' Sprachen fördert, Ersteres auf jeden Fall mit öffentlicher Unterstützung, Letzteres je nach Fall mit öffentlichen und/oder privaten Mitteln (vgl. Fürstenau/Gogolin/Yağmur [Hrsg.] 2003).

Von Seiten der Wissenschaft wird der positive Zusammenhang von Entwicklung der Erstsprache und Erlernen der Zweitsprache nicht mehr ernsthaft bestritten. Entscheidend ist jedoch die Frage, wie die Weiterentwicklung der Erstsprache und der Erwerb der Zweitsprache (und weiterer Sprachen) erfolgt, und welche Verantwortung die Bildungsinstitutionen in diesem Zusammenhang haben. Dass die Bildungsinstitutionen und speziell die Schule im Regelfall auf die neue sprachliche Situation noch nicht angemessen reagieren, hat unter anderem die internationale Schulleistungsvergleichsstudie PISA 2000 gezeigt. Sprache im Sinne der Beherrschung der Landes- und Unterrichtssprache Deutsch ist auch Anfang des 21. Jahrhunderts eine entscheidende Differenzlinie, die Kinder ‚nicht deutscher' Familiensprache ausgrenzt:

> „Weder die soziale Lage noch die kulturelle Distanz als solche sind primär für Disparitäten der Bildungsbeteiligung verantwortlich; von entscheidender Bedeutung ist vielmehr die Beherrschung der deutschen Sprache auf einem dem jeweiligen Bildungsgang angemessenen Niveau. Für Kinder aus Zuwandererfamilien ist die Sprachkompetenz die entscheidende Hürde in ihrer Bildungskarriere" (Deutsches PISA-Konsortium 2001, S. 374).

Dass dies eine Aufgabe der Schule ist, die unter anderen strukturellen und curricularen Bedingungen erfolgreicher gelöst werden kann, zeigen die PISA-Autoren am Beispiel anderer Länder mit – im Hinblick auf die Zahl der Eingewanderten, die Herkunftsländer und Familiensprachen – vergleichbarer Einwanderung und Sprachenvielfalt:

> „Ein Vergleich der Lesekompetenz von Jugendlichen aus Familien, die serbisch, kroatisch oder bosnisch bzw. türkisch oder kurdisch sprechen und in Deutschland, Norwegen, Österreich, Schweden oder der Schweiz wohnen, zeigt bemerkenswerte Unterschiede. Jugendliche dieser Sprachgruppen, die in Deutschland eine Schule besuchen, verfügen über geringere Lesekompetenzen als die Vergleichsgruppen in den anderen ausgewählten Ländern" (Deutsches PISA-Konsortium 2001, S. 397).

Zwar ist – nicht zuletzt in Zusammenhang mit der seit Ende der 1990er Jahre intensiver geführten ‚Zuwanderungsdebatte' – die Einsicht gewachsen, dass die Bildungsinstitutionen nicht mehr selbstverständlich davon ausgehen können, dass die Schülerinnen und Schüler altersangemessene Kenntnisse der Unterrichtssprache von zu Hause mitbringen, aber noch gehört es nicht zum Alltag der Bildungsinstitutionen, dass sie sich für die Entwicklung der Sprachlichkeit aller Kinder und Jugendlicher verantwortlich fühlen und dass sie Konzepte entwickeln, die sowohl die Weiterentwicklung der Erstsprache wie ggf. den Erwerb der Zweitsprache wie auch den Erwerb weiterer (Fremd-)Sprachen fördern (vgl. Fürstenau/Gogolin/Yağmur [Hrsg.] 2003). Ein Baustein zur Unterstützung solcher Konzepte ist das vom Europarat initiierte Sprachportfolio (vgl. Council of Europe 2000).

3.3.4 Differenzlinie Kultur

In dem Streit über Vor- und Nachteile des Aufwachsens in zwei oder mehr Sprachen ist immer wieder darauf hingewiesen worden, dass der „Zweisprachler", wie Blocher sagt, sich von der „geistigen Gemeinschaft mit den Einsprachigen" und damit von seiner ‚eigenen Kultur' löse. Der „Zweisprachler" denke ‚kulturell-vermischt'. Selbst wenn alle „Schädigungen sprachlicher Art überwunden" seien,

> „so zeigt immer noch das *Denken* gewisse Spuren der Zweisprachigkeit. Ein zweisprachig erzogener und in beiden Sprachen wirkender Hochschullehrer spricht in einem deutschen Aufsatz von dem ‚Glauben, der den jungen Renan begeisterte'. Der Satz hat seine Wirkung verfehlt, weil die deutschen Leser den Glauben des jungen Renan nicht kennen. Ein anderer akademisch gebildeter, belesener Mann schreibt in einer Kritik, der besprochene Schriftsteller sei ‚einer von den Menschen, von denen Honorius Balzac sagte: es muß auch solche geben'. Für deutsche Leser wäre besser angebracht gewesen der Vers aus Faust: ‚es muß auch solche Käuze geben', als die Herbeiziehung eines fremden Schriftstellers. [...] Statt zu Deutschen so zu reden, wie sie es verstehen und mitfühlen können (Faust), wird etwas (Balzac) aus einer fremden Gedankenwelt herbeigeholt, weil der Schreibende in zwei Kulturen lebt. Renan und Balzac sind hier Gallizismen des Denkens" (Blocher 1909, S. 12).

Seit ihrem Beginn hat die staatliche Schule ihren Beitrag zur Einführung in die ‚eigene Gedankenwelt' und damit zur kulturellen und nationalen Integration geleistet, zur Schaffung eines ‚Wir-Gefühls' durch die Vermittlung der Idee von einer gemeinsamen Geschichte und Kultur. In den niederen Schulen resp. Volksschulen stand das ‚Eigene' im Mittelpunkt. In den höheren Schulen geschah dies auch durch die Beschäftigung mit anderen Ländern, Kulturen und Sprachen. Ziel dieser Beschäftigung mit dem Fremden war – über die reine Information und den Erwerb guter Landes- und Sprachkenntnisse hinaus – auch hier die Stärkung des ‚Eigenen'. Der Fremdsprachenunterricht sollte die Schüler in die „Kultur des fremden Volkes" einführen, insofern die

> „Sprache nicht nur ein Verständigungsmittel, sondern auch ebenso *Ausdruck des unbewußt schaffenden Volksgeistes wie bewußt geformter Geist und damit wesentlicher Ausdruck der objektiven Kultur eines und jeweils nur des einen Volkes* ist. Soweit also die Kultur eines Volkes in den sprachlichen Denkmälern ausgedrückt liegt, kann sie in ihrem Wesen auch nur in der fremden Sprachform erfaßt werden, mag dabei auch *das letzte und stärkste in der fremden Eigenart dem Verständnis und Nachempfinden unerreichbar bleiben*. Das Ziel, das mit der Einführung der Jugend in die fremden Kulturwelten verfolgt wird, ist dabei im wesentlichen ‚kulturkundlich' gerichtet: Es soll dadurch nicht nur das historische Verständnis geweckt werden für die Einwirkung der fremden Kultur auf die deutsche, sondern es soll durch das Eindringen in den geistigen Inhalt eines kulturkundlichen Dokuments besonders die Vergleichsmöglichkeiten zwischen der fremden Kultur und der eigenen gegeben und *damit die deutsche Wesensart vom Schüler bewußter erfaßt und tiefer begriffen werden* […]" (Gronau 1929, Sp. 222; Hervorh. M. K.-P.).

Bemerkenswert ist die nicht auflösbare Spannung zwischen einem ontologischen Kulturbegriff – Kultur als das ‚einzigartige Wesen eines Volkes', das es sozusagen rein zu halten gelte – und der auch von Vertretern dieser Kulturauffassung nicht zu übersehenden Tatsache, dass jedes ‚Volk' in Kontakt mit anderen ‚Völkern' stand und steht, und somit ‚fremde' Kulturen stets auf die ‚eigene' eingewirkt haben. Hierzu vermerkt Gronau, dass gerade nach dem „Ausgang des Ersten Weltkrieges und die durch ihn und die anschließenden Erschütterungen veränderte Lage Deutschlands" (gemeint sind die Gebietsverluste, die hohen Reparationsforderungen und die internationale Isolation Deutschlands) der Wunsch erwacht sei, „das Getriebe der geschichtlichen Welt aus seinem letzten Grunde heraus zu begreifen" – mit anderen Worten, die internationale politische Situation besser einschätzen zu können. Wenn hierzu, wie gefordert, der Fremdsprachenunterricht beitragen solle – so Gronau unter Bezug auf die Kritiker des bisherigen Fremdsprachenunterrichts – müsse er „psychologisch umgestellt" werden, denn

3 Ordnung des Feldes II

„über die Betonung des Kulturhistorischen oder des Praktischen [habe man es] allzusehr an einer tieferen Erfassung der Kultur und des Wesens derjenigen Völker fehlen lassen, zu denen wir [Deutschland] kulturelle, politische und wirtschaftliche Beziehungen haben. Ja, nicht zuletzt, so meinte man, habe es dem Deutschen auch, im Gegensatz z. B. zu England, an einem klaren Wissen um sich selbst, an einem sicheren nationalen Selbstbewußtsein gefehlt" (Gronau 1929, Sp. 227).

Gronau referiert diese Anforderungen zwar mit einer gewissen Skepsis und warnt unter anderem vor „einem übertriebene Glauben an die Möglichkeit sowie an den Erfolg des kulturkundlichen Unterrichts, dem in manchen Aufsätzen und Werken nichts weniger als die Entdeckung des deutschen Menschen schlechthin zugeschrieben wird" (Gronau 1929, Sp. 229), aber mit den Grundannahmen, der Einzigartigkeit der Kultur, die sich in der Sprache manifestiere, stimmt er überein.

Kultur wurde mit dem ‚Wesen des Volkes' gleichgesetzt und als etwas in sich Geschlossenes und ‚Gegebenes' aufgefasst, das es vor der Auflösung und dem Eindringen ‚fremder Kultur(en)' zu schützen gelte, denn – so zum Beispiel Spranger:

„Jede Kultur legt sich eine Bestimmung bei. Darin hat sie ihre geistige Kraft. Löst sich das auf, so ist damit der stärkste Wall gegen das Eindringen fremder Kulturen gebrochen. Dies weltanschauliche Moment mußte vorweggenommen werden, weil eine Antwort auf die Frage nach dem einheitlichen Bezugspunkt des gegliederten Leistungszusammenhangs ‚Kultur' nicht einfach lauten darf: diese Einheit liege in dem tatsächlichen Lebensbestand und der tatsächlichen Lebenserhaltung der sie tragenden Gruppe; sondern sie liegt in dem überbiologischen, weltanschaulich-religiös bestimmten Lebenswillen und Gestaltungswillen dieser Gruppe. Diese Probe auf die Behauptung ergibt sich aus der Tatsache, daß jede Kultur zerfällt, in der diese Einheit des tragenden Kulturinstinkts oder Kulturwillens aus irgendeinem Grunde, z. B. durch Skepsis, die eine fremde Kultur hereingebracht hat, zerstört ist" (Spranger [1936] 1969, S. 147).

Für ein starkes national-kulturelles Selbstbewusstsein und gegen das Eindringen fremder Kulturen sollte eine nationale Bildung, später auch als ‚Deutschbildung' resp. ‚Deutschkunde' bezeichnet, helfen. Die Anfänge der *nationalen Bildung im Medium der deutschen Sprache* (und des Deutschunterrichts) reichen bis in die erste Hälfte des 19. Jahrhunderts zurück. Meilensteine auf diesem Weg waren unter anderem Rudolf Hildebrands breit rezipierte Schrift „Vom deutschen Sprachunterricht in der Schule und von deutscher Erziehung und Bildung überhaupt" (1867) oder in den 1880er Jahren die Gründung der „Zeitschrift für den deutschen Unterricht" oder 1913 die Gründung des „Deutschen Germanistik-Verbandes", der sich 1920 in „Gesellschaft für deutsche Bildung" umbenannte.

In den 1920er Jahren – in Zusammenhang mit der nationalen Selbstbesinnung nach dem verlorenen Krieg – entfaltete darüber hinaus die Deutschkunde eine besondere Dynamik. Im Rückblick schreibt Sprengel 1928:

> „Der *Begriff der Deutschkunde* steht in engstem Zusammenhang mit der neueren Entwicklung des deutschen Bildungsproblems im national-ethischen Sinne. Er wurde zunächst nur auf die *Bildungsaufgabe* bezogen, findet allmählich auch Anwendung auf die sie tragende Wissenschaft vom Deutschtum, auf die Deutschwissenschaft in ihrem Gesamtumfang. [...] Die Deutschwissenschaft [...] begreift heute *sämtliche Äußerungen des Volksgeistes* von der frühesten Vorgeschichte bis auf unsere Tage" (Sprengel 1928, Sp. 963, 964; Hervorh. i. Orig.).

Der Deutschkunde, wie sie nach dem Ersten Weltkrieg konzipiert und propagiert wurde, lag ein organischer Begriff von Volk, Volkstum resp. Kultur zugrunde. Sie war eine ‚Kulturkunde des Eigenen' (über die Volkskunde hinaus). Sie wurde als „historisch und biologisch eingestellt" beschrieben, ihr Ziel müsse der „Aufbau einer nationalen geistigen Welt als eines höheren Lebensganzen" sein (Sprengel 1928, Sp. 938):

> „Wenn, wie die Geschichte der Völker lehrt, alle wahrhaft große Kultur volkhaft begründet war und nur aus diesem Seinsgrund ersprießen kann, so ergibt sich daraus als oberstes Gesetz für den *Bildungsvorgang* die Mahnung des delphischen Gottes: Erkenne wer Du bist! Das bedeutet, biologisch wie kulturpsychologisch gefaßt: Erkenne, woher Du kommst, damit Du weißt, wohin Du gehst! Erkenne, was Du kannst und was Du sollst! Und als letzte Schlußfolgerung: Werde so, der Du bist! Dies im Sinne der Entelechie[54]. Mit anderen Worten, der Bildungsvorgang muß in die Lebensmitte des nationalen Seins gegründet, oder die *Deutschkunde* muß in den *Mittelpunkt all unsres Bildungsbemühen* gerückt werden" (Sprengel 1928, Sp. 966; Hervorh. i. Orig.).

Im Sinne dieses ontologischen Kulturbegriffs erhielt die Schule die Aufgabe, sich zu einer ‚durch und durch deutschen Schule' zu entwickeln, oder wie es in einem 1923 ergangenen Erlass mit dem Titel: „Erziehung zum deutschen Volksbewußtsein" heißt:

> „Alle Schulen haben die Pflicht, ihre Aufgabe als deutsche Schulen zu erfüllen, indem sie in geeigneter Weise an der Vertiefung der Deutschbildung arbeiten: Die Jugend für die deutsche Sprache, deutsches Volkstum und deutsche Geistesgröße zu erwärmen, ist ernstere Aufgabe als jemals zuvor.

---

[54] Entelechie: die Idee, dass im Organismus die Kraft liegt, deren dieser zur Entwicklung und Vollendung der Anlagen bedarf.

[...] Die alte Forderung, daß jede Stunde eine deutsche Stunde sein solle, gilt heute im erweiterten Sinne" (Zentralblatt 1923, S. 199).

In diesem Verständnis von Kultur als Bestimmung, als etwas Einmaligem, das jedem Volk aus seinem Innern erwachse, sollte und konnte die deutsche Schule den scheinbar widersprüchlichen Verfassungsauftrag erfüllen: die Schülerinnen und Schüler „im Geiste des deutschen Volkstums *und* der Völkerversöhnung" zu erziehen (Reichsverfassung von 1919, Art. 148 – Hervorh. M. K.-P.). Sie sollten ihre ihnen eigene wie die den fremden Völkern eigene und ebenso ‚je einmalige Kultur' kennen und respektieren lernen. In diesem Sinne wurde zum Beispiel der *internationale* Schülerbriefwechsel und Schüleraustausch organisiert (vgl. Krüger-Potratz 1996) oder der (deutsche) Literaturunterricht gestaltet, in dem die Werke großer ausländischer Dichter und Denker „in den vortrefflichen Übersetzungen" gelesen werden sollten, um sie als „volkheitlich andersartig bedingte Zeugnisse des menschlichen Geistes" zu erkennen und über die Auseinandersetzung mit den Übereinstimmungen und Unterschieden „zu vertiefter Erkenntnis des eigenen Wesens" zu kommen (Sprengel 1931, Sp. 349, 350):

> „Besonders in der Wirkung fremden Geistes auf die deutsche Kultur, umgekehrt in der Ausstrahlung deutschen Geistes auf fremde Kulturen, in der Art, wie sich die Auswirkungen vollziehen, wird ebenso das Gemeinsame wie das Unterschiedliche deutlich und so das Verständnis für Wesen und Wert des eigenen Volkstums, auch die Erkenntnis seiner Schwächen gefördert, damit der Sinn für die nationale Bildungsaufgabe geöffnet, deutscher Lebenswille geleitet und gestärkt" (Sprengel 1931, Sp. 350 f.).

Auszuschließen war in diesem Verständnis von Kultur und der oppositionellen Fassung von ‚eigen' und ‚fremd' jegliche Form der Kulturmischung und des Lebens in zwei Kulturen. Diese Denkfigur schließt zum einen wieder an die Argumente gegen Zweisprachigkeit an wie auch an die Begründungsmuster, wie sie zum Beispiel Storck 1927/8 gegen die Einbeziehung reichsausländischer Kinder in die allgemeine Schulpflicht ins Feld anführte (siehe weiter oben).

Die mit der nationalen Ideologie einhergehende Fassung des Verhältnisses von ‚eigen' und ‚fremd' schloss eine positive Sichtweise auf sprachliche, nationale, ethnische und kulturelle Pluralität im ‚Eigenen' aus. Für die Schule und den Umgang mit ‚fremden' Schülerinnen und Schülern im Hinblick auf ihren sprachlich-kulturellen Hintergrund, ihre ethnische Zugehörigkeit (durch Fremd- oder/und Selbstzuschreibung) oder ihre Staatsangehörigkeit waren allein Tolerierung als (vorübergehende) Ausnahme einschließlich ‚Aussortierung' in spezielle Einrichtungen oder Assimilierung denkbar und – im schlimmsten Fall – Ausgrenzung bis hin zu Vernichtung, wie das Schicksal der Kinder aus Sinti- und Romafamilien und der jüdischen Schülerinnen und Schüler ab Ende der 1930er Jahre unter dem nationalsozialistischen Regime zeigt (vgl. Hansen/Wenning 2003, S. 33 f.; vgl. auch Kap. 3.3.2).

3.4 ‚Lange Schatten' – zur Wirksamkeit der Differenzlinien

Die vier Differenzlinien waren und sind in vielfacher Weise untereinander und mit den anderen (im ersten Kapitel genannten) Differenzlinien – Geschlecht, Religion, Sozialstatus, Gesundheit usw. – verschränkt und wirken bis in die Gegenwart (vgl. Huth-Hildebrand 1999; 2002; Lutz/Wenning [Hrsg.] 2001; Krüger-Potratz/Lutz 2002). Die Bildungsinstitutionen, speziell die Schule, gehen noch immer nicht von der unterschiedlichen Verschiedenheit der Lernenden aus, sondern folgen weiterhin im Regelfall einer homogenisierenden Logik, die bestimmte Normalitätsvorstellungen zum selbstverständlichen Ausgangspunkt nimmt: die altersgemäße Beherrschung der (Landes-)Sprache, die zugleich Unterrichtssprache und Medium der Bildung ist, ein Elternhaus, das das intellektuelle und soziale *schulnahe* Umfeld schafft und der Schule bestimmte Aufgaben abnimmt und eine weitgehende Übereinstimmung in zentralen sozialen wie kulturellen Fragen zwischen Elternhaus und Schule: Interpretation der Geschlechterrollen, des Generationenverhältnisses, des Stellenwerts von Schule bzw. Bildung, der emotionalen auf Identifikation ausgerichteten Beziehungen zu dem Land, in dem man lebt[55], usw.

Schülerinnen und Schüler, die diesem ‚Bild vom Schüler' nicht oder nur annähernd entsprechen, haben deutlich weniger Chancen auf eine erfolgreiche Bildungskarriere als andere. Dazu gehören nicht nur, aber auch Kinder und Jugendliche aus den eingewanderten Familien: Die Untersuchungen zur und Statistiken über Bildungsbeteiligung und Bildungserfolg von Kindern und Jugendlichen ‚mit Migrationshintergrund' sprechen eine unmissverständliche Sprache[56] (vgl. Karakaşoğlu-Aydın/Neumann 2001; Gogolin/Neumann/Roth 2003; Kristen 2003).

Einerseits ist ein positiver Trend zu vermerken. In dem Jahrzehnt nach 1990 haben die ausländischen Schülerinnen und Schüler bessere Schulabschlüsse erreicht als in den beiden Jahrzehnten zuvor; dies gilt insbesondere für Mädchen. Doch noch immer ist die Zahl derer mit niederen oder keinen Bildungsabschlüs-

---

[55] Siehe hierzu die Definition von Integration bei Oberndörfer; er schreibt: „Integration ist keine beliebige, sondern [eine] wünschenswerte Gestalt der Eingliederung bisher Fremder in Politik, Gesellschaft und Kultur." Integration im demokratischen Verfassungsstaat kann „nur die Identifikation mit der politischen Gemeinschaft, mit den politischen Werten ihrer Verfassung, Rechtsordnung und politischen Institutionen sein. Solche Identifikation ist immer ein ideales Ziel, da es von allen, auch von den eingesessenen Bürgern, immer nur in unterschiedlichen Graden der Annäherung erreicht wird und kein sicherer Besitzstand ist" (Oberndörfer 2002).

[56] Zu beachten ist, dass in der Statistik nur nach Staatsangehörigkeit (ausländisch/deutsch) unterschieden wird, so dass in den Daten über Ausländer und Bildungserfolg weder die Kinder und Jugendlichen aus Aussiedlerfamilien noch die Eingebürgerten bzw. die zeitweisen ‚Doppelstaatler', unter anderem infolge der Änderung des Staatsangehörigkeitsgesetzes vom 1.1.2000 (Kinderstaatsangehörigkeit), erfasst sind.

sen sehr hoch und vor allem hat sich der Abstand zu den deutschen Schülerinnen und Schülern nicht verringert:

„Ungeachtet dieser positiven Entwicklung jedoch mindert auch heute noch ein Leben ohne deutschen Pass in Deutschland die Chancen auf Bildungserfolg drastisch. Registriert werden muss, dass der Trend zur Erhöhung des Bildungserfolgs Nichtdeutscher seit dem Jahr 1992 wieder gebrochen ist. Die Annäherung an die Bildungschancen der Deutschen schreitet nicht voran, sondern stagniert in einzelnen Bereichen und geht in anderen sogar zurück. Die Schlechterstellung gilt sowohl für den allgemeinbildenden Bereich als auch für den Zugang zu einer Ausbildung im beruflichen Sektor, und sie gilt erst recht im Arbeitsmarkt" (Gogolin/Krüger-Potratz 2005, Kapitel 5; vgl. auch Popp 1998)[57].

Die Erklärungen der anhaltenden Bildungs*benachteiligung* von Kindern und Jugendlichen aus Migrantenfamilien reichen von ‚Bildungsferne des Elternhauses' und den Verweis auf den geringen Sozialstatus von Migranten bis hin zur institutionellen Diskriminierung aufgrund unveränderter schulischer Strukturen. Immer deutlicher wird, dass die Schule als Institution sprachlich-kulturelle Heterogenität weiterhin als Störfaktor ansieht (vgl. Krüger-Potratz 2000a) und dementsprechend mit Ausgrenzung, Diskriminierung, unzulässiger Vereinfachung in der Einschätzung von Lebensverhältnissen usw. reagiert (vgl. Diehm/Radtke 1999; Gomolla/Radtke 2002; Gomolla 2004).

Als ein entscheidender ‚Störfaktor' gilt dabei die ‚fremde Sprache' und das Aufwachsen in zwei Sprachen bzw. – wie es nicht selten noch heißt – ‚zwischen zwei Sprachen und Kulturen'. Inzwischen sind sich die Fachleute zwar darüber einig, dass Zweisprachigkeit *keine* Gefahren für Leib, Seele und Geist darstellt, sondern – bei richtiger Förderung – eine *wichtige Kompetenz und eine gesellschaftlich wertvolle Ressource*. Aber bei genauerem Hinsehen zeigt sich, dass diese Sichtweise noch keineswegs Teil der Normalität ist und dass auch von denen, die pro Mehrsprachigkeit plädieren, ‚feine Unterschiede' gemacht werden. Als problembereitende Sprachen gelten – wie schon in der Geschichte – die Minderheitssprachen: Früher waren dies die Sprachen der innerstaatlichen, heute sind es die Sprachen der zugewanderten Minderheiten. Manche Sprachen tauchen in einer Doppelrolle auf, so wie früher schon das Polnische oder Dänische: Italienisch oder Russisch zum Beispiel sind heute einerseits sozial anerkannte, bildungsrelevante ‚Fremdsprachen'. Doch als Familiensprachen von zugewanderten Kindern und Jugendlichen verlieren sie diesen Status und werden als Lern- und Integrationshindernisse gewertet, so wie auch Türkisch, Arabisch usw. Allzu oft und allzu schnell wird in diesen Fällen die zweifellos gegebene

---

[57] Trotz besserer Schulabschlüsse sind 33 % bis 50 % der ausländischen jungen Frauen (20-25 Jahre) eines Jahrgangs ohne Berufsabschluss, nur 12 % der deutschen Frauen gleichen Alters.

Notwendigkeit des Erlernens der deutschen Sprache, um sich in der Bundesrepublik erfolgreich privat und beruflich bewegen zu können, mit (Deutsch-)Einsprachigkeit gleichgesetzt. Zur Illustration sei auf einen Fall verwiesen, der so viel Aufsehen erregte, dass sogar in der überregionalen Presse über ihn berichtete wurde. Es handelte sich um einen Realschuldirektor, der – so Ingrid Müller-Münch in der Frankfurter Rundschau vom 29.10.1999 – nicht mehr damit zurecht gekommen sei,

„dass die knapp hundert Spätaussiedler an [seiner Schule] ein sprachliches Eigenleben entwickelten. Untereinander plauderten sie nur russisch. Kapselten sich dadurch von den deutschen Mitschülern ab. Und reagierten mit russischen und dadurch unverständlichen Kommentaren auf Verweise und Vorbehalte der Lehrer, die dann wie Deppen den gickernden und gackernden Schülern gegenüberstanden. Das Fass zum Überlaufen brachte für [den] Rektor […] eine Kollegin, die ihm ‚die Klassenarbeit eines Schülers der Sechsten vorlegte. Auf zwei DIN-A-4-Seiten stimmte kein Wort. ‚Ein so hohes Maß an sprachlicher Inkompetenz können wir in der Realschule nicht mehr aufarbeiten', dachte sich der Schulleiter und schritt zur Tat. In einem Info-Brief an die Eltern formulierte er etwas unglücklich, wie er später einräumen musste, folgenden Absatz: ‚An unserer Schule wird deutsch gesprochen. Wir bitten die Eltern unserer ausländischen Mitschüler/innen wie auch die anderen, deren Muttersprache eine andere als Deutsch ist [gemeint sind die Aussiedler], im Interesse der Kinder darauf hinzuwirken, dass die Umgangssprache Deutsch ist. In der Schule möchten wir jedenfalls weder Russisch noch Türkisch hören, denn diese Sprachen werden hier nicht gelehrt."

Dass die Unterrichtssprache in einer öffentlichen Schule in Deutschland – abgesehen von bilingualen oder einzelnen anderssprachigen Schulen und Zweigen – in der Regel Deutsch ist und dass daher alle sie besuchenden Schülerinnen und Schüler Deutsch in Wort und Schrift lernen müssen, ist nicht zu bestreiten. Der letzte Satz des Zitats verrät jedoch zweierlei: Entweder bietet die Schule keinen Unterricht in den Sprachen der Schülerinnen und Schüler an oder, wenn Muttersprachlicher Unterricht in Türkisch (und vielleicht ausnahmsweise sogar in Russisch) erteilt wird, so gehört er in der Wahrnehmung des Rektors nicht zum *legitimen Angebot* der Schule. Zum anderen besagt der Satz, dass in der Schule nur das gilt, was die Schule anbietet, nicht aber das, was die Schülerinnen und Schüler an Kompetenzen ‚mitbringen'. Auf Letzteres reagiert die Schule nicht mit dem Versuch, Regelungen für die Nutzung der ‚mitgebrachten' Sprachen zu treffen, sondern mit Ausgrenzung und Sanktionen. Die Schülerinnen und Schüler ihrerseits handeln entsprechend dieser ‚Logik': Sie nutzen ihre diskreditierte und für illegitim erklärte Sprache als Protest- und Widerstandsmoment (vgl. auch Gogolin/Fürstenau 2001).

3.5 Fazit

Die nationale Schule war seit ihrer Herausbildung mit einer sprachlich, ethnisch, national und kulturell heterogenen Schülerschaft konfrontiert. Als *nationale* Schule hat sie Strukturen und Strategien herausgebildet, die auf Homogenisierung ausgerichtet sind. Homogenisierung *bedeutet(e) nicht, alle Kinder gleich zu machen, sondern Strukturen zu schaffen, die die ‚Sortierung' der Kinder nach bestimmten Kriterien ermöglicht(e)* (Geschlecht, Alter, Sozialstatus, Religion, Gesundheit usw. und eben auch Sprache, Ethnizität und Staatsangehörigkeit). Die Kriterien sind bipolar ausgerichtet: männlich – weiblich, jung – alt, reich – arm, christlich – nicht christlich, gesund – behindert, standardsprachig – Mundart sprechend/fremdsprachig, zugehörig – nicht zugehörig, eigenstämmig – fremdstämmig, staatsangehörig – fremde Staatsangehörigkeit usw. (vgl. Krüger-Potratz 1989). Stets bildet der eine Pol die *Norm*, von dem der andere die *Ausnahme* bzw. *Abweichung* darstellt. Die normsetzenden Merkmale bilden letztlich den *Maßstab*, an dem alle Kinder gemessen werden. Je mehr der normsetzenden Kriterien auf die Einzelnen zutreffen, desto höher ist ihre Chance, Zugang zu den prestigeträchtigeren Bildungsgängen zu bekommen und den bestmöglichen Schulerfolg auch realisieren zu können (vgl. Krüger-Potratz/Lutz 2002; Krüger-Potratz 2004).

3.6 Ein zweiter Strang der ‚langen Vergangenheit': Vergleichende Erziehungswissenschaft

Der Prozess der Internationalisierung, d. h. die Vertiefung eines weltweiten Interdependenzzusammenhangs, erfasst – deutlich ab der zweiten Hälfte des 18. Jahrhunderts – zunehmend auch Bildungswesen und Pädagogik. Mitte resp. Ende des 18. Jahrhunderts ist gleichzeitig der Moment, zu dem sich mit der Einführung des methodischen Vergleichs das moderne Wissenschaftssystem herausgebildet hat (Vergleichende Anatomie, Vergleichende Sprachwissenschaft usw.) und zu dem die vorbürgerlichen Bildungseinrichtungen in Richtung eines *Bildungssystems* umstrukturiert werden.

Die zu diesem Zeitpunkt – in Europa – entstehenden territorial- und nationalstaatlichen Bildungswesen werden aus einem dichten internationalen Diskussions- und Handlungszusammenhang heraus entwickelt. In dem Maße wie die Erziehungswissenschaft der Internationalisierung ihres Gegenstandes folgte, wurde sie selbst tendenziell zu einer internationalen, doch *nur tendenziell*. Sie blieb in den Widersprüchen dieses Prozesses als ihren Grenzen stecken, da sie in jeweils einzelnen soziokulturellen, vorwiegend nationalen Kontexten betrieben und zugleich auf diese als Raum der Verwertung ihrer Ergebnisse verwiesen wurde. Hinzu kam, dass die Pädagogik als Wissenschaft noch kaum entwickelt und von daher auch als akademische Disziplin nicht institutionalisiert war (vgl. Krüger 1974; Schriewer 2000). Die Folge war eine widersprüchliche disziplinäre Bewegung: Einerseits bildete sich eine (Allgemeine) Pädagogik heraus, die sich zunehmend – wenn auch in universalistischen Kategorien – auf die Entwicklung des nationalen Bildungswesens konzentrierte und andererseits eine Spezialisierung *in nuce* mit Blick auf das Ausland; das heißt es gab einzelne ‚Schulmänner', die sich – teils aus eigenem Interesse, teils im Auftrag ihrer Obrigkeit – für Entwicklungen im Ausland interessierten und darüber zur Förderung der inländischen Bildungspolitik und Pädagogik berichteten.

Diese ‚Auslandspädagogik' etablierte sich im 20. Jahrhundert als eine eigene Teildisziplin, als Vergleichende Erziehungswissenschaft, die sich die Aufgabe der systematischen Beobachtung und Analyse und des Vergleichs der internationalen Verläufe der Entwicklungen im Bereich von Bildung und Erziehung stellte, sich aber in der Auswahl und Schneidung ihrer Vergleichsobjekte und in der Ausrichtung ihrer Fragestellungen wiederum vornehmlich am Nationalstaatskonzept orientierte. Das Ergebnis dieser Entwicklung war eine Art ‚Arbeitsteilung': Die Pädagogik insgesamt konzentrierte sich auf das ‚Innen' und das ‚Eigene' (und setzte es ‚allgemein'), die Vergleichende Erziehungswissenschaft auf das ‚Außen' und das ‚Fremde'. Damit einher ging ein Nation- und Kulturbegriff, der das ‚Eigene' wie das ‚Fremde' als ein jeweils ‚In-sich-Homogenes' fasste, mit anderen Worten: die Nation als geschlossene Einheit, mit einer Nationalkultur und einem daraus resultierenden Nationalcharakter (siehe weiter oben Differenzlinie Kultur). Diesem Nationalstaats- und -kulturkonzept entsprach in der Vergleichenden Erziehungswissenschaft – so Krüger (1974, S. 38 f.) – das Konzept der

> „‚Triebkräfte' oder ‚Faktoren', die auf den Nationalcharakter und/oder die entsprechende Kultur sowie auf das Bildungswesen gestaltend einwirken und deren Gestaltung insofern determinieren bzw. verursachen. Derartige Triebkräfte oder Faktoren, die als Kategorien historischer Interpretation fungieren, haben durchaus unterschiedliches Gewicht und verschiedenen Charakter: So kann es sich bei ihnen um Sektoren handeln, die entsprechend der wissenschaftlichen Disziplingrenzen aus dem gesellschaftlichen Ganzen herausgetrennt werden (‚Wirtschaft' als Faktor, soziale und politische Faktoren oder Faktorenbündel), um natürliche [bzw. als natürlich definierte] Voraussetzungen des geschichtlichen Prozesses (Rasse, Klima, natürliche Umwelt), um gesellschaftlich-kulturelle Bereiche verschiedenster Art (Sprache, Wissenschaft, Religionen), um von politisch-sozialen Bewegungen getragene ideologische Strömungen (Humanismus, Sozialismus, Nationalismus, Demokratie), um die Eigenentwicklung von Bildungswesen und Pädagogik usw."

Dass die Normierung des ‚Eigenen' empirisch-historisch nicht mit den nationalstaatlichen Grenzen identisch war und auch nicht sein konnte, wurde ebenso wenig systematisch thematisiert wie die Tatsache, dass Homogenisierung stets neue Heterogenität schafft: Schließlich wird erst dadurch, dass ein in bestimmten politisch-sozialen Konstellationen definiertes ‚Eigenes' zum Maßstab erhoben wird, anderes ‚fremd' gemacht. Ein leicht nachzuvollziehendes *Beispiel* sind die Sprachen. Erst dadurch dass eine Sprache resp. Sprachvariante – im Fall Deutschlands die ostmitteldeutsche Sprachvariante bzw. deren Schriftform – zum Maßstab für die ‚richtige' Sprache erhoben wird, sind andere Varianten des Deutschen und darüber hinaus die anderen auf dem ‚deutschen Territorium' ansässigen Sprachen fremd gemacht worden; desgleichen die Sprachen der ‚fremden' Länder, die ja auch erst durch Grenzziehung um das ‚eigene Territorium' zu fremden geworden sind bzw. werden. In gleicher Weise sind mit der Rekonstruktion einer eigenen Geschichte, einer Nationalkultur usw. die der ‚anderen' Länder zu fremden geworden, wenn auch durchaus ein Bewusstsein von Gemeinsamkeiten und gegenseitigen Einflüssen gesehen und anerkannt wurde[58].

Das *dialektische* Verhältnis von ‚eigen' und ‚fremd' ist – auch in der disziplinären Arbeitsteilung zwischen Erziehungswissenschaft und Vergleichender Erziehungswissenschaft – als ein *oppositionelles* gefasst worden, wobei zugleich ein Ziel des Vergleichs stets die Herausarbeitung des ‚Gemeinsamen' und damit die Überwindung der Opposition war. Die dieser Zielsetzung zugrunde liegende Denkfigur findet sich schon in der Zeit der Anfänge der Vergleichenden Erziehungswissenschaft, zum Beispiel bei Friedrich Wilhelm Thiersch, der in seinem dreibändigen Werk „Über den gegenwärtigen Zustand des öffentlichen Unterrichts in den westlichen Staaten Deutschlands, in Holland, Frankreich und Belgien" (1838) die europäische Einheit in der Vielfalt als Ziel seiner pädagogischen Bemühungen nennt:

> „Wir wollen, dass sich auf dem Gebiete der Bildung die europäischen Nationen im tiefsten Wesen als *Eine* erkennen; aber damit sie dieses tun können, müssen sie sich vor allem jede ihrer besonderen Natur, ihrer Sitten, ihrer eigenen Gestalt bewusst werden. Erst wenn dieses geschehen, werden sie imstande sein, sich und ihr Wesen von dem Zufälligen zu trennen und sich in einer höheren Einheit als Glieder eines ganzen zu erkennen, dessen Größe eben in der Mannigfaltigkeit der zur Einheit vermittelten Charaktere besteht und das Bild der sichtbaren Natur auf dem Gebiet der Intelligenz wiederbringt" (Thiersch 1838, Bd. 2, S. 387, zit. nach Hilker 1962, S. 32; Hervorh. im Orig.).

---

58 Insgesamt gesehen ist die Situation noch weitaus komplexer. Denn neben der horizontalen, territorialen (Zu-)Ordnung von eigenen und fremden Sprachen, kommt die vertikale Ordnung, die das Marktgefälle anzeigt. Hier werden nicht nur die Sprachen der autochthonen Minderheiten auf die weiteren Ränge verweisen, sondern es geht auch – im Laufe der Geschichte – um die Einstufung der Sprachen, die – wie z. B. das Französische – vom Adel und dem ihm nacheifernden Bürgertum gesprochen wurde oder – im Fall von Krieg und Okkupation – um die Einstufung der Sprache der Feinde resp. Besatzer/Besetzten.

Dass die „besondere Natur" und die „eigene Gestalt" schon in sich mannigfaltig war, geriet nicht in den Blick der (Vergleichenden) Erziehungswissenschaft. Die sprachlich-kulturelle Heterogenität im Innern der Nationalstaaten – hier im Innern Deutschlands – wurde entweder ignoriert oder als etwas zu Überwindendes, als ein Moment von Rückständigkeit gewertet und dargestellt.

Die Vergleichende Erziehungswissenschaft hat im Verlauf der Zeit verschiedene Etappen mit je unterschiedlichen Schwerpunktsetzungen durchlaufen (vgl. Krüger 1974, S. 149 ff.) und sie hat auf verschiedenen Ebenen gewirkt. Um die internationale Zusammenarbeit im Bereich von Bildung und Erziehung zu fördern und eine bessere Basis für den internationalen Vergleich zu schaffen, waren ihre Vertreterinnen und Vertreter an der Gründung internationaler pädagogischer Zusammenschlüsse beteiligt (z. B. *New Education Fellowship, Bureau International d'Education*[59]) bzw. im Rahmen internationaler Organisationen tätig, vor dem Zweiten Weltkrieg zum Beispiel in dem *Institut de la Coopération Intellectuelle*, einer Gründung des Völkerbunds, und nach dem Zweiten Weltkrieg in der UNESCO. Ebenso waren sie an der Ausbildung und Propagierung von Konzepten und Programmen zur internationalen Erziehung beteiligt: ‚Völkerbundpädagogik', ‚Friedenspädagogik' und an verschiedenen Konzepten zum internationalen Schüler- und Jugendaustausch usw. (vgl. Schneider 1961; Hilker 1962; Röhrs 1995; Allemann-Ghionda 2004).

In Reaktion auf soziale und politische Veränderungen im Weltmaßstab haben sich im letzten Drittel des 20. Jahrhunderts verschiedene neue ‚Beobachtungsrichtungen' und Schwerpunktsetzungen herausgebildet: Galt das Interesse aus deutscher Sicht zunächst den Entwicklungen in den europäischen Nachbarstaaten und in der ‚Neuen Welt', so verschob es sich mit Entstehung der Sowjetunion Anfang des 20. Jahrhunderts, vor allem aber – nach dem Zweiten Weltkrieg – mit der politisch-militärischen Einteilung in Blöcke und der Teilung Deutschlands auf die ‚osteuropäischen' Länder, auf den Systemvergleich (‚Ost-West'-Vergleich/kapitalistische und sozialistische/kommunistische Länder) und insbesondere auf die Beobachtung der Entwicklungen in der DDR. Diese Spezialisierung innerhalb der Vergleichenden Erziehungswissenschaft firmierte unter verschiedenen Namen: ‚Ostpädagogik' oder ‚pädagogische Osteuropaforschung'[60].

---

[59] Die New Education Fellowship, 1921 gegründet, ist die älteste und traditionsreichste internationale reformpädagogische Vereinigung; in ihr waren u. a. aktiv: Elisabeth Rotten (Deutschland), John Dewey (USA), Maria Montessori (Italien), Adolphe Ferrière oder Célestin Freinet (Frankreich). Das Bureau International d' Education ist 1925 in Genf zur Förderung der internationalen pädagogischen Zusammenarbeit gegründet worden. Seit 1945 ist das BIE der UNESCO zugeordnet. Von 1929 bis 1967 war Jean Piaget Direktor des BIE (vgl. Röhrs 1994).

[60] Dieser Zweig der Vergleichenden Erziehungswissenschaft hat nach 1990 an Bedeutung verloren. An die Stelle sind – in Bezug auf die DDR und die Sowjetunion – historische und insgesamt vielfältige (grenzüberschreitende) Lehr- und Forschungskooperationen ge-

Der sich in Folge der antikolonialistischen Bewegungen verschärfende Nord-Süd-Konflikt führte zur Herausbildung einer weiteren Spezialisierung innerhalb der Vergleichenden Erziehungswissenschaft, die – in der Bundesrepublik – zunächst unter den Namen ‚Dritte-Welt-Pädagogik' resp. ‚Entwicklungspädagogik firmierte (heute: ‚Bildungsforschung mit der Dritten Welt' oder ‚Kooperative Pädagogik').[61]

Doch immer war und ist der Blick nach außen gerichtet: International – so der *common sense* – setze das Überschreiten von nationalen resp. von Systemgrenzen voraus. Damit war der Blick auf die Folgen des Internationalisierungsprozesses für Bildung und Erziehung im Innern der Nationalstaaten verstellt. Die oppositionelle Fassung des Verhältnisses von ‚innen'/‚eigen' und ‚außen'/‚fremd', die in einer ‚höheren Einheit' aufgehoben werden sollte, verhinderte die Ausdifferenzierung einer – wie auch immer benannten – ‚Minderheitenpädagogik' im Rahmen der (Vergleichenden) Erziehungswissenschaft.

Zeitversetzt haben sich – sozusagen neben der Vergleichenden Erziehungswissenschaft – zwei Spezialisierungen herausgebildet, die sich in spezifischer Weise mit dem ‚Eigenen' jenseits der Grenzen beschäftigten: zum einen die Kolonialpädagogik und zum anderen eine Spezialisierung zu Forschung und Lehre hinsichtlich des ‚Auslands- und Grenzdeutschtums'. Sie sind für die ‚Vor'geschichte der Interkulturellen Bildung deshalb von Interesse, weil hier das oppositionelle Verhältnis von ‚eigen' und ‚fremd' in besonderer Weise zu Tage getreten ist, und vor allem weil hier die ethnozentrischen und kulturalisierenden Denk- und Argumentationsfiguren weiter ausgeschärft worden sind, die in der ‚jungen Geschichte' der Interkulturellen Bildung eine – hinderliche – Rolle spielen.

3.6.1 Pädagogik des Grenz- und Auslanddeutschtums

Die als zweite Spezialisierung genannte ‚Pädagogik des Grenz- und Auslanddeutschtums' ist als solche nicht über allererste Anfänge der Institutionalisierung hinausgekommen. Sie war eine Reaktion auf die Neuschneidung der Grenzen in Europa infolge des Ersten Weltkriegs, auf den in den 1920er Jahren verstärkt einsetzenden ‚Nationalitätenkampf' und die Versuche, den nationalen (sprachlichen) Minderheiten den Schutz und die Pflege ihrer Sprache und Kultur zu gewährleisten und dies international durch den Völkerbund zu kontrollieren.

---

treten. Letztere sind zu begrüßen und zu fördern, können jedoch eine vergleichende Forschung auch *über* diese Länder nicht ersetzen.

61 Umgekehrt die Blickrichtung der Vergleichenden Pädagogik in der DDR: auf die kapitalistischen Länder, speziell auf die BRD, die ‚jungen Nationalstaaten' und auf die sozialistischen Staaten. Doch letztere waren nicht explizit Untersuchungsgegenstand, sondern in der Regel berichteten Expertinnen und Experten aus diesen Ländern über die jeweils neuen bildungspolitischen und pädagogischen Entwicklungen in *ihren* Ländern (vgl. Busch 1983; Busch/Busch/Krüger u. a. [Hrsg.] 1974).

In diesem Kontext galt das Interesse der deutschen Regierung den deutschen Minderheiten im Ausland, speziell in den an das Deutsche Reich angrenzenden Staaten (vgl. Kap. 3.3.2). Vor diesem Hintergrund bildeten sich an einigen Universitäten (z. B. in Marburg, Münster oder Göttingen) auslanddeutsche Schwerpunkte in Lehre und Forschung heraus mit dem Ziel, über die Situation der deutschen Minderheiten im Ausland – insbesondere in Polen, der Tschechoslowakei und in Italien – aufzuklären und die dortigen Bestrebungen zum Aufbau und/oder Ausbau eines deutschen Schulwesens sowie anderer deutscher Kultur- und Bildungseinrichtungen zu unterstützen.

Neben zahlreichen anderen Organisationen sollte die Schule die Erinnerung daran wach halten, dass deutsche Minderheiten über die ganze Welt verstreut lebten, dass es sozusagen weltweit ‚Inseln des Eigenen' gab, die es zu pflegen und für internationale ökonomische wie kulturelle Beziehungen zu nutzen galt. Vor allem aber sollte sie dazu beitragen, dass die ‚verlorenen Gebiete' und die in ihnen lebenden ‚deutschen Menschen' nicht vergessen wurden. Unterstützt wurde sie darin – außerhalb wie innerhalb der Schule – unter anderem vom *Verein für das Deutschtum im Ausland*.[62]

Für die Thematisierung des Ausland- und Grenzdeutschtums war nicht an ein spezielles Fach oder eine Schwerpunktsetzung in einem Fach gedacht, sondern an eine fächerübergreifende Thematisierung, sozusagen an eine Querschnittaufgabe:

> „Die Behandlung des Auslanddeutschtums im Unterricht, die auch von den Unterrichtsverwaltungen gefordert wird, kommt einem wohl allgemeinen Wunsch entgegen. Gelegenheit dazu bietet sich in der Erdkunde, wo die Wohnsitze der Auslanddeutschen und ihre Bedeutung für ihr neues Vaterland dargestellt werden können. [...] Bei der Darstellung der deutschen Geschichte ergeben sich die Gründe für die Auswanderung der Auslanddeutschen ganz von selbst, [...]. Ist von der Geschichte fremder Länder die Rede, so liegt ein Hinweis auf die Leistungen der Deutschen nahe [...]. Eine wertvolle Ergänzung finden die bisher erwähnten Möglichkeiten im Religionsunterricht, wo auf die wichtigsten religiösen Beweggründe bei der Auswanderung und die eigentümliche Entwicklung der religiösen Betätigung im Ausland [gemeint ist vor allem die Sektenbildung] eingegangen werden kann. [...] Das Verhältnis von Religion und Nationalität kann am Beispiel der Auslanddeutschen vortrefflich zur Anschauung gebracht werden. Im Deutschunterricht wird die Behandlung der Bedeutung und Ausbreitung der deutschen Sprache Gelegenheit geben, von den Auslanddeutschen zu reden und im englischen Unterricht kann z. B. auf die eigentümliche Entstehung

---

62 Zur konfliktreichen Geschichte des VDA, der unter verschiedenen Namen seit 1881 existiert, siehe Geißler (2002). Die letzte Neubestimmung der Aufgaben und Umbenennung in „Verein für Deutsche Kulturbeziehungen im Ausland" ist in den 1990er Jahren erfolgt.

des pennsylvanischen Dialektes hingewiesen werden" (Hauff 1929, Sp. 339).

Ob und wie sich diese Spezialisierung in Forschung und Lehre weiterentwickelt hätte, ist nicht zu sagen. Im Rahmen der Interkulturellen Bildung und ihrer Geschichte ist diese Spezialisierung deshalb von Interesse, weil es hier um den Beitrag von Schule und Pädagogik zum Erhalt der „eigenen" sprachlich-kulturellen und ethnischen Identität auch jenseits der Grenzen geht, und weil die in den 1920er Jahren bemühten Argumentationsfiguren im Anerkennungskonzept bzw. im ‚Essentialisierungsdiskurs' in gewisser Weise ihre Fortsetzung gefunden haben (vgl. Kap. 5) – heute allerdings nicht mehr auf die ‚eigene Minderheit im Ausland' bezogen, sondern auf die ‚fremden', zugewanderten Minderheiten im Inland.

3.6.2 Kolonialpädagogik

Während die Rolle der Pädagogik in Bezug auf die deutschen Minderheiten im Ausland kaum erforscht ist, liegen für die Kolonialpädagogik, der anderen Spezialisierung, die für die ‚Vor'-Geschichte der Interkulturellen Bildung relevant ist, schon einige (wenige) Untersuchungen vor. Die Kolonialpädagogik kann als eine Art Vorläufer der Schwerpunktbildung innerhalb der Vergleichenden Erziehungswissenschaft gesehen werden, die unter der Bezeichnung ‚Dritte-Welt-Pädagogik' resp. ‚Bildungsforschung mit der Dritten Welt' firmiert. Sie hat sich als ein gesondertes Handlungsfeld herausgebildet, das bisher weder in der Geschichte der Erziehungswissenschaft noch in der der Vergleichenden Erziehungswissenschaft eine Rolle spielt, denn – so Adick (1997) – sie gilt noch immer als ein „Spezialgebiet der Geschichts-, Missions- und Kulturwissenschaften", obwohl die Bezüge zur Vergleichenden Erziehungswissenschaft und speziell zur Dritte-Welt-Pädagogik sowie zur Erziehungswissenschaft insgesamt nicht zu übersehen seien. Die Kolonialpädagogik – so könnte man sagen – hat sich als ein Handlungsfeld für den Export des ‚Eigenen' in Form von Erziehungslehren, Institutionen und pädagogischem Personal zum Zwecke der Überformung und Beherrschung des ‚Fremden' im ‚unzivilisierten' Ausland herausgebildet, so wie im Innern des Nationalstaats die ethnisch-sprachlich fremden Minderheiten durch die deutsche (Volks-)Schule auf ein höheres kulturelles Niveau gehoben werden sollten (vgl. weiter oben).

Die beiden ‚Kolonisierungen' sind sicherlich nicht einfach gleichzusetzen. Aber mit Blick auf die ‚Vor'-Geschichte der Interkulturellen Bildung ist zu fragen, inwieweit einzelne zur Legitimierung kolonialpädagogischen Handelns herausgebildete Argumentationsmuster historisch – und noch aktuell – den Mustern gleichen, die im Umgang mit innerstaatlicher sprachlich-kultureller Heterogenität eine Rolle spiel(t)en, sei es in Bezug auf die autochthonen sprachlichen und ethnischen Minderheiten, sei es in Bezug auf die zugewanderten ‚neuen' Minderheiten, ohne dass eine simple Identität behauptet werden soll. Adick fasst die im Zuge der kolonialpädagogischen Aktivitäten herausgebildeten Argumentationsmuster, Vorstellungen und Einstellungen prägnant zusammen:

„Als Legitimationsbasis für kolonialpädagogisches Handeln dienten paternalistische bis offen rassistische Vorstellungen eines ‚höheren' oder ‚besseren' Kultur- und Entwicklungsstandes der Kolonialherren gegenüber den Kolonialuntertanen […]. *Wohlwollend evolutionäre* Ideen, die Europäer seien den Kolonisierten um Jahrhunderte oder Jahrtausende voraus, und Bildung könne diesen evolutionären Rückstand abmildern; *sozialromantische* Vorstellungen vom ‚edlen Wilden'; *religiöse* Motivationen nach dem Motto: ‚Wir sind alle Kinder Gottes'; *pädagogisch* begründete Legitimationsversuche, die sich aus der Vorstellung speisten, die Kolonisierten befänden sich gleichsam noch im Stadium unreifer Kindheit; *Sühne-Gedanken*, durch Bildungs- und Kulturtransfer könne die schuldhafte Verstrickung Europas in den Sklavenhandel wiedergutgemacht werden; *kulturchauvinistische-ethnozentrische* Vorstellungen, ohne europäische Zivilisierungsarbeit käme in den kolonisierten Gebieten keine ‚Kultur'entwicklung zustande; *nationalistische* Motive, die Bewohner der Kolonialgebiete durch Bildung in ihrem Denken und Handeln zur Mehrung der eigenen nationalen Größe entsprechend national zu beeinflussen; *biologistische* Ideen von der als minderwertig eingestuften Andersartigkeit der ‚Eingeborenen'; *unverblümte Herren-Knechts-Ideologien* vom psychologischen Abhängigkeitskomplex der Kolonisierten und der dadurch bedingten quasi-natürlichen Berufung der Kolonialherren zur Herrschaft über diese; schließlich *offen rassistische* Rechtfertigungsversuche, die eine Hierarchie der Rassen unterstellten und die Legitimation auch für pädagogische Beeinflussungen von der Höherwertigkeit der Europäer ableiteten" (Adick 1997, S. 955, Hervorh. im Original; vgl. auch Adick/Mehnert 2001).

In dem zitierten Artikel zur Kolonialpädagogik stellt Adick (1997) sowohl Bezüge zur Dritten-Welt-Pädagogik resp. Entwicklungspädagogik wie auch zur Interkulturellen Bildung her und verweist auf weitere Veröffentlichungen, die wichtige Elemente für diese Facette der noch zu schreibenden Geschichte der Erziehungswissenschaft im Prozess ihrer Internationalisierung darstellen (vgl. Adick 1993a, b; Nestvogel 1986; Melber 1986; vgl. auch Epstein 2001). Ihre zusammen mit Wolfgang Mehnert herausgegebene Dokumentation bietet eine Fülle von Dokumenten, die die oben genannten Denk-, Argumentations- und Entscheidungsmuster belegen und anhand derer ein Vergleich mit den entsprechenden Texten für die innerstaatlichen Minderheiten möglich ist (Adick/Mehnert 2001; Krüger-Potratz/Jasper/Knabe 1998; Hansen 1994; Norris 1993).

3.7 Fazit

Die Vergleichende Erziehungswissenschaft hat sich in Deutschland – in ihrer institutionalisierten Form – erst relativ spät mit den Folgen des Internationalisierungsprozesses für Bildung und Erziehung im Innern der Bundesrepublik Deutschland und damit zusammenhängend mit Fragen ethnischer, sprachlicher und kultureller Pluralität auseinander gesetzt. Sie hat bisher auch nur punktuell über ihre Ausdifferenzierung bzw. ihre Arbeitsteilungen infolge von politisch-historisch wechselnden Machtverhältnissen nachgedacht. Ein Grund für Trennung von Vergleichender Erziehungswissenschaft und Interkultureller Bildung dürfte die bis Ende der 1980er Jahre gegebene starke Einbindung der Vergleichenden Erziehungswissenschaft in den Ost-West-Konflikt sein, ein anderer die Tatsache, dass die politische Maxime – ‚Die Bundesrepublik ist kein Einwanderungsland' – die Erziehungswissenschaft insgesamt auf Distanz zu diesen Fragen gehalten hat (vgl. Kap. 1). Eine indirekte Bestätigung ist die Tatsache, dass in den ‚klassischen' Einwanderungsländern wie auch in Ländern, die in die antikolonialistischen Auseinandersetzungen verstrickt waren, die Vergleichende Erziehungswissenschaft sehr viel früher begonnen hat, Fragen zu den Folgen der Migration für Bildung und Erziehung, zu sprachlich-kultureller Heterogenität usw. aufzunehmen. Doch dies sind nur erste Versuche der Erklärung einer durchaus bis ins 21. Jahrhundert überdauernden falschen und blickverstellenden ‚Arbeitsteilung', die dem Verständnis von ‚fremd' und ‚eigen', von ‚national' und ‚international' als einem oppositionellen geschuldet ist.

Für die deutsche Entwicklung bleibt festzuhalten, dass aufgrund bestimmter politisch-gesellschaftlicher Konstellationen und damit zusammenhängend erziehungswissenschaftlich-disziplinärer Traditionen die Ausländerpädagogik/Interkulturelle Bildung sich zunächst ‚außerhalb' der Vergleichenden Erziehungswissenschaft herausgebildet und sich ‚neben' ihr etabliert hat, so dass der Eindruck gegeben war, als bearbeite sie bis dahin ungekannte Fragen und Probleme. Das darf jedoch nicht zu dem Fehlschluss führen, dass sie keine Vergangenheit in der Disziplin hat. Die Spuren ihrer ‚Vor'-Geschichte sind auf der bildungspolitischen Ebene sicher einfacher aufzuspüren als auf der Ebene der Disziplinentwicklung, da hier Erlasse, Reden u. ä. m. genügend Anhaltspunkte bieten. Die Spurensuche auf der Ebene der Disziplinentwicklung gestaltet sich schwieriger. Hier gilt es nach den Ursachen zu fragen, die dazu geführt haben, dass die Erziehungswissenschaft und speziell die Vergleichende Erziehungswissenschaft auf sprachliche, kulturelle, nationale resp. ethnische Heterogenität im Inneren des Landes/der Länder nicht bzw. in marginalisierender Weise reagiert haben, und mit welchen Folgen dies für die Theoriebildung in der Disziplin und für ihre Institutionalisierung als wissenschaftliche Disziplin verbunden war und noch ist. Eine erste Spurensuche hat zu den Teildisziplinen resp. Spezialisierungen geführt, die sich mit je unterschiedlichen Ausschnitten aus dem Prozess der Internationalisierung von Bildung und Erziehung befassen (vgl. Text 7).

Text 7: Aufgaben der International und
Interkulturell Vergleichenden Erziehungswissenschaft

Zehn Thesen von Christel Adick

[...]

2. Neben den nationalstaatlichen politischen Zugehörigkeiten haben andere Affiliationskriterien in den letzten Jahrzehnten an Bedeutung gewonnen. Menschen sind nicht zuallererst bzw. nicht nur Bürger eines bestimmten Staates, sondern zugleich Mitglieder vielfältiger anders gelagerter sozialer Bezüge (Geschlecht, Altersgruppe, Wohngemeinde, ethnisch-kulturelle Gemeinschaft, Religionszugehörigkeit, soziale Klassenlage, Sprachgemeinschaft, regionale und kontinentale Identifikationen, z. B. als ‚Europäer' oder ‚Afrikaner').

[...]

6. Daraus folgt: Im 21. Jahrhundert ist vom historischen Ende der Fiktion von homogenen Nationalstaaten und von sprachlich und kulturell homogenen nationalen Bildungssystemen auszugehen – ohne daß freilich bereits eine andere tragfähige Konzeption an deren Stelle getreten wäre. Als einzig humane neue Zielperspektive kann m. E. nur eine Bildungskonzeption gelten, die darauf ausgerichtet ist – plakativ gesprochen – die nachwachsende Generation auf ihre Rolle als Weltbürger vorzubereiten, die gleichwohl lokal handlungsfähig bleiben.

7. Alle Wissenschaften sind aufgefordert, diese Wandlungen kritisch zu reflektieren. Innerhalb der Erziehungswissenschaft gilt dies insbesondere für die Subdisziplin der International und Interkulturell Vergleichenden Erziehungswissenschaft, in der in Deutschland professionspolitisch drei Kommissionen mit je eigenen Perspektiven beheimatet sind: die komparatistische, d. h. international vergleichende; die auf den Umgang mit Multikulturalität in nationalstaatlichen Bildungssystemen ausgerichtete interkulturelle; und die ‚entwicklungspädagogische' Perspektive, die Bildungsfragen in Nord-Süd-Zusammenhängen thematisiert.

8. Die Zusammenführung der drei geschilderten Perspektiven kann bereits als eine Folge der eingangs geschilderten weltgesellschaftlichen Veränderungen interpretiert werden: Die klassische Komparation kommt nicht mehr ohne globale Reflexion aus, die auch konstitutiv die sog. ‚Dritte Welt' und internationale Migrationsbewegungen und deren Auswirkungen auf nationalstaatlich verfaßte Bildungssysteme mit umfaßt. Die interkulturelle Pädagogik bedarf der Hintergrundreflexion ihrer Entstehungsbedingungen und komparativer Studien zum Umgang mit Multikulturalität in anderen Gesellschaften; die Beschäftigung mit Migration (z. B. Flucht, Asyl) bringt sie auch in die Nähe der ‚Dritte-Welt'-Perspektive. Die Bildungsforschung mit der Dritten Welt hat zwar seit jeher den Weltkontext mit im Blick gehabt (Kolonialismus, Neokolonialismus, Kulturimperialismus), sieht sich aber mit einer zunehmenden Auflösung der klassischen Vorstellungen von ‚Dritte Welt' konfrontiert und muß ihre Vermittlung im jeweiligen gesellschaftlichen pädagogischen Kontext verorten (‚entwicklungspolitische Bildung', ‚globales Lernen' als Teil oder Alternative zur ‚interkulturellen' Pädagogik).

9. Wird wissenschaftliche Reflexion ganz allgemein als methodisch kontrollierte Bearbeitung gesellschaftlicher Realität begriffen, so hat die Erziehungswissenschaft die Bearbeitung des Ausschnitts aus gesellschaftlicher Realität, den wir im Deutschen zusammenfassend ‚Erziehung und Bildung' nennen [...] zum Gegenstand. Die International und Interkulturell Vergleichende Erziehungswissenschaft bearbeitet aus diesem Gesamtzusammenhang, ganz allgemein gesagt, die ‚internationale Dimension' von Erziehung und Bildung in all ihren oben genannten Facetten.

[...]

Quelle: Christel Adick. Thesen für die Arbeitsgruppe: Entwicklungspädagogik in Forschung und Lehre.
URL: http://www.venro.org/schwerpunkte/bildung21/dokumentation/arbeitsgruppen/24_adick.htm
(Stand 30.07.2003)

Aufgaben zu Kapitel 3

Aufgabe 1
Welche Argumente sind im ausgehenden 19. und frühen 20. Jahrhundert pro und contra Zweisprachigkeit vorgebracht worden? Welche dieser Argumente sind – in abgeschwächter Form – in den aktuellen Debatten über Zwei- und Mehrsprachigkeit in der Schule noch anzutreffen. (Zur Beantwortung des letzten Teils der Aufgabe könnten Sie auch eine kleine (nicht repräsentative) Umfrage unter Studierenden, Lehrkräften oder Eltern machen.)
Lösungshinweis siehe Anhang

Aufgabe 2
Worin bestehen Unterschiede in der Wahrnehmung der europäischen und der migrationsbedingten Mehrsprachigkeit? Versuchen Sie zu erklären, wie es zu dieser unterschiedlichen Wahrnehmung kommt.
Lösungshinweis siehe Anhang

Aufgabe 3
Geben sie kurze Antworten auf die folgenden zwei Fragen: Aus welchem primären Interesse hat das Deutsche Reich in der Zeit der Weimarer Republik sich im Minderheitenschutz engagiert? Wie wurde das Verhältnis von Sprache, Ethnizität und Nationalität über lange Zeit gesehen?
Lösungshinweis siehe Anhang

Aufgabe 4
Wählen Sie eine der vier im Kapitel vorgestellten Differenzlinien aus und beschreiben Sie diese unter Einschluss der Frage, ob bzw. welche Rolle sie heute (noch) spielt.
Lösungshinweis siehe Anhang

4 Ordnung des Feldes III: Versuche der synchronischen Beschreibungen und Systematisierung

Jeder Versuch, das Arbeits- und Forschungsfeld Interkulturelle Bildung zu ordnen, bleibt unabgeschlossen und ist kritikwürdig: die im zweiten Kapitel vorgestellte chronologische Ordnung des Feldes mit den ‚Bausteinen' für die Geschichte der Erziehungswissenschaft im Umgang mit sprachlich-kultureller Heterogenität im dritten Kapitel ebenso wie die im Folgenden vorgestellte Ordnung nach Ansätzen, Programmen, Perspektiven und Konzepten.

Die im zweiten Kapitel vorgestellte chronologische Rekonstruktion des Feldes basiert auf Texten, die ab einem bestimmten Zeitpunkt, d. h. immer erst ab den 1960er/1970er Jahren,[63] *diachronisch* den Verlauf der Diskussionen über den ‚richtigen' Umgang mit sprachlicher, nationaler, ethnischer und kultureller Heterogenität im Bildungswesen nachzeichnen und die auf die gesellschaftlich-politischen wie disziplinären Bewegungen, in die die Interkulturelle Bildung eingebunden ist, zwar Bezug nehmen, sie aber nicht systematisch einbeziehen. Diesen Mangel gleichen die im Folgenden herangezogenen Texte, die eine synchronische ‚Ordnung des Feldes' bevorzugen, nicht aus. Ihr Vorteil ist jedoch, dass sie die Entwicklung insofern realistischer abbilden als sie zeigen, dass sich von Beginn an verschiedene Ansätze nebeneinander, einander überlappend oder auch konkurrierend zueinander entwickelt haben. Mit anderen Worten: Der Gegenstand der Betrachtung ist in diesem Kapitel der gleiche wie in Kapitel 2, aber die Beobachtungsperspektive ändert sich und damit kommen auch andere Facetten der Entwicklung in den Blick.

Ein weiterer Vorteil der *synchronischen* ‚Ordnung des Feldes' ist, dass deutlich wird, dass, ‚auf dem Stand der Diskussion' zu sein, nicht bedeutet, die jeweils zeitlich letzte oder die in einem Text als fortschrittlich ausgewiesene Position einzunehmen, sondern die verschiedenen Programme und Konzepte und die für sie charakteristischen Sichtweisen zu kennen, sie einordnen und die selbst eingenommene Sichtweise begründen zu können. Dies ist keine einfache Aufgabe. Die Unterscheidung von ausländerpädagogischen und interkulturellen Ansätzen fällt – wie zu zeigen sein wird – noch relativ leicht, aber innerhalb der sich als ‚interkulturell' bezeichnenden Ansätze wird die Zuordnung schwieriger.

Auch bei diesem Versuch der ‚Ordnung des Feldes' bleibt zu beachten, dass die herangezogenen Unterscheidungsmerkmale und deren Gewichtung auch anders, wenn auch nicht beliebig anders, hätten gewählt werden können. Welche

---

63 Auch hier fehlt der Einbezug der ‚Vorgeschichte' der Interkulturellen Pädagogik (vgl. Kap. 3).

4 Ordnung des Feldes III

weiteren Möglichkeiten der diachronen wie synchronen Darstellung der Interkulturellen Bildung als Fachrichtung und Querschnittsaufgabe gegeben sind, lassen sich zum Beispiel durch den Vergleich mit den anderen – in Kapitel 7 genannten – Einführungen in die Interkulturelle Bildung ermitteln.

Im Folgenden wird zunächst kurz versucht zu klären, was unter Ansätzen, Programmen, Perspektiven und Konzepten verstanden werden soll. Danach werden drei Vorschläge für eine synchron angelegte Systematisierung des ‚Feldes' in Form von Diagrammen vorgestellt. Auf einige der dort genannten Ansätze und der mit ihnen verbundenen Perspektiven, Programme oder Konzepte wird anschließend näher eingegangen, um – an ausgewählten Beispielen – die Unterschiede in den Argumentationsmustern zu verdeutlichen. Den Abschluss bilden zwei Modelle interkulturellen Lernens. Sie stehen für einen Ansatz, bei dem es allerdings nicht um die Interkulturelle Bildung als Fachrichtung und auch nicht um die Frage nach den Zielen, Adressaten und Maßnahmen Interkultureller Bildung und Erziehung, sondern um die Gestaltung und den ‚inneren Ablauf' subjektiver interkultureller Lernprozesse geht.

4.1 Ansätze, Perspektiven, Programme und Konzepte

Auernheimer ist zuzustimmen, wenn er festhält, dass es schwer fällt, „eine Differenzierung und Systematisierung der recht bunten Vielfalt von Vorschlägen und Konzepten interkultureller Erziehung, mit unterschiedlichen Intentionen und unterschiedlichem Anspruch vorgetragen, vorzunehmen, weil die theoretischen Bezugnahmen und Begründungen vielfältig und oft eklektizistisch" (Auernheimer 1990, S. 173) und die „Kontroversen über Konzepte noch schwach entwickelt sind" (Auernheimer 1995^2, S. 166). Zu beachten ist, dass der im Folgenden vorgenommene Versuch der Unterscheidung von Programmen, Perspektiven, Ansätzen und Konzepten in der referierten und zitierten Literatur keineswegs streng gehandhabt wird. Vielfach wird ausschließlich von Konzepten und/oder Ansätzen[64] gesprochen.

Für eine Vielzahl von Beiträgen zur Beschreibung dessen, was unter interkultureller Bildung und Erziehung zu verstehen sei, gilt, dass lediglich Zielvorstellungen für Bildung und Erziehung in der Migrationssituation genannt werden. Derartige Vorschläge gehören in die Rubrik *Programme*. Liest man diese Programme, so entsteht nicht selten der Eindruck, als bedürfe es bei der Einführung Interkultureller Bildung und Erziehung in schulischen und außerschulischen Zusammenhängen letztlich nur einer ‚Zusatz'anstrengung der pädagogisch Tätigen, als reiche eine von ihnen selbst vorzunehmende Veränderung ihres Wissens-

---

[64] Von ‚Ansätzen' wird im Folgenden immer dann gesprochen, wenn es nicht um die Unterscheidung von Konzepten, Perspektiven und Programmen geht – es ist sozusagen der übergeordnete Begriff.

haushalts und ihres didaktischen und methodischen Instrumentariums, nach dem Motto: Wenn sie nur wollten ..., dann könnten sie ...

In anderen Texten geht es zwar nicht explizit um die Darstellung eines Programms oder Konzepts, sondern um Themen wie zum Beispiel um die Sozialisationsbedingungen von Migrantenkindern oder die ‚Probleme ausländischer Frauen' oder auch um das Thema Migration in Schulbüchern und anderen Materialien. Doch aufgrund der Art und Weise, wie in diesen Berichten argumentiert wird (Argumentationsmuster, unausgesprochene Voraussetzungen, Begrifflichkeit), oder wie entsprechende Forschungsprojekte angelegt sind (Prämissen, Auswahl des Untersuchungsgegenstandes, Wahl der Methoden, Begrifflichkeit), oder wie Forschungsergebnisse zur Legitimierung (bildungs-)politischer Forderungen und/oder Maßnahmen rezipiert werden usw., wird erkennbar, unter welcher *Perspektive* die Autorinnen und Autoren das jeweilige Thema betrachten.

Für ein *Konzept* hingegen bedarf es mehr als der Bezeichnung von Zielsetzungen und der Aufstellung von Forderungen. Es bedarf der Zusammenführung von Überlegungen zu Voraussetzungen und Zielen, zu Wegen und Methoden wie auch zu den Konsequenzen der Umsetzung einschließlich der für jedes Element notwendigen Begründungen. Dies gilt auch für die Vorschläge, bei denen schon als bewährt geltende Konzepte ‚interkulturell erweitert' werden sollen, wie zum Beispiel die Vorschläge, interkulturelle Bildung und Erziehung als ‚(neue) Friedenserziehung', als ‚politische Bildung in der multikulturellen Gesellschaft' oder als ‚soziales Lernen in multiethnischen Klassen' zu begreifen. Hier stellt sich die Frage, ob diese Konzepte (Friedenserziehung, soziales Lernen, politische Bildung) durch einen ‚interkulturellen Zusatz' hinreichend verändert werden können, bzw. ob die Erweiterung um eine neue Zielsetzung und eine neue Adressatengruppe mit den aus der Entstehungsgeschichte der Konzepte überkommenen ‚Normalitätsvorstellungen' vereinbar ist. Nicht vergessen werden darf, dass Bildungskonzepte nicht in geschichts- und machtfreien Raum formuliert werden und dass diese ‚Macht' sich auch in die Strukturen und institutionellen Vorgaben der Bildungseinrichtungen eingeschrieben hat.

4.2 Interkulturelle Bildung – Systematisierungsvorschläge in Form von Diagrammen

Die Erstellung eines Diagramms bzw. einer Matrix ist eine Möglichkeit, die ‚Ordnung des Feldes' sichtbar zu machen. Diese Darstellungsform haben einzelne, teilweise schon im 2. Kapitel vorgestellte Autorinnen und Autoren gewählt und die verschiedenen Ansätze nach Merkmalen wie zum Beispiel ‚Problemdefinition', ‚Konzept', ‚Adressaten', ‚Zielsetzungen' oder auch ‚Gesellschaftsmodell' synoptisch angeordnet. Auf diese Weise wird deutlich, dass verschiedene, auch einander ausschließende Ansätze nebeneinander bestehen. Ein Nachteil ist jedoch die unvermeidbare Vereinfachung, die es nicht erlaubt, Differenzen innerhalb der gleichgerichteten Ansätze mit abzubilden. Von daher ermöglichen diese tabellarischen Ordnungsversuche nicht mehr als eine *grobe Orientierung*.

4.2.1 Beispiel: Problemsicht – Konzepte – Adressaten

Die erste Matrix ist einem Aufsatz von Heike Niedrig zur interkulturellen Bildung in der Lehrerfortbildung entnommen. Sie bildet eine in der Fachliteratur weit verbreitete Idee der Systematisierung ab, geordnet nach den drei Merkmalen: ‚Problemsicht', ‚Konzepte' und ‚Adressaten' Interkultureller Bildung und Erziehung. Die Eintragungen in der Spalte ‚Adressaten' weisen außerdem darauf hin, dass sich die Autorin ausschließlich auf Konzepte für den Bereich Schule und Lehrerbildung bezieht. Die Matrix, so Niedrig im Text, dürfe nicht von oben nach unten – also als zeitliche Abfolge –, sondern müsse von links nach rechts gelesen werden, da „in der Vergangenheit bereits unter dem Titel ‚Ausländerpädagogik' Problemdefinitionen vorgenommen [worden seien], die [in der Tabelle] der ‚interkulturellen Erziehung' zugeordnet" sind, und andersherum sei der „Begriff der ‚interkulturellen Erziehung' oft genug nichts anderes als ein Ersatzbegriff für ‚Ausländerpädagogik', ohne dass sich die Problemanalysen und die entsprechenden Lösungsstrategien geändert" hätten (Niedrig 1996, S. 13, Anm. 6).

Tabelle 2: Konzepte interkultureller Pädagogik

Problemsicht	Pädagogisches Konzept		Adressaten
Sprachliche und sozialisationsbedingte ‚Defizite' der Einwandererkinder	Ausländerpädagogik		‚Ausländische' bzw. ‚ausgesiedelte Kinder' (Minderheitenkinder)
‚Kulturelle Differenz' z. B. unterschiedliche Deutungsmuster, Wertvorstellungen, Rollendefinitionen, Sprachen	Interkulturelle Erziehung	begegnungsorientierter resp. konfliktorientierter Ansatz	Alle Kinder der multikulturellen Gesellschaft
Fremdenfeindlichkeit, rassistisch motivierte Gewalt, Ausgrenzung von Minderheiten	Antirassistische Pädagogik		‚Deutsche Kinder' (Kinder der Mehrheitsbevölkerung)

Quelle: Niedrig 1996, S. 14

Zu beachten sei ferner, dass in der Praxis interkultureller Bildung und Erziehung eine „‚friedliche Koexistenz' von Ansätzen zu beobachten [sei], während deren Vertreter sich auf der Ebene wissenschaftlicher Theoriebildung erbitterte Auseinandersetzungen" lieferten. Und oft würden „in der Praxis Methoden und Organisationsformen nach wie vor als legitim und sinnvoll vorgestellt, die auf Konzepten basieren, die in der wissenschaftlichen Diskussion als längst überholt angesehen werden" (Niedrig 1996, S. 13). Außerdem könne man das „interkulturelle Mittelfeld" noch nach drei Gruppen von Konzepten unterteilen:

„1. Angesprochen sind zwar alle Kinder, aber erklärungsbedürftig nur die ‚ausländischen'.
2. Es wird versucht, verschiedene Sichtweisen gleichberechtigt zu integrieren.
3. Bereits vorhandene didaktische Konzepte werden – unabhängig von den konkreten Adressaten – im Hinblick auf die multikulturelle Gesellschaft überprüft und reformiert" (Niedrig 1996, S. 14).

‚Konzept' ist hier der übergeordnete Begriff, unter dem sowohl Programme wie Perspektiven wie auch Vorschläge für Konzepte eingeordnet sind.

4.2.2 Beispiel: Ordnung nach Konzepten und Paradigmen

Wenn man in dem in Kapitel 2 schon vorgestellten „geschichteten Beobachtermodell" (Roth 2002) die Zeitleiste löscht und die in die einzelnen Felder hineingeschriebenen Merkmale (‚Ansatz', ‚Leitziel', ‚Zielgruppe' und ‚Maßnahmen'), wie sie Roth auch im Begleittext aufführt, ordnet, so entsteht folgende, im Ausgang von ‚Konzepten' geordnete und wiederum nur von links nach rechts zu lesende Matrix. Dabei bleibt die Trennung zwischen ‚Konzept' und ‚Ansatz' uneindeutig:

Tabelle 3: Variante des „geschichteten Beobachtermodells" von Roth

Konzept	Ansatz	Leitziel	Zielgruppe	Maßnahmen
Ausländerpädagogik	Förderpädagogik	Sprachlernen	Ausländer	Deutschkurse Sozialberatung Förderunterricht Muttersprachlicher Unterricht
Interkulturelle Pädagogik	Integrative Pädagogik[65]	Integration	Ausländer / Inländer	Interkulturelles Lernen (Kindergarten / Schule) Migration als Thema in Unterricht und Weiterbildung Schulversuche (z. B. Krefelder Modell)[66] interkulturelle Erwachsenenbildung außerschulische Jugendarbeit Weiterbildung interkulturelle Didaktik
Antirassistische Erziehung	Interkulturelle Pädagogik	Integration Handlungsfähigkeit	Inländer / Ausländer	Antirassismustrainings antirassistische Einheiten für die Schule

---

[65] Mit dem Terminus ‚Integrative Pädagogik' greift Roth einen Vorschlag von Wilhelmine Sayler auf; sie schlägt diese Bezeichnung als Alternative zu der Bezeichnung ‚interkulturelle Pädagogik' vor (siehe weiter unten). Zu beachten ist, dass unter ‚Integrativer Pädagogik' in vielen Texten die gemeinsame Erziehung und Bildung von behinderten und nicht behinderten Kindern verstanden wird.

[66] Zum Krefelder Modell – eine bestimmte Form der bi-nationalen Beschulung siehe Dickopp 1982.

Konzept	Ansatz	Leitziel	Zielgruppe	Maßnahmen
Interkulturelle Kommunikation	‚Pädagogik der Vielfalt'	Anerkennung interkulturelle Kommunikationskompetenz	Ausländer / Inländer	Verstehenstrainings

Quelle: Matrix erstellt von M. K.-P. nach dem „geschichteten Beobachtermodell" von Roth 2002, S. 43.

Diese Umformung des „geschichteten Beobachtermodells" zeigt die schon in Kapitel 2 angesprochene Problematik des ‚Modells' noch einmal deutlich: das unklare Verhältnis zwischen den vier Konzepten und den ihnen ‚untergeordneten' Ansätzen, so die Zuordnung von ‚Interkultureller Pädagogik' zu ‚Antirassistischer Erziehung' sowie von „interkultureller Kommunikation" (nach Roth [2002] die „bislang ‚letzte' Entwicklung im Kontext der Transformation von Interkultureller Pädagogik") zur ‚Pädagogik der Vielfalt' einschließlich der diesen Konzepten und Ansätzen zugeschriebenen Maßnahmen.

Problematisch ist die Ausweisung von „Interkultureller Kommunikation" als Konzept schon allein deshalb, weil ‚interkulturelle Kommunikation' bei genauerem Hinsehen oft nicht mehr als ein *Label* ist.[67] Unter diesem firmieren Studiengänge, Graduiertenkollegs oder Forschungsprojekte in den verschiedensten Disziplinen (im Bereich des Fremdsprachenlernens, der Ethnologie, der Wirtschaftswissenschaften, der Kommunikationswissenschaft, der Entwicklungshilfe usw.) ebenso wie Angebote von Instituten und Organisationen, die ‚interkulturelle Trainings' für Manager, „internationale Verkäufer" oder andere Berufsgruppen ausbilden wollen.[68] Bei den Angeboten für Kurse und Trainings fällt darüber hinaus auf, dass vielfach nicht die Einwanderungssituation und das Zusammenleben und -lernen in einer Einwanderungsgesellschaft im Vordergrund stehen, sondern grenzüberschreitende (wirtschaftliche) Aktivitäten. Anders als in der Matrix nach Roth sind nicht In- und Ausländer die Adressaten, sondern Inländer, die sich für grenzüberschreitende berufliche Karrieren vorbereiten möchten. In diesem Sinne steht ‚interkulturelle Kommunikation' vielfach schlicht für das, was früher ‚internationale Verständigung' hieß.

4.2.3 Ordnung auf der Forschungsebene

Ein Ordnungsvorschlag, der vor allem die Ebene der wissenschaftlichen Auseinandersetzung berücksichtigt, findet sich bei Allemann-Ghionda in ihrer Studie „Schule, Bildung und Pluralität". Sechs Fallstudien im europäischen Vergleich (2002^2). Im abschließenden Kapitel spricht sie von vier Stadien der Ent-

---

[67] Generell kann man sagen, dass in den letzten Jahren der Begriffskombination mit ‚Kommunikation' in Mode ist. – ‚Interkulturelle Kommunikation' ist vor allem aus der Psychologie in die Diskussion über Interkulturelle Bildung und Erziehung ‚eingewandert'.

[68] Siehe zum Beispiel URL: http://www.leichter-verkaufen.com/erfolg/beniers_inter.html; vgl. auch SIETAR in Kapitel 7.

wicklung, im Verlauf derer die „Kulturen der Minderheiten in der Minderheitenforschung und in der Pädagogik des zwanzigsten Jahrhunderts abhängig vom Zeitpunkt und von der jeweiligen Ausrichtung der Forscher einen unterschiedlichen Stellenwert erhalten" hätten (Allemann-Ghionda 2002[2], S. 486). Sie fasst diese Entwicklung in einer Matrix zusammen, in der sie jedoch die Stadien nicht zeitlich festlegt, sondern als vier Paradigmen ohne zeitliche Spezifizierung abbildet. Den vier Paradigmen der gesellschaftlich-politischen Diskussion (Assimilationismus, Multikulturalismus, Kritik am Multikulturalismus/Primat der Integration und Pluralismus) ordnet sie vier Hypothesen zu, die für die pädagogische Diskussion relevant (gewesen) seien: Defizit, Differenz, Egalität und Diversität (Tab. 4). Die Benennung der Spalten – von links nach rechts gelesen – erinnern an die drei Phasen Niekes (1992), hier nun zum einen ergänzt um jeweils korrespondierende Ansätze in der Minderheiten- und Migrationsforschung und zum anderen um ein viertes Stadium, das in die Zukunft weist.

Tabelle 4: Die Behandlung kultureller Vielfalt in der Minderheitenforschung und in der Pädagogik

Assimilationismus	*Multikulturalismus*	*Kritik am Multikulturalismus und Primat der Integration*	*Pluralismus und Annahme der soziokulturellen Herkunft*
die Kultur der Minderheiten gilt als irrelevant	die Kultur der Minderheiten gilt als irrelevant	die Kulturzugehörigkeit gilt als nicht relevant; die sozioökonomische Dimension hat Vorrang	die Vielfalt hat mehrere Dimensionen - sprachlich - kulturell - sozioökonomisch - geschlechtsspezifisch - usw.
Kulturelle Differenz und Ethnizität behindern die Assimilation universalistischer Ansatz	Kulturelle Differenz und Ethnizität sind positiv besetzt partikularistischer evtl. relativistischer Ansatz	Kulturelle Differenz darf kein Thema sein universalistischer Ansatz	Minderheit wird je nach Blickwinkel als solche definiert Synthese partikularer und universeller Sichtweisen
Ausländerpädagogik	**Interkulturelle Pädagogik**	**Kritik an der interkulturellen Pädagogik**	**Pädagogik der soziokulturellen und sprachlichen Vielfalt**
Schwerpunkt: Zweitsprachenerwerb	begegnungsorientierte Konzepte	Kein Konzept	Vielfalt der Lebenswelten, Vielfalt der Standpunkte
Fördermaßnahmen	konfliktorientierte Konzepte kombinierte Konzepte		Leben mit Diversität erlernen Strukturelles Auffangen von Heterogenität
Zwei- und Mehrsprachigkeit sind negativ besetzt	Zwei- und Mehrsprachigkeit sind positiv besetzt	keine Aussage zu den Sprachen	Zwei- und Mehrsprachigkeit sind positiv besetzt
Defizithypothese kompensatorische, differentialistische Pädagogik	Differenzhypothese emanzipatorische, differentialistische Pädagogik	Egalitätshypothese emanzipatorische, egalitäre Pädagogik	Diversitätshypothese emanzipatorische, pluralistische Pädagogik

Quelle: Allemann-Ghionda 2002[2], S. 487

Dadurch aber, dass Allemann-Ghionda auf eine zeitliche Zuordnung verzichtet[69] und auch im Text sehr vorsichtig von einer „Entwicklung in Stadien" spricht, vermittelt ihre „Ordnung des Feldes" die (korrekte) Vorstellung, dass die Paradigmen sich zwar nacheinander und in Reaktion aufeinander entwickelt haben, aber nun nebeneinander existieren. Außerdem besteht die Möglichkeit, von den Stichworten „Assimilationismus", „Multikulturalismus", „Primat der Integration" und „Pluralismus und Annahme soziokultureller Heterogenität" die verschiedenen Formen des politischen Umgangs mit den Folgen der Migration in den Blick zu nehmen. Fraglich ist lediglich, ob das als drittes angegebene Paradigma „Kritik am Multikulturalismus und Primat der Integration" überhaupt als Paradigma bezeichnet werden kann, und ob die ihm zugeordneten Charakteristika nicht eher in die zweite bzw. dritte Spalte einzuordnen wären.

4.2.4 Beispiel: Ordnung nach den drei ‚D's: Defizit, Differenz, Diskriminierung

Die Synopse, die Diehm/Radtke ihrem Kapitel zur Rekonstruktion der „unterschiedlichen Pädagogiken" im „Feld von Erziehung und Migration" voranstellen, kann man als erweiterte und präzisierte Fassung der als Beispiel 1 vorgestellten Matrix ansehen. Hauptkriterium sind – zunächst – zwei Leitbegriffe: ‚Defizit' für die ‚Ausländerpädagogik', ‚Differenz' für ‚Interkulturelle Pädagogik'. Das dritte ‚D' – ‚Diskriminierung' – ist der Leitbegriff für ihren eigenen Ansatz, den sie in die Synopse nicht aufgenommen, wohl aber in einem eigenen Abschnitt ausführlich expliziert haben (siehe weiter unten). Diese Leitbegriffe sind sozusagen die Konzentrate der von Diehm und Radtke vorgenommenen „Diagnose" bzw. die Problemdefinitionen, die den jeweiligen Situationsbeschreibungen und den daraufhin entwickelten und propagierten Konzepten zugrunde liegen, und die auf jeweils unterschiedliche Adressaten, eine unterschiedliche Praxis und unterschiedliche Ziele ausgerichtet sind und denen – explizit oder implizit – ein unterschiedliches Gesellschaftsmodell zugrunde liege.

Ausländerpädagogik und Interkulturelle Pädagogik werden allerdings nicht nur als zwei Konzepte, sondern auch als zwei Perioden ausgewiesen (vgl. Spalte 1 der Matrix), so dass – ähnlich wie bei Roths „geschichtetem Beobachtermodell" (vgl. Kap. 2.3) – eine diachrone mit einer synchronen Systematik verbunden wird. Die Einteilung in zwei Perioden ist bei Diehm/Radtke jedoch nicht als zeitliches, sondern eher als ein *logisches Zweiphasen-Modell* zu verstehen: Ausländerpädagogik wird von ihnen als die „nachträgliche Rekonstruktion einer kritisierten Praxis" definiert, die aus dem Bemühen der Interkulturellen Pädagogik, sich ein eigenes Profil zu geben, entstanden sei. Überspitzt könnte man sagen,

---

[69] Vgl. dagegen Lafranchi (1999, S. 317), der die Phasen der Theoriebildung, Konzeptentwicklung etc. in 5 zeitlichen 10er Schritten anordnet: 70er, 80er, 90er, 2000er-Jahre.

dass die ‚Perioden' als nebeneinander geordnete oder auch miteinander konkurrierende Ansätze gelesen werden können.

Tabelle 5: Pädagogische Konzepte nach den drei ‚D's – erster Teil

Periodisierung / Konzepte	Diagnose	Adressaten	Praxis	Ziele	Gesellschaftsmodell
	(1)	(2)	(3)	(4)	(5)
Ausländerpädagogik	Defizit	Migranten (-kinder)	Kompensation / Fördermaßnahmen / Muttersprache	Rückkehr und / oder Assimilation	homogene „Kultur"
Interkulturelle Pädagogik	Differenz	alle Schüler	Mehrperspektivität / Kulturrelativismus / Muttersprache	Anerkennung / Erhalt kultureller Identität	Multikulturelle Gesellschaft

Quelle: Diehm/Radtke 1999, S. 128

Ihre Matrix, so Diehm/Radtke (1999, S. 134), sei „erkennbar [als] eine Stilisierung von Gegensätzen" gedacht; sie bilde die Debatten in einer nur sehr groben Einteilung ab.

Ihren eigenen Ansatz, der mit dem dritten „D" – „D" für „Diskriminierung" – verbunden ist, haben sie nicht in die Matrix eingefügt, obwohl sie ihr Konzept – Bildung als Inklusionshilfe – nicht nur als Kritik an den beiden anderen Konzepten, sondern durchaus als zukunftsträchtige Alternative vorstellen. Versucht man nach den dort gemachten Vorgaben die dritte Reihe auszufüllen, um die oben abgebildete Matrix zu vervollständigen, so könnte dies wie folgt aussehen:

Tabelle 6: Pädagogische Konzepte nach den drei ‚D's – zweiter Teil

Perioden / Konzepte	Diagnose	Adressaten	Praxis	Ziele	Gesellschaftsmodell
Antidiskriminierung	Diskriminierung	Bildungspolitiker / Bildungsplaner Ausbildungsinstitutionen	Professionalisierung des Personals Veränderung institutioneller Strukturen/ Routinen	Erziehung und Bildung als Inklusionshilfe, Anpassung der Bildungsinstitutionen an die veränderten gesellschaftlich-politischen Verhältnisse	Einwanderungsgesellschaft, (Sozial-)Staat mit dem Merkmal Ungleichheit

Quelle: Diehm/Radtke 1999, S. 128, entsprechend der Matrix (Tab. 5) geordnet von M. K.-P.

4.2.5 Fazit

Jeder dieser Systematisierungsversuche ist *notwendigerweise* verkürzend und unzureichend, da es nicht möglich ist, die unterschiedlichen Akzentsetzungen, die sich in einem Text beschreiben lassen, innerhalb solcher Synopsen abzubilden, ohne dass diese unübersichtlich und damit unlesbar würden. Doch sie erlauben eine erste Vorstellung davon, wie das Feld ‚Interkulturelle Bildung' (auch) zu ordnen wäre. Sie verdeutlichen die Probleme, die mit jedem Ordnungsversuch verbunden sind und bieten Anregungen für eigene Versuche der Systematisierung in Form von Schaubildern.

4.3 Verschiedene Ansätze interkultureller Bildung

Im Folgenden werden einige der in der Literatur zur Interkulturellen Bildung beschriebenen Ansätze an ausgewählten Beispielen näher vorgestellt. Für die Auswahl war unter anderem entscheidend, ob sich ein Text finden ließ, in dem das Programm, die Perspektive oder das Konzept zumindest in Umrissen ausgeführt ist, und ob sich Textpassagen identifizieren lassen, in denen die jeweiligen Problemdefinitionen und Argumentationsmuster erkennbar sind. Derartige Textpassagen sind leichter für die ausländerpädagogischen als für die interkulturellen Konzepte und Programme zu finden. Hier zeigt sich, dass die von Auernheimer beklagte Eklektik der interkulturellen Ansätze weiterhin besteht, oder, wie Roth es formuliert: „dass das Feld dessen, was ‚interkulturell' genannt wird, heute weniger denn je überschaubar ist" (Roth 2002, S. 41). Dies dürfte auch darauf zurückzuführen sein, dass ‚interkulturell' oftmals schlicht für ‚sozial' steht, nur dass statt nach den sozialen Machtverhältnissen nach den kulturellen Zugehörigkeiten gefragt wird.

4.3.1 Ausländerpädagogische Ansätze

Unter ‚ausländerpädagogisch' werden kompensatorisch und/oder assimilatorisch ausgerichtete Konzepte und Maßnahmen zusammengefasst, die sich an die nicht-einheimischen Kinder richten. Ausgangspunkt ist die mehr oder weniger explizit formulierte Vorstellung, dass die Zugewanderten herkunftsbedingte sprachliche und kulturelle Defizite[70] aufweisen, die es auszugleichen gelte, da-

---

[70] Hier zeigt sich deutlich, dass Klasse durch Kultur/Sprache ersetzt wird, denn – wie in Kapitel 2 schon angesprochen – sind diese kompensatorischen Maßnahmen keine anderen als die zur „Ausschöpfung der (einheimischen) Begabungsreserven" in den 1960er Jahren diskutierten. Die ‚Ausländerkinder' werden als neue soziokulturell benachteiligte Gruppe definiert, und gleichzeitig werden die ‚Einheimischen' zur scheinbar durchgängig bildungserfolgreichen Gruppe erklärt, obwohl die soziale Benachteiligung von ‚einheimischen' Schülerinnen und Schülern keineswegs aufgehoben ist. Dies haben Untersuchun-

mit sie sich erfolgreich am Unterricht bzw. generell an Bildungsangeboten beteiligen können. Der Blick ist auf die Zugewanderten gerichtet und auf das, was sie von den ‚Einheimischen' unterscheidet, genauer: was ihnen im Vergleich zu den ‚Einheimischen' fehlt, um so ‚unauffällig' zu sein wie diese (vgl. Wenning 2003b).

Die Seite der ‚Einheimischen' wird aus dem Blickfeld verbannt, gleichzeitig aber zum Maßstab erhoben, an dem gemessen jedes Anderssein als ‚nicht normal' im Sinne von Defizit erscheint. Zu dem, was als selbstverständlich, als ‚Normalität', vorausgesetzt wird und den scheinbar unhinterfragbaren Maßstab bildet, gehören unter anderem: die altersgemäße Beherrschung der (deutschen) Landes- und Unterrichtssprache und damit einhergehend einsprachiges Aufwachsen in der Landessprache, altersgemäße Kenntnisse ‚deutscher (regionaler) Lebensformen' wie Essensgewohnheiten und -regeln, Kleidungsgewohnheiten, Umgang mit Generationen- und Geschlechterdifferenz, altersgemäße Kenntnisse von Feiertagen und Feiergewohnheiten, von Liedern, Spielen, Freizeitvergnügungen und anderen Elementen der Kinder-, Jugend- oder Erwachsenenkulturen, ein bestimmtes Verhältnis von Distanz und Nähe, ein bestimmter Umgang mit Institutionen usw. In dieser Gegenüberstellung von ‚einheimisch' und ‚fremd' als einander ausschließend wird jede Gruppe als in sich homogen und ‚Normalität' als etwas ‚Gegebenes', scheinbar ‚Unhinterfragbares' gesehen.

Die ausländerpädagogisch ausgerichteten Konzepte und Programme sind so angelegt, dass die Zugewanderten lernen (sollen), diesen Maßstab, diese ‚Normalitätsvorstellungen' als ‚gegeben' und auch für sie geltend zu akzeptieren, und sich ihm/ihnen ggf. anzunähern, mit allerdings nur geringen Chancen, dieses Ziel zu erreichen (vgl. Gomolla 2005). Maßnahmen, die dies befördern sollen, sind zum Beispiel verschiedene sprachliche und sozio-kulturelle Zusatzangebote: Förderunterricht in Deutsch (als Zweitsprache), Maßnahmen zum Ersatz oder zur Ergänzung einer – aus welchen Gründen auch immer – fehlenden vorschulischen Erziehung, aber auch Zusatz- oder Ergänzungsangebote wie der so genannte „Muttersprachliche (Ergänzungs-)Unterricht" bzw. „Unterricht in der Herkunftssprache".[71]

---

gen wie PISA 2000 und andere mit aller Schärfe gezeigt (vgl. Deutsches PISA-Konsortium 2001).

[71] Der „Muttersprachliche Unterricht" ist ein Unterrichtsangebot, das zunächst nur für die Kinder der Arbeitsmigrantinnen und -migranten eingerichtet worden ist und somit auf die Amtssprachen der Länder beschränkt war, in denen zwischen 1955 und 1973 Arbeitskräfte angeworben worden sind. Inzwischen gibt es ihn auch für weitere Sprachen, aber nicht für alle zugewanderten Sprachen (vgl. Hienz de Albentiis/Reich 1998; Gogolin/Neumann/Reuter [Hrsg.] 2001).
Für die Maßnahmen siehe die entsprechenden KMK-Empfehlungen, abgedruckt in Puskeppeleit/Krüger-Potratz 1999, in Band 1 für ausländische Schülerinnen und Schüler, in Band 2 für Aussiedlerkinder und -jugendliche; für die einzelnen Bundesländer siehe Gogolin/Neumann/Roth (Hrsg.) 2001.

Bezogen auf die Bildungsinstitutionen ist das Ziel dieser und ähnlicher Maßnahmen die Beseitigung der durch die Zuwanderung erzeugten ‚Störung' hinsichtlich der Weiterführung der historisch tradierten Konzepte sprachlich-kultureller Homogenisierung und der damit verbundenen segregativen Praxis. Kennzeichnend für *ausländerpädagogische* Programme und Konzepte ist die alleinige Ausrichtung auf die Gruppe der (im Zuge der Arbeitsmigration) Zugewanderten, die explizite oder implizite Beschreibung der Zielgruppe als ‚Mängelwesen' unter Berufung auf die ‚andere' Herkunft oder Kultur, die Heranziehung der ‚eigenen' (deutschen) Kultur als Maßstab und die mangelhafte empirische Basis, die den jeweiligen Einschätzungen zugrunde liegt bzw. die einseitige Interpretation und Übergeneralisierung selektiv gewonnener empirischer Daten. Ziel ist stets die Anpassung der Zugewanderten. Im Folgenden wird dies an vier Beispielen aus verschiedenen Zusammenhängen und Zeiträumen veranschaulicht. Bei der Auswahl der Beispiele ist darauf geachtet worden, dass sie nicht allein aus den 1970/80er Jahren stammen, um zeigen zu können, dass auch kritisierte und für überholt anzusehende Ansätze weiterhin ‚im Feld' präsent sind (vgl. Kap. 2).

4.3.1.1 Beispiel: Herkunfts- und speziell religiös bedingte Defizite

In einem Sammelband mit dem Titel „Ausländische Schüler – Hilfen für den Lehrer" erschien 1982 ein Beitrag, dessen Verfasserin meinte, von der Differenz zwischen Islam und Christentum auf eine andere Lebenseinstellung und Geisteshaltung und von dieser *Differenz* auf Sozialisations-, Erziehungs- und Sprach*defizite* schließen zu können. Die Autorin arbeitet mit Eindrücken und Vermutungen, die in den 1970er/1980er Jahren dominant waren und bis heute in Texten und pauschalisierenden Gesprächen über Erziehung und Sozialisation in muslimischen Familien zu finden sind:

> „Es ist nicht nur die tremolierende Stimme des Muezzins vom schlanken Minarett, die sich vom kräftigen Ruf unserer Kirchenglocken abhebt, nicht nur die muslimische Gebetshaltung mit ihren ausdrucksstarken Bewegungen, die den Vergleich mit unserem ruhigen Versunkensein bei der Zwiesprache mit Gott herausfordert, – es ist die Gesamtheit der Lebensäußerungen, die sich von unseren durch die christlich-abendländische Kultur geprägten Regeln des Zusammenlebens unterscheidet, es ist die von einer anderen Religion bestimmte Geisteshaltung, die bei der Begegnung mit unserem Kulturkreis Konflikte heraufbeschwören und Unverständnis auf beiden Seiten hervorrufen muß. Islam – in der Bedeutung seines Gehalts steht das Wort für Hingabe, Unterwerfung, Gehorsam. Diese Forderung nach ‚Ergebung' bleibt aber nicht auf den Glauben, die religiöse Ausübung beschränkt. Sie beherrscht – trotz mancher Annäherung an westliche Lebensart – seit vielen Jahrhunderten das Brauchtum.
>
> [...]

Die Erziehung zu diesem religiös bedingten Gehorsam beginnt in der patriarchalischen Struktur der Familie. Nach dem Grundsatz ‚Ehrt die Großen, schützt die Kleinen!' haben sich Jüngere in jedem Fall den Älteren unterzuordnen. Diese Subordination wird aber nicht nur altersspezifisch, sondern auch geschlechtsspezifisch praktiziert, denn nach koranischer Aussage haben ‚die Männer einen Vorrang vor den Frauen'. Der Mann darf nicht nur von seinen Kindern, Schwiegerkindern und Enkeln Gehorsam verlangen, sondern auch von seiner Ehefrau. Schon die kleinen Mädchen lernen, daß sie schweigen müssen, wenn die männlichen Familienmitglieder sprechen, und daß sie den Aufträgen von Vater und Brüdern widerspruchslos nachzukommen haben. [...] Die Kinder, vor allem die Mädchen, übernehmen diese Passivität unbewußt. [...] Diskursfähigkeit stellt in der türkischen Familie kein Erziehungsziel dar. Kinder empfangen kaum lange Erklärungen, ebensowenig werden sie um ihre Meinung gefragt. Die Verständigung erfolgt vornehmlich durch Befehle, denen der Nachwuchs zu entsprechen hat. Die Folge ist, daß die Kinder bis zu ihrer Einschulung nur einen recht kümmerlichen Wortschatz erwerben können" (Weinert 1982, S. 42 f.).

Nach weiteren Erläuterungen zu den Glaubensregeln und -pflichten, zu Mildtätigkeit, Gastfreundschaft usw. kommt Weinert zu folgendem Schluss:

„Mit diesem Bild von Subalternität, religiöser Loyalität und strengen ethischen Vorstellungen, vornehmlich wenn es um die Ehre der Familie geht, kommen die Menschen aus den Weiten Anatoliens zu uns. Sie kommen in ein überbevölkertes, hochzivilisiertes, hektisches Land, lernen einerseits Freizügigkeiten kennen, die sie etwa im Hinblick auf das legere, emanzipierte Verhalten unserer Frauen schockieren muß, werden andererseits aber mit selbstverständlich geübter Pünktlichkeit, Präzision und Gesetzestreue konfrontiert, Attribute, die sie anfänglich das Gruseln lehren mögen" (Weinert 1982, S. 47).

Religion wird hier als das kulturbestimmende Merkmal gesetzt und Kultur wird als in sich homogen und statisch konzipiert. Es wird so argumentiert, als seien die Menschen individuell wie kollektiv in ihrer Kultur ‚gefangen' (vgl. Kap. 6.3.2) und als träfen in der Migration zwei Kulturen aufeinander – so wie zwei Kugeln aneinander stoßen. Der Kulturkonflikt wird nicht nur als unvermeidbar, sondern auch als unlösbar vorgestellt, es sei denn eine Seite ‚gibt auf'. Gleichzeitig wird das Verhältnis der Kulturen hierarchisch und oppositionell beschrieben; man könnte eine Tabelle der ‚Wir-Sie-Oppositionen' aufstellen nach dem Muster:

Christentum (deutsch)	→←	Islam (türkisch)
ruhig-versunken	→←	laut und bewegt
Autonomie	→←	Gehorsam-Unterwerfung
partnerschaftlich/diskursfähig-selbständig	→←	patriarchalisch/passiv-gehorchend
städtisch-modern/freizügig	→←	ländlich-rückständig/außengesteuert
innengesteuert/säkular	→←	subaltern/religiös-gebunden.

Das ‚Eigene' wird zum Maßstab („unsere Kirchenglocken", „unsere Kultur", „unsere Frauen"). Alle Faktoren, die im Zuge der Anwerbung eine Rolle gespielt und zu einer bestimmten Auswahl unter den Migranten geführt haben, werden unter ‚Islam' subsumiert, insbesondere soziale und regionale Herkunft und die Tatsache, dass zur Zeit der Anwerbung (1960er Jahre) ungelernte bzw. anzulernende Arbeitskräfte gesucht wurden, wird den Angeworbenen/Zugewanderten als Defizit zugeschrieben. Gleichzeitig wird implizit Christentum mit westlich und deutsch und Islam mit türkisch gleichgesetzt: Zu Christentum gehört „westliche Lebensart", „unser Zusammenleben", „unsere Frauen" und zu Islam: „türkische Familien" oder die „Weiten Anatoliens".

4.3.1.2 Beispiel: Sprachliche und sozialisatorische Defizite aufgrund ungünstiger Umweltbedingungen im Herkunfts- wie im Aufnahmeland

Das zweite Beispiel ist der schon erwähnten Untersuchung von Schrader, Nikles, Griese (1976, 1979[2]) entnommen (vgl. Kap. 2). Gegenstand der Untersuchung war die ‚zweite Generation', also die Kinder und Jugendlichen der ab Mitte der fünfziger Jahre zugewanderten Arbeitsmigrantinnen und -migranten. Ziel war die Entwicklung eines Sozialisationsmodells zur Beschreibung ‚des' Sozialisations- und Akkulturationsprozesses ‚des' ausländischen Kindes in der Aufnahmegesellschaft, mit dessen Hilfe dann „die konkreten Bedingungen dieser Prozesse im Bereich des Schul- und Bildungssystems diskutiert" werden sollten, um am Schluss „die Frage nach den künftigen Berufs- und Lebenschancen der ‚Zweiten Generation'" zu beantworten.

Die Autoren verstanden ihre Untersuchung als Beitrag zu einer Theorie der Sozialisation unter den Bedingungen des Kulturwechsels. Ihre Untersuchung hat – trotz der sofort einsetzenden heftigen Kritik – lange Zeit eine bedeutende Rolle gespielt, nicht zuletzt deshalb, weil sie sich zur Legitimierung verschiedener ausländerbildungspolitischer und -pädagogischer Maßnahmen eignete, so zum Beispiel zur Legitimation der Forderung nach Senkung des Nachzugsalters der Kinder von Arbeitsmigranten. Gleichzeitig entlasteten die von den Autoren vorgetragenen Überlegungen und Befunde diejenigen, die in den Schulen und anderen Praxisfeldern ‚Ausländerarbeit' leisteten, da sie das Augenmerk auf die Defizite der Migranten lenkten und deren ‚Kultur' und ungünstige Lebensbedingungen im Herkunftsland wie in der Migration als Ursache für die Schwierigkeiten im Aufnahmeland ‚diagnostizierten' und diesen quasi die Verantwortung für ihre ‚Defizite' zuschrieben.

Sprachlich zeigt sich die Problematik in der hier ausgewählten Passage in den „wenn ... dann ...-Konstruktionen" und in der Wahl von Verben, die nicht auf Befunde, sondern Vermutungen, Setzungen und Folgerungen aus Vermutungen und Setzungen hindeuten:

„*Wenn man* die Umweltbedingungen *betrachtet*, unter denen ausländische Kinder in ihrem Heimatland, aber auch in der BRD aufwachsen, *und wenn man davon ausgeht*, dass im ‚familialen Kontrollsystem' [...] der ausländischen Arbeitnehmer ähnlich wie bei deutschen Unterschichtfamilien bei der Erziehung der Kinder Appelle an Status und Rolle überwiegen, *so kann man [...] folgern*, dass durch die ständige Vorgabe vorgefertigter Lösungen dem Kind nur begrenzte Handlungs- und Denkalternativen angeboten werden, die die kognitive Entwicklung des Kindes und damit auch seine sprachliche Entwicklung beschränken [...]. Wenn die [...] beschriebenen Umweltbedingungen für die Entwicklung eines restringierten Codes [d. h. einer sprachlichen eingeschränkten Argumentations- und Kommunikationsfähigkeit] bereits während der Enkulturation im Heimatland *vorherrschen* und die kognitive Entwicklung des ausländischen Kindes einschränken, so *kann auch* durch derartige außersprachliche Faktoren die Möglichkeit eines Zweitsprachenerwerbs begrenzt werden. Das in seinem Heimatland enkulturierte Kind ist, sei es aus Gründen der *gegenhaltenden Wirkung muttersprachlicher Strukturen* und der einschränkenden Wirkung begrenzter kognitiver Fähigkeiten, nur in sehr beschränktem Maße fähig, neue sprachliche Inhalte zu übernehmen, zumal es durch das Elternhaus nur wenig dabei unterstützt wird.

[...]

Das Kind, dessen Enkulturation in der Bundesrepublik abläuft [das also im Säuglingsalter eingereist oder in der Bundesrepublik geboren ist], sozialisiert sich gewissermaßen in einem gegenseitigen Prozeß mit den Kindern aus der Umgebung und erwirbt, *da die Rollen- und Autoritätsstruktur* sowie das Erziehungsverhalten der Eltern *zum größten Teil noch unterstützend wirken*, einen restringierten Code. Auch bei den im Heimatland enkulturierten Kindern *kann man davon ausgehen*, daß sie *meistens in* einer Umwelt und in einem familialen Kommunikationssystem aufwachsen, die die Möglichkeiten, einen größeren Spielraum zu gewinnen, einschränken und durch statusorientierte Handlungsrechtjertigungen eine kognitive Entwicklung des Kindes *von vornherein* begrenzen. [...] Das Lernverhalten ist *aus diesem Grund* [...] mechanisch, aber nicht reflexiv. Gerade ein reflexives Lernverhalten *setzt die Schule aber voraus*, da sie nicht nur mechanisches Wiederholen, sondern vor allen Dingen konstruktives Denken *verlangt*" (Schrader, Nikles, Griese 1979[2], S. 113 f., 122; Hervorh. M. K.-P.).

Der zuletzt angeführte ‚Befund' ruht nicht nur auf einer schwachen empirischen Basis auf, sondern er zeigt vor allem, dass die Autoren ihren kritischen Blick ausschließlich auf die Zielgruppe und teilweise noch auf die Bedingungen der Migration gerichtet haben, nicht aber auf die Strukturen der aufnehmenden Gesellschaft und ihrer Institutionen. Die von der Schule – unausgesprochen – gesetzten Voraussetzungen diskutieren sie mit keinem Wort, sondern akzeptieren sie so, als seien sie ‚naturgegeben' (... die Schule *verlangt* konstruktives Denken ...). Der Befund hätte ja auch dazu führen können, anknüpfend an die Diskussionen über soziale Ungleichheit und Bildungsbe(nach)teiligung in den 1960er Jahren, die Frage nach den stillschweigenden Voraussetzungen der Schule als Institution zu stellen und danach, ob diese Kinder aus nicht ‚bildungsnahen' Elternhäusern an diesen scheitern (vgl. Gomolla/Radtke 2002; Krüger-Potratz 2004).

4.3.1.3 Beispiel: Politisch-passende Gewichtung empirischer Befunde

Dass die Fixierung auf die Zielgruppe und die darauf basierende Problemdefinition – ungeachtet aller Kritik – weiterhin aktuell ist, und dies nicht nur in der pädagogischen Praxis, haben die öffentlichen Diskussionen über Zuwanderung und Integration ab Ende der 1990er Jahre gezeigt. Dem zentralen Text dieser Diskussionen, dem 2001 der Öffentlichkeit übergebenem Zuwanderungsbericht, ist das dritte Beispiel entnommen.

Mitte des Jahres 2001 hat die *Unabhängige Kommission „Zuwanderung"* ihren Bericht fertig gestellt und der Öffentlichkeit zugänglich gemacht. Im Kapitel über „Bildung von Zuwanderern" wird mehrfach festgestellt, dass es keine „deutschlandweite repräsentative Untersuchung der deutschen Sprachkenntnisse ausländischer Kinder und Jugendlicher" gibt, sondern „lediglich einige nicht repräsentative oder regional begrenzte Studien, die keine generellen Aussagen zulassen". Wohl aber – so die Kommission weiter – ließen sie den Schluss zu, dass der Selbsteinschätzung nach Kinder türkischer Herkunft ihre Deutschkenntnisse als recht gut definierten bzw. dass die Mehrheit der ausländischen Kinder „nicht primär Kontakt zu Kindern der eigenen Nationalität" habe und mit „der deutschen Sprache vertraut sei". An anderer Stelle heißt es sogar, dass „ausländische Kinder [...] in der Regel im Kontakt mit der deutschen Sprache" aufwüchsen und diese „auch häufig innerhalb der Familie" und dominant unter Freunden nutzten (Zuwanderung gestalten 2001, S. 213).

Ungeachtet dieser differenzierten Beschreibung, wird im Anschluss erneut das Bild ‚des ausländischen Kindes' als sprachlich-kulturelles *Defizit*wesen gezeichnet. Dafür werden die Ergebnisse der gerade referierten Studien in den Hintergrund gedrängt. Stattdessen wird als Beleg für die Folgerungen und Forderungen eine (ebenso regional begrenzte) Studie aus einem großstädtischen sozialen Brennpunkt herangezogen, in der Erstklässler unter der Frage nach dem erforderlichen Förderbedarf untersucht wurden. Ohne weitere Begründung wird dieser letzten besonderes Gewicht zugesprochen, und auf ihre Ergebnisse bezogen werden die Empfehlungen für Fördermaßnahmen ausgesprochen:

„[E]ine entsprechende Untersuchung unter Erstklässlern des Bezirks Berlin-Wedding im Jahr 2000 hat erhebliche Sprachdefizite sowohl ausländischer wie deutscher Kinder ergeben. Ziel der Studie war es, den Förderbedarf der Erstklässler zu ermitteln. Etwas mehr als Dreiviertel aller Schüler müssen der Studie zu Folge gefördert werden, darunter auch ein nicht unerheblicher Teil deutscher Kinder. Bei rund 40 Prozent der Erstklässler wurde sogar ein intensiver Förderbedarf festgestellt, was bei ausländischen Kindern deutlich häufiger zutraf als bei deutschen Kindern. Bei der Bewertung dieses Ergebnisses ist zu berücksichtigen, dass der betreffende Stadtteil überdurchschnittlich stark von Arbeitslosigkeit, einem niedrigen Durchschnittseinkommen und einem ungünstigen Wohnumfeld betroffen ist und über zahlreiche soziale Brennpunkte verfügt. Zudem hat die Studie gezeigt, dass auch die deutschen Kinder sprachlichen Förderbedarf haben, wenn im Elternhaus nicht das für die Schule erforderliche Sprachniveau vermittelt werden kann. Dieses Sprachniveau können viele ausländische Familien ihren Kindern noch weniger vermitteln.

[...]

In Gebieten mit hohem Anteil an Kindern und Jugendlichen, die über defizitäre Sprachkenntnisse verfügen, haben diese Kinder und Jugendlichen häufig nur wenig Möglichkeiten, voneinander Deutsch zu lernen. Gerade in solchen Gebieten kommt den Bildungseinrichtungen eine wichtige Kompensationsfunktion zu. Von den jugendlichen Aussiedlern, die zwischen 1990 und 1994 in die Bundesrepublik gekommen sind, sprechen nur acht Prozent in ihren Familien ausschließlich Deutsch. Demnach müssen Aussiedlerkinder die deutsche Sprache teilweise außerhalb der Familie lernen und haben im Kindergarten Förderbedarf [...[72]]" (Zuwanderung gestalten 2001, S. 212 f.).[73]

Die Berliner Studie, deren Anlage und Ergebnisse hier nicht zur Debatte stehen,[74] wird im Zuwanderungsbericht herangezogen, um *generell* etwas zu bestätigen, was man schon immer zu wissen glaubte: Ausländische Kinder sind deutschen Unterschichtkindern vergleichbar: Sie leben in sozial prekären Verhältnis-

---

[72] Verwiesen wird auf Daten aus dem ‚Sechsten Familienbericht' der Bundesregierung 2000.

[73] Anschließend wird wieder differenzierter argumentiert. Trotzdem bleibt die Beschreibung hinsichtlich der Bildungsbeteiligung ausländischer Kinder insgesamt ‚Defiziteingefärbt'.

[74] Um Missverständnisse zu vermeiden: Die Ergebnisse der Berliner Studie werden hier nicht infrage gestellt, nur deren Verallgemeinerung, so als stünden sie für alle ausländischen (türkischen) Erstklässler.

sen, sie haben Sprachdefizite, in ihren Familien können sie nicht gefördert werden. Dass der Blick auf die empirischen Daten durch eine ‚ethnisch eingefärbte Brille' getrübt ist, zeigt die kurze Passage zu den jugendlichen Aussiedlern. Bei der Beschreibung der mangelhaften deutschen Sprachkenntnisse der zwischen 1990 und 1994 eingewanderten Aussiedlerkinder und -jugendlichen wird auf den Zusammenhang von Sprache und sozialer Lage nicht eingegangen, und der Befund, dass nur acht Prozent der Aussiedlerkinder in ihren Familien ausschließlich Deutsch sprechen, veranlasst die Autoren des Zuwanderungsberichts nur zu der ‚schwachen' Formulierung, dass sie demnach Deutsch „teilweise außerhalb der Familie" lernen müssten und daher im Kindergarten Förderbedarf bestehe. Selbst bei dieser vagen Beschreibung der Sprachkenntnisse hätte man ebenso gut erwarten können, dass ein Förderbedarf für die überwiegende Mehrzahl von ihnen und über den Kindergarten hinaus gefordert würde. Hier scheint – wie bewusst auch immer – die Unterscheidung zwischen (deutschstämmigen) Aussiedlern und (fremdstämmigen) Ausländern die Interpretation gelenkt zu haben (vgl. Kap. 3.3.1; 3.3.2; 6.2.1).

Defizitbeschreibungen dieser Art dominieren – mal mehr, mal weniger stark ausformuliert und vielfach unter besonderer Hervorhebung der türkischen Kinder und Jugendlichen (vgl. Kap. 6.2.4) in den Medien, in politischen Reden – im Jahr 2002 insbesondere in Zusammenhang mit den Diskussionen über die Ergebnisse der beiden PISA-Studien und in offiziellen Papieren der Bildungsverwaltungen. Sie bestimmen in vielen weiteren Praxisfeldern den Blick. Stets wird das gleiche Problembündel ‚geschnürt' und den Kindern bzw. ihren Familien aufgeladen: Sie werden als alleinige Problemverursacher dargestellt, die Bildungsinstitutionen erhalten lediglich die Aufgabe der Kompensation und nachholenden Förderung. Zu fragen aber wäre, inwieweit die konstatierten Defizite mit den in den Bildungsinstitutionen und durch sie tradierten Normalitätsvorstellungen zusammenhängen, Normalitätsvorstellungen, die lediglich in Halbsätzen angedeutet, nicht aber in Frage gestellt werden, so zum Beispiel wenn es im oben angeführten Zitat aus dem Zuwanderungsbericht – in undifferenzierter Gleichsetzung von ‚ausländisch = sozial schwach' – gesagt wird[75], dass viele ausländische Familien ihren Kindern nicht das für die Schule erforderliche Sprachniveau vermitteln könnten (vgl. Zuwanderung gestalten 2001, S. 213). Diese Denkfigur entspricht der von Schrader, Nikles, Griese (1976), wenn sie feststellen, dass die Schule reflexives Sprachverhalten *voraussetze* und konstruktives Denken *verlange*.

Wechselt man hingegen die Blickrichtung und fragt nach den Integrationsangeboten seitens des Staates und der Gesellschaft, so zeigen sich die Defizite der (Bildungs-)Politik und speziell der Schule als einziger Pflichtbildungseinrichtung: Ab welchem „erforderlichen Sprachniveau" fühlt sich die Schule für die

---

[75] Abgesehen davon, dass bei jeder Argumentation mit der Bezeichnung ‚ausländische' Kinder, Jugendliche usw. zu fragen ist, wer genau gemeint ist, vgl. Kap. 6.2.1.

weitere Sprachvermittlung und -entwicklung zuständig? Welche Angebote gibt es für Zuwanderinnen und Zuwanderer, um sich Grundkenntnisse in der (neuen) Landessprache anzueignen, und damit auch in der Sprache, in der ihre Kinder unterrichtet werden? Warum werden nicht die Konzepte konsequent umgesetzt, die auf eine sprachliche Bildung setzen, in der auch die Erstsprache der Schülerinnen und Schüler weiter entwickelt wird, wie es den Ergebnissen der (neueren) Zweitsprachenerwerbsforschung entspricht? All dies führt unvermeidlich zu der Frage, ob nicht die Schule, statt nur die Aufgabe der Kompensation zu haben, nicht (auch) ihre Maßstäbe und Normalitätsvorstellungen in Frage stellen müsste (vgl. Gogolin/Krüger-Potratz/Neumann/Reich 1990; Gomolla 2005).

4.3.1.4 Beispiel 4: Das vollständige Set der Defizite

Im folgenden Beispiel wird die Tatsache, dass entsprechend dem „institutionellen Deutungshaushalt der Schule" (Diehm/Radtke 1999, S. 58) alles, was die institutionelle Routine stört, den beteiligten Personen angelastet wird, noch deutlicher. Hier wird das ‚Bündel' an Defiziten und Versäumnissen seitens der Migranten extensiv beschrieben: angefangen von der vorgeburtlichen Zeit bis in die Schulzeit hinein. Die Schule bekommt fast die Rolle des Opfers, die Migrantenfamilien die des Täters zugewiesen. Der Text stammt aus der Dokumentation einer Anhörung zum Thema „Sonderschulen – Schulen für Migrantenkinder?"; Verfasserin des Beitrags ist eine Sonderschulrektorin, die die Ursachen für die „Lernschwierigkeiten und Defizite ausländischer Kinder" (Köhler 1998, S. 62; hier zit. nach Diehm/Radtke 1999, S. 56) – wie schon in den anderen Fällen – in der ‚sozio-kulturellen Herkunft', den Versäumnissen und dem Desinteresse der Migranteneltern und – interessanterweise – auch der diplomatischen Vertretungen ‚begründet' sieht.

Einleitend vermerkt die Verfasserin, dass die Gründe für den Sonderschulbesuch ausländischer und deutscher Kinder sich – sozusagen auf einer ersten Ebene, d. h. der Ebene der Phänomene – gleichen: die Lernschwierigkeiten seien „z. B. die „Folge von geringer Merkfähigkeit, mangelnder visueller und akustischer Differenzierungsfähigkeit, feinmotorischer Beeinträchtigung, fehlender sensorischer Integration". Aber darüber hinaus gäbe es – auf der Ebene der Ursachen – eine Fülle von

> „spezifische[n] soziokulturelle[n] Faktoren, die sich beeinträchtigend auf die Gesamtentwicklung der [...] ausländische[n] Kinder auswirken. So werden beispielsweise die hiesigen Vorsorgeuntersuchungen bei Schwangerschaft und Geburt nur sehr zögerlich oder gar nicht wahrgenommen. Ärztlicher Rat und Hilfe werden oft zu spät in Anspruch genommen. Entwicklungsrückstände (Sehen, Hören, Sprach- und Laufentwicklung) werden dadurch zu spät erkannt. Die Kenntnisse über die Dauer von Entwicklungsphasen ist gering. Kindergärten und Vorschuleinrichtungen werden weniger genutzt; gemeinsames Aufwachsen mit deutschen Kindern wird dadurch

verhindert. [...] Der Schulbesuch erfolgt unregelmäßig, die Kinder kommen häufig zu spät, das Fehlen wird nicht entschuldigt. Ferienzeiten werden wegen des familiären Urlaubs im Herkunftsland eigenmächtig langfristig überschritten. [...] Stellen die Klassenlehrer der Regelschulen Lern- und Verhaltensmuster des Kindes als problematisch dar, wird dies von den betroffenen Eltern häufig bagatellisiert oder als Ressentiment gegenüber der eigenen Nation diskreditiert. [...] Außerschulische Aktivitäten, wie Klassenfahrten, werden insbesondere den muslimischen Mädchen untersagt. Das in Frankfurt am Main lebende, hier beschriebene Migrantenkind erfährt eine deutliche Diskrepanz zwischen den eigenen Erfahrungen und den soziokulturellen Orientierungen der Eltern. [...] Das Sprachverhalten der hier beschriebenen Gruppe von Migrantenfamilien, die zum Teil in der dritten Generation in Frankfurt leben, wird überwiegend geprägt von den medialen Angeboten des Herkunftslandes – hier vor allem durch Videos, Satellitenfernsehen und Presse. Bei einem ohnehin restringierten Sprachniveau dieser Familien verhindert dies die fortlaufende Entwicklung in der deutschen Sprache. [...] Zunehmend zeichnet sich die Veränderung klassischer Großfamilienmuster ab: Trennung, Scheidungen nehmen zu. Vermehrt flüchten mißhandelte Mütter mit Kindern in Frankfurter Frauenhäuser. Vermehrt gibt es extrem überforderte alleinerziehende Frauen, die zudem auch Alleinernährerinnen sein müssen. Ganz allgemein führt die soziokulturelle Orientierungslosigkeit zu Identitätskrisen und Entwurzelungssyndromen der Kinder. Hier in erschreckendem Maße bei Jungen aus bestimmten marokkanischen und türkischen Familien, die in zunehmendem Maße verhaltensauffällig und kriminell werden. Bei diesen teilweise sehr extremen Fällen gibt es wenig oder gar keine Unterstützung der eigenen Landsleute durch Konsulate ihrer Herkunftsländer. [...]" (Köhler 1998, S. 62 f.; hier zit. nach Diehm/Radtke 1999, S. 56-58).

Die Liste der insgesamt in der Schule und im Verlauf der Schuljahre anzutreffenden Mängel und Probleme mag der Realität entsprechen; problematisch sind die Argumentationsfiguren, die durch die sprachliche Formulierung erzeugten Verallgemeinerungen und versteckten Trendaussagen sowie die damit einhergehenden Schuldzuweisungen: Auch hier wird zunächst die deutsche Gruppe für ‚normal' erklärt: Sie haben nicht mehr als die üblichen „Sonderschüler-Defizite". Die anschließende Mängelliste wird ausschließlich auf die Migrantenkinder und ihre Eltern bezogen und die Gründe für die Defizite werden individualisiert (Verschulden der Frauen bzw. der Eltern), ‚kulturalisiert' (Islam, medialer Einfluss des Herkunftslandes) und ‚ethnisiert' (die Unterstützung wird von den ‚eigenen' Leuten erwartet, hier von den Konsulaten).

4.3.1.5 Beispiel: Defizit- und differenzbetonende Perspektive

Das Thema Migration und Integration ist seit den 1980er Jahren in Schulbüchern, insbesondere in den Sachkundebüchern der Grundschule und den Sozialkundebüchern der Sekundarstufe vertreten. Auf diesen Seiten wird zwar nicht explizit etwas über die Perspektive gesagt, die für die Präsentation des Themas, die Gestaltung der Texte und die Auswahl der Bilder bestimmend war, aber sie lässt sich in der Mehrzahl der Fälle relativ einfach erschließen. Dominant ist bis in die Gegenwart eine defizitorientierte und/oder differenzbetonende Perspektive. Migration wird als gesondertes Thema behandelt, das ‚die Anderen' in ihrem ‚Anderssein' zum Gegenstand des Lernens macht und somit erneut ausgrenzt.

In einer Untersuchung über „Bilder vom Fremden. Formen der Migrantendarstellung als der anderen Kultur in deutschen Schulbüchern von 1981-1997" (Höhne/Kunz/Radtke 1999) stellen die Autoren Schulbuchtexte und -illustrationen vor, die als Beitrag zur Integration gedacht sind, letztlich aber Stereotypen und Vorurteile eher verstärken, denn aufbrechen und die einen – die ‚deutschen' Schülerinnen und Schüler – zu Helfern für die anderen – die ‚ausländischen' – stilisieren (siehe auch Kap. 6.4.1). ‚Ausländische' Kinder werden als hilfsbedürftig dargestellt und ihre Familien als problembeladen: Wohnungsprobleme, Arbeitsplatzprobleme, Sprach- und Kontaktprobleme, Trennungsprobleme bzw. ‚Heimweh'. Betont wird weiterhin die fremde Herkunft, vielfach illustriert durch Bilder, die – als Prototyp des ‚Fremden' – auf ‚die Türkei' und/oder ‚den Islam' verweisen (Moscheen, ländliche Szenarien, Frauen mit Kopftüchern; vgl. Kap. 6.2.4). Die Schülerinnen und Schüler werden aufgefordert, diese ‚fremde Herkunft' durch Befragungen der ‚ausländischen Kinder ‚empirisch' zu belegen. So lautet zum Beispiel eine Aufgabe: „*Ihr* könnt eine große Landkarte zeichnen, in die *ihr* durch Symbole, Bilder und Texte einträgt, woher die *Familien der ausländischen*[76] *Mitschülerinnen und Mitschüler* in *eurer* Klasse kommen, wie Arbeit und Leben in *deren* Heimat aussieht" (zit. nach Höhne 2000, S. 31 f.; Hervorh. M. K.-P.).

In welches Dilemma ausländische Mitschülerinnen und Mitschüler und ihre (deutschen) ‚Interviewer' dabei kommen können, lässt sich an einem bekannten Cartoon aufzeigen: *Ein wohlsituierter (weißer) Herr mit Aktentasche, Mantel, Hut und Hund raunzt einen (schwarzen) Jugendlichen mit Skateboard, Baseballkappe und entsprechendem Outfit an: „Geh' gefälligst dahin, wo du herkommst!", woraufhin dieser antwortet: „Was soll ich in Dortmund?"* In diesem Fall – und er dürfte für eine Vielzahl ‚ausländischer' Schülerinnen und Schüler zutreffen – wäre die Frage nach ‚deren Heimat' (im Sinne von ‚ausländischer Heimat') absurd. Offen ist auch, wie die Aufgabenstellung im oben genannten Schulbuchbeispiel für die ‚ausländischen' Mitschülerinnen und Mitschüler aussieht: Wen befragen sie? Wie müsste die Frage für die Kinder und Jugendlichen

---

[76] Zur Problematik der Bezeichnung ‚ausländisch' siehe Kapitel 6.2.1 und 6.2.4.

aus Aussiedlerfamilien lauten, die ja qua Staatsangehörigkeit Deutsche sind, möglicherweise aber gerade aus Kasachstan zugewandert sind? Sind sie hier unter ‚ausländisch' subsumiert? Würde man jedoch die Fragen generell – ohne Verweis auf eine bestimmte Gruppe – stellen, so könnte sich zeigen, dass Migration auch in ‚deutschen' Familienbiographien eine Rolle spielt[77], und dies auch über die Gruppe der Aussiedler und der eingebürgerten Migranten, die in den letzten 50 Jahren aus den ‚klassischen' Anwerbeländern zugewandert sind, hinaus. Es könnte Anlass für eine aufschlussreiche Diskussion geben. Die Aufgabestellung im Buch wäre allerdings nicht erfüllt: Denn sie zielt auf die Opposition ‚deutsch'/‚ausländisch', ‚unsere Heimat' hier/‚deren Heimat' dort, ‚unsere' Formen von Arbeit und Leben/‚deren' Formen von Arbeit und Leben.

Am Beispiel eines Sozialkundebuchs von 1990 von W. Mickel und R. Stachwitz zeigt Höhne, dass Schulbuchautoren der veränderten Migrationssituation, das heißt der Tatsache, dass Migranten schon über mehrere Generationen in Deutschland leben und dass auch Aussiedler zu den Migranten gehören, durchaus Rechnung tragen, ohne jedoch das Grundmuster der ‚Wir-Sie'-Logik und die Idee von der ‚fremden Heimat' aufzugeben. In dem „Arbeitsbuch Politik", gedacht für die 5. und 6. Jahrgangsstufe, werden „drei verschiedene Gruppen von „Ausländern präsentiert [...] ‚Gastarbeiter' [...] ‚Spätaussiedler' und ‚Asylbewerber'", die, so heißt es im Schulbuch, „alle – zum Teil sehr große – Schwierigkeiten [haben], im fremden Land Bundesrepublik Deutschland heimisch zu werden. Sie haben Schwierigkeiten mit *uns, wir* haben Schwierigkeiten mit *ihnen*" (Mickel u. a. 1990, S. 30; zit. nach Höhne 2000, S. 37; Hervorh. M. K.-P.). In dieser Passage, so Höhne, wird ‚heimisch werden'/Heimat ‚kulturalisiert', nicht mehr auf ein Land außerhalb Deutschlands bezogen, sondern „quasi auf die mitgebrachte Heimat, also auf die ‚Kultur'. Heimat und Kultur werden gleichgesetzt, in dem „implizit die Identität von innerer und äußerer Heimat als Normalität unterstellt" wird:

„Sie haben Schwierigkeiten mit uns (= den Ein-Heimischen, bei denen innere und äußere Heimat konvergiert), wir haben Schwierigkeiten mit ihnen (= den Fremden, bei denen eine Divergenz der inneren und äußeren Heimat vorliegt). Nur aufgrund der Verwendung des Heimatbegriffs mit der ‚Innen-Außen-Unterscheidung' können die verschiedenen Minoritäten in ‚einen Topf geworfen werden', denn Aussiedler sind vom Passstatus her deutsche Staatsbürger, aber [oftmals] nicht in Deutschland geboren. Die unterschobene und implizite Logik, die sie in der Aussage zu Fremden werden lässt, setzt – entgegen des ethnischen Selbstverständnisses des deutschen Staatsbürgerschaftsrechts – die Konvergenz von innerer und äußerer Heimat voraus. Durch den Ersatzbegriff ‚Heimat' für ‚Kultur' an dieser Stelle wird

---

[77] Die von mir relativ regelmäßig den Studierenden gestellte Aufgabe, der/den Migrationsgeschichte(n) in ihren Familien nachzugehen, hat dies immer wieder bestätigt.

deutlich, in welcher Weise die ‚Innen-Außen-Differenz' ganz wesentlich das Kulturkonzept mitbestimmt. […] Wenn in Bezug auf Migrantinnen und Migranten von Seiten der Mehrheitsgesellschaft über die fremde Kultur gesprochen wird, so sind damit nicht nur die äußeren kulturellen Praktiken gemeint, sondern zugleich ist das (kollektive) Innen einer Migrantengruppe festgelegt. *Alle* sind so, zwischen ‚wir' und ‚ihnen' gibt es grundlegende Unterschiede, die erst in von ‚uns' zu erbringenden Akten von Toleranz und Verstehen zu überbrücken sind. In der Weise, in der das Innere der Migrantinnen und Migranten qua kultureller Zuschreibung vordefiniert wird, bestimmt man selbst den Spielraum für eigene Interventionen in Form interkultureller pädagogischer Programme" (Höhne 2000, S. 37 f. – Hervorh. im Orig.; vgl. auch Kap. 6.3.2).

In den Sachkundebüchern für die Grundschule wird mit den gleichen Mittel des Fremdmachens gearbeitet. Es wird betont, dass es „Menschen wie Du und Ich" gibt – so die Überschrift einer Bild-Text-Seite für das dritte Schuljahr. Gezeigt werden Fußball spielende Jungen, im Vordergrund einer ohne Sportkleidung, ein türkischer Junge Namens Ali, wie man aus dem Text erfährt, den „*Michael* zum *Mit*spielen *eingeladen*" hat. Weiter heißt es im Text: „Ali läuft, trickst, schießt und flankt *wie die anderen. Er kann Fußball spielen. Er kennt die Regeln*" (Heimat- und Sachkunde 3, 1994, S. 9; Hervorh. M. K.-P.). Die Verbindung zu den anderen Bildern: eine Schulklasse und eine Kindergruppe auf einer Plastik mit jeweils auch ‚ausländisch aussehenden' Kindern, eine türkische Musik- bzw. Folkloregruppe, eine Moschee, betende Muslime, türkische Frauen in einem Dorf wird dadurch hergestellt, dass nach dem Fußballspiel Ali von „seiner Heimat" erzählt.

Es folgen drei Aufgaben, wobei – wie schon im vorangegangenen Beispiel – die einen (= die ‚ausländischen' Kinder) von den anderen (= den ‚einheimischen') befragt, beobachtet, erkundet werden. Ähnlich sind andere Seiten aufgebaut: Auf der Seite „Brücken von Mensch zu Mensch" geht es um die Integration neuer Schülerinnen und Schüler. Wieder geht es um ‚türkische Kinder', diesmal stehen die Sprachschwierigkeiten im Mittelpunkt (vgl. weiter unten 6.2.4). Die Bilder zeigen unmissverständlich die Hilfs*bedürftigkeit* der ‚ausländischen' und die Hilfs*bereitschaft* der ‚einheimischen' Kinder.

Ein Stereotypen durchbrechendes Element ist hier nicht gegeben, im Gegenteil: Zum Nachdenken und Sprechen über Fremdheit *und* Gleichheit soll ein Gedicht von Hans Baumann anregen (so die Aufgabenstellung), das jedoch mit rassistischen und nationalen Stereotypen arbeitet; der Text: „*Ein Holländerkind,/ ein Negerkind,/ ein Chinesenkind / drücken beim Spiele / die Hände in Lehm. / Nun geh hin / und sag, / welche Hand / ist von wem?*" (Heimat- und Sachkunde 3, 1994[2], S. 8). Abgebildet sind eine schwarze, eine weiße und eine gelbe Kinderhand.

Auffällig sind nicht nur die Bezeichnungen wie „Negerkind", sondern auch die Beschreibung der Kinderzugehörigkeiten nach der ‚rassistischen Farbenlehre': „Holländerkind" = weiß, „Negerkind" = schwarz und „Chinesenkind" = gelb. Mit den beigefügten Aufgaben und Unterrichtsanregungen wird dies weiter fortgeführt. So sollen die Kinder dazu Bilder malen oder Collagen anfertigen und auf diese Weise lernen: „Alle Menschen sind verschieden. Es gibt Weiße, Schwarze, Rote, Gelbe, Große, Kleine, Dicke, Dünne". Aber sie sind eben doch alle Menschen! (URL: http://www.charakteranzeigen.de/ bildung/vu-unterricht.html [Stand 26.06.2003]). – Der gleiche Autor, das gleiche Spiel mit ‚alle gleich und doch verschieden' und die gleiche ‚Farbenlehre' findet sich auch in dem für erwachsene Deutschlerner gedachten Lehrwerk „Die blaue Blume" vom Max Hueber Verlag 2002 (Kapitel 12). Der Titel ist: „Spuren im Sand", der Text: *„Ging da ein Weißer/ein Schwarzer/ein Roter? Der Sand sagt: Ein Mensch".* Diesmal sollen anhand des Gedichtes die Farbbezeichnungen und die Umwandlung vom Adjektiven zu Substantiven sowie die -er/-e Endungen geübt werden,[78] gleichzeitig wird die Unterscheidung nach Farben = ‚Rassen' sozusagen mitgelernt.

Schulbuchtexte dieser Art basieren auf defizitorientierten und kulturalisierenden, teilweise auch rassistischen Ansätzen.[79] Sie sind aus der Perspektive der Mehrheit, die als ethnisch, sprachlich und kulturell homogen (deutsch/weiß) ge-

---

[78] URL: http://www.hueber.de/blaue-blume [Stand 26.06.2003]; vgl. Kapitel 6.4.1 Beispiel Xenos – Das Gedicht findet sich in einer Reihe von Grundschulbüchern (z. B. auch „Bausteine Deutsch", Lesebuch 3. Schuljahr. Diesterweg Verlag) und Grundschulmaterialien. Einige Schulen haben auch Arbeitsergebnisse zu diesem Gedicht (Poster, eigene Texte der Kinder) ins Netz gestellt, z. B. „Toleranz wünschen wir uns (URL: http://www.kath-buendnis-toleranz.de/preistraeger/ag610/ p3.htm [Stand 08.05.2003]). Teilweise wird das Gedicht verändert, z. B. „Ein schwarzes Kind,/ein weißes Kind,/ein Eskimokind,/ein Indianerkind,/ein Chinesenkind …" (URL: http://home-t-online.de/home/70280001352/ roadahead.htm [Stand 08.05.2003]). Aber – ob verändert oder nicht – die ‚rassistische Farbenlehre' wird nicht thematisiert, manchmal kommen noch stereotypisierende Zeichnungen hinzu: das ‚Chinesenkind' mit dem spitzen Hut und Zopf, das ‚Indianerkind' mit der Feder im Haar usw. – Anzumerken bleibt, dass es sich bei dem Autor des Gedichts um den gleichen Hans Baumann (1914 – 1988) handelt, der eine führende Position innerhalb der Hitler-Jugend innehatte und eines der bekanntesten Nazigedichte/-lieder geschrieben hat: „Es zittern die morschen Knochen …" mit dem Refrain „… denn heute gehört uns Deutschland und morgen die ganze Welt" (vgl. URL: http://www.kollektives-gedaechtnis.de/texte/vor45/lieder.html. Er hat nach 1945 eine vielbeachtete Karriere als Jugendbuchautor gemacht. In dem Jugendroman „Ich zog mit Hannibal" geht er – verschlüsselt – auf seine national-sozialistische Vergangenheit ein: Verführung ist das Stichwort und zugleich die ‚Erklärung': Der junge Saguntiner im Roman muss – wie Baumann es für sich selbst sieht – schließlich erkennen, dass er einem genialen Verführer gefolgt ist (vgl. Wilcke 1999 und www.dtv.de/_google/autoren/autor5.htm; Lexikon der Kinder- und Jugendliteratur. Weinheim 1975, Bd. 1, S. 116-118).

[79] Dass die Intention der Autoren eine andere ist, davon ist auszugehen. Aber die Text- und Bildwahl konterkariert den „guten Willen".

ird, geschrieben, so dass die Migranten und Migrantinnen *mit dem Ges-Integration zugleich ausgegrenzt* werden; sie werden

„durch die majoritäre Definitionsmacht als Fremde positioniert. Zuerst werden sie ‚fremd' gemacht, um sie schließlich dann durch eigene Verständnis- und Toleranzleistungen wieder ‚einzugemeinden'. Die dabei gleichzeitig stattfindende positive Selbstzuschreibung der Mehrheit als Verstehenssubjekt ist unübersehbar. Daher ist es wichtig, auf die gegenläufigen Effekte zu den angezielten Wirkungen und normativen Zielbeschreibungen bei der Betonung kultureller Differenz aufmerksam zu machen" (Höhne 2000, S. 38 f.).

4.3.1.6 Fazit

Zusammenfassend bleibt festzuhalten, dass ausländerpädagogische Ansätze und Konzepte zielgruppenspezifisch differenz- und defizitbetonend sowie kompensatorisch angelegt sind. Die Konzepte beruhen auf Eindrücken, Vermutungen und Zuschreibungen. Die Zielgruppe wird als eine defizitbehaftete konstruiert. Die Differenz wird als gegeben und letztlich unaufhebbar beschrieben. Als Maßstab zur ‚Messung von Fremdheit' dienen die unbefragten ‚Normalitätsverständnisse' der Mehrheitsgesellschaft, die als ethnisch, kulturell und sprachlich homogen definiert werden. Ergebnisse aus empirischen Studien werden so rezipiert, dass sie in das ‚Defizitschema' passen. Die Lebensformen der Mehrheitsgesellschaft und die Strukturen ihrer Institutionen werden als ‚gegeben' vorausgesetzt und stehen nicht zur Disposition. In den sprachlichen Formulierungen der Texte und der Aufgaben, die zur Stellungnahme, Analyse und zur ‚Toleranz'[80] anregen sollen, dominieren Wir-Sie-Oppositionen.

4.3.2 Interkulturelle Ansätze

Hohmann hat in einem ersten Systematisierungsversuch interkultureller Ansätze eine konfliktpädagogische und eine begegnungspädagogische Linie unterschieden (Hohmann 1983; 1989 siehe Kap. 2.2). Diese Einteilung ist von vielen Autorinnen und Autoren übernommen worden, obwohl sie letztlich nicht sehr hilfreich ist. Den konfliktpädagogischen Standpunkt hat Hohmann seinerzeit nicht weiter erläutert, da nach seiner Einschätzung, „in der Bundesrepublik sich bisher [bis 1988/89] kaum ernsthafte Vertreter eines primär konfliktorientierten Standpunkts zu Wort gemeldet" hätten (Hohmann 1989, S. 16). Unter Begegnungspädagogik fasst Hohmann Konzepte und Programme zusammen, die die Differenz zwischen den Kulturen als gegeben hinnehmen (oder sogar betonen) und dies – mehr oder weniger explizit – vorausgesetzt, den interkulturellen Austausch und den Respekt vor der Kultur der ‚Anderen' fördern wollen, wobei sie in der Regel

---

[80] Zur Problematik des Toleranzbegriffs vgl. Goldberg 1998; Diehm 2000.

mit der ‚Begegnung der Kulturen' die Vorstellung von einer Bereicherung der Aufnahmegesellschaft durch die ‚zugewanderten Kulturen' verbinden. Die differenzbetonenden, die Hohmann hier unter ‚interkulturell' subsumiert, sind in erster Linie jedoch eine Variante ausländerpädagogischer defizitorientierter Ansätze. Auch in diesen Texten wird die ‚Kultur der Anderen' als fremd und teilweise auch defizitär beschrieben. Aber – im Unterschied zu den ausländerpädagogischen Ansätzen – wird sie gleichzeitig als ‚Bereicherung' für die ‚einheimische Kultur' dargestellt. Von daher könnte man sie statt unter ‚interkulturellbegegnungsorientiert' auch unter ‚ausländerpädagogisch' einordnen (vgl. Kap. 4.3.1.5 und 2.5).

Unter konfliktorientiert wären hingegen die Kritikansätze und/oder Konzepte zu fassen, die sich auf gesellschaftliche Ungleichheit und auf die Strukturen und Mechanismen konzentrieren, die die Integration von Migrantinnen und Migranten – ungeachtet politisch anders lautender Erklärungen und Willensbekundungen – verhindern. Das Kriterium zur Unterscheidung wäre dann allerdings nicht die leicht missverständliche Gegenüberstellung von ‚Begegnung' versus ‚Konflikt', sondern die Frage, wo der Ansatz für Veränderung gesucht wird: in den Personen oder in den gesellschaftlichen und institutionellen Strukturen bzw. in der Verknüpfung beider.

In diesem Sinne ordnet Gogolin dem konfliktpädagogischen Ansatz Arbeiten zu, die „primär gesellschaftstheoretisch verankert" sind. „Anknüpfungspunkt für die Analyse", so Gogolin, sei

> „hier das Faktum gesellschaftlicher Ungleichberechtigung. Das Interesse gilt dem Problem, ob bzw. in welcher Weise Kultur oder Ethnizität als Anlass oder Mittel der Benachteiligung wirksam werden. Im Hinblick auf das Bildungswesen geht es um die Erhellung von Ursachenkomplexen, denen potentiell zugerechnet werden kann, dass sie zu Bildungsbenachteiligung für jene führen, die seinen ethnisch-nationalkulturell fundierten Bestimmungsmomenten nicht genug entsprechen. Des Weiteren wird hier versucht, die bei oberflächlicher Betrachtung als ‚kulturell' kenntlichen Momente des Bildungswesens einerseits, der Lebensumstände und -praxis der Menschen andererseits der Tiefenanalyse zu unterziehen, welche es erlauben soll, sie von anderen Ursachen für Benachteiligung zu unterscheiden oder, wo dies nicht möglich ist, die Interdependenzen aufzuzeigen" (Gogolin 1998, S. 141).

Gemeinsam ist den im Folgenden unter ‚interkulturell' aufgeführten Ansätzen, dass die Autorinnen und Autoren der Texte sich gegen ‚ausländerpädagogische' Konzepte abzugrenzen versuchen und davon ausgehen, dass ihr Ansatz sich nicht an eine spezifische Zielgruppe (Migranten), sondern an alle in der ‚multikulturellen Gesellschaft' Lebenden richtet. Aber schon bei genauerer Prüfung des letztgenannten Anspruchs zeigt sich, dass dies nur für einen kleinen Teil der Ansätze der Fall ist. Die meisten sind weiterhin zielgruppenbezogen, nur dass –

implizit – ein Zielgruppenwechsel erfolgt: Sie zielen auf eine Veränderung der ‚Mehrheitsangehörigen': Diese sollen Kenntnisse über ‚andere Kulturen' erwerben, Toleranz lernen, ihren Ethnozentrismus überwinden und/oder ihren Rassismus erkennen und bekämpfen. Dies wird nicht immer direkt gesagt, aber es lässt sich anhand der proklamierten Ziele erschließen. Eindeutig ist es zum Beispiel bei den Texten, in denen die ‚Herkunftsländer und -kulturen' der Migrantenkinder bzw. die „Fremden" zum Gegenstand besonderer Beschäftigung gemacht werden (siehe oben), aber auch bei bestimmten Ansätzen antirassistischer Erziehung. Weniger eindeutig, aber als Tendenz durchaus erkennbar, ist es bei Texten, in denen universalistisch argumentiert wird, oder Ziele interkulturellen Lernens für alle formuliert werden, von denen aber zumindest einige in der konkreten Situation nur auf eine Zielgruppe gemünzt seien können, weil die einen zu ‚Tätern' und die anderen zu ‚Opfern' stilisiert werden. Das andere Unterscheidungsmerkmal wurde schon angesprochen: Die einen, und das ist die Mehrzahl der sich als interkulturell bezeichnenden Konzepte und Programme, zielen auf die Veränderung der Personen. Dies ist ihnen gemeinsam mit den als ‚ausländerpädagogisch' gekennzeichneten. Die anderen hingegen fokussieren ausschließlich oder zumindest vorrangig die strukturellen Bedingungen, die aus dem ‚Anderen' überhaupt erst einen ‚Fremden' machen. Im Folgenden werden zu allen genannten Ansätzen Beispiele vorgestellt.

4.3.2.1 Beispiel: „Erziehung zur Weltzivilisation" – Maxime und Programm

Erziehung zur Weltzivilisation, so Essinger in seinem Aufsatz „Interkulturelle Erziehung in multiethnischen Gesellschaften" (1991), sei kein spezielles Projekt, sondern

> „ein Prinzip, das sich als Maxime durch alle Fächer, Projekte, auch Unterrichtsmaterialien und Medien hindurch ziehen bzw. ihnen zugrunde liegen soll. Oder um es anders zu sagen: Die interkulturelle Orientierung ist die Voraussetzung allen Denkens und Handelns im Unterricht" (Essinger 1991, S. 7; vgl. auch Kap. 1.5).

Erziehung zur Weltzivilisation sei Erziehung gegen die Barbarei, welche sich weltweit, aber auch in unserer bundesrepublikanischen Gesellschaft zeige. Soll Erziehung gegen die Barbarei gelingen, so seien folgende fünf Prinzipien unabdingbar:

> „Erziehung zur Empathie – Einfühlungsvermögen in andere Kulturen [...]; Erziehung zur Solidarität [...], Erziehung zum kulturellen Respekt [...] und Wertschätzung der Andersartigkeit, Erziehung gegen das Nationaldenken, positiv formuliert: Erziehung zum Universalismus [...,] Überwindung von ethnozentrischen Vorstellungen und Einstellungen [und] Erziehung gegen den Rassismus, antirassistische Erziehung, positiv formuliert: Erziehung zur Weltzivilisation und zu humanistischer Erkenntnis und zu humanisti-

schen Verhaltensweisen als höchste Werte der Menschheit, die ihr Überleben sichern" (Essinger 1991, S. 17).

Diese fünf Prinzipien, die Essinger an den Schluss seines Textes setzt, werden im Text unter den Überschriften „Erziehung zum kulturellen Dialog", „antirassistische Erziehung" und „Kulturerziehung und Kulturkritik" kurz erläutert. Im Mittelpunkt steht für ihn die Forderung nach der „Entdämonisierung des Fremden", zu der die Schule ihren Beitrag zu leisten habe (Essinger 1991, S. 11). Erziehung dürfe nicht „in der Negierung des Fremden oder seiner Überwindung bzw. Unterwerfung bestehen", sondern sie müsse

„Entfremdung aufgreifen […], damit Heranwachsende sich selbst und andere besser verstehen lernen und sowohl die Entfremdung des Menschen vom Menschen anderer kultureller Herkunft als auch die Entfremdung von sich selbst, d. h. [von] seinen eigenen Gefühlen und Bedürfnissen überwinden" (Essinger 1991, S. 14).

Essinger betont einerseits die ‚Andersartigkeit' und die Differenz zwischen den Kulturen, andererseits versucht er einen gemeinsamen Bezugspunkt zu finden, eine Art ‚interkulturelles Drittes', das er jedoch aus dem ‚Eigenen' gewinnt: Die Schule (und die Gesellschaft) müssten sich auf „*unsere* humanistische Tradition", auf die „jüdisch-mosaische oder hellenistische Tradition" im Umgang mit dem Fremden besinnen (Essinger 1991, S. 14; Hervorh. M. K.-P.). Diese Aufforderung zur Rückkehr zu „unserer humanistischen Tradition", spezifiziert als „jüdisch-mosaische oder hellenistische" und der Katalog der fünf Prinzipien werfen eine Fülle von Fragen auf, die anhand des Textes (sowie anderer Texte des Autors) nicht zu beantworten sind und darauf hindeuten, dass hier mit nicht hinterfragten Normalitätsverständnissen gearbeitet wird, das ‚Eigene' wie selbstverständlich zum Maßstab nehmen.

Offen bleibt zum Beispiel, warum es der Rückkehr bedarf bzw. was diese – von ihm als interkulturell-förderlich bezeichneten Traditionen ‚verschüttet' hat. Offen bleibt, ob der Bezug auf die „jüdisch-mosaische oder hellenistische Tradition" ausgrenzend gegenüber einer ‚muslimischen Tradition' zu interpretieren ist bzw. warum er „oder" schreibt. Offen bleibt, was präzise unter Universalismus, Weltzivilisation, humanistischen Verhaltensweisen usw. zu verstehen ist. Wer setzt hier den Maßstab?

Offen bleibt aber insbesondere, warum die Schule die von Essinger aufgestellten Forderungen und Erziehungsziele bisher nicht realisiert hat. Schließlich sind Völkerversöhnung, kultureller Respekt, Solidarität schon seit langem pädagogisches Programm. Aber – und dies zeigt, dass eine *einfache* Rückbesinnung auf ‚unsere Tradition' nicht möglich ist – Völkerversöhnung (u. a. in der Reichsverfassung von 1919 als Bildungsziel verankert) und ‚kultureller Respekt' waren in der Vergangenheit durchaus vereinbar mit einer Erziehung *für* das Nationaldenken (vgl. Kap. 3; Krüger-Potratz 1996). Problematisch sind darüber hinaus Formulierungen wie „Erziehung zu ..." bzw. „Erziehung gegen ...". Sie erwecken den Eindruck, als sei die Umsetzung der Prinzipien und Erziehungsziele lediglich eine Frage des ‚pädagogisch guten Willens', und als seien Erziehungsziele direkt umsetzbar, unabhängig von gesellschaftlichen und institutionellen Strukturen und den in ihnen präsenten Macht- und Herrschaftsverhältnissen.

Über diese Fragen hinaus ergeben sich weitere: Inhalt und Duktus des Textes von Essinger legen nahe, sein Programm als ein (Um-)Erziehungsprogramm für die Mehrheitsangehörigen zu lesen. Wenn es auch für die Minderheitsangehörigen Geltung haben soll, so bedürfte es anderer Formulierungen. Denn: Was bedeutet „Erziehung gegen das Nationaldenken" für Kinder mit Migrationshintergrund? Was bedeutet für sie antirassistische Erziehung? Für welche anderen Kulturen sollen sie Einfühlungsvermögen entwickeln? Kommen sie hier nur als ‚Opfer' vor, oder sind auch sie aufgefordert, ‚ihren Rassismus' zu bearbeiten, „Anerkennung kultureller Vielfalt und Wertschätzung der Andersartigkeit" zu lernen und sich „aus der provinziellen Engführung der eigenen Nation" – so Essingers Präzisierung des 4. Prinzips – zu befreien? Wenn aber das Programm für die Mehrheitsangehörigen gedacht ist, wer gehört dazu? Alle, die einen deutschen Pass haben, also auch eingebürgerte Migranten und Aussiedler? (vgl. Kap. 6).

4.3.2.2 Beispiel: Unterschiedliche Ansätze in Lehrmaterialien: interkulturelle Erziehung als ‚multiperspektivische Allgemeinbildung' versus ‚die Anderen' als Gegenstand des Lernens

Interkulturelle Erziehung ist inzwischen auch in der Mehrzahl der Lehrpläne verankert. Zur Unterstützung der Lehrkräfte sind verschiedene Handreichungen und Materialienbände mit dem Anspruch verfasst worden, interkulturell mit *multiperspektivisch* zu ‚übersetzen', interkulturelle Bildung als integralen Teil allgemeiner Bildung und Querschnittaufgabe (vgl. Kap. 1) zu verstehen und dies in Unterrichtsbeispielen und Empfehlungen für Schulentwicklung umzusetzen.

Als *erstes Beispiel* für interkulturelles Lernen quer durch das Curriculum sei die Materialreihe „Impulse für interkulturelles Lernen" genannt, die von einer Lehrer- und Lehrerinnen-Arbeitsgruppe erstellt wurden (Materialreihe 1995 – 1998). In 12 Heften wird exemplarisch für die Fächer Deutsch, Musik, Mathematik, Geschichte und Türkisch vorgestellt, wie „überkommene Selbstverständnisse und ‚altbewährte methodische' Zugriffe neu befragt und pädagogisch reflektier[t]" werden können, um „nationale Selbstverständnisse", mehr oder weniger versteckte Ethnozentrismen, Nationalismen, Wir-Sie-Oppositionen und historisch bedingte Fachbegrenztheiten sichtbar und diskutierbar zu machen. Die Autorinnen und Autoren der Reihe verstehen ihre ‚Bausteine' als Beiträge zu einer „multiperspektivischen Allgemeinbildung". Diese könne nicht verordnet werden. Es gäbe nicht ‚das Konzept' für einen multiperspektivisch ausgerichteten Fachunterricht bzw. fächerübergreifenden Unterricht, sondern dies sei eine Entwicklungsaufgabe mit dem Ziel,

> „Begrenztheiten jeglicher Art im Fach-Denken sowie in der kulturellen Orientierung transparent zu machen, besonders unhinterfragte ‚nationale Selbstverständnisse‘, die verkennen, wie stark Kulturen und Sprachen ‚im Kontakt‘ waren und sind" (Böcker 2001, S. 27).

Für jedes Fach und jeden Unterrichtsgegenstand gelte, dass in bzw. mit ihm die Wirklichkeit nicht eins zu eins abgebildet werde, sondern es gehe stets um (soziale) Konstruktionen von Welt und um bestimmte Perspektiven auf Ausschnitte von Welt. Dies zeige sich nicht zuletzt darin, dass kein Fach ‚sprachfrei‘ und ‚kultur-ungebunden‘ sei, auch nicht die Naturwissenschaften. Deshalb reiche es nicht mit anekdotischen Einsprengseln zu arbeiten, mit Hinweisen auf einzelne Phänomene der Fachgeschichte(n), wie zum Beispiel auf die Herkunft der ‚arabischen Zahlen‘ oder auf andere Rechensysteme im Mathematikunterricht usw. Zu fragen sei nach der Fachgeschichte und den in ihr repräsentierten Welterklärungsmustern. Zu fragen sei nach den Machtverhältnissen, die die Kulturkontakte strukturieren und dazu geführt haben, dass bestimmte Denk- und Argumentationsmuster, bestimmte Erkenntnisse sich durchgesetzt haben, während andere ‚verloren‘ gegangen sind. Auf diese Weise ergäbe sich ein multiperspektivischer Ansatz, der neben bestimmtem Faktenwissen die Argumentations- und Reflexionsfähigkeit fördere und den Beteiligten immer wieder die Komplexität und Prozesshaftigkeit gesellschaftlicher Verhältnisse vor Augen führe.

Ein *zweites Beispiel* ist die vom Niedersächsischen Kultusministerium herausgegebene Handreichung „Sichtwechsel", deren Autorinnen und Autoren interkulturelle Bildung und Erziehung als Querschnittaufgabe zu begreifen und auf verschiedenen Ebenen umzusetzen versuchen. „Gute Schule", so heißt es einleitend, sei „eine auch [?] interkulturell arbeitende Schule". Die Notwendigkeit eines ‚Sichtwechsels‘ wird nicht nur mit den Folgen der Migration, sondern generell mit der Notwendigkeit begründet, dass die „Vorbereitung junger Menschen auf ein friedliches Zusammenleben in globaler Verantwortung für die Eine Welt und die Vermittlung interkultureller Kompetenz und Handlungsfähigkeit in Zeiten wachsender beruflicher Mobilität [...] zum Bildungsauftrag aller Schulen – und nicht nur derjenigen mit einer multikulturellen Schülerpopulation" gehöre (Niedersächsisches Kultusministerium o. J. [2000], S. 13, S. 22; vgl. KMK 1996).

Angestrebt wird eine „interkulturelle Schulentwicklung". Die Grundlage wie auch den Rahmen dafür bilden 11 Thesen zur Bestimmung interkultureller Bildung und Erziehung und eine „Ideenlandkarte" (Mindmap), in der die verschiedenen Grundlinien interkultureller Bildung und Erziehung eingetragen sind (vgl. Abb. 3). In weiteren 10 Mindmaps werden – ohne Anspruch auf Vollständigkeit und unter bewusstem Verzicht auf eine „strenge Systematik der Begrifflichkeit" – die ‚Hauptäste‘ des Mindmap mit ihren möglichen Verzweigungen vorgestellt.

Diese „Ideenlandkarte" soll den Beteiligten in Schule und Fortbildung den „Überblick über das Aufgabenfeld" ermöglichen und sie anregen, „über den Gesamtzusammenhang interkultureller Bildung nachzudenken und eigene Akzente zu setzen" (Niedersächsisches Kultusministerium o. J. [2000], S. 28).

Abbildung 3: Interkulturelle Bildung – Mindmap

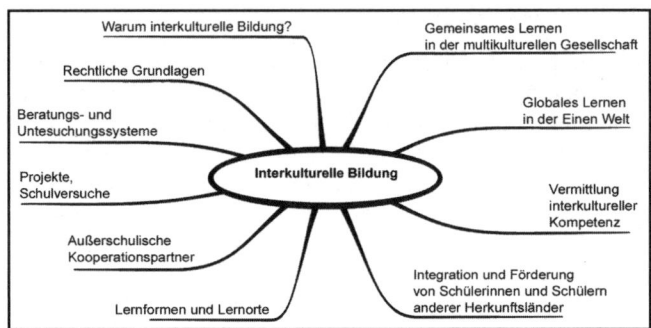

Quelle: Niedersächsisches Kultusministerium o. J. [2000], S. 29; die Ausdifferenzierung der einzelnen Hauptäste erfolgt im Original auf den Seiten 30-39.

In einem weiteren Kapitel werden ausführlich die „Schritte zur interkulturellen Schulentwicklung" vorgestellt und die dafür benötigten Hilfen – methodische Hinweise, Checklisten, Planungs- und Evaluationshilfen usw. – bereitgestellt. Deutlich wird, dass die „interkulturelle Schule" als eine Schule gedacht wird, die über den Unterricht und das Schulgelände hinausreicht: Sie soll bei der Lebenssituation aller Schülerinnen und Schüler ansetzen, diese als Individuen in ihrer ‚unterschiedlichen Verschiedenheit' wahrnehmen und sie nicht auf ihre Rolle als Schüler reduzieren. Sie soll so gestaltet sein, dass Lehrende sich als interkulturell Lernende erfahren und die Möglichkeit der Reflexion gegeben ist. Sie soll „neue Handlungs- und Erfahrungsräume" eröffnen und „vielfältige Kontakte und Kooperationen mit lokalen, regionalen und internationalen Personen, Gruppen, Institutionen" schaffen; sie soll intensiv Öffentlichkeitsarbeit betreiben, um auch wieder neue Partner zu gewinnen (vgl. Niedersächsisches Kultusministerium o. J. [2000], S. 27, 53, 56).

Ein derartiger „Sichtwechsel" ist ohne institutionelle Veränderungen nicht denkbar. In der Handreichung wird diese Dimension jedoch nur angedeutet: Unter der Überschrift „Wie kommen wir dahin?" – gemeint ist zu einer interkulturellen Schule – heißt es lediglich:

„Die Umsetzung der Ideen sollte Unterricht, Schulleben und außerschulische Aktivitäten gleichermaßen umfassen. […] Wichtig ist die Verankerung der Ideen im Unterrichtsalltag, sodass die Aktivitäten *nicht nur ‚zusätzlich'* durchgeführt werden, sondern auch ‚entlastende' Elemente enthalten" (Niedersächsisches Kultusministerium o. J. [2000], S. 53; Hervorh. M. K.-P.).

Der ‚warnende Hinweis', dass alle Veränderungen eng mit dem Unterrichtsalltag verbunden sein müssen, reicht jedoch nicht. Ein entscheidender Schritt für die intendierte Veränderung fehlt: die *systematische* Auseinandersetzung mit den strukturellen und personellen Konsequenzen einer „interkulturellen Schulentwicklung" unter Berücksichtigung der Geschichte des bildungspolitischen und pädagogischen Umgangs mit sprachlich-kultureller, ethnischer und nationaler Heterogenität (vgl. Kap. 3), insbesondere die Auseinandersetzung mit den in den Strukturen ‚versteckten' Widerständen, die, wenn sie nicht mit bedacht werden, ‚unerkannt' die Entwicklung behindern und – gegen die Intention der beteiligten Personen – ‚interkulturelles Arbeiten' letztlich doch als etwas Zusätzliches oder gar Belastendes erfahren lassen (vgl. Gomolla/Radtke 2002; Gomolla 2003; 2005; vgl. auch Kap. 4.3.2.7).

Dass dieses Problem in einer vom Ministerium herausgegebenen Handreichung nicht angesprochen wird, ist politisch erklärbar, gefährdet aber das Projekt und könnte dazu führen, dass interkulturelle Bildung und Erziehung letztlich doch wieder auf einzelne Unterrichtsstunden oder -projekte reduziert wird, oder – schlimmstenfalls – als undurchführbar abgelehnt wird. Hier ist noch Handlungsbedarf gegeben, denn bislang liegt noch kein Konzept zur interkulturellen *Schul*entwicklung vor, das die Schule als Institution konsequent mit in den Blick nimmt.[81]

4.3.2.3 Beispiel: Antirassistische Erziehung – ein Konzept aus der Minderheitenperspektive

Antirassistische Ansätze sind in den 1980er Jahren aus Großbritannien sowie aus den Niederlanden nach Deutschland ‚importiert' worden, aus zwei europäischen Aufnahmestaaten mit postkolonialer Einwanderung und einer politisch bewusst gestalteten Minderheiten- bzw. Antidiskriminierungspolitik einschließlich der damit verbundenen, immer auch konfliktreichen Emanzipationsbewegungen der Minderheitsgruppen.

In Großbritannien ist – als eine der Reaktionen auf die Rassenunruhen in den 1970er und Anfang der 1980er Jahren – das Konzept der ‚Antirassist Education' bewusst als Kritik der bzw. Gegenmodell zur ‚Multicultural Education' entwickelt und formuliert worden (vgl. Müller 1997). Die unter ‚Multicultural Education' gefassten Vorstellungen und Strategien seien, so die Kritik der Vertreter der Antirassistischen Erziehung, paternalistisch und individualisierend. Es seien Strategien und Konzepte, denen noch deutlich anzumerken sei, dass sie aus der Sicht der ‚weißen' Mehrheit für die ‚schwarze' Minderheit entwickelt worden seien. Die antirassistische Erziehung hingegen sei aus der Perspektive der

---

[81] Anregungen zur interkulturellen Schulentwicklung sind dem Projekt Qualität in multikulturellen Schulen (QUIMS) in Zürich zu entnehmen (vgl. Mächler/Autorenteam 2000/2001² und URL: http://www.quims.ch).

‚schwarzen' Minderheit formuliert. Sie knüpfe – so Gus John – an der Geschichte der Black Studies an, an der

> „überwältigende[n] Erfahrung der schwarzen und ethnischen Minderheiten der Nachkriegszeit, daß sie einer weißen und wesentlich eurozentrischen Erziehung unterworfen waren[, die] bestimmte Traditionsbestände des Wissens und der kulturellen und schöpferischen Tätigkeit legitimiert und andere entwertet oder marginalisiert [hat], weil sie als nicht-europäisch, abseitig oder schlicht ‚primitiv' galten" (John 1990, S. 244).

Diese Erfahrung habe zur Entwicklung eigener – ‚schwarzer' – Lernprogramme geführt, die z. T. auch von den öffentlichen Schulen übernommen worden seien, um den „schwarzen SchülerInnen Gelegenheit [zu geben], ihre Geschichte zu erkunden und den Beitrag von bedeutenden Schwarzen vornehmlich der schwarzen Befreiungsbewegung zu studieren" (John 1990, S. 245). Damit die Black Studies nicht ein Lerngegenstand unter anderen – und dazu noch einer ‚nur' für schwarze Schüler – wurde, seien die Bestrebungen darauf ausgerichtet (gewesen), sie mit den „tagtäglichen Kämpfen, die sich um Fragen von ‚Rasse', Klasse und Geschlecht drehten und in deren Zentrum sie [die schwarzen Schüler] selbst standen" (John 1990, S. 245), zu verbinden. Antirassistische Erziehung sei von daher eine Weiterentwicklung der *Black Studies*.

In der deutschsprachigen Literatur zur Interkulturellen Bildung ist vielfach über die Auseinandersetzungen zwischen ‚Antirassisten' und ‚Multikulturalisten' berichtet worden, doch die Versuche einer Weiterentwicklung dieser Ansätze bezogen auf die deutsche Situation sind eher unbedeutend geblieben. Aber aus der Kritik an der Interkulturellen Pädagogik haben sich Ansätze entwickelt, die „zunehmend in die Nähe antirassistischer Argumentationen [kommen], auch wenn dies nicht ausdrücklich hervorgehoben wird" (Leiprecht 2001, S. 23).[82] Dazu gehören zum einen die Auseinandersetzung mit Rechtsextremismus und Gewalt gegenüber ‚Fremden' wie auch die Rezeption der Auseinandersetzungen mit Theorien und Ansätzen wie z. B. Intersektionalität oder Postkolonialismus (vgl. auch Kap. 5).

Mit dem verstärkten Auftreten rassistisch motivierter Gewalt Anfang der 1990er Jahre nach der so genannten Wende und der deutschen Einigung hat die Diskussion über Rassismus in der deutschen Gesellschaft und über antirassistische Konzepte eine neue Dynamik bekommen, zumeist unter Titeln wie ‚Bekämpfung von Rechtsextremismus, Ausländer- resp. Fremdenfeindlichkeit' oder ‚Erziehung gegen Rechts'. Zielgruppe der Maßnahmen sind ‚einheimische (gewaltbereite) Jugendliche mit rechtsextremem Hintergrund'. Rassistische Einstellungen und Handlungen von ‚Ausländern' bzw. Aussiedlern hingegen wer-

---

[82] Im Unterschied zu den Literatur- und Kulturwissenschaften werden die in den postkolonialen Studien entwickelten Theorien in der Erziehungswissenschaft erst seit kurzem rezipiert.

den unter ‚Kriminalität' und ‚Bandenbildung' thematisiert, so dass die antirassistischen Ansätze auf die Gruppen-Opposition ‚Einheimische' gegen ‚Ausländer' fixiert bleiben, statt dass die Ursachen von Rassismus und die Bedingungen, unter denen rassistische Einstellungen und Verhaltensweisen ihre Wirkungen entfalten können, ins Zentrum gerückt werden.

Lang/Leiprecht (2000, S. 450) teilen die verschiedenen antirassistischen Ansätze in drei Gruppen. Je nachdem welche Annahmen über die Ursachen von Rassismus – explizit oder implizit – dem jeweiligen Ansatz zugrunde liegen, unterscheiden sie zwischen holistischen, individualistischen und mehrdimensionalen Erklärungsmodellen. Bei ersteren wird davon ausgegangen, dass nur eine „radikale Umformung des Staates, der Ökonomie und der Gesellschaft" Rassismus zum Verschwinden bringen werde. Einstellungen und Verhalten von Menschen würden hierbei – wie bewusst auch immer – in direkter Abhängigkeit von den ‚herrschenden Verhältnissen' gesehen, so dass nicht nur die ‚Täter' zugleich als ‚Opfer der Verhältnisse' entlastet, sondern den Menschen generell die Verantwortung für ihr Leben entzogen würde (vgl. Kap. 6.3.2). Die individualistischen Ansätze hingegen betonten die Gegenseite: Rassismus wird „als Ergebnis individueller Vorurteile" definiert, die, auch wenn sie nicht institutionalisiert seien, letztlich durch die Haltungen und Handlungen der Rassist(inn)en aufrecht erhalten würden (Lang/Leiprecht 2000, S. 450). Für die von der Autorin und dem Autor bevorzugten multidimensionalen Erklärungsmodelle sei hingegen grundlegend, dass

> „gesellschaftlich-strukturelle Bedingungen (etwa ökonomische Verhältnisse, institutionelle Verhältnisse, usw.), soziale Bedeutungen (Diskurse, Ideologien, usw.) und subjektive Denk- und Handlungsweisen in ihrem Wirkungszusammenhang gedacht werden können, ohne dass eine Ebene auf die andere reduziert wird. [...] Grundlegend ist also der Gedanke, dass die gesellschaftlich-strukturellen Bedingungen und die sozialen Bedeutungen einerseits nicht eindimensional-kausal zu einer bestimmten Denk- und Handlungsweise führen, andererseits als Einflussfaktoren aber auch nicht völlig vernachlässigt werden dürfen, da sie die *Prämissen* darstellen, anhand derer die Subjekte ihre Denk- und Handlungsweisen begründen" (Lang/Leiprecht 2000, S. 450 f.)

Die drei Erklärungsmodelle finden sich – in verschiedenen Varianten – in Beschreibungen von antirassistischen Programmen und Trainings sowie in Begründungen und/oder Konzeptualisierungen von Forschungsprojekten wieder. Individualistische Ansätze sind eher charakteristisch für ein- oder mehrtägige antirassistische Trainings, in denen die Teilnehmerinnen und Teilnehmer mit ihren rassistischen Einstellungen und Verhaltensweisen – zum Beispiel durch Rollenspiele – konfrontiert werden, um ‚am eigenen Leib' zu erfahren, was es heißt, diskriminiert zu werden. In weiteren Übungen sollen sie lernen, wie sie ihre rassistischen Einstellungen überwinden und daraus entspringende Handlungen vermeiden können. Dabei ist es keineswegs ausgeschlossen, dass auch strukturelle Fragen angesprochen werden, aber Ziel ist die Veränderung der teilnehmenden Personen.

Pädagogische Konzepte arbeiten generell eher personennah, dies schließt jedoch nicht aus, dass handlungsbezogene und kognitive Zugänge gleichermaßen eine Rolle spielen und von daher zumindest eine Kombination individualistischer und holistischer Erklärungsansätze oder sogar ein multidimensionaler Ansatz gewählt wird, wie in dem von Kalpaka/Wilkening entwickelten Konzept „Multikulturelle Lerngruppen". Dieses ist so angelegt, dass „Sachinformationen über strukturelle Zusammenhänge mit subjektnahen Übungen und der Erörterung von Perspektiven zur Veränderung der eigenen Praxis" – und auch dies schließt strukturelle Überlegungen mit ein – miteinander kombiniert werden (vgl. Leiprecht 2001, S. 33). Ziel ist es hier, die verschiedenen, auch widersprüchlichen Deutungen einer Situation oder eines Handlungszusammenhangs einschließlich der sie bestimmenden und strukturierenden Machtverhältnisse und institutionellen Voraussetzungen so herauszuarbeiten, dass aufgrund der veränderten, weil mehrdeutigen und mehrschichtigen Sichtweisen sich auch neue Handlungsoptionen ergeben (vgl. Kalpaka/Wilkening 1997; vgl. auch Leiprecht/Lutz 2003). Neue Impulse für diese Debatten und für eine entsprechende Konzeptentwicklung kommen hier aus den „Postkolonialen Studien" wie sie unter anderem von Literatur- und Sozialwissenschaftlern im englischsprachigen Raum, die zum Teil auch in sozialen (Widerstands-)Bewegungen eingebunden sind, entwickelt und propagiert werden (vgl. Kap. 5.2.4).

4.3.2.4 Beispiel: Ein partizipations- und erfahrungsorientiertes Konzept

In den 1980er Jahren wurde das Konzept der *community education*, das auf verschiedene refompädagogische Ansätze zurückgeht, verstärkt aufgegriffen mit dem Ziel, allen Kindern ganzheitliches und erfahrungsorientiertes Lernen in und außerhalb der Institution Schule zu ermöglichen, die Eltern stärker am Schulleben zu beteiligen und die Schule mit anderen Einrichtungen der Gemeinde zu vernetzen, um somit weitere Lernorte außerhalb der Schule zu schaffen. Das Stichwort in der deutschen Diskussion heißt ‚Öffnung der Schule': (1) *Institutionelle Öffnung* durch Vernetzung mit anderen Lernorten und die Einbeziehung von Eltern sowie anderer Erwachsener als Expertinnen und Experten, (2) *methodische Öffnung* durch fächerübergreifenden, projektorientierten Unterricht sowie die Einführung von Arbeitstechniken, die die Selbsttätigkeit und Selbständigkeit von Schülerinnen und Schülern und das ‚Lernen des Lernens' fördern (Freiarbeit, Wochenplanarbeit, Projekte) und erlauben, den individuellen Lernvoraussetzungen und unterschiedlichen Kompetenzen der Schülerinnen und Schüler besser Rechnung zu tragen und (3) *zeitliche Öffnung* durch eine andere Rhythmisierung des Unterrichts, des Schultags und der Schulwoche, um die notwendigen Voraussetzungen für die methodische Öffnung zu schaffen und die Einführung der verschiedenen Lernarrangements zu ermöglichen (vgl. Buhren 1997; sowie das nordrhein-westfälische Programm „Gestaltung und Öffnung der Schule" – GÖS: GÖS 1997[7]).[83]

Die Verbindung von *community education* und interkultureller Erziehung ist in der bundesrepublikanischen Diskussion eng mit der Arbeit der Regionalen Arbeitsstellen zur Förderung von Kindern und Jugendlichen aus Zuwandererfamilien (RAA)[84] verbunden. Angeregt durch das Projekt zur Förderung der Minoritäten in Coventry sowie die Ende der 1970er/Anfang der 1980er Jahre beginnende Diskussion über die ‚Öffnung der Schule' haben die RAAs als Verbindungsstelle zwischen Schule und Gemeinde versucht, die traditionellen Trennungen zwischen Schule, Elternhaus, Jugendarbeit, Sozialarbeit usw. zu überwinden und ein gemeinwesenbezogenes ganzheitliches Angebot (im Sinne von Vernetzung) mit zu entwickeln: eine lernortübergreifende Kooperation, eingebunden in die lokalen Strukturen.

„Die Bemühungen der RAA zielten darauf ab, von zwei Seiten her zur Verbesserung der Situation beizutragen. Zum einen wurde versucht, zu einer intensiveren Kooperation alle in einer Kommune beteiligten Partner zu motivieren und zu einer besser abgestimmten Konzeption und einer weniger wechselseitig behindernden Praxis zu gelangen. Zum anderen wurde versucht, Schulen anzuregen, ihre pädagogische Insellage aufzugeben und sich zur sozialen Nahumgebung im Stadtteil zu öffnen. Dabei konnte man an die Wahrnehmung von Lehrern anknüpfen, daß die Problemvielfalt, die sie in der Schule gebündelt erlebten, nicht mit den ihnen vertrauten Mitteln der Schulpädagogik zu lösen waren. Folglich waren sie zunehmend zugänglicher für die Suche nach neuen Wegen" (Hoffmann 1992, S. 34).

Interkulturelle Erziehung – so die aus der Kritik entwickelte Forderung – dürfe nicht auf eine ‚Vermittlungspädagogik' zwischen ‚ausländischen' und ‚einheimischen' Kindern und Jugendlichen reduziert werden oder auf eine Erziehung zur Toleranz und zum Frieden, sondern sie müsse so konzipiert sein, dass sie von den durch Migration, europäische Integration und Globalisierung veränderten gesellschaftlichen Verhältnissen, und das heißt auch von sprachlicher, ethnischer und kultureller Heterogenität ausgehe. In diesem Sinne nennt Hoffmann

---

83   Das Programm GÖS wird fortlaufend weiterentwickelt. Dabei verschiebt sich die jeweilige Schwerpunktsetzung, was u. a. auch bedeuten kann, dass schon entwickelte Konzepte wieder in den Hintergrund treten. Das Rahmenkonzept von 1988 ist als pdf-Datei zugänglich (GÖS 1988).

84   Früher: Regionale Arbeitsstellen zur Förderung von ausländischen Kindern und Jugendlichen. Sie sind Anfang der 1980er Jahre in Nordrhein-Westfalen – zunächst als Modellversuch – eingerichtet worden. Ursprünglich waren es acht, inzwischen hat sich ihre Zahl nicht nur in NRW vervierfacht, sondern es sind auch RAAs in anderen Bundesländern entstanden (siehe URL: http://www.raa.de).

acht Kriterien, die für ein Konzept interkultureller gemeinwesenorientierter pädagogischer Arbeit richtungsweisend seien:

„*Ganzheitlichkeit*: community education reagiert auf die Komplexität vorgefundener Problemlagen und der systemhaften Verknüpftheit mit ganzheitlichen Konzepten.

Antipaternalismus: community education geschieht im Geist einer Haltung, die ihre Aktivitäten nicht für zu betreuende, sondern ernstzunehmende Interessierte gestaltet.

Partizipation: die Gestaltung der schulischen Lern- und Lebenswelt in Auseinandersetzung mit dem Umfeld geschieht in einer Weise, dass die jeweils Betroffenen in die Lage versetzt werden, aktiv an der Gestaltung ihrer Verhältnisse mitzuwirken.

Generationstranszendenz: community education bevorzugt und fördert Aktivitäten, die einen aussondernden Zielgruppenansatz überwinden und generationsübergreifend ansetzen.

Bedürfnisorientierung: Maßnahmen im Rahmen von community education nehmen ihren Ausgangspunkt ernsthaft bei den Bedürfnissen derer, für die sie gedacht sind, und weniger bei den Interessen derer, die sie durchführen.

Multikulturalität: der respektvolle Umgang von ethnischen und religiösen Minderheiten und Mehrheiten, der herkunftsbedingte Andersartigkeiten als Chance begreift, ist eine Grundforderung von community education.

Lebenslanges Lernen: community education greift die Notwendigkeit lebenslanger Lernprozesse auf und integriert Formen institutioneller und nicht-institutioneller Bildung, die zur beruflichen und persönlichen Entwicklung beitragen.

Gemeinwesenentwicklung: community education zielt in anspruchsvolleren Vorhaben auf die Verbesserung sowohl der Lebens- und Wohnqualitäten als auch der infra- und soziostrukturellen Bedingungen im konkreten Lebensumfeld" (Hoffmann 1992, S. 38 f.; Hervorh. M. K.-P.).

4.3.2.5 Beispiel: Ein differenztheoretischer Ansatz – Pädagogik der Vielfalt

„Pädagogik der Vielfalt" ist der Titel eines Buches, in dem die Autorin, Annedore Prengel, die Gemeinsamkeiten in drei ‚Zielgruppen-Pädagogiken' – in der Feministischen, der Interkulturellen und in der Sonderpädagogik (Integrativen Pädagogik) – herausarbeitet. Sie geht davon aus, dass

„den Frauen, den Behinderten und den Angehörigen marginalisierter Kulturen in der bürgerlichen Gesellschaft die historische Erfahrung von Etikettierung und Diskriminierung, mit der sie dem bürgerlichen Subjekt als das ‚Andere' gegenübergestellt wurden" (Prengel 1993, S. 15 f.) gemeinsam seien und dass dies der Ausgangspunkt für die drei ‚Sonderpädagogiken' sei sowie der Grund für die zu beobachtende gemeinsame Grundstruktur der in ihnen – weitgehend unabhängig voneinander geführten – Debatten. Alle drei ‚Sonder-' resp. ‚Zielgruppen-Pädagogiken' würden nach Wegen suchen,

„bestehende hierarchische Verhältnisse nicht zu reproduzieren, sondern in der Erziehung am Abbau von Hierarchien zu arbeiten. Indem sie sich gegen Behindertendiskriminierung, Frauenfeindlichkeit und Ausländerfeindlichkeit, auch Rassismus wenden, sind sie einer emanzipatorischen Pädagogik verpflichtet. Sie stellen neue Antworten auf die alte Frage nach der Herstellung des ‚Anderen' und nach der Emanzipation von in herrschenden Aussagesystemen der bürgerlichen Gesellschaft ‚Anderen' zur Diskussion" (Prengel 1993, S. 16).

Als Kernpunkt der Debatten sieht Prengel die Frage nach dem Umgang mit Differenz(en). Sie plädiert für eine Pädagogik, die sich aus dem Dilemma der oppositionellen Fassung von Differenz und Gleichheit befreit und von der *Gleichheit in Verschiedenheit* ausgeht (vgl. Prengel 1993, S. 30 ff.). Dies erfordere, so Prengel weiter, Gleichheit in rechtlicher und politischer Hinsicht, den Verzicht auf jede Erklärung der Differenz unter Bezug auf biologische oder genetische Merkmale und somit auch den Verzicht auf hierarchische Anordnungen von Differenzen. Stattdessen gelte es, die synchrone und diachrone Vielfalt der Lebenszusammenhänge zu betonen.

Ihr kritischer Durchgang durch die Debatten über Differenz und Gleichheit mündet darüber hinaus in einem Programm zur Anerkennung von Heterogenität, in einer „Pädagogik der Vielfalt", die sie in 17 Thesen näher erläutert (vgl. Prengel 1990, S. 184-196). Die 17 Thesen sind drei Dimensionen der *Anerkennung* zugeordnet: Anerkennung der einzelnen Person in intersubjektiven Beziehungen, Anerkennung gleicher Rechte auch in Bezug auf „institutionelle Zugänge" und Anerkennung der „Zugehörigkeit zu (sub)kulturellen Gemeinschaften" (Prengel 1990, S. 184).

Dementsprechend beziehen sich die ersten Thesen auf die Selbstachtung und das Kennenlernen der ‚Anderen' hinsichtlich „Gemeinsamkeiten zwischen Verschiedenen". Es folgen Thesen zur Dynamik und der notwendigen Offenheit interkultureller Prozesse sowie zu den individuellen und kollektiven, gesellschaftlichen Bedingungen, unter denen sie stattfinden. Die letzten Thesen sind direkter auf die pädagogische Arbeit in der Schule und auf die Rolle der Lehrkräfte sowie auf „Verschiedenheit und Gleichberechtigung als institutionelle Aufgabe" bezogen.

Das Konzept der „Pädagogik der Vielfalt" ist auf eine breite Zustimmung, aber auch auf Kritik gestoßen. Helma Lutz, die in vielen Punkten Prengel zustimmt und als positiv vermerkt, dass Prengels Buch zu den Arbeiten gehört, in denen die internationale, insbesondere die angelsächsische Diskussion zu Gleichheit und Differenz in die in Deutschland geführten Auseinandersetzungen hineingeholt werden, kritisiert Prengels Konzept in vier Punkten: (1) Der Kulturbegriff werde unter Vernachlässigung der „Entstehungsgeschichte und Mehrdeutigkeit der Kategorie" eingeführt. Dies führe dazu, dass Prengel Kultur letztlich vereindeutige, statt „Kultur [...] als Ort des Widerstreits zwischen Repräsentationen von Welt, Subjekt, Geschichte usw." zu verstehen. In Prengels Konzept zeige sich dies in der Fortsetzung der Problematisierung und Stereotypisierung von ‚Ausländern', zum Beispiel in der undifferenzierten Inbezugsetzung von Islam und Frauenunterdrückung. Aus der Sicht von Lutz ist (2) die „Analogie von Differenzen" bzw. die Analogisierung der drei Zielgruppen-Pädagogiken und der durch sie repräsentierten Zugänge fragwürdig, so die

> „Gleichstellung von Diskriminierungserfahrungen, die Gleichsetzung von Subjekt und Erkenntnisperspektive und die Annahme, daß partikulare Diskriminierungserfahrungen (als Frau, als Behinderte(r), als Einwanderer/in) die Sensibilisierung für andere Exklusionsformen implizieren" (Lutz 1999, S. 143).

Lutz betont im Anschluss an Derrida und an den von ihm in die Diskussion eingebrachten Begriff der „différance" (im Unterschied zu „différence"[85]), dass Differenz nicht (nur) auf der vertikalen, sondern auch auf der horizontalen Achse zu denken sei (vgl. Derrida 1967/1990). Sie folgt Welsch, der festhält, dass „es [...] kein Oberstes und Unterstes, kein Erstes und Letztes [gibt], sondern Sinn bildet sich in einem Gewebe von Verweisungen und Aufschüben" (Welsch 1996, S. 261). Von daher kämen die unterschiedlichen Differenzen erst „an ihren Schnittpunkten zur Geltung" und müssten von dort aus betrachtet werden. „Mit anderen Worten", so Lutz weiter,

> „Differenzen, die aus dem partikularen Blickwinkel als Geschlecht oder Ethnie noch als Gleiche vergleichbar waren, werden in der Interferenz ungleich komplexer. Die Betrachtung der Interaktion von Differenzen macht Widersprüche, Gegensätze und Ambivalenzen sichtbar – Differenzen können sich überlagern, verstärken etc. [...]. Erst die genaue Betrachtung der Knotenpunkte [...] ermöglicht eine Einsicht in Konstituierungsprozesse von Inklusion und Exklusion und der jeweiligen Benutzung und Bedeutung von differenzierenden Kategorien" (Lutz 1999, S. 143).

Hinsichtlich der Rolle, die Prengel Erziehung und Erziehern in der „Pädagogik der Vielfalt" zuweise, beachte sie (3) zu wenig, dass die Erziehenden bzw. die Lehrkräfte nicht ‚jenseits von Kultur' stehen. Es fehle der systematische Einbe-

---

85 Der Aufsatz von Derrida „La différance" stammt von 1968; in deutscher Übersetzung zugänglich: Derrida, Jacques (1988): Randgänge der Philosophie. Wien, S. 29-52.

zug der Selbstreflexion der Pädagoginnen, stattdessen setze Prengel auf Parteilichkeit. Darüber hinaus vernachlässige sie (4) die Generationendifferenz, die konstitutiv für alle Erziehungsprozesse sei, sowie weitere Differenzlinien (siehe Kap. 4.3.2.6 und Kap. 5.2.4).

Wenn Prengels „Pädagogik der Vielfalt" in Anerkennung von Gleichheit in der Verschiedenheit erfolgreich zur „Entwicklung eines erweiterten Bildungsbegriffs," beitragen soll, „der den historisch und biographisch gewordenen individuellen, geschlechtlichen und kulturellen Verschiedenheiten der Menschen gerecht werden kann und gleichzeitig dem politischen Ziel der Gleichberechtigung verpflichtet ist" (Prengel 1990, S. 29; vgl. Prengel 2001), so reiche die Einbeziehung der drei Differenzlinien (Geschlecht, Gesundheit, Kultur/Herkunft) nicht, auch wenn dies die einzigen seien, entlang derer sich in der Erziehungswissenschaft auch Fachrichtungen (Zielgruppenpädagogiken) herausgebildet haben. Doch darüber dürften die anderen ‚Verschiedenheiten' nicht in den Hintergrund gedrängt werden: Eine „Pädagogik der Vielfalt" müsse das gesamte Spektrum der Differenzen und ihrer Überschneidungen – also zum Beispiel auch soziale Differenz oder religiöse, sprachliche, nationale Differenz – in kritischer Absicht berücksichtigen. Zu meinen, dass diese verschiedenen Differenzlinien in ‚kultureller Differenz' mit gefasst seien, übersieht, dass in den Überschneidungen die einzelnen Differenzelemente ein unterschiedliches Gewicht haben und sich unterschiedlich auf die Lebenssituation von Menschen auswirken können.

Statt dass ‚Kultur' als Analysekategorie verstanden wird, bestehe die Gefahr, dass Kultur – auch gegen die Intention von Prengel und anderen Autorinnen und Autoren – zu einem ‚Instrument der Homogenisierung' wird (vgl. Höhne 2000, vgl. auch Kap. 6). Allgemeiner formuliert ist mit Lutz (1999, S. 144) davor zu warnen,

> „daß der Differenz-Begriff als Sammelkategorie für ‚Anderssein' zum ‚Containerbegriff' degeneriert und damit seine Aussagekraft verliert. Wenn etwa Dieter Lenzen (1999, 179-181) von desintegrierten sozialen Gruppen (Minoritäten) spricht, die sich als Resultat von Differenzierungsprozessen herausgebildet haben, und zu diesen Gruppen Frauen, Behinderte, Alte, ‚Ausländer' oder ethnische, kulturelle und religiöse Minderheiten, Arbeitslose, Obdachlose, Arme und Drogenabhängige zählt, dann bezeichnet er damit 2/3 bis 3/4 der Bevölkerung – keineswegs die Minorität – als ‚anders' oder desintegriert und führt somit den Begriff der Differenz(ierung) ad absurdum" (Lutz 1999, S. 144),

nicht zuletzt, weil er den Machtaspekt ausklammert. Von daher sind auch beliebte Slogans wie „all different – all equal" oder „wir sind alle Ausländer" kritisch zu sehen. Sie unterschlagen die Macht- und Herrschaftsverhältnisse, wie sie in den gesellschaftlichen Beziehungen, in den auf sie bezogenen Alltagstheorien und eben auch in den Bildungsinstitutionen präsent sind und verdecken die Frage, was die aus ‚unterschiedlich verschiedenen' Individuen gebildete Gesellschaft zusammenhält.

4.3.2.6 Beispiel: Der Intersektionalitätsansatz

Ein Versuch, die Kritik der „Pädagogik der Vielfalt" so fort zu entwickeln, dass Differenzen in ihrer räumlichen und zeitlichen Diskontinuität und Differenzen in den Differenzen durch Überschneidungen und Überlagerung oder aber als gegenseitige Verstärkungen erkennbar bleiben, orientiert sich an dem Intersektionalitätsansatz, der in der internationalen Geschlechterforschung seinen Ursprung hat und vor allem von amerikanischen schwarzen Feministinnen entwickelt wurde. Unter Intersektionalitätsanalyse verstehen sie die Notwendigkeit, die ‚unterschiedlichen Verschiedenheiten' (Geschlecht, Ethnizität, Klasse/Sozialstatus, Nationalität, Gesundheit, religiöse/weltanschauliche Orientierung, sexuelle Orientierung usw.) in ihrem – widersprüchlichen – Zusammenspiel und in Bezug auf die Gleichzeitigkeit ihrer Wirkung zu untersuchen.

> „Ausgangspunkt dieser Argumentation ist die Feststellung, dass alle Menschen sozusagen am Schnittpunkt (intersection) dieser Kategorien positioniert sind und dort ihre Loyalitäten und Präferenzen entwickeln. Die Kategorien sind also nicht nur soziale Platzanweiser, sondern sie generieren auch Identität" (Krüger-Potratz/Lutz 2004, S. 4).

Die Ausarbeitung dieses Ansatzes in Bezug auf Forschungsfragen und -methoden, aber auch in Bezug auf mögliche bildungspolitische und pädagogische Konsequenzen ist noch zu leisten. Dazu bedarf es der Entwicklung von Instrumenten, mit denen die Komplexität der sich in vielfältiger Weise überschneidenden Differenzlinien als *Spannungsverhältnis* untersucht und ‚fassbar' gemacht werden kann.[86]

Die Ausarbeitung dieses Ansatzes hätte weitreichende Folgen. Auf der Ebene der Disziplin hieße dies, dass die Erziehungswissenschaft insgesamt sich der Komplexität ihres Gegenstandsfeldes mit der ihm eigenen Widersprüchlichkeit und Brüchigkeit bewusst werden müsste, und es somit spezieller Fachrichtungen entlang einzelner Differenzlinien (Geschlecht, Sprache/Kultur, Gesundheit usw.) letztlich nicht mehr bedürfte. „Denn schließlich gibt es ein Spezifisch-Anderes (also z. B. Weiblichkeit, kulturelle Fremdheit usw.), das scheinbar spezieller pädagogischer Bearbeitung bedarf, nur deshalb, weil zuvor ein bestimmtes Anderes (hier also Männlichkeit, das Eigene usw.[87]) als ‚normal' – im Sinne von

---

[86] Hier bieten sich qualitative Studien an wie sie z. B. im Rahmen der Biographieforschung vorgelegt werden. Sie können zeigen, wie sich die Differenzlinien in einer Biographie ‚überschneiden' und im Verlauf des Lebens ein je unterschiedliches Gewicht bekommen können.

[87] Zu beachten ist, dass ‚Männlichkeit', das ‚Eigene' Konstrukte sind, die so präsentiert werden als seien sie naturgegeben.

Norm – definiert und als Maßstab gesetzt worden ist" (Krüger-Potratz/Lutz 2002; vgl. auch Leiprecht/Lutz 2003). Besonderungen und Allgemeines würden nicht hierarchisch und/oder im Verhältnis von Regel und Ausnahme gefasst, sondern als unauflösbares Spannungsverhältnis (vgl. Abb. 4). Eine bildungspolitische und pädagogische Praxis, die ‚unterschiedliche Verschiedenheit' als ‚normal' versteht und damit als Norm setzt, würde zu anderen institutionellen Vorgaben kommen und damit auch die Trennung von ‚normaler Belastung' im pädagogischen Geschäft und zusätzlicher Belastung anders stellen (vgl. weiter oben).

Abbildung 4: Beispiel: Differenzlinien im sozialen Raum

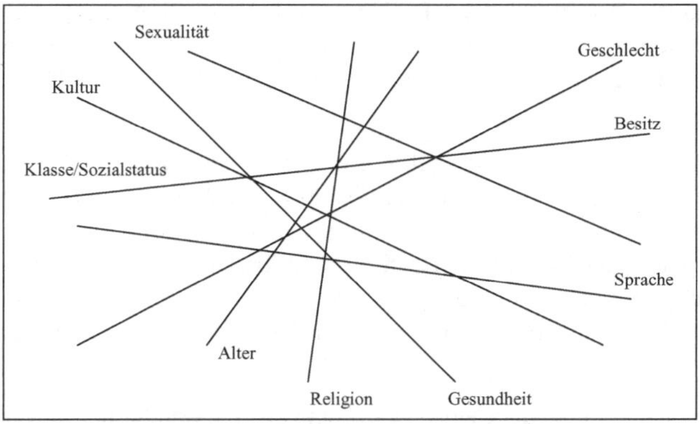

Quelle: Krüger-Potratz/Lutz 2002, S. 89

Die eigentliche Herausforderung richtet sich an die Erziehungs*wissenschaft*. Sie muss ein theoretisches und methodisches Instrumentarium herausbilden, das es erlaubt, der individuellen wie kollektiven unterschiedlichen Verschiedenheit von Menschen und ihren Lebensformen und somit der Komplexität des Gegenstandes der Disziplin gerecht zu werden. Dies ist noch keineswegs erreicht. Allerdings lassen sich schon wichtige Schritte auf dem Weg dahin identifizieren, unter anderem in den Auseinandersetzungen über die beiden Leitdifferenzen ‚Geschlecht' und ‚Kultur' (vgl. auch verschiedene Beiträge in Lutz/Wenning [Hrsg.] 2001).

4.3.2.7 Beispiel: Bildung als Inklusionshilfe[88]

Diehm/Radtke haben ihrer Kritik an den defizit- oder differenzorientierten Entwürfen für eine ‚neue Pädagogik' in der Einwanderungsgesellschaft einen eigenen Vorschlag beigefügt, der von der Diagnose ‚Diskriminierung' ausgeht. In

---

[88] Inklusion steht hier für soziale Integration. Dass Radtke von Inklusion spricht hängt nicht zuletzt mit seiner Orientierung an der Systemtheorie (N. Luhmann) zusammen; siehe auch weiter oben Kapitel 1.4.

Abgrenzung zur ‚Ausländerpädagogik', die das „Problem durch Defizitkompensation bei den Migrantenkindern" erfolglos zu beheben versucht habe, und auch in Abgrenzung gegen das Programm der Interkulturellen Pädagogik, deren Forderungen und Vorschläge für „interkulturelle Unterrichtseinheiten" über die „curriculare Anerkennung von Differenz" und die „Etablierung eines durchgängigen Verständnisses der ‚anderen Kultur'" nicht hinausgereicht und „keine erkennbaren Effekte" gebracht hätten, blieben

> „nur noch die Optionen: (1) Qualifikation und Kompetenz des Personals und (2) Organisation und Eigensinn der Schule zu untersuchen. Man kann versuchen, in der Phase der Ausbildung und/oder auf der Ebene der Struktur und der Organisation des Bildungsangebots für Migrantenkinder zu intervenieren. Damit käme dann der Orientierung an Defiziten und Differenzen das dritte ‚D' für Diskriminierung in den Blick" (Diehm/Radtke 1999, S. 186).

Unter systemtheoretischer Perspektive und in Bezug auf die Problemdiagnose ‚Diskriminierung' propagieren Diehm/Radtke „Bildung als Inklusionshilfe", anknüpfend an die Diskussion über Bildung, Chancengleichheit und gesellschaftliche Partizipation aus den 1960er Jahren. Mit kritischem Blick auf die Rolle des Sozialstaats gehen sie davon aus, dass dem Bildungssystem eine zentrale Rolle als „Einwanderungshilfe" zukomme: Die Kernaufgabe des Bildungssystems bestehe in systemtheoretischer Perspektive darin,

> „neu Hinzukommende ebenso wie (zeitweise) Exkludierte zur (Wieder-) Teilnahme an den relevanten Funktionssystemen der Gesellschaft, zuvorderst der Wirtschaft und der Politik, der Kunst und der Wissenschaft, zu befähigen. Es bietet in einem umfassenderen Sinn ‚Einwanderungshilfen' in die Gesellschaft, sofern ‚qualifizieren' bedeutet, die Neuankömmlinge so vorzubereiten, daß [sie] *erstens* die Funktionssysteme im je eigenen Interesse der Individuen auch in Anspruch nehmen können: als Arbeiter, Mieterinnen, Beamtinnen, Kunden, Patientinnen, Wähler oder Schülerinnen etc., und daß *zweitens* die Individuen an den Kommunikationen der Teilsysteme teilnehmen können" (Diehm/Radtke 1999, S. 175; Hervorh. im Orig.).

Ihr Konzeptentwurf bezieht sich auf drei Ebenen: auf die Ausbildung des pädagogischen Personals, die erziehungswissenschaftliche Forschung und die bildungspolitische Praxis. Die Ausbildung von Pädagoginnen und Pädagogen müsse vom „Konstruktcharakter der Wirklichkeit" ausgehen und den zukünftigen „Professionellen unterschiedliche Beobachtungs-, d. h. Theorieperspektiven", vorführen, ohne sie auf eine bestimmte festzulegen. Ziel müsse es sein, dass sie „lernen, was man derzeit über einen Teilbereich der Wirklichkeit wissen kann, wenn es darum geht, die eigene Praxis in ihren gewollten und ungewollten Wirkungen zu beurteilen und zu bewerten". Um zu wissen, was sie tun und ihr Tun auch verantworten zu können, müssen sie „zwischen unterschiedlichen Selbst-

und Fremdbeschreibungen eines Problems" unterscheiden lernen sowie „zwischen normativen Programmen und empirischen Befunden"; sie müssen lernen Anfangsentscheidungen/Prämissen der Programme und Theorien zu identifizieren und einzuordnen sowie die „Mechanismen institutioneller Diskriminierung" einschließlich der mit ihrer eigenen (beruflichen) Rolle in diesem ‚Geschäft' verbundenen ‚Normalitätsvorstellungen' zu durchschauen (Diehm/Radtke 1999, S. 189).

Ein zweiter wichtiger Ansatz ist für Diehm und Radtke die seit den 1990er Jahren auch in Deutschland verstärkt propagierte Schulentwicklung: die Forderung nach Entwicklung von Schulprofilen, Autonomisierung der Schule, Qualitätsmanagement, Setzung und Kontrolle von Standards usw. In diesem Zusammenhang schlagen sie vor, die Debatten über Autonomisierung der Schule zu nutzen, um Inklusionsleistungen als Qualitätskriterium einzuführen:

> „Es könnte angesichts institutioneller Diskriminierung die Aufgabe einer *lokalen Bildungspolitik* sein, die Struktur des Schul- und Bildungsangebots stadtteilbezogen auf die veränderte Schülerpopulation hin zu übersetzen. Sie müßte versuchen, die Mechanismen, die zu Benachteiligungen von ethnisch definierten Gruppen führen, beispielsweise stadtteilbezogene Disparitäten im Bildungsangebot, in den Schulentwicklungsplänen vorwegzunehmen, um sie auf diese Weise außer Kraft zu setzen. Statt weiterer Fördermaßnahmen sind Strukturanpassungen des Bildungsangebotes gefordert, die Schulen und außerschulische Einrichtungen vor andere Optionen stellten, ihnen aber auch andere Ziele setzten und Schülerströme anders lenken würden. Hier läge eine Chance der propagierten ‚Autonomisierung' und ‚Profilbildung' der Schulen und Jugendeinrichtungen: ihre Erfolge ließen sich in Zukunft nämlich genauso gut daran messen, ob sie sich der Aufgabe der Inklusionsvermittlung auch und gerade für die ‚schwierigen' Fälle stellen, ob ihre Ergebnisse bzw. deren Verbesserung in Richtung auf eine gerechtere Vergabe von Bildungs- und Teilnahmechanismen weisen. Dazu müßten auf der Gemeindeebene jährlich detaillierte Statistiken zu den hier interessierenden Effekten veröffentlicht und öffentlich diskutiert werden" (Diehm/Radtke 1999, S. 190).

Der Feststellung, dass ohne eine Strukturanpassung die Frage der Benachteiligung nicht konsequent angegangen werden kann, ist zuzustimmen, und sicherlich böten die Versuche der „Autonomisierung und Profilbildung der Schulen" eine Chance für eine „interkulturelle Schulentwicklung". Dies ist jedoch ein langwieriger Prozess und die internationalen Erfahrungen zeigen, wie schwer es ist, diese Strukturanpassungen zugunsten der Benachteiligten durchzusetzen (vgl. Gomolla 2005; Krüger-Potratz 2003).[89] Es bedarf einer ‚konzertierten Aktion', in der die Bemühungen auf der Ebene der Einzelschule politisch und rechtlich unterstützt werden müssten: auf kommunaler, Länder-, nationaler und europäischer Ebene.

4.3.3 Fazit

Die hier vorgenommene Zweiteilung in ‚ausländerpädagogische' und ‚interkulturelle' Ansätze und die in jeder Rubrik versuchte ‚Binnendifferenzierung' ist *eine mögliche Form* der ‚Ordnung des Feldes' und der einzelnen ‚Feldabschnitte'. Die dafür herangezogenen Kriterien waren: Defizitorientierung und/oder Betonung der Differenz einerseits und Versuch der Verbindung von Differenz und Gleichheit andererseits, Ansätze, die allein die Personen als veränderungsbedürftig definieren auf der einen Seite, und Ansätze, die die gesellschaftlichen Bedingungen und die institutionellen Strukturen mit einbeziehen auf der anderen Seite.

Doch diese Kriterien sind nicht in allen Fällen trennscharf. Ein Beispiel dafür sind die unterschiedlichen antirassistischen Ansätze. Bevor im Folgenden noch auf Modelle interkulturellen Lernens eingegangen wird, sei noch einmal betont,

- dass keiner der bisher vorgestellten Ansätze beanspruchen kann (und beansprucht), *die* Lösung gefunden zu haben, wenn auch die unter 4.3.2.6 und 4.3.2.7 vorgestellten erfolgversprechender als andere erscheinen;
- dass die bisherigen Versuche, interkulturelle Bildung und Erziehung zu konzeptualisieren, sich vielfach noch auf die durch die Arbeitsmigration bedingten Veränderungen beziehen, während die Folgen der Europäischen Integration für Bildung und Erziehung unter dem Stichwort: ‚europäische Dimension im Bildungswesen' weitgehend davon getrennt verhandelt werden, und

---

[89] Siehe auch die Ergebnisse einer neuen Studie in den USA, denenzufolge schwarze Kinder weiterhin bzw. wieder verstärkt getrennt von weißen Kindern unterrichtet werden. Dazu heißt es in einem Artikel vom 17. Mai 2004 im *Kurier* (Wien):
„Als eine Ursache nennen die Wissenschaftler ein anderes Urteil des Obersten Gerichtshofes aus dem Jahre 1991, das in manchen Fällen so genannte Nachbarschaftsschulen erlaubte. Anstelle des heftig umstrittenen ‚Bussing' – bei dem Kinder mit Bussen von Bezirk zu Bezirk gefahren wurden, um integrierte Schulen zu ermöglichen – können die Kinder seitdem in ihrem eigenen Viertel zur Schule gehen. Damit aber bleiben die Schüler in ihrem gewohnten sozialen Umfeld – in den reichen, meist weißen Vierteln ebenso wie in den schwarzen, oft ärmeren Vororten Washingtons oder Baltimores. [...] Das soziale Gefälle zwischen Weißen und Schwarzen präge oft auch die Qualität der Schulen. Da sie einen Teil ihres Etats vom jeweiligen Schulbezirk bekommen, gibt es einen direkten Zusammenhang zwischen örtlichem Wohlstand und schulischer Ausstattung. ‚Rassentrennung bedeutet immer auch ein finanzielles Gefälle', so der Bildungsdirektor der Schwarzen-Organisation NAACP, John Jackson. Die Benachteiligung in der Schule setze sich dann fort: Die Chancen auf einen Platz an einer guten Universität sind schlechter, ebenso die Aussichten auf einen guten Job".

- dass alle bisherigen Versuche, interkulturelle Bildung und Erziehung (wie auch ‚europäische Dimension im Bildungswesen') zu konzeptualisieren, noch ohne genauere Kenntnisse darüber geschehen, wie die Geschichte des Bildungswesens und insbesondere der Schule als nationalstaatliche Institution sich in ihren Strukturen und damit auch in ihrer alltäglichen Praxis ausgewirkt hat, und wieweit diese strukturellen Momente – unabhängig vom guten Willen der Beteiligten und von ihrem professionellen Können – nicht jegliche Änderungsversuche im Sinne Interkultureller Bildung konterkarieren.

4.4 Exkurs: Modelle interkulturellen Lernens – zwei Beispiele

Interkulturelles Lernen ist ein Begriff, der vor allem im außerschulischen und insbesondere im Bereich der Erwachsenenbildung bevorzugt wird und der aus der Austauschforschung und der Entwicklungspädagogik resp. Entwicklungsarbeit in die Diskussion über Bildung und Erziehung im Zeichen von Migration und Europäischer Integration ‚eingewandert' ist. Aufgrund seiner Geschichte wird der Begriff ‚interkulturelles Lernen' eher mit grenzüberschreitenden (Kultur- und Sprach-)Kontakten in Verbindung gebracht, als mit entsprechenden Kontakten ‚im Innern der Einwanderungsgesellschaft'. Allerdings beginnt sich hier eine Änderung abzuzeichnen.

Es gibt vielfältige Versuche, insbesondere in der Forschung über internationalen Jugendaustausch, internationale Kontakte in der Entwicklungsarbeit und – generell – in der internationalen wirtschaftlichen Zusammenarbeit, interkulturelles Lernen bzw. interkulturelle Lernprozesse zu beschreiben. Als Hauptproblem gelten in der Regel die Fragen: Was ist ‚Kultur', und wie können Ethnozentrismus bzw. Kulturzentrismus einerseits und die Kulturalisierung des Anderen anderseits überwunden werden. Einig sind sich die Autorinnen und Autoren darin, dass ‚Kulturbegegnung' resp. ‚Kulturkontakt' – zum Beispiel durch Auslandsaufenthalte oder durch die Zusammensetzung von Gruppen mit Personen unterschiedlicher Herkünfte – nicht automatisch zu interkulturellem Lernen im Sinne eines Abbaus von Vorurteilen, Stereotypen und somit zu mehr Toleranz führen, sondern dass durchaus die Gefahr besteht, dass Vorurteile und ablehnende Einstellungen verstärkt werden.

Diese Einsicht ist keineswegs neu: So schreibt zum Beispiel schon Friedrich Schneider, einer der Protagonisten der Vergleichenden Erziehungswissenschaft vor 1933 und nach 1945 und in traditioneller Weise den Gedanken der Nationalkultur, der Völkerversöhnung, und inter-nationalen Begründung verpflichtet, dass internationale Verständigung sich bei Auslandsbesuchen oder internationalen Begegnungen nicht automatisch ergäben. Und er berichtet von einem amerikanischen Kollegen, der sich in der Zwischenkriegszeit auf einer Konferenz in diesem Sinne gegen einen naiven Optimismus gewendet habe,

„indem er humorvoll meinte: ‚Je besser manche Amerikaner auf ihren Europareisen die Engländer kennen lernen, desto weniger liebten sie diese, und er könne sich, um ein [...] Beispiel zu nennen, wohl denken, daß preußische höhere Schüler, die auf dem Wege des Schüleraustausches für längere Zeit nach Frankreich oder nach Schottland kommen, desillusioniert und ohne Sympathien für die Bewohner zurückgekommen seien'" (Schneider 1970, S. 80).

Diese ‚alte' Einsicht gilt es auch heute noch zu beachten. Interkulturelles Lernen – für den Alltag wie für internationale Austauschprojekte o. ä. – bedarf der Gestaltung, das heißt spezifischer Kontextbedingungen und Lernarrangements.[90] Nach Ergebnissen der Kulturkontaktforschung gehören zu den förderlich wirkenden Kontextbedingungen und Interaktionsformen – auch wenn sie letztlich keine Garantie für das Gelingen darstellen – die Freiwilligkeit des Kontakts, Statusgleichheit der Teilnehmerinnen und Teilnehmer, Produkt- und/oder Aufgabenorientierung in der Kontaktphase – also Arrangements, die es den Beteiligten ermöglichen, sich mit ihren verschiedenen Kompetenzen einzubringen und auf ein gemeinsames Ziel hin zu arbeiten. Ferner bedarf es der Einplanung von Reflexionsphasen, auch zur emotionalen Stabilisierung der Teilnehmenden und zur Förderung von Offenheit.

4.4.1 Beispiel: interkulturelles Lernen als ‚Phasen-Modell'

Die im Folgenden kurz vorgestellten beiden Modelle interkulturellen Lernens sind keineswegs die einzigen, die im Rahmen der Diskussion über Interkulturelle Bildung entwickelt worden sind. Sie sind so ausgewählt, dass sie sich von den in den vorausgegangenen Abschnitten dargestellten ausländerpädagogischen und interkulturellen Ansätzen unterscheiden. Ein wichtiger Unterschied ist, dass das Interesse nicht vorrangig der Frage gilt, wer, was, mit welchem Ziel lernen soll und wie die ‚Problemdiagnose' lautet, sondern wie der *Prozess* interkulturellen Lernens verläuft, und was ihn fördert resp. hemmt. Wie bei allen Versuchen der ‚Übersetzung' von Prozessbeschreibungen in Schemata und Modellabbildungen, gilt auch hier, dass diese die Komplexität des Beschriebenen nur bedingt wiedergeben (können).[91]

Grosch und Leenen legen ihrem Modell interkulturellen Lernens einen dynamischen Kulturbegriff zugrunde (vgl. Kap. 6). Kultur werde von Menschen im Verlauf ihrer Sozialisation sowohl erworben wie auch hervorgebracht und in diesem Sinne sei Kultur als ein ständiger Prozess der „Wechselwirkung zwischen subjektiver Internalisierung und gesellschaftlicher Objektivierung" zu verstehen. Zu beachten sei ferner, dass interkulturelles Lernen nicht zwischen

---

[90] Hilfreich ist die von einer internationalen Arbeitsgruppe erstellte und erprobte Handreichung: ILTIS-Projektpartner (Hrsg.) (2002); vgl. auch Leiprecht/Riegel/Held et al. (Hrsg.) (2001).

[91] Vgl. auch: Interkulturelles Lernen in der beruflichen Ausbildung. Düsseldorf: IDA e. V. 1997.

Kulturen sondern zwischen Individuen stattfinde, die „mehr oder weniger (!) an verschiedenen Bedeutungssystemen teilhaben", das heißt „kulturelle Mehrfachzugehörigkeiten" seien für alle Personen gegeben (Grosch/Leenen 1998, S. 33). Vor diesem Hintergrund lasse sich interkulturelles Lernen als Prozess fassen, „in dessen Verlauf sich der Umgang mit eigener und fremder Kultur verändere (Grosch/Leenen 1998, S. 37).

Weiterhin gehen die Autoren davon aus, „dass den Menschen gleichsam als Kulturwesen [...] eine primäre Schicht Kulturzentrismus beigegeben" sei, auch wenn letztlich die These vom Kulturzentrismus als universellem Phänomen empirisch nicht belegt sei. Aber viele Beobachtungen sprächen dafür, dass Kulturzentrismus – so die Autoren weiter – eine „affektive Komponente" aufweise, und vor allem unterstütze er „über die Enkulturationsphase hinaus [...] soziale Identitätsfindungsprozesse". Daher erzeuge die Konfrontation

„mit fremden Lebenswelten [...] positiven wie negativen Streß [...], weil kulturelle Muster von einer Kommunikationsgemeinschaft identifikatorisch, d.h. zur Außen-Abgrenzung und zur Binnen-Stabilisierung verwendet werden" (Grosch/Leenen 1998, S. 36).

Von diesem Ausgangspunkt aus entwickeln sie sieben Phasen interkulturellen Lernens (vgl. Abb. 5), beginnend bei der Person des Lernenden, um dann schrittweise Verständnis und Akzeptanz für das Fremde zu entwickeln. Wie die einzelnen Phasen durchlaufen werden, wird nicht weiter erläutert, sondern für die Ingangsetzung des Prozesses wird nur festgehalten, dass es methodisch gelingen müsse,

„sog. strukturierte Erfahrungen anzubieten, durch die der Einfluß auf die eigenen kulturellen Prägungen, auf Wahrnehmungen, Situationseinschätzungen und Verhaltensweisen bewußt wird. Um den eigenen ‚kulturellen Apparat' in den Blick zu bringen, können verschiedene Spiegelungstechniken genutzt werden, durch Selbstwahrnehmungsübungen und mittels Simulation auch gezielt Irritationen und ein ‚kontrollierter Kulturstreß' ausgelöst werden" (Grosch/Leenen 1998, S. 42).

Die Autoren verstehen ihr Modell nicht als einen Kurs, in dem man die einzelnen Phasen durchläuft. Die Trennung in Phasen soll lediglich eine Hilfe für die Planung interkulturellen Lernens – zum Beispiel bei internationalen Jugendbegegnungen – sein, und vor allem sei interkulturelles Lernen kein abgeschlossener Prozess, sondern das Modell sei als Beginn einer Kette von sich wiederholenden (hinzuzufügen wäre: auch keineswegs immer erfolgreichen) Lernerfahrungen zu denken.[92]

---

[92] Vgl. hierzu die praxisorientierte Veröffentlichung von ILTIS-Projektpartner 2002, insbesondere das von Leiprecht vorgestellte Modul 2 „Ansätze interkulturellen Lernens, S. 23-40.

Abbildung 5: Phasen interkulturellen Lernens – ein mögliches Modell

	Die generelle Kulturgebundenheit menschlichen Verhaltens erkennen & akzeptieren können
Fremdkulturelle Muster als fremd wahrnehmen können ohne sie (positiv oder negativ) bewerten zu müssen (geringes Maß an Kulturzentrismus)	
	Eigene Kulturstandards identifizieren & ihre Wirkung in der Begegnung mit einer Fremdkultur abschätzen zu können (own-culture-awareness)
Deutungswissen über bestimmte fremde Kulturen erweitern; relevante Kulturstandards identifizieren und dazu weitergehende Sinnzusammenhänge in der Fremdkultur herstellen können	
	Verständnis & Respekt für fremdkulturelle Muster entwickeln können
Erweiterung der eigenen kulturellen Optionen: - mit kulturellen Regeln flexibel umgehen können - selektiv fremde Kulturstandards übernehmen können - zwischen kulturellen Optionen situationsadäquat und begründet wählen können	
	Zu und mit Angehörigen einer fremden Kultur konstruktive & wechselseitig befriedigende Beziehungen aufbauen, mit interkulturellen Konflikten praktisch umgehen zu können

Quelle: Ein mögliches Phasenmodell für den Prozess interkulturellen Lernens in: Grosch/Leenen 1998, S. 40

Problematisch ist, dass die Art und Weise, wie sie ihr Modell erläutern, dazu verleiten kann – entgegen der Intention der Autoren –, Kultur statisch zu verstehen: Insbesondere Begriffe wie „Fremdkultur" und „Kulturstandards" erzeugen die Idee von etwas Feststehendem[93], davon, dass die interagierenden Personen einerseits so etwas wie ein „kulturelles Gepäck" mit sich tragen, dass sie ggf. ‚umpacken', und andererseits während des Trainings bzw. während der Maßnahme (Jugendbegegnung usw.) im ‚kulturfreien Raum' interagieren. Aber gerade dies ist nicht der Fall: Bildungsinstitutionen wie auch Jugendaustauschaktivitäten (also nicht orts- und institutionengebundene Situationen) sind immer auch ‚kulturell bestimmte Räume'. Sie sind selbst Teil einer Geschichte und somit Teil eines kulturellen Prozesses. Daher greift es zu kurz, wenn man nur vom Kulturzentrismus der Individuen ausgeht.

Ungeklärt ist außerdem – wie auch schon bei den ausländerpädagogischen und interkulturellen Ansätzen – die Frage, wessen ‚Fremdkultur' hier (hauptsächlich) eine Rolle spielt. Können die vielfältigen Situationen interkulturellen Lernens so offen gedacht und vor allem gestaltet werden, dass – zum Beispiel in der Schule oder in anderen Bildungseinrichtungen im Aufnahmeland – auch die

---

[93] Vgl. hierzu die in der Zeitschrift „Erwägen, Wissen, Ethik" (2003, Nr. 1, S. 137-228 abgebildete Kontroverse über „interkulturelle Kompetenz" und über ‚Kultur'.

für die Zugewanderten fremde ‚Fremdkultur' des Aufnahmelandes auf der gleichen Ebene ins Spiel kommt wie ‚ihre Fremdkultur' für die Angehörigen der Mehrheitsgesellschaft? Diese Balance dürfte schon bei pädagogisch initiierten und kontrollierten Prozessen interkulturellen Lernens schwierig sein, das man – in Analogie zur Unterscheidung von gesteuerten und ungesteuerten (Fremd-/Zweit-)Sprachenerwerb – als *gesteuertes interkulturelles Lernen* bezeichnen könnte. Doch wie auch beim Fremd- resp. Zweitspracherwerb darf nicht übersehen werden, dass die Zuwandernden bzw. die Zugewanderten mit Beginn ihrer Wanderungsentscheidung und erst recht ab ihrer Ankunft im Zielland resp. in der Zielregion wie auch im Zuge der Weitergabe ihrer Migrationserfahrungen an die nachwachsenden Generation(en) einen ungesteuerten Prozess interkulturellen Lernens durchlaufen: zum Beispiel wenn sie sich mit der Macht des ‚Kulturzentrismus' der Aufnahmegesellschaft in Gestalt von politischen und gesellschaftlichen Institutionen auseinander setzen müssen, oder wenn sie ‚ihre Kultur' unter den Verhältnissen von Migration als ‚eigene' und zugleich ‚fremde' erfahren und sich neu orientieren müssen, oder wenn sie sich als Eltern schulpflichtiger Kinder mit der Schule als (nationaler) Institution auseinandersetzen müssen. Diese Überlegungen gelten auch für das nachstehend aufgeführte Modell des interkulturellen Lernens, dessen Phasen nicht linear, sondern spiralförmig gedacht sind, um das Missverständnis zu vermeiden, demzufolge interkulturelles Lernen als ein linear verlaufender ‚Fortschrittsprozess' gedacht werden könnte, so als könne man ‚immer interkultureller' werden.

4.4.2 Beispiel: Interkulturelles Lernen – ein ‚spiralförmiges Stufenmodell'

Gisela Führing hat in ihrem Buch „Begegnung als Irritation" ihre Erfahrungen in der entwicklungspolitischen Arbeit in Tansania zu einer „aus gestaltpädagogischen Impulsen[94] sich speisenden entwicklungsbezogenen Didaktik" verarbeitet und in einem spiralförmigen Modell interkulturellen Lernens verdichtet. Sie bezeichnet ihren Ansatz als „Irritationsansatz", der – so Führing (1996, S. 13) unter Bezug auf Forderungen von Hamburger (1990) und Nestvogel (1991) – „auf intensive wahrnehmungsorientierte ‚Fremdheitserfahrungen der Mitglieder der Mehrheitsgesellschaft' und auf ‚kulturelle Selbstreflexion'" ziele und in der

---

[94] Gestaltpädagogik (entwickelt im Kontext der Verbreitung der Gestalttherapie) ist eine Richtung der Humanistischen Pädagogik, die Ansätze der europäischen Reformpädagogik mit anglo-amerikanischen Konzepten der Humanistischen Psychologie verbindet. Den theoretischen Kern der Gestaltpädagogik bildet das Kontaktmodell und Begegnungskonzept von Fritz Perls und Paul Goodmann, mit dem ein optimaler Verlauf von persönlich bedeutsamen Lernprozessen beschrieben wird. Ein weiterer wichtiger Bezugspunkt ist das aus der Gesprächspsychotherapie stammende „Personenzentrierte Lehren und Lernen" von Carl Rogers sowie das Modell der „Themenzentrierten Interaktion" von Ruth Cohn.

Tradition des in den Niederlanden und Großbritannien entwickelten *racism awareness training* stehe. Sie versteht ihr pädagogisches Konzept als ein notwendigerweise „offenes Curriculum", das

> „sowohl personenbezogen orientiert wie theoretisch breit fundiert sein [muss], denn es lebt von der aus der prozeßbegleitenden Analyse des Lerngeschehens erwachsenen adäquaten affektiven und kognitiven Konfrontation. Die sensible Begleitung der individuell lebensweltlich bedeutsamen Lernprozesse im gegenseitigen Austausch setzt eine bewußte Wahrnehmung der eigenen Befindlichkeit der Unterrichtenden, der Öffnungsbereitschaft der TeilnehmerInnen und der thematischen Relevanz voraus. Dieser Ansatz stellt also hohe Anforderungen an die persönliche, fachliche und soziale *Kompetenz der Lehrkräfte* und läßt die Aufgaben der Schule [wie auch anderer institutionalisierter Lernprozesse] in neuem Licht erscheinen" (Führing 1996, S. 14 f.).

Führing hat ihr Modell auf der Grundlage von Konzepten der Humanistischen Pädagogik, insbesondere der Themenzentrierten Interaktion, und der Gestaltpädagogik entwickelt, das heißt von Ansätzen, deren Ziel es ist, gegen Entfremdung zu kämpfen, dem Einzelnen dazu zu verhelfen, sich seiner selbst bewusst zu werden, um auch den Anderen besser wahrnehmen zu können.

Unter Bezug auf die „Bedürfnispyramide", die von den einfachsten physiologischen Grundbedürfnissen (Essen, Trinken, Schlafen, Sexualität ...) über die sozialen Bedürfnisse (Geborgenheit, Geselligkeit ...) und „Geltungsbedürfnissen" (Selbstachtung, Anerkennung, Selbständigkeit ...) bis zu „Selbstverwirklichung" reicht, entwickelt Führing ein horizontal angelegtes gestaltpädagogisches Kontaktmodell, in dem die fünf Stufen des Kontaktprozesses abgebildet sind, „die im Umgang mit einem Bedürfnis oder einer Fragestellung [dessen/]deren Befriedigung bzw. Beantwortung ermöglichen" (Führing 1996, S. 113).

4 Ordnung des Feldes III

Abbildung 6: Spiralmodell der Persönlichkeitsentfaltung – Kontaktmodell

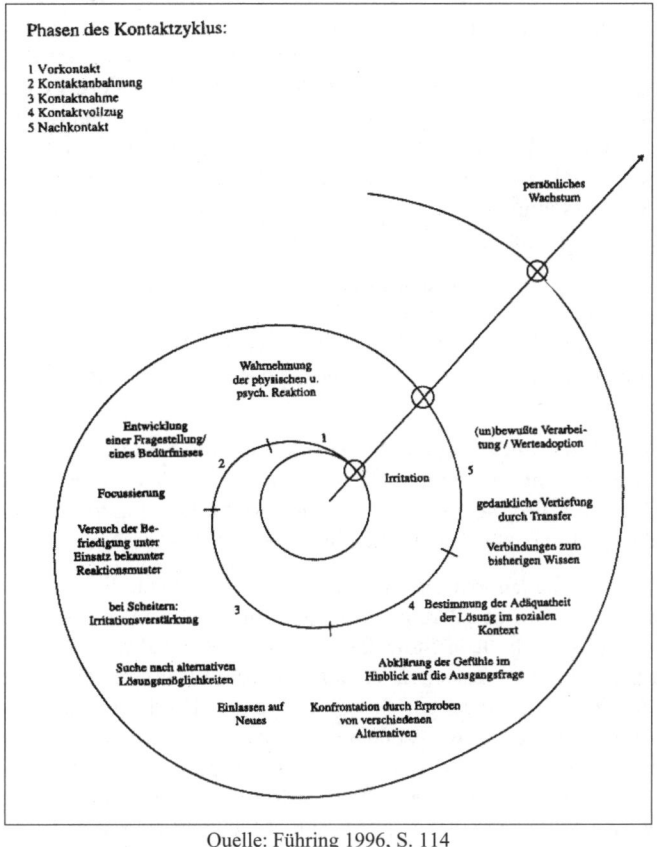

Quelle: Führing 1996, S. 114

Im Zentrum – so Führing – stehe die für die Entwicklung der Persönlichkeit unabdingbare Irritation, die immer wieder gesucht werden müsse, „um das Ich an seiner Grenze mit sich selbst zu konfrontieren und eine neue Erfahrung einzuleiten".

„Im gestaltpädagogischen Kontaktmodell kommt der Begegnung mit dem anderen eine entscheidende Funktion auf dem Wege zum eigenen Lernen und zur Entwicklung einer autonomen kreativen und gesunden Persönlichkeit zu, Begegnung mit Fremden und Fremdem bedeutet eine Extremform der alltäglichen ‚Gestalt'-Erfahrungen, indem dabei zumeist auf mehreren Ebenen des eigenen Selbstverständnisses Irritationen auftreten und eine gefahrvolle Verunsicherung darstellen, aber auch ein großes Lernpotential enthalten können" (Führing 1996, S. 119).

Diesen Prozess der Irritation durch Fremde und Fremdes, der Wahrnehmung des Anderen, der Bearbeitung der Irritation durch Näherung, Abwehr, erneuter Näherung, Abbruch, Wiederaufnahme usw. hat sie in einem vertikal ausgerichteten „Spiralmodell interkulturellen Lernens" abzubilden versucht, um die einzelnen Schritte des Prozesses voneinander abzuheben, um ihre innere Logik und Aufeinanderfolge zu verdeutlichen und daraus methodisch-didaktische Schlüsse ziehen zu können" (Führing 1996, S. 127). Zusammen mit dem horizontal ausgerichteten Kontaktzyklusmodell soll dies eine „dreidimensionale Spirale mit Längs- und Querschnitt" ergeben. Die Spiralform soll anzeigen, dass zum einen der Lernprozess nie aufhört und zum anderen, dass

> „die Assimilierung von neuen Erfahrungen oft mehrerer Anläufe und Versuche bedarf" und dass „Phasen des Absicherns von und Festhaltens tradierter Werthaltungen mit solchen der bewußten Wahrnehmung und solchen des Experimentierens im Kontakt mit Neuem" abwechseln (Führing 1996, S. 127).

Zu beachten ist, dass Führing zwar von Schritten und Stufen des interkulturellen Lernprozesses spricht, aber sich durchaus bewusst ist, dass der Prozess nicht von Stufe zu Stufe verläuft, sondern dass es viele „Überlappungen und Gleichzeitigkeiten" gibt. Wohl aber bedingen die einzelnen ‚Stufen' einander:

> „Es gibt z. B. keinen wirklichen Dialog, wenn man nicht die Gleichwertigkeit der Ansichten des Partners akzeptiert und diesen in seiner Sichtweise zu verstehen sucht. Jede Stufe kann sich in verschiedenen Begegnungen mehrmals und in je speziellen Varianten wiederfinden und diese miteinander verzahnen, bis sie als gesicherte Erfahrung gelten kann. Und dann gibt es auch immer wieder die Erkenntnis, daß man längst überwunden geglaubte Einsichten über sich und andere revidieren muß und meint, wieder am Anfang zu stehen, denn der Ethnozentrismus begleitet uns auf den verschiedenen Stufen und erscheint in unterschiedlichsten Formen. *Grenzerfahrungen* implizieren sowohl die Chance des weiteren Lernens wie auch die Gefahr von Abbrüchen, weil die in der Begegnung mit dem Neuen liegende Verunsicherung schwer auszuhalten und von Ängsten begleitet ist" (Führing 1996, S. 129 – Hervorh. im Orig.).

Abbildung 7:   Spiralmodell interkulturellen Lernens

Autonome partnerschaftliche Persönlichkeit mit differenzierter Einstellungs- und Handlungskompetenz

Dialog- und Konfliktfähigkeit

Überidentifikation
Rassismus

Assimilation
selektive Anpassung

Pauschalisierung
Abwertung/Überbewertung
Abschottung

Bewertung
Vergleich/
Konfrontation

Fundamentalismus
Leugnung
von Vielfalt

Respekt/Toleranz
Verstehensprozeß
Neugier

Überheblichkeit
Desorientierung

Anerkennung der
Gleichwertigkeit
Erkenntnis der
eigenen Grenze

Bestätigung
des Eigenen

sekundärer
Ethnozentrismus

Wahrnehmung
anderer Verhalten
und Wertungen

primärer Ethnozentrismus

Abbruch / Stillstand

Lernschritte

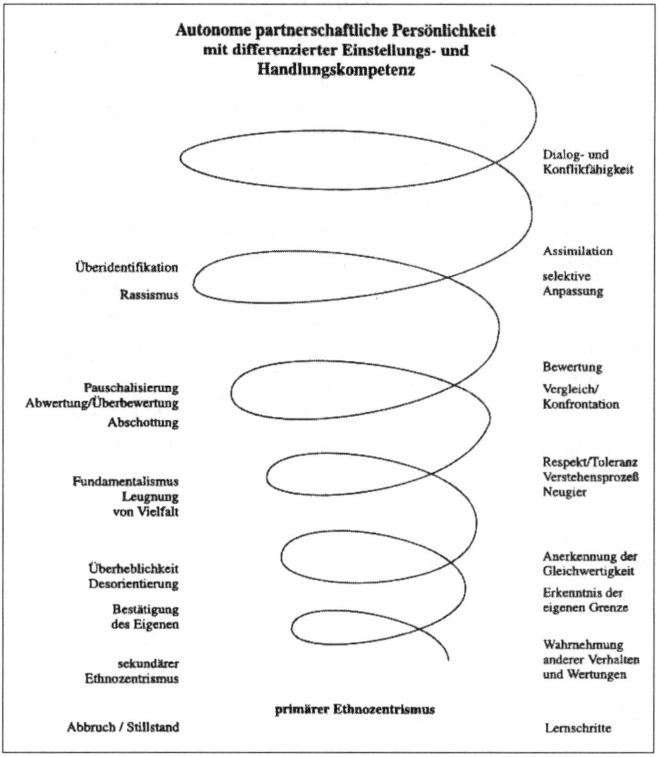

Quelle: Führing 1996, S. 128

Führings Modell interkulturellen Lernens ist personenbezogen und verlangt eine hohe Sensibilität sowie gute Fachkenntnisse seitens derjenigen, die in institutionellen Zusammenhängen einen solchen Lernprozess einleiten und begleiten, wobei stets zu beachten ist, dass die Lehrenden auch zugleich Lernende sind. Dafür bedarf es – wie Führing zu Recht anmerkt – „eigener Lern- und Reflexionsräume für Lehrkräfte mit einem Angebot kompetenter Begleitung" und einer Ausbildung, in der Gelegenheit zu „identitätsstärkendem, selbstreflexivem und weltoffenem Lernen" (Führing 1996, S. 156) gegeben ist. Dies aber wiederum erfordert strukturelle Reformen, auf die Führing zwar verweist, die sie aber nicht mehr in Zusammenhang mit ihrem Ansatz erörtert.

4.5 Fazit

Im Unterschied zu den Konzepten und Programmen, die verschiedene Positionen im Feld aufzeigen, bieten die Modelle interkulturellen Lernens Hilfestellung für die Planung wie für die Analyse von Kontakt- und Lernprozessen und sind damit bei der Planung, Durchführung und Auswertung von Veranstaltungen, zum Beispiel von internationalen Jugendbegegnungen, interkulturellen Seminaren und Workshops oder Unterrichtsprojekten hilfreich. Das zweite Modell macht zudem nachdrücklich darauf aufmerksam, dass Lernen kein unilinearer, außengesteuerter Prozess ist, sondern ein Prozess der Auseinandersetzung mit Sachverhalten und Personen, mit institutionellen Gegebenheiten und nicht nur mit fremden sondern stets auch mit den eigenen Einstellungen, Denk- und Handlungsmustern. Es bietet einen guten Ansatz für die Entwicklung eines Leitfadens für interkulturelle Bildung und Erziehung als Querschnittaufgabe für Lernende und Lehrende auf der *Subjekt*ebene in Ergänzug zu den verschiedenen Handreichungen zum Beispiel für die Aus- und Fortbildung von (Fremdsprachen-)Lehrkräften, für den interkulturellen Jugendaustausch, für die Gruppenarbeit, für die Schulentwicklung usw.

Aufgaben zu Kapitel 4

Aufgabe 1

Stellen Sie die in Kapitel 4 vorgestellten verschiedenen Ansätze interkultureller Bildung und Erziehung mit Blick auf Gemeinsamkeiten und Unterschiede dar (Unterschied zwischen ausländerpädagogischen und interkulturellen Ansätzen, antirassistische Erziehung usw.). Auf welche Zielgruppen sind die jeweiligen Ansätze ausgerichtet? Welche Bilder und Vorstellungen sind mit diesen Ansätzen verbunden?
Lösungshinweis siehe Anhang

Aufgabe 2

Wählen Sie eines der längeren Zitate aus dem Abschnitt über „ausländerpädagogische Ansätze" aus und zeigen Sie unter Beachtung des in Kapitel 3 Dargestellten, welche – aus der Geschichte des Umgangs mit sprachlich-kultureller, ethnischer und nationaler Heterogenität – bekannten Argumentationsmuster, in welcher Weise hier weitergeführt werden. Zeigen Sie, wie sich die Differenzlinien überschneiden und beachten Sie, dass neben Sprache, Ethnizität, Staatsangehörigkeit, Kultur auch andere Differenzlinien eine Rolle spielen, u.a. Geschlecht, Sozialstatus, physisch/psychische Gesundheit.
Lösungshinweis siehe Anhang

5 Ordnung des Feldes III: Diskurse

Der im vorigen Kapitel vorgestellte synchrone Ordnungsversuch nach Ansätzen, Programmen und Konzepten, der in der Literatur über die Herausbildung und Entwicklung der Interkulturellen Bildung als Fachrichtung inzwischen vielfach gewählt wird, ist keineswegs die einzige Möglichkeit einer nicht chronologisch verfahrenden Beschreibung des Feldes. Weitere synchron angelegte Systematisierungen könnten zum Beispiel entlang der verschiedenen Forschungsansätze erfolgen oder ausgehend von den methodischen Zugängen zum Feld, oder es könnte eine Anordnung nach den verschiedenen pädagogisch relevanten Arbeits- und Berufsfeldern zugrunde gelegt werden. Bei der Ausführung dieser verschiedenen Möglichkeiten würde sich zeigen, dass Fragen interkultureller Beziehungen in allen geistes- und sozialwissenschaftlichen Disziplinen eine Rolle spielen (und auch darüber hinaus), dass es kein pädagogisch relevantes Arbeitsfeld gibt, in dem sprachlich-kulturelle Heterogenität und interkulturelle Beziehungen keine Rolle spielen, und dass es keine exklusive Forschungsmethodik gibt.

Das Spektrum der für das Feld Interkulturelle Bildung relevanten Forschungsansätze und -zugänge umfasst geisteswissenschaftliche, sozialwissenschaftliche wie auch sozialpsychologische Ansätze. Einen eigenen Schwerpunkt bilden sprachwissenschaftliche und sprachdidaktische Arbeiten. Ethnologische Studien haben gegenüber den 1970er/1980er Jahren an Bedeutung verloren, gleichzeitig hat sich jedoch in der Ethnologie eine eigenständige Richtung herausgebildet, die sich mit innergesellschaftlichen kulturellen Differenzen befasst – ganz abgesehen davon, dass sich seit den 1980er Jahren auch in Deutschland die Kulturwissenschaften (*cultural studies*) als eine neue Disziplin (mit einer langen Vor-Geschichte) etabliert haben (vgl. Musner [Hrsg.] 2001; Böhme/Matussek/Müller 2002^2). Methodisch sind alle Zugänge zu finden: qualitative und quantitative empirische Bildungsforschung, Fallstudien, historisch- und international-vergleichende Arbeiten usw.; von geringerer Bedeutung sind allerdings experimentelle Arbeiten. Interkulturelle Bildungsforschung erstreckt sich auf alle Institutionen und Altersgruppen: vom Kindergarten über Schule, Hochschule, Jugendhilfe und Weiterbildungseinrichtungen bis zum Altenheim, von Arbeiten über Spracherwerb und Aufwachsen in bzw. mit zwei oder mehreren Sprachen in Familien, Kindergarten usw. bis zur ‚interkulturellen Altenpädagogik'.

Die Diskussion über interkulturelle Bildung und Erziehung wird disziplinübergreifend geführt, wenn auch der Beitrag der verschiedenen Disziplinen sich in der Gewichtung unterscheidet bzw. bestimmte ‚Konjunkturen der Beteiligung' bzw. der ‚Inanspruchnahme' ablesbar sind. ‚Konjunkturen' lassen sich auch in Bezug auf Forschungsansätze und -methoden feststellen. So haben sozialwissenschaftliche Ansätze vor allem seit den 1990er Jahren an Bedeutung gewonnen. Seit Mitte der 1990er Jahre ist einerseits zu beobachten, dass zunehmend Untersuchungen erscheinen, die ihre ‚Daten' mittels intensiver qualitativer Verfahren gewonnen haben (vgl. z. B. Dannenbeck/Esser/Lösch 1999; Weber 2002; Fürstenau 2002; Hummrich 2002; Horstmann 2002; Gültekin 2003), während andererseits die quantitativ ausgerichtete Bildungsforschung zunehmend der Frage des Umgangs mit sprachlich-kultureller Heterogenität Aufmerksamkeit schenkt (vgl. z. B. Deutsches PISA-Konsortium 2001, Bos/Lankes/Prenzel u. a. [Hrsg.] 2003; Lehmann/Peek/Gänsfuß 1997).[95]

Die synchrone Ordnung – das ist auch schon im vierten Kapitel deutlich geworden – ist ohne eine diachrone Dimension nicht denkbar, denn weshalb bestimmte Forschungsansätze (theoretische wie methodische Zugänge) zu einer Zeit größeren Zuspruch finden als andere, ist erklärungsbedürftig. Verweise auf innerwissenschaftliche Entwicklungen, wie sie – implizit – die im zweiten Kapitel vorgestellte chronologische Ordnung des Feldes anbietet, reichen nicht aus bzw. führen möglicherweise in die falsche Richtung. Derartige ‚Konjunkturen' sind Zeichen für bestimmte gesellschaftlich-politischen Entwicklungen; sie sind verbunden mit gesellschaftlicher Praxis. Wie dies berücksichtigt werden kann, soll im Folgenden durch einen weiteren Vorschlag für eine synchrone Ordnung des Feldes nach Diskursen vorgestellt werden. Allerdings handelt es sich um eine erste Skizze; die Ausarbeitung dieser Sicht auf das ‚Feld' Interkulturelle Bildung ist erst noch zu leisten.

5.1 Interkulturelle Bildung als Teil eines internationalen und interdisziplinären Diskursraumes

‚Diskurs' ist ein vieldeutiger Fachbegriff, der inzwischen auch Eingang in die Alltagssprache gefunden hat und vielfach an Stelle von ‚Diskussion' oder ‚Redeweise' benutzt wird. Es gibt eine Vielzahl unterschiedlicher Definitionen von ‚Diskurs'. Im Folgenden wird unter ‚Diskurs' eine institutionalisierte ‚Redeweise' verstanden, in der soziale Wirklichkeit in je bestimmter Weise in Sprache und Bildern (re)konstruiert wird und die – insofern sie auf Entscheidungen und Handeln einwirkt – „Machtwirkungen besitzt" (Jäger 1999 unter Bezug auf Link 1983[96]; vgl. auch Kap. 6.2.3). Diese Redeweisen sind Teil der fachlichen Diskussion, sie sind aber auch eng verbunden mit Alltagsdiskursen und in ihnen sind vergangene institutionalisierte ‚Redeweisen' präsent. Diskurse bestehen aus verschiedenen Diskurssträngen und -elementen. Sie lassen sich auf mehreren –

---

[95] Hingegen haben ethnologische Studien z. B. in den 1970er/1980er Jahre eine wichtige Rolle gespielt oder auch (sozial)psychologische Studien zu Identität.

[96] Dieser Aufsatz ist in verschiedenen Varianten in den 1980er Jahren abgedruckt worden, siehe z. B. auch Link 1988, S. 50-61.

nicht als hierarchisch angeordnet zu verstehenden – Ebenen beobachten: zum Beispiel auf der Ebene der Wissenschaft, auf der Ebene der Politik, in den Medien, im Alltag usw. Diese verschiedenen Ebenen wirken aufeinander ein: Diskurselemente der einen Ebene werden auf der anderen aufgegriffen, ggf. umgedeutet; es entwickeln sich Gegendiskurse, vorher dominante Diskurse verlieren ihre Bedeutung, usw.

In diesem Sinne könnte man sich das Feld Interkulturelle Bildung als einen in sich vielschichtigen Diskursraum vorstellen, genauer als *Ausschnitt* aus einem Diskursraum über *gesellschaftliche Ungleichheit und Bildung*, in dem verschiedene Diskursstränge auf verschiedenen Ebenen sowohl nebeneinander verlaufen wie einander überlagern, überschneiden, bedrängen und verdrängen. Dieses Bild vom Diskursfeld hat den Vorteil, dass die verschiedenen Positionen nicht in eine „Vorher-Nachher-Logik" oder ein Schema nebeneinander bestehender Varianten eingepasst werden müssen, sondern als Teil eines komplexen Gefüges verstanden werden können, in dem die Diskurse auf verschiedenen Ebenen und in verschiedene Richtungen verlaufen, ‚geordnet' nach den gesellschaftlichen Machtverhältnissen. Sie werden in (bildungs-)politischen Diskussionen, in der pädagogischen Praxis wie auch in Forschung und Lehre stets reproduziert wie auch verändert. Sie sind aber auch in ‚geronnener Form" anzutreffen, z. B. in rechtlichen Regelungen und bildungspolitischen wie pädagogischen Maßnahmen, zum Beispiel in der Art und Weise wie die verschiedenen Eingliederungshilfen Schülerinnen und Schüler mit Migrationshintergrund installiert oder die Maßnahmen zur Ausbildung von Lehrkräften in Fragen interkultureller Bildung in den Studiengängen verankert sind. In ‚geronnener Form' sind sie im Feld zum Beispiel auch in Gestalt von wissenschaftlichen Publikationen oder Einführungsliteratur oder Handbuchartikeln usw. präsent.

Insofern Interkulturelle Bildung nur ein Ausschnitt aus einem größeren Diskursraum über soziale Ungleichheit und über Kultur- und Sprachkontakte ist, ist sie mit Diskursen in anderen disziplinären Feldern und in anderen politisch-gesellschaftlichen Kontexten sowie mit entsprechenden Diskursen in anderen Ländern verbunden.

Mit dem Bild des Diskursraumes lässt sich auch deutlicher zeigen, dass bestimmte Problemdefinitionen und Argumentationsmuster schon ‚im Raum' waren (vgl. Kap. 3), bevor sie breiter wahrgenommen wurden, und dass andere, obwohl sie auf einer Ebene (zum Beispiel in der Forschung) heftig kritisiert und von vielen Seiten für überholt und überwunden erklärt werden, dort zwar an den Rand gedrängt sind, aber auf anderen Ebenen durchaus weiterhin dominant sein können, auf jeden Fall aber im ‚Raum' bleiben und somit weiterhin wirksam sind, und – unter bestimmten Bedingungen – auch wieder in den Vordergrund treten können.

Ob in der Diskussion über Migration und Bildung Diskurse als dominant oder marginal wahrgenommen werden, ist nicht zuletzt eine Frage des Standorts, das heißt es hängt davon ab, in welchem Sektor des ‚Raumes' man sich bewegt, und welche Beobachterposition und -perspektive man einnimmt: So muss das, was im wissenschaftlichen Bereich von vielen (aber eben auch keineswegs allen) als ‚Stand der Diskussion' gesehen wird, nicht in gleicher Weise auf der bildungspolitischen Ebene oder in der pädagogischen Praxis anerkannt sein. Ein bemerkenswertes Beispiel ist das Kapitel Bildung im Zuwanderungsbericht der Bundesregierung. Die Beratung für dieses Kapitel erfolgte durch Wissenschaftlerinnen und Wissenschaftler, die in den Anhörungen und/oder Gutachten den vielfach akzeptierten ‚Stand der Diskussion' in der wissenschaftlichen Diskussion vertraten. ‚Angekommen' ist davon im Kapitel zur Bildung kaum etwas, sondern hier hat sich anscheinend erneut der in der bildungspolitischen (wie pädagogischen Praxis) dominante Defizit-Diskurs durchgesetzt (Zuwanderung gestalten 2001, IV, 3; vgl. dazu die Ausführungen weiter oben im Kapitel 4.3.1.3). Dabei muss den Mitgliedern der Kommission die Diskrepanz zwischen der von wissenschaftlicher Seite vorgetragenen Position und der schließlich im Kommissionsbericht vertretenen nicht einmal bewusst gewesen sein.

Weitere Unterschiede und Gemeinsamkeiten zwischen den Diskursen ergeben sich, sobald man nach den international resp. in anderen Länderkontexten dominanten Diskursen fragt, oder sich die Diskussionsverläufe in den anderen erziehungs- und sozialwissenschaftlichen Ungleichheitsdiskursen zu Geschlecht, Sozialstatus, Gesundheit, Alter, Ethnizität, Sprache usw. ansieht. Interkulturelle Bildung ist zwar vorrangig mit *einem* Moment sozialer Ungleichheit im Bereich von Bildung und Erziehung befasst, da für sie Ungleichheitsmarker wie Sprache, Staatsangehörigkeit, Ethnizität, Kultur entscheidend sind. Aber die in anderen erziehungswissenschaftlichen Diskursen entscheidenden Ungleichheitsmarker, wie zum Beispiel Geschlecht (Feministische Pädagogik), physisch-psychische Gesundheit (Integrative Pädagogik), Sozialstatus (Chancengleichheitsdiskussion) oder auch Alter/Generationen, Sesshaftigkeit usw., spielen stets mit hinein (vgl. Prengel 1995²). Einen ersten Versuch, die Diskurse zu den Ungleichheitsmerkmalen Geschlecht, Sozialstatus, Alter, Gesundheit oder Kultur/Ethnizität/Sprache darzustellen, haben Lutz/Wenning (2001) vorgelegt. Dieser Versuch und die einschlägigen Textpassagen aus Krüger-Potratz/Lutz (2002), nun allein auf die Differenzlinien Sprache, Kultur, Ethnizität und Staatsangehörigkeit bezogen, sind in die nachstehende Darstellung eingegangen.

5.2 Der Diskursraum ‚Interkulturelle Bildung'

In Bezug auf die Differenzlinien Sprache, Staatsangehörigkeit, Ethnizität und Kultur (vgl. Kap. 3) lassen sich grob vier Diskurse unterscheiden, denen man jeweils ein sie charakterisierendes Stichwort zuordnen kann: Gleichheit, Essentialisierung, Universalisierung und Pluralität. Bei der noch zu leistenden Ausarbeitung dieses Ansatzes könnte es ein erster Schritt sein, genauer als es hier möglich ist, zu prüfen, ob bzw. wie sich die verschiedenen Beiträge aus erziehungswissenschaftlich-interkultureller Forschung und bildungspolitischer wie pädagogischer Praxis diesen vier Diskursen zuordnen lassen, oder ob es weiterer Ausdifferenzierungen bedarf.

5.2.1 Der Gleichheitsdiskurs

Unter der Bezeichnung Gleichheitsdiskurs lassen sich die Positionen zusammenfassen, die die kollektive Benachteiligung der Zugewanderten (der Fremden, Migranten, Ausländer, Aussiedler, Flüchtlinge usw.) thematisieren und für deren Gleichbehandlung sowie politische und rechtliche Gleichstellung eintreten, ohne die Frage des Maßstabs und der Macht hinreichend zu beachten. Die aufnehmende Gesellschaft und ihre Institutionen werden als ‚gegeben' angesehen, die sie kennzeichnenden Normalitätsverständnisse werden nicht hinterfragt. Die Folge ist, dass Differenz mit Defizit und die Forderung nach Chancengleichheit pädagogisch in assimilatorische und kompensatorische Maßnahmen und Konzepte übersetzt wird. Stützende Theorien sind Theorien von „gelungener Sozialisation" versus „Sozialisationsdefiziten" bzw. von „gelungener Identität" versus „Identitätsdiffusion" resp. „Identitätskonflikten". An die Stelle biologisch begründeter Ausgrenzungsmuster treten sozial-kulturelle. Damit kann der Gleichheitsdiskurs als Fortsetzung der Auseinandersetzungen über den Umgang mit ‚Fremden', wie er seit dem 19. Jahrhundert geführt wird, angesehen werden. Der Gleichheitsdiskurs schließt die Positionen ein, deren Vertreterinnen und Vertreter die assimilatorisch und kompensatorisch ausgerichteten Maßnahmen kritisieren und das Schwergewicht auf die politische Gleichstellung der Zugewanderten als grundlegende Voraussetzung für Chancengleichheit legen. Denn auch sie stellen die Normalitätsmuster nicht in Frage, sondern erhoffen (!) sich von der Gleichstellung Gleichheit.

Der Gleichheitsdiskurs, dem im Wesentlichen die kompensatorischen, ausländerpädagogischen Ansätze zuzuordnen sind, reicht bis in die Anfänge der Schule als Pflichtanstalt zurück (vgl. Kap. 3, siehe auch Petrat 1979; 1987). In der Zeit nach dem Zweiten Weltkrieg hat er sich zunächst auf die als sozial benachteiligt definierten Arbeiterkinder bezogen. Der Höhepunkt lag in den 1960er Jahren. Angesichts der Anfang der 1960er Jahre diagnostizierten ‚Bildungskrise' wurde unter dem Schlagwort ‚Chancengleichheit' und der These „Bildung ist Bürgerrecht" (Dahrendorf) darüber gestritten, wie man die ‚Begabungsreserven' (gemeint waren Kinder aus sozial benachteiligten Familien und später auch Mädchen) ausschöpfen könne. Als ‚Ursache' für die Benachteiligung wurde zum einen die nicht ‚schuladäquate' Sprache (restringierter Code) und nicht ‚schulkonformen' Verhaltensweisen der Benachteiligten sowie die ausgrenzenden Strukturen des Bildungswesens durch zu frühe Selektion der Schülerinnen und Schüler im Rahmen des dreigliedrigen Schulsystems diskutiert.

Diese Diskussion war in der zweiten Hälfte der 1960er Jahre auf ihrem Höhepunkt. Dass zu diesem Zeitpunkt die ausländischen Kinder und Jugendlichen in die allgemeine Schulpflicht einbezogen wurden, wurde in diesem Zusammenhang nicht thematisiert. Mit dem Niedergang der Bildungsreform verlagerte sich der Gleichheitsdiskurs auf die neue Zielgruppe „Ausländer" und bekam eine neue Einfärbung: Mit Blick auf die neue Zielgruppe wurde nicht der Sozialstatus als entscheidendes Differenzmerkmal benannt, sondern (niedriger) Sozialstatus wurde umgedeutet in ‚fremde Kultur' und als ‚auffälligstes Anzeichen' galten die fehlenden bzw. nicht ausreichenden Kenntnisse der (deutschen) Landes- und Unterrichtssprache. Die mit der hohen Selektivität des Bildungssystems reproduzierte *soziale* Ungleichheit, die nicht nur die neue Zielgruppe (Migranten) ausgrenzt, ist erst später – nicht zuletzt mit den international-vergleichenden Schulleistungsstudien (PISA, IGLU) wieder in den Blick gekommen (vgl. z. B. weiter oben Kap. 4.3.2.5; vgl. auch weiter unten das Adorno-Zitat in Kap. 6.3.3). Der Ausschluss von den politischen Bürgerrechten und die dadurch besonders machtlose Position der Migranten wird zwar schon relativ früh thematisiert, nicht aber der Zusammenhang zwischen Staatsangehörigkeit, politischen Rechten, Zugang zur Bildung usw. wird weiter hinterfragt.

5.2.2 Der Essentialisierungsdiskurs

Aus der Kritik an der Defizithypothese hat sich ein Diskurs herausgebildet, in dem kulturelle Differenz positiv definiert und als Bereicherung interpretiert wird. Auch dieser Diskurs verläuft nicht einsträngig, sondern hat verschiedene Facetten ausgebildet, denen unterschiedliche Konzepte entsprechen. Mit dem Diskussionsstrang ‚Differenz als Bereicherung' wird die Defizit-Hypothese lediglich umgedreht: Aus der positiven Definition kultureller Differenz (= Bereicherung) wird nicht nur die Forderung nach dem ‚Recht auf Anderssein' abgeleitet, sondern vor allem die Forderung nach Erhalt der ‚kulturellen Identität', mit der Folge, dass der ‚Andere' in seiner Kultur ‚eingesperrt' (‚kulturalisiert') bzw. auf das ihm angeblich ‚Wesentlich-Eigentliche' zurückverwiesen (essentialisiert) wird. Alles, so das Grundargument, was eine Person denkt und tut, sei letztlich in ihrer ‚Kultur' begründet, und diese sei zu respektieren. Essentialisierungs- und Gleichstellungsdiskurs überschneiden sich an bestimmten Stellen: In beiden werden soziale und politische Differenzen und Konflikte ‚kulturell' erklärt. Die Bewertung der ‚kulturellen Differenz' ist jedoch eine andere: Zumindest auf der deklarativen Ebene wird sie als etwas ‚Bewahrenswertes' und als ‚Bereicherung' angesehen.

Charakteristisch für den Essentialisierungsdiskurs ist die Rezeption von Kulturtheorien und die Auseinandersetzungen zwischen Vertretern des Kulturuniversalismus und des Kulturrelativismus. Die Frage „Was ist Kultur?" wird in den Mittelpunkt gestellt. Bei der Darstellung der ins Spiel gebrachten Kulturtheorien wird zwar in der Regel betont, dass Kultur nicht statisch, sondern als Prozess zu verstehen sei, doch bei genauerem Hinsehen zeigt sich, dass die Dynamik vor allem als eine sich lediglich *innerhalb* der Kulturen abspielende gesehen wird. Kultur wird als ein aus sich selbst heraus entwickelndes Ensemble von

Bedeutungen, Orientierungsmustern, Lebensformen usw. verstanden. Damit bleibt die Denkfigur ethnisch-sprachlich-kultureller Homogenität (ein Volk, ein Staat/ein Territorium, eine Sprache und eine Kultur) unangetastet. Auf diese Weise kann die ‚eigene Andersheit' als ebenso schützens- und bewahrenswert wie die der Anderen gesetzt werden, ohne in den Verdacht zu kommen, die anderen Kulturen explizit zu diskriminieren. Letztere werden stattdessen auf ihren „Platz" verwiesen und für die Vermittlung zwischen den (als unveränderlich different angesehenen) Kulturen soll die Erziehung zur Toleranz beitragen.

Hier ordnen sich die Konzepte ein, die Interkulturelle Bildung als Friedenserziehung, Erziehung zu Empathie und Solidarität interpretieren, die für kulturelle Bereicherung werben und dort, wo es konkret wird, gemeinsame Feiern (Lieder, Tänze, kulinarische Genüsse) und andere Elemente (Exkursionen in die Moschee, Besuch bei ‚türkischen Familien') vorschlagen, die ‚das Fremde' bzw. ‚den Fremden' exotisieren und somit erneut ausgrenzen. Diese Sichtweise ist in den schon angesprochenen Text- und Bilddarstellungen in Schulbüchern präsent, mit denen die ‚Einheimischen' sich über die ‚anderen Kulturen' informieren sollen, um Empathie zu üben und Fremdenfeindlichkeit ‚begegnen' zu können (vgl. Kap. 4.3.1.5; 6.4.1).

5.2.3 Der Universalitätsdiskurs

Ausgangspunkt ist der Versuch, statt inter-kulturell, das heißt zwischen den Kulturen vermitteln zu wollen, unter Bezug auf kulturuniversalistische Theorien das allen Kulturen Gemeinsame und/oder das über die Einzelkulturen Hinausweisende herauszustellen. Kulturelle Unterschiede werden dethematisiert ebenso die Frage der Hegemonie. Differenz wird als etwas in einem gemeinsamen Dritten zu Überwindendes vorgestellt. Typisch dafür sind Ansätze *transkultureller*[97] oder *kulturübergreifender* Erziehung. Unterstellt werden Universalien, die den Kulturen als historische und regionale (nationale) Besonderungen gemeinsam sind und auf die hin eine allgemeine Menschenbildung auszurichten sei. Letztlich läuft dies auf die Forderung nach einer allgemein-sittlichen Erziehung unter

---

[97] Ab Ende der 1990er Jahre wird die Beifügung ‚transkulturell' nicht mehr nur im oben explizierten Sinn benutzt, sondern auch in Abgrenzung zu ‚interkulturell', um die Wechselseitigkeit des kulturellen Austauschs besser fassen zu können (vgl. z. B. Mädchentreff Bielefeld) oder aber – eine überzeugendere begriffliche Differenzierung – um begrifflich die neue Qualität kultureller Prozesse zu fassen, die sich infolge der Globalisierung und der neuen Migrationsbewegungen ergeben. Aufgrund der weltweiten Vernetzung(smöglichkeiten) entstünden ‚transnationale Räume', in denen kulturelle Bedeutungen nicht mehr entlang nationaler oder ethnischer Grenzen gebildet und ausgetauscht würden, sondern sich jenseits dieser Grenzen bildeten. Damit kann – muss aber nicht – die Vorstellung von einer Weltgesellschaft verbunden sein. Allerdings zeigt die Sichtung verschiedener Fachtexte, dass vielfach ‚interkulturell', ‚transkulturell', ‚multikulturell' synonym gebracht wurden (vgl. auch Römhild o. D.; Gogolin/Pries 2004; siehe auch Kapitel 5.2.4).

den Bedingungen einer durch Internationalisierung veränderten Welt hinaus, ohne dass geprüft wird, *wer, mit welchem Recht (aufgrund welcher Machtkompetenz), was ‚allgemein setzt'* und somit ‚maßstabsverändernd' wirkt. Vorausgesetzt wird eine allgemein-gültige Moral jenseits aller einzelkulturellen Besonderheiten bzw. es wird wie bei Dickopp auf eine „personale Pädagogik" gesetzt, die den Einzelnen dazu befähigen soll, Verantwortung für sein Handeln zu übernehmen: „Personale Pädagogik spricht dem einzelnen über sein relational-zeitlich-geschichtlich-kulturell ausgeprägtes Sein hinaus ein absolutes-autarkes-transkulturelles Sein zu" (Dickopp 1986, S. 42).

Die dem Universalisierungsdiskurs zuzuordnenden Ansätze bleiben meist in der Formulierung von Zielsetzungen und allgemeinen Forderungen stecken oder verweisen schlicht auf Menschenrechtserziehung. Dabei wird nicht hinreichend bedacht, dass man selbst die Menschenrechte nicht einfach als universell gültigen Maßstab setzen kann, ohne zu beachten, dass sie selbst einer historisch-kulturellen und historisch-politischen Geschichte verpflichtet sind und dass sie einen Katalog individueller Rechte darstellen, der erst in internationalen Konventionen gewisse politische und rechtliche Verbindlichkeit bekommt. Diese Konventionen sind ihrerseits aber kein Katalog von Erziehungszielen, sondern mit ihnen verpflichten sich die beteiligten Staaten, bestimmte Grundwerte zu achten und Regeln im Umgang mit Menschen einzuhalten. Gleichzeitig ist dieser Katalog auch Gegenstand politischer Auseinandersetzungen und Machtkalküle. Dies ist bei den Konzepten zur Menschenrechtserziehung oder bei den internationalen Programmen der UNESCO (z. B. „Education for all") dringend zu beachten. Die Aufklärung über das „Recht, Rechte zu haben" und darüber, welche Rechte dies sind, ist ein erster wichtiger Schritt. Er läuft jedoch ins Leere, wenn dann nicht – situations- und adressatenangemessen – Schritte der Umsetzung in die Konzepte ‚eingebaut' werden, und vor allem ist die Frage von Macht und Herrschaft in die Überlegungen mit einzubeziehen (vgl. Tritsche 2004; Lohrenscheidt 2004).

5.2.4 Pluralitätsdiskurs

Differenz als Recht auf Differenz mit der Betonung auf Recht *und* Differenz als Merkmale einer postmodernen globalisierten Gesellschaft schließt an die Diskussionen über Differenz und Gleichheit in der postmodernen Philosophie und den postkolonialen Studien (post-colonial studies) an. Damit einher geht der Versuch, eurozentrische Normalitätsmuster, binäre Wahrnehmungsmuster und deren historische „Produkte", insbesondere gesellschaftliche und institutionelle Strukturen, aber auch Theorien und Anthropologien in Frage zu stellen. *Differenz wird hier als Konstrukt verstanden, das es zu analysieren und zu reinterpretieren gilt.* In diesem Zusammenhang spielen Theorien über Diaspora, Hybridität und Transnationalität, Transkulturalität eine Rolle (vgl. Welsch 1997). Mit Blick auf die politische wie pädagogische Praxis wird gefordert, die

,Andersheit' auch als Ressource anzusehen, so z. B. die ,mitgebrachten' Sprachen, die anderen Lebensformen.[98] Ferner wird betont, dass interkulturelle Bildung und Erziehung nicht länger nur als Spezialisierung innerhalb der Erziehungswissenschaft verstanden werden dürfe, sondern als Querschnittaufgabe, als Aufforderung, Erziehung und Bildung im Ausgang von Heterogenität zu konzeptualisieren. Dabei sei zu beachten, dass sprachliche, ethnische, kulturelle und nationale Differenzen nur einen Ausschnitt aus der Gesamtheit von Heterogenität darstellen. Hinzu kämen weitere Differenzmerkmale: Sozialstatus, Geschlecht, Alter, physische und psychische Gesundheit usw., die bisher entweder noch nicht hinreichend thematisiert würden oder aber ,nur' in anderen erziehungswissenschaftlichen Spezialisierungen, so in der Feministischen Pädagogik resp. der erziehungswissenschaftlichen Geschlechterforschung oder der Integrationspädagogik. Daher sei es dringend geboten, diese verschiedenen „Differenzpädagogiken" miteinander zu verbinden; ein Ansatz ist die schon vorgestellte Intersektionalitätsanalyse (vgl. Lutz/Wenning 2001; Krüger-Potratz/Lutz 2002; Lutz 2004 sowie Kap. 4.3.2.6).

Dies trifft sicht mit der Kritik am Begriff ,inter-kulturell', gegen den eingewandt wird, dass er in seiner sprachlichen Form weiterhin auf ein statisches Modell von Kultur verweise, indem er die Vorstellung von zwei oder mehreren in sich geschlossenen Kulturen erzeuge, zwischen denen (- inter -) es zu vermitteln gelte. Gefordert wird die Entwicklung von Konzepten transkultureller Bildung, ausgehend von einem Kulturverständnis, demzufolge es keine trennende Grenze zwischen ,innen' und ,außen', ,Eigenem' und ,Fremden' gibt, da die historisch herausgebildeten Varianten von Lebensformen und -anschauungen stets Produkte auch kultureller Austauschprozesse waren und sind. Von daher ist es einerseits banal zu sagen, dass Kulturen in sich heterogen und hybrid seien, zumal sich jedes Individuum die kulturellen Anforderungen im Verlauf seines Lebens unterschiedlich erarbeitet. Aber zugleich wird über diese hybriden Kulturen die Idee von Kultur als eines in sich homogenen Gebildes und die Trennung von ,außen'/,innen' sowie ,eigen' und ,fremd' vermittelt. Dieses Paradoxon ist einer der zentralen Ansatzpunkte zur Entwicklung einer transkulturellen Bildung.

---

[98] ,Andersheit' als Ressource anzuerkennen ist nicht mit der Denkfigur der ,Bereicherung' zu verwechseln. Bei der ,Bereicherung' werden ,die' Sprachen und Kulturen der Migrantinnen und Migranten als ,erfrischende Zutaten' für die Aufnahmegesellschaft gesehen, die diese ,bunter' machen, ohne sie im Kern anzutasten. Dies verträgt sich mit der Idee der Leitkultur; ,Ressource' hingegen geht von der Idee aus, dass (a) die Zugewanderten als Subjekte mit spezifischen Kenntnissen und Fähigkeiten gesehen werden und (b) Bedingungen geschaffen werden, unter denen sie diese Ressourcen für die Gestaltung ihres Lebens in der (Aufnahme-)Gesellschaft nutzen können.

5.2.5 Fazit

Der Versuch der „Ordnung des Feldes" nach Diskursen ist in der Fachdiskussion noch nicht hinreichend ausformuliert. Er scheint jedoch ein viel versprechender Ansatz, um (1) die mit der chronologischen „Ordnung des Feldes" verbundenen Fallen zu vermeiden und um sich (2) nicht in der Sortierung der Vielzahl von Programmen und Konzepten zu verlieren. Notwendig wäre eine Untersuchung mit diskursanalytischen Verfahren der Texte und Dokumente (einschließlich der rechtlichen Regelungen usw.), die in den Auseinandersetzungen über den ‚richtigen' Umgang mit sprachlich-kultureller, ethnischer und nationaler Differenz eine zentrale Rolle gespielt haben, um den Beitrag der (Erziehungs-)Wissenschaft zu den „Prozessen der möglichen Konstruktion, Objektivation, Kommunikation und Legitimation von Sinnstrukturen" (Keller 1997, S. 319, zit. nach Höhne 2004, S. 90) auf verschiedenen Ebenen (Bildungspolitik, pädagogische Praxis, Theoriebildung) zu zeigen.

Aufgaben zu Kapitel 5

Aufgabe 1
Definieren Sie, was in Kapitel 5 unter Diskurs verstanden wird.
Lösungshinweis siehe Anhang

Aufgabe 2
Versuchen Sie den Diskursen die in Kapitel 4 vorgestellten Ansätze, Konzepte und Programme zuzuordnen, ggf. auch wieder per Schaubild. Begründen Sie Ihre Lösung.
Vorschlag für ein Schema: In die oberste horizontale Reihe tragen Sie die 4 Diskurse (Kapitel 5) ein, in die erste linke Spalte die verschiedenen Ansätze (Kapitel 4). Nutzen Sie ggf. auch eine der anderen, in Kapitel 7 angegebenen Einführung in die Interkulturelle Pädagogik.
Lösungshinweis siehe Anhang

Aufgabe 3
Suchen Sie einen (kurzen) Text (aus der Tages-/Wochenpresse oder aus der pädagogischen Fachpresse), den Sie der Art der Argumentation, die für einem der hier genannten Aufsätze charakteristisch ist (Tages-/Wochenpresse), oder den Sie einem der Ansätze zuordnen können. Fassen Sie den Artikel kurz zusammen, so dass das Argumentationsmuster deutlich wird, ordnen Sie den Text einem Ansatz zu und begründen Sie Ihre Entscheidung.

6 Orientierung im Feld I: Fachterminologie, sprachliche Präzision und Bilder

Beim Studium von (Fach-)Texten und vor allem beim Verfassen eigener Texte tauchen immer wieder Fragen nach der exakten Bedeutung und der richtigen Verwendung von Begriffen sowie nach sach- und situationsangemessenen sprachlichen Formulierungen auf. Zur Klärung dieser Fragen reicht kein Glossar. Ein Glossar ist als eine (erste) Hilfe für das Verständnis eines *bestimmten* Textes gedacht; auf ihn sind die Erklärungen bezogen, die zudem kurz gefasst sein müssen. Daher entsteht der Eindruck, als ließe sich jedem Begriff *die eine richtige* Erklärung zuordnen – und dies auch dann noch, wenn – wie auch im hier beigefügten Glossar (siehe Anhang) – in einigen Fällen mehrere Bedeutungsvarianten aufgeführt werden. Ganz abgesehen davon, dass es kein deutschsprachiges Fachwörterbuch speziell zum Bereich Migration, sprachlich-kulturelle Heterogenität und Bildung gibt[99], sind Fachwörterbücher nur dann hilfreich, wenn sie die Fachbegriffe mit ihrer Geschichte und ihren Bedeutungsvarianten erläutern, ggf. unter Einschluss der Alltagssprache (Gemeinsprache), von Synonymen (mehrere Bezeichnungen für einen Gegenstand/Sachverhalt) und Homonymen (Mehrfachbedeutungen von Wörtern). Dies ist notwendig, wenn man sich in ein Fachgebiet einarbeiten möchte. Denn Fachbegriffe sind nur bedingt eindeutig; auch können sich Bedeutungsverschiebungen zwischen Disziplinen ergeben.[100] Fachsprachliche Begriffe wechseln in die Gemeinsprache, und Wörter aus der Gemeinsprache können zu Fachbegriffen werden. Mehrfachbedeutungen und Bedeutungsvarianten können zu Missverständnissen führen, und ‚synonym' heißt nicht deckungsgleich. Die als ‚Synonyme' ins Spiel kommenden Bedeutungsvarianten verweisen nicht selten auf unterschiedliche

---

[99] Vgl. Kapitel 7 – Das von G. Auernheimer 1984 herausgegebene „Handwörterbuch Ausländerarbeit" ist vor allem historisch von Interesse.

[100] Ein Beispiel: Diskriminieren steht in der Ökonomie oder in der Sprachwissenschaft für Unterscheidung (neutral). So laute der Titel eines Aufsatzes von W. Huber u. a. (1988) in einem Sammelband zu Sprachstörungen: „Diagnose von Leistungsdissoziationen beim lexikalischen diskriminieren"; oder in einem Editorial zur 10. Ausgabe des „Jahrbuchs Ökonomie und Gesellschaft" (1993) mit dem Titel: „Die ökonomische Wissenschaft und ihr Betrieb" schreibt der Herausgeber: „Die Ökonomen müssen […] den Diskurs mit Wissenschaftlern anderer Disziplinen suchen, um die Qualität ihrer Theorien verbessern und zwischen konkurrierenden Ansätzen erfolgreich diskriminieren zu können." – In den Sozialwissenschaften bzw. in der Interkulturellen Pädagogik meint Diskriminierung eine Unterscheidung, die mit einer negativen Bewertung verbunden ist, Diskriminierung bedeutet Benachteiligung, Herabwürdigung, Missachtung.

Konzepte und folglich auf unterschiedliche Wahrnehmungs-, Denk-, Entscheidungs- und Handlungsmuster.

Der Fachwortschatz (Terminologie) ist kein ein für alle Mal festgelegter Bestand, sondern verändert sich: Er ist in die Geschichte des Faches eingebunden. Begriffe aus anderen Fachgebieten und aus der internationalen Diskussion ‚wandern ein'. Es kommt zu Neuschöpfungen und bisher gängige Begriffe werden für überholt bzw. inadäquat erklärt, was aber keineswegs bedeuten muss, dass sie völlig aus dem (Fach-)Wortschatz verschwinden (siehe weiter unten). Der Streit um Begriffe kann ein wichtiges Moment in Auseinandersetzungen über Theorien, Forschungsansätze und Konzepte sein. Ein Beispiel dafür ist die in Kapitel 2 angesprochene Debatte über den Terminus ‚Ausländerpädagogik'.

‚Ausländerpädagogik' – als Name für ein Arbeits- und Forschungsgebiet – ist zugleich auch ein Beispiel für die (mögliche) Nationalspezifik eines Begriffs. Er lässt sich zwar in andere Sprachen übersetzen, zum Beispiel ins Englische oder Französische, er hat dort auch konzeptionelle, aber keine begrifflichen Entsprechungen, so dass er nur mit zusätzlichen Erklärungen verstanden wird. Anders die Bezeichnung ‚interkulturelle Erziehung' (interkulturelle Bildung/Pädagogik usw.): Die sprachlichen Entsprechungen sind *intercultural education* und *éducation interculturelle* – hinsichtlich der Bedeutung gibt es jedoch mehr oder weniger große Unterschiede. Denn die Ansätze und Konzepte, die in Deutschland unter interkultureller Erziehung resp. Bildung firmieren, werden in den angelsächsischen Ländern eher der *multicultural education* zugeordnet – ganz abgesehen davon, dass in beiden Sprachen *education/éducation* auch für Bildung, Erziehung und Pädagogik steht. Die Bezeichnung ‚multikulturelle Erziehung' findet sich zwar auch in Deutschland, aber nur selten, und die Versuche, ‚multikulturelle Erziehung' analog zum englischen Verständnis in Deutschland durchzusetzen, sind nicht erfolgreich gewesen.

Fachbegriffe, insbesondere sozialwissenschaftliche Fachbegriffe, erfahren auch dadurch Bedeutungserweiterungen oder -verschiebungen, dass sie Konjunkturen und Sprachregelungsinitiativen unterliegen, so zum Beispiel den Regelungen für eine ‚politisch korrekte Sprache' (*political correctness*[101]), usw. Bei der Lektüre und Auswertung von Texten aus der Erziehungswissenschaft und anderen Gesellschaftswissenschaften, von Zeitungsartikeln, Internettexten oder bei der Auseinandersetzung mit dem gesprochenen Wort in Kommentaren im Fernsehen, in Diskussionen in fachlichen und außerfachlichen Zusammenhängen und in Gesprächen über die eigene oder fremde pädagogische Praxis

---

[101] Eine in den 1990er Jahren in den Universitäten der USA entstandene Bewegung, die „alle Handlungen und Ausdrucksweisen ablehnt, die Personen aufgrund ihrer Rasse, ihres Geschlechts, ihrer Zugehörigkeit zu einer bestimmten sozialen Schicht, ihrer körperlichen sowie geistigen Verfassung oder sexuellen Neigungen diskriminieren" (Haller-Wolf/Osterwinter 1997). Problematisiert werden insbesondere diskriminierende, stigmatisierende sprachliche Ausdrucksweisen (vgl. auch Wirthgen [o. D.]).

usw. zeigt sich immer wieder, wie entscheidend der jeweilige Kontext sowie die Vorkenntnisse und Erfahrungen der Beteiligten sind. Hierauf wird noch näher eingegangen.

Fachtexte sollen sowohl sprachlich und begrifflich präzise wie auch nutzerangemessen sein. Eine korrekte Verwendung von Fachwörtern sollte selbstverständlich sein; strittige bzw. abweichende Begriffsdeutungen sollten erklärt und begründet und eine Mischung mit dem gemeinsprachlichen Wortschatz vermieden werden. Diesen Ansprüchen genügen jedoch keineswegs alle Fachtexte und dies nicht allein aus Gründen der Missachtung der angesprochenen Regeln. Gerade in ‚jungen' Arbeits- und Forschungsgebieten ist es nicht leicht, eine den neuen Problemdefinitionen und Fragestellungen angemessene Sprache und Begrifflichkeit zu finden und sprachlich-begriffliches Experimentieren gehört ‚zum Geschäft'. Den Experimentiermöglichkeiten sind allerdings Grenzen gesetzt, so zum Beispiel wenn Begriffe schon so ‚besetzt' sind, dass eine Verwendung darüber hinaus nur Verwirrung stiftet, wie im Fall des Begriffs ‚Ausländer', oder wenn die in einem Begriff gefassten Theorien und Konzepte widerlegt und als wissenschaftlich nicht haltbar erwiesen sind, wie im Fall des Begriffs ‚Rasse'. Auf beide Fälle wird noch näher eingegangen.

Das Bemühen um sprachliche Präzision und begriffliche Schärfe bei der Interpretation von und Diskussion über Texte(n) und insbesondere beim Abfassen eigener Texte ist stets ein guter Prüfstein dafür, ob ein Sachverhalt verstanden worden ist. Dabei kann die Verständigung unter den Beteiligten auch deshalb Schwierigkeiten bereiten, weil noch kein adäquater Terminus für einen neuen Sachverhalt gefunden wurde und die Umschreibungen schwerfällig wirken, ganz abgesehen davon, dass sie neue Probleme hinsichtlich Eindeutigkeit und Klarheit aufwerfen (können). Auch darauf wird noch einzugehen sein (siehe auch Text 12).

Sprache konstruiert Wirklichkeit. In diese ‚Konstruktion' gehen implizit/explizit die für den Sprecher/Autor kennzeichnenden Vorerfahrungen, Denkmuster, Sichtweisen und (Alltags-)Theorien ein, die wiederum für die Konsequenzen auf der Handlungsebene bedeutend sind. Die Art und Weise, wie in der Sprache eine Person, das Verhältnis von Menschen zueinander oder auch ein Sachverhalt wahrgenommen und ‚begriffen' werden, wirkt sich auf Entscheidungen und Handlungen aus.

Zur ‚Sprache' gehören auch Textelemente wie Tabellen, Grafiken und Bilder. So ist es nicht gleichgültig, ob zum Beispiel einem Text über die Frage der Zuwandererzahlen in den letzten 10 Jahren eine nüchterne Tabelle mit den absoluten oder Prozentzahlen der Zuzüge (und Fortzüge) oder eine figürlich unterlegte Graphik beigefügt ist, bzw. welche graphischen Elemente zur ‚Veranschaulichung' oder Illustration gewählt werden. Auch diese ‚anderen Texte' gilt es lesen, selbst erstellen und einsetzen zu können. Dazu ebenfalls weiter unten einige Beispiele.

Ziel des vorliegenden Kapitels ist es, an Beispielen auf die mit der (Fach-) Terminologie und generell mit Sprache und Illustrationen verbundene Problematik aufmerksam zu machen, für die sprachliche und bildliche ‚Lenkung der Wahrnehmung' zu sensibilisieren und somit Hilfestellung für eine kritische Lektüre wie auch für die Erstellung eigener Texte zu geben. Für eine intensivere Beschäftigung mit der „Sprache des Migrationsdiskurses" (über die Fachsprache hinaus) sei auf den gleichnamigen Sammelband (Jung/Wengeler/Böke [Hrsg.] 1997), auf das Forschungsprojekt zur Einwanderungsdiskussion in öffentlichem Sprachgebrauch seit 1945 (Stötzel 1994 ff.) und auf die Arbeiten des Duisburger Instituts für Sprach- und Sozialforschung (DISS) (URL: http://www.uni-duisburg.de/DISS) verwiesen.

Vorweg kann festgehalten werden, dass es keine allgemeinverbindlichen, situations- und fachübergreifenden Regeln für die Nutzung von Begriffen und sprachlichen Formulierungen nach dem Muster: ‚wenn ..., dann ...' gibt. Im Rahmen der wissenschaftlichen Arbeit ist zwischen Alltagssprache, Mediensprache, Sprache der Politik und gesellschaftlichen Öffentlichkeit und (erziehungs-) wissenschaftlicher Fachsprache zu unterscheiden. Zu beachten ist, dass unabhängig davon, ob es sich um Alltags-, Medien-, Politik- oder Fachsprache handelt, jede sprachliche Formulierung, jeder Begriff einen Ausschnitt aus der sozialen Wirklichkeit und/oder die Vorstellung von einer Sache, einem Sachverhalt in spezifischer Weise konstruiert. Bei Fachbegriffen ist darauf zu achten, aus welchen Theoriezusammenhängen sie hervorgegangen sind, und inwieweit sie auf bestimmte Konzepte und fachliche Diskurse verweisen. Gefordert und einzuüben ist daher eine sorgfältige Lektüre von Fachtexten im Hinblick auf die mit den Begriffen explizit wie implizit verbundenen Bezüge auf Theorien und Konzepte und – generell – ein reflexiver Umgang mit Sprache, oder wie Mecheril es formuliert: „[i]nterkulturelle Professionalität [zeichnet] sich [auch] durch ein *reflexives Verhältnis zu der verwendeten Sprache*" aus (Mecheril 2002, S. 5; Hervorh. i. Orig.).

6.1 Sprache als ‚soziales Werkzeug'

Begriffe und generell sprachliche Formulierungen steuern die Wahrnehmung, durch sie wird soziale Realität erzeugt, sie wirken auf Entscheidungen und Handlungen und werden somit real. Dass und wie Situationen fixiert, Entscheidungen vorstrukturiert und Menschen kategorisiert werden, lässt sich an vielen Beispielen zeigen. Nehmen wir eine Beratungssituation an, in der es um den Eltern-Tochter-Konflikt geht hinsichtlich der Frage, mit wem, wann, wohin und wie lange die Tochter ausgehen darf. Im Falle einer ‚deutschen' Familie dürfte die Situation als typischer Generationenkonflikt interpretiert und entsprechend behandelt werden. Die Konfliktparteien dürften dahingehend beraten werden, dass sie eine Lösung finden, die der Sorge der Eltern gerecht wird, ohne die Freiheit und den notwendigen Ablösungsprozess der Tochter zu behindern und ohne die Vertrauensbasis zu zerstören. Im Fall einer ‚ausländischen' Familie könnte die Kategorie ‚Ausländer' dazu verführen, dass der Konflikt vorwiegend kulturell gedeutet wird, nicht (oder nicht nur) als ‚normaler' Generationenkonflikt, sondern vornehmlich als Konflikt zwischen ‚ausländischem' Elternhaus und ‚kultureller Tradition' (Herkunftskultur) einerseits und ‚deutscher Umgebung', modernen Lebensformen usw. andererseits. Damit wird der Konflikt kulturell eingefärbt, was durchaus sowohl von den Betroffenen wie von der beratenden Seite geschehen kann. Die daraus abgeleiteten Empfehlungen können sich dann gravierend von denen im ersten Fall unterscheiden. Die Deutung als Kulturkonflikt *kann* dazu führen, dass seitens der Eltern das Bestreben nach Eigenständigkeit (Ablösungsprozess) als Verrat an der kulturellen Herkunft interpretiert wird oder seitens der Beratungsstelle die Frage des abendlichen Ausgehens als Entscheidung darüber begriffen wird, ob die Eltern die Integration ihrer Tochter verhindern oder nicht.[102]

Ein Beispiel für diese Art der kulturalisierenden Deutung ist der einleitende Artikel zum Thema „Erziehung", den das „Online-Lexikon: Ausländer, Fremdenfeindlichkeit, Extremismus" im Internet bereitstellt (Text 8); Hauptadressatengruppe sind zwar nicht Pädagoginnen und Pädagogen, sondern Lokalredaktionen, d. h. wichtige Multiplikatoren mit Einfluss auf die öffentliche Meinung.

Text 8: Erziehung in Familien mit Migrationshintergrund
- Beispiel für eine kulturalistische Darstellung

Erziehung
[...]
Es hängt von vielen Faktoren ab, inwieweit auf traditionelle familiäre Muster zurückgegriffen wird. Neben der Aufenthaltsdauer spielen die Migrationserfahrung und der Zeitpunkt, zu dem die Wanderung erfolgt, eine Rolle. So entstehen „vielfältige Muster der Fortführung mitgebrachter kultureller Einstellungen und Verhaltensweisen und des Umgangs mit neuen Lebensbedingungen. Daher sind Migrantenfamilien äußerst heterogen..."

Generationenkonflikt
Bei den Generationenkonflikten innerhalb ausländischer Familien in Deutschland handelt es sich deshalb nicht nur um die natürliche Abgrenzung der jüngeren von der älteren Generation. Gegenläufige Lebensentwürfe und Vorstellungen stehen sich gegenüber. Die Sozialisation der Kinder und Jugendlichen in der deutschen Gesellschaft bleibt nicht ohne Folgen. Die intakte Großfamilie, von deren Existenz die Deutschen bei Ausländern immer ausgehen, gibt es nicht mehr. Die familiäre Sozialisation der Kinder wird darüber hinaus durch ein *komplexes Bündel von Problemen behindert:*
- die Isolierung der Migrantenfamilie – es gibt vielfach keine Verwandten und Freunde, die als Berater auftreten können,
- aufenthaltsrechtliche Probleme, Berufstätigkeit beider Eltern, die schulische Situation und oft eine lange Trennung der Kinder von den Eltern wirken belastend,
- die im Heimatland gelernte Rollenverteilung der Eltern stimmt nicht mehr, Verhalten und Erziehungsstil sind verunsichert,

---

102 Beispiele und Aufgaben zu einer (nicht) kulturalisierenden/ethnisierenden pädagogischen Arbeit finden sie zum Beispiel in: Verband Kinder- und Jugendarbeit 2001, Teil III.

> - in ihrer Isolation und Verunsicherung klammern sich Eltern stärker an traditionsgebundene Erziehungsmuster, als sie es in der Heimat täten. Sie schränken die Flexibilität und die Freiräume ihrer Kinder noch mehr ein und verursachen Anpassungsprobleme in Kindergarten und Schule. Opfer dieses Aufeinanderprallens fundamental unterschiedlicher Normen und Wertvorstellungen werden vor allem die Mädchen. Noch immer ist es nicht ungewöhnlich, dass Mädchen in der Pubertät dem Umgang mit deutschen Freunden entzogen und vielfach zur Heirat gezwungen und / oder in die Heimat zurückgeschickt werden. Schule und Ausbildung werden oft nicht zu Ende geführt, jede Integration in die deutsche Gesellschaft wird verhindert. Immer mehr ausländische Mädchen flüchten vor diesem Druck aus ihrer Familie und suchen Schutz und Hilfe bei deutschen Stellen.
> [...]
>
> Quelle: Erziehung. In: Online-Lexikon: Ausländer, Fremdenfeindlichkeit, Extremismus von A bis Z. Drehscheibe, Bonn, 2001.www.drehscheibe.org (Hervorhebungen – M.K.-P.)

Der Beitrag beginnt mit einem Hinweis darauf, dass sich die „kulturellen Muster familiärer Beziehungen" verändert hätten, weil ein großer Anteil der Migranten in der Bundesrepublik geboren und aufgewachsen sei. Doch im Abschnitt „Generationenkonflikt" spielt diese Differenzierung keine Rolle mehr. Dort wird dann über die *natürliche* Abgrenzung der jüngeren von der älteren Generation" hinaus auf die „*gegenläufigen* Lebensentwürfe" und das durch die „familiäre Sozialisation der Kinder" erzeugte integrationshemmende „komplexe Bündel von Problemen" abgehoben, mit der Folge, dass – vor allem die Mädchen – „Opfer dieses *Aufeinanderprallens fundamental unterschiedlicher Normen- und Wertvorstellungen*" würden und Schutz sowie Hilfe bei deutschen Stellen suchten und dass es spezifischer Erziehungsberatungsangebote bedürfe. Damit ist aus dem Generationen- ein Kulturkonflikt geworden, der nur noch ‚Entweder-Oder-Lösungen' erlaubt. Sieht man sich die für den Artikel herangezogene Literatur an, so erklärt sich, warum der/die (nicht namentlich genannte) Autor/Autorin diese Alltagstheorien anhängenden, gleichzeitig in sich widersprüchlichen Darstellung als wissenschaftlich gesichert ansieht: Von fünf Artikeln stammen zwei von 1980 bzw. 1981, einer von 1990; d. h. es sind vorwiegend Beiträge, die zu einer Zeit entstanden sind, in der derartige kulturalisierende Sichtweisen dominierten. Die neuere Forschung ist nicht zur Kenntnis genommen worden, ganz abgesehen davon, dass im gleichen Text unzulässigerweise implizit ‚ausländisch' mit ‚türkisch' gleichgesetzt wird (vgl. auch 6.2.4).

6.2 Begriffe und Begriffsfelder – ausgewählte Beispiele

6.2.1 Beispiel: ‚Ausländer', ‚Aussiedler' ...

Im ersten Moment *scheint* es klar zu sein: Wenn man aktuell in der Bundesrepublik Deutschland von ‚Ausländerinnen und Ausländern' oder ‚ausländischen Kindern und Jugendlichen' usw. spricht, sind diejenigen gemeint, die in den letzten vierzig Jahren zugewandert sind: als Arbeitsmigranten oder Flüchtlinge.

Doch trifft der Begriff ‚Ausländer' auf jede(n) dieser Zugewanderten zu?[103] ‚Ausländer'/‚ausländisch' ist kein Synonym für ‚Fremde(r)'/‚fremd', sondern ein *Rechtsbegriff*, der – von Deutschland aus gesprochen – die Personen bezeichnet, die nicht die deutsche Staatsangehörigkeit haben. Er verweist auf eine spezifische Geschichte und Zugehörigkeitsdefinition. Er markiert einen Status und sagt zugleich etwas über den Standort des Sprechenden aus, d. h. er zeigt an, dass der Sprechende von einem bestimmten ‚Inland' her spricht. Historisch-politisch ist der Begriff mit der Nationbildung und der Einführung einer Staatsbürgerschaft verbunden, die den als ‚inländisch' Definierten mehr Rechte zugesteht und teilweise andere Pflichten zuweist als dem ‚Ausländer', dessen minderer Status durch Gesetz (Ausländergesetz) und zahlreiche Regelungen festgeschrieben ist. Hinzu kommt, dass das Ausländergesetz ‚unterschiedlich wertige Ausländer' kennt: EU-Ausländer haben zum Beispiel mehr Rechte als andere Ausländer (vgl. Text 9).

Text 9: Ausländer

Ausländergesetz
Erster Abschnitt – Allgemeine Bestimmungen
§ 1 Einreise und Aufenthalt von Ausländern
(1) Ausländer können nach Maßgabe dieses Gesetzes in das Gebiet der Bundesrepublik Deutschland einschließlich des Landes Berlin (Bundesgebiet) einreisen und sich darin aufhalten, soweit nicht in anderen Gesetzen etwas anderes bestimmt ist.
(2) Ausländer ist jeder, der nicht Deutscher im Sinne des Artikels 116 Abs. 1 des Grundgesetzes ist.

§ 2 Anwendungsbereich
(1) Dieses Gesetz findet keine Anwendung auf Ausländer,
 1. die nach Maßgabe der §§ 18 bis 20 des Gerichtsverfassungsgesetzes nicht der deutschen Gerichtsbarkeit unterliegen.
 2. soweit sie nach Maßgabe völkerrechtlicher Verträge für den diplomatischen und konsularischen Verkehr und für die Tätigkeit internationaler Organisationen und Einrichtungen von Einwanderungsbeschränkungen, von der Ausländermeldepflicht und dem Erfordernis der Aufenthaltsgenehmigung befreit sind und wenn Gegenseitigkeit besteht, sofern die Befreiungen davon abhängig gemacht werden können.
(2) Auf die Ausländer, die nach Europäischem Gemeinschaftsrecht Freizügigkeit genießen, findet dieses Gesetz nur Anwendung, soweit das Europäische Gemeinschaftsrecht und das Aufenthaltsgesetz/EWG keine abweichenden Bestimmungen enthalten.
[...]

§ 4 Paßpflicht
(1) Ausländer, die in das Bundesgebiet einreisen oder sich darin aufhalten wollen, müssen einen gültigen Paß besitzen.
[...]

Quelle: Gesetz über die Einreise und den Aufenthalt von Ausländern im Bundesgebiet (Ausländergesetz – AuslG) vom 9. Juli 1990 (BGBl. I S. 1354), zuletzt geändert durch das Gesetz zur Änderung ausländer- und asylverfahrensrechtlicher Vorschriften vom 29. Oktober 1997 (BGBl. I, S. 2584), zuletzt geändert: am 08.12.97

---

[103] Siehe zu dieser problematischen Bezeichnung Merkens/Nauck 1993.

In den Statistiken zur Bildungsbeteiligung wird zwischen deutschen und ausländischen Kindern unterschieden und unter ‚Ausländern' werden – völlig korrekt – diejenigen mit nicht deutschem Pass eingeordnet. Doch mit Blick auf (mögliche) pädagogische Maßnahmen ist eine Trennung *nach der Passzugehörigkeit* wenig aussagekräftig; aufschlussreich sind eher Kriterien, wie sie die Autoren der internationalen Schulvergleichsstudien (PISA/IGLU[104]) entwickelt haben, um sprachlich-kulturelle Differenzen erfassen zu können (Geburtsort der Eltern, Geburtsort/Einreisezeitpunkt des Kindes, die in der Familie gesprochenen Sprache(n) usw.).[105]

‚Ausländer' ist als *Rechtsbegriff* eindeutig, aber außerhalb des Rechtsbereichs bedeutungsarm. Die einzige Information, die er vermittelt, ist dass der- resp. diejenige nicht den Pass hat, der ihn/sie als ‚Inländer/in' definieren würde. Alles Weitere bleibt offen: Welche Sprache er oder sie spricht, ob das Verlassen des ‚Pass-Landes' auf Zeit oder Dauer geplant ist, warum und auf welche Art und Weise (Tourismus, Arbeitsmigration, Austausch, Flucht, Geschäftsbeziehungen) es verlassen wurde, welche Perspektiven mit dem Aufenthalt im Ausland verbunden werden usw.

Kompliziert wird die Frage der ‚richtigen' Bezeichnung bei Personen mit doppelter oder mehrfacher Staatsangehörigkeit; sie sind ‚Ausländer' und ‚Inländer' zugleich (vgl. Text 10). Dies trifft inzwischen auf viele der nach dem 1.1.2000 – d. h. seit der Änderung des Staatsangehörigkeitsgesetzes – in Deutschland geborenen Kinder ausländischer Eltern zu. Sie erhalten – sofern bestimmte Voraussetzungen erfüllt sind – zusätzlich zur Staatsangehörigkeit ihrer Eltern die deutsche Staatsangehörigkeit.[106] Sind sie Ausländer oder Deutsche? Rechtlich gesehen sind sie ‚Doppelstaatler' oder ggf. auch ‚Mehrfachstaatler', statistisch werden sie in der Rubrik ‚Deutsche' gezählt. Dass es verschiedene Gruppen von ‚Doppelstaatern' gibt (obwohl dies politisch nicht erwünscht ist[107]) zeigt Text 10.

---

[104] PISA = Programme for International Student Assessment; vgl. Deutsches PISA-Konsortium (Hrsg.) 2001
IGLU = Internationale Grundschul-Lese-Untersuchung; siehe Anm. 92.

[105] Vgl. IGLU – Internationale Grundschuluntersuchung. URL: http://www.erzwiss.uni-hamburg.de/IGLU/home.htm (Stand: 10.04.2003); siehe auch Bos/Lankes/Prenzel u. a. (Hrsg.) 2003. – Dies verhindert nicht, dass in den (öffentlichen) Debatten über IGLU (oder auch PISA) immer wieder von „ausländischen" Kindern oder „Kindern ausländischer Herkunft" die Rede ist (z. B. Der Spiegel, 1.7.2003).

[106] Vgl. URL: http://www.integrationsbeauftragte.de/gra/themen/themen.php (Stand: 12.07.2004)

[107] Allerdings wird die Frage der doppelten oder mehrfachen Staatsangehörigkeit nicht mehr so kontrovers diskutiert wie in den 1990er Jahren.

Text 10: Daten zu Doppelstaatlern

> In einer Stellungnahme zum „Thema Bürgerrechte" und Migration (Zuwanderungsgesetz) werden folgende Daten zur doppelten Staatsangehörigkeit genannt:
> [...]
> 1. Es gibt in Deutschland bereits jetzt über 70000 binationale Ehen. Alle Kinder, die daraus hervorgehen, erhalten automatisch die doppelte Staatsangehörigkeit. [...]
> 2. Auch alle Aussiedler aus Osteuropa erhalten die deutsche Staatsbürgerschaft, ohne dass die Behörden gleichzeitig den Pass des Heimatlandes einziehen. [...]
> 3. Eine dritte Gruppe von Doppelstaatlern [...,] gleichzeitig die kleinste [sind] die „unter Hinnahme von Mehrstaatigkeit" eingebürgerten Ausländer. Von etwa 70 000 Einbürgerungen im Jahr 1995 wurden immerhin fast 20 000 ohne vorherige Aufgabe der alten Staatsangehörigkeit durchgeführt. Das ist vor allem dann möglich, wenn der Herkunftsstaat eine Entlassung aus der Staatsbürgerschaft nicht oder nur unter unzumutbaren Bedingungen vorsieht.
> 4. So gibt es in Deutschland schätzungsweise bereits über 2 Millionen Doppelstaatler, ohne dass dies Probleme rechtlicher Natur mit sich brächte.
> 5. In allen westeuropäischen Staaten ist die Zahl der Mehrstaatler angewachsen. Dies vor allem durch Erleichterung der Einbürgerung unter Hinnahme der Beibehaltung der bisherigen Staatsangehörigkeit. So kümmert sich die Schweiz, gewiss kein klassisches Einwanderungsland, bei der Einbürgerung nicht mehr darum, ob die ursprüngliche Staatsangehörigkeit bestehen bleibt.
>
> [...]
> 1. Doppelstaatler genießen staatsbürgerliche Rechte nur in dem Staat, in dem sie leben [...]. Sie sind damit allein den Rechten und Pflichten des neuen Staates unterworfen. Solange sie sich in ihrer neuen Heimat aufhalten, ruht die Staatsbürgerschaft des Herkunftslandes und hat daher keine praktische Bedeutung.
> 2. Durch mehr Doppelstaatler entstehen keine Probleme in den zwischenstaatlichen Beziehungen. Die westeuropäischen Staaten haben inzwischen alle aufgetretenen Schwierigkeiten, wie etwa bei der Wehrpflicht, durch bilaterale Vereinbarungen aus der Welt geschafft.

Quelle: Stellungnahme der Julis Thüringen [Junge Liberale]: Thema Bürgerrechte; letzte Aktualisierung: 26.12.2002. URL: http://www.julis-thueringen.de/content/pr-buergerrechte.htm
(Stand: 18.05.2004)

In der öffentlichen Rede über ‚Ausländer' im Alltag, in den Medien und in der Politik wird nicht zuerst geprüft, ob diejenigen, über die man spricht, einen ausländischen Pass haben. Der Pass spielt kaum eine, wenn nicht sogar keine Rolle, sondern die Grundlage für die Idee, dass es sich um ‚Ausländerinnen/Ausländer' handelt, bilden Vermutungen bezogen auf ‚fremdes' Aussehen und ‚fremde' Verhaltensweisen, ‚andere' Sprache oder Sprechweise, im Verbund mit Gehörtem oder Gelesenem. Welche Merkmale als signifikant gelten, kann man zum Beispiel an Illustrationen (Photos in Zeitungen, Buchillustrationen, figürliche Darstellungen zur Veranschaulichung von Statistiken) ablesen (vgl. Kap. 6.4.2). Sie werden in der Regel so ausgewählt, dass der Leser anhand bestimmter Merkmale sofort erkennen kann, wer gemeint ist: an den schwarzen Haaren und/oder Schnauzbärten, an dem dunkleren Teint, am ‚islamischen Kopftuch' oder auch am bäuerlichen (ärmlichen) Aussehen. Mit diesen Stereotypen arbeiten auch Zeitungsmeldungen, wenn es zum Beispiel heißt, dass die Polizei in Zusammenhang mit einer Straftat nach einer Person mit „ausländischem Aussehen" fahndet oder dass der Verdächtige wahrscheinlich ‚Ausländer' sei, weil er mit Akzent gesprochen habe (vgl. Scheffer 1997).[108]

Dass Wahrnehmung und tatsächlicher Status nicht übereinstimmen müssen bzw. dass sich die Wahrnehmung unabhängig vom Status ändern kann, zeigt das Beispiel der Aussiedler. Sie wandern als ‚Deutschstämmige' auf der Grundlage des Artikel 116 des Grundgesetzes ein (Text 11), und sobald sie anerkannt sind, sind sie nicht mehr nur entsprechend ihrer ethnischen Selbstdefinition, sondern auch per Staatsangehörigkeit Deutsche. Bis Ende der 1980er Jahre wurden sie vornehmlich als ‚zurückkehrende Deutsche' präsentiert, was allerdings auch schon damals Diskriminierung in bestimmten Situationen nicht ausschloss (vgl. Puskeppeleit 1990). Nach dem Fall des Eisernen Vorhangs hingegen wurden sie zunehmend stärker als ‚zuwandernde Fremde' bzw. ‚Ausländer' angesehen, und dies nicht allein deshalb, weil inzwischen die Familien ‚ethnisch gemischt' sind, sondern weil sich das politische Klima in Deutschland verändert hat.

Text 11: Aussiedler

Artikel 116 des Grundgesetzes der Bundesrepublik Deutschland
(1) Deutscher im Sinne dieses Grundgesetzes ist vorbehaltlich anderweitiger gesetzlicher Regelung, wer die deutsche Staatsangehörigkeit besitzt oder als Flüchtling oder Vertriebener deutscher Volkszugehörigkeit oder als dessen Ehegatte oder Abkömmling in dem Gebiete des Deutschen Reiches nach dem Stande vom 31. Dezember 1937 Aufnahme gefunden hat.
(2) Frühere deutsche Staatsangehörige, denen zwischen dem 30. Januar 1933 und dem 8. Mai 1945 die Staatsangehörigkeit aus politischen, rassischen oder religiösen Gründen entzogen worden ist, und ihre Abkömmlinge sind auf Antrag wieder einzubürgern. Sie gelten als nicht ausgebürgert, sofern sie nach dem 8. Mai 1945 ihren Wohnsitz in Deutschland genommen haben und nicht einen entgegengesetzten Willen zum Ausdruck gebracht haben.

Quelle: Grundgesetz für die Bundesrepublik Deutschland (GG) vom 23. Mai 1949 (BGBl. S. 1); zuletzt geändert durch Bundesgesetz vom 27.10.1994 (BGBL S. 3146).

Die Wahrnehmung ‚Aussiedler' = ‚Ausländer' steht für ‚nicht-dazugehörig'. Als in Wittstock (Brandenburg) im Juni 2002 ein junger Aussiedler an den Folgen eines Überfall stirbt, zitiert die *Frankfurter Rundschau* in ihrem Bericht unter anderem einen Vertreter der evangelischen Kirche mit der Bemerkung, dass er jüngst „zum ersten Mal aus dem Mund eines NPD-Mitgliedes den Satz gehört

---

[108] So musste die Polizei aufgrund von Protesten verschiedene Formulierungen in einer Broschüre über Kriminalitätsgefährdungen mit dem Titel „So schützen Sie sich im Alter" ändern. In dieser Broschüre ging es um die Schliche von Trickbetrügern, Dieben, Straßenräubern usw. In einer Passage zum Thema „Tricks an der Haustür" hieß es z. B.: „Vor allem Frauen und Männer ausländischer Nationalität täuschen Notlagen vor und geben sich hilflos"; oder zum Thema Straßenraum: „Taschendiebe sind überwiegend Ausländer, darunter auch viele Kinder und Jugendliche […]" (vgl. „Von Taschendieben und Ausländern", Frankfurter Rundschau, 12.12.2002 [Im Blickpunkt]).

[habe], Aussiedler seien Deutsche. Vorher habe immer gegolten ‚Wenn ein Rechter' ‚Ausländer' sagt, meint er Aussiedler'" (FR 28.06.2002, S. 3). Das Zitat macht in doppelter Weise deutlich, dass die Kennzeichnung als ‚Ausländer' Ausschluss bedeutet.

Auch in (erziehungs-)wissenschaftlichen Texten wird ‚ausländisch' (‚Ausländer', ‚ausländische Kinder und Jugendliche', ‚ausländische Familien' usw.) als Synonym für ‚fremd' gebraucht, für Personen, die auf irgendeine Weise aus der mit ‚deutsch' in eins gesetzten ‚Normalität' herausfallen: sei es, dass sie durch ihre andere Sprache auffallen bzw. dadurch, dass sie nicht genügend Deutsch oder Deutsch mit Akzent sprechen, sei es, dass ihr Name zu der Zuordnung ‚ausländisch' Grund zu geben scheint, oder ihr Aussehen usw. Das heißt in der Konsequenz, dass auch ‚Einheimische' als ‚Ausländer' wahrgenommen und ‚klassifiziert' werden (können), sofern sie eines dieser Merkmale aufweisen.[109] So berichten Personen (auch ohne ‚Migrationshintergrund'), dass sie aufgrund ihres ‚fremdländischen Namens' oder ‚fremdländischen Aussehens' als Ausländer eingeschätzt und entsprechend angesprochen werden. Wird im Verlauf des Gesprächs deutlich, dass sie ‚einwandfrei Deutsch sprechen', komme prompt die Frage, woher sie so gut Deutsch können, seit wann sie in Deutschland leben usw.

In den Statistiken zur Bildungsbeteiligung wird zwischen deutschen und ausländischen Schülerinnen und Schülern unterschieden; unter ‚Ausländer' sind – korrekt – diejenigen mit nicht deutschem Pass erfasst. Nur macht diese Art der ‚Sortierung' nach der Passzugehörigkeit mit Blick auf pädagogische Maßnahmen letztlich wenig Sinn. Die Staatsangehörigkeit spielt lediglich bei grenzüberschreitenden Bildungsprojekten eine Rolle, da Staatsangehörige bestimmter Länder ein Visum benötigen. Für die Betroffenen spielt der Pass bzw. der Aufenthaltstitel und die mit diesem gegebene oder fehlende Aufenthaltssicherheit außerdem eine Rolle in Bezug auf die Lebensplanung der Familien und die Bildungsplanung für die Kinder. Außerdem werden bisher immer noch Fördergelder an Bildungseinrichtungen nach der Zahl der ‚pass-ausländischen' Teilnehmerinnen und Teilnehmer vergeben[110]. Dass hier andere Kriterien entscheidend sein müssen (insbesondere Sprachkenntnisse) ist zwar längst bekannt, aber noch

---

[109] In diesem Zusammenhang ist es noch einmal interessant, an das Experiment von Günter Wallraff, geschildert in seinem Buch „Ganz unten" (1985), zu erinnern.

[110] Bis zur Inkraftsetzung und Umsetzung des Zuwanderungsgesetzes werden die Fördergelder für Ausländer und Aussiedler aus verschiedenen Quellen gezahlt. In Zukunft soll diese Trennung aufgehoben werden. Außerdem gibt es Initiativen zur Veränderung der Zuweisungskriterien für finanzielle und personelle Ressourcen (vgl. URL: http://www.bundesauslaenderbeauftrage.de/lexikon/index.stm; vgl. ferner die im Internet aufzufindenden Informationen der Ausländerbeauftragen des jeweiligen Bundeslandes bzw. entsprechender Stellen).

nicht umgesetzt.[111] Anregungen, wie eine pädagogische aussagekräftige Datenerhebungspraxis aussehen könnte, lassen sich – wie schon angemerkt – auch den international-vergleichenden Schulleistungsstudien entnehmen, die nach dem ‚Migrationshintergrund/Geburtsort der Eltern, des Kindes, Sprachpraxen in der Familie und Freundeskreis usw. gefragt haben.

So wie der Terminus ‚Ausländer' ließen sich weitere Termini durchleuchten: scheinbar neutrale bzw. gruppenübergreifende wie *Migranten, Zuwanderer* oder *Flüchtling*, scheinbar präzise, die auf die Migrationsform bzw. die mit der Migration verbundene Intention verweisen: *Gastarbeiter, Arbeitsmigranten, ausländische Arbeitnehmer, Wanderarbeiter, Wanderarbeitnehmer, Bürgerkriegsflüchtlinge, Asylsuchende, Asylbewerber,* oder Bezeichnungen, die zusätzlich auf das Alter und die Migrationsform verweisen wie *Kinderflüchtlinge* bzw. *minderjährige unbegleitete Flüchtlinge* oder auf den Aufenthalts- bzw. Rechtsstatus: *Bona fide-Flüchtlinge, Kontingentflüchtlinge, ausländische Vertragsarbeiter, Green-Card-Ausländer, Grey-Card-Ausländer* usw.

Hinsichtlich der Erstellung eigener Texte bzw. beim Lesen fremder Texte ist zu fragen, ob die jeweils benutzten Termini und der Kontext, in den sie gestellt werden, dem zu verhandelnden Sachverhalt gerecht werden. Dabei wird gleichzeitig offensichtlich, dass, abgesehen von den Termini, die auf einen Rechtsstatus verweisen,[112] alle anderen nicht trennscharf sind: Wie lange ist man Migrantin bzw. Migrant? Muss man dazu selbst zugewandert sein, oder ‚vererbt' sich der Migrantenstatus – so wie dies anscheinend vielfach mit der Bezeichnung ‚zweite Generation' geschieht, eine Bezeichnung, die inzwischen unspezifisch, das heißt generell für die folgenden Generationen gebraucht wird und allenfalls noch darauf verweist, dass die Betreffenden nicht selbst, sondern ihre Familien zugewandert sind. Welche Merkmale sind dafür entscheidend, dass jemand noch als Migrant wahrgenommen wird, oder auch sich selbst so bezeichnet? Oder: Sind ‚Arbeitsmigranten' ausschließlich diejenigen, die über Anwerbeabkommen zugewandert sind, oder sind auch aus anderen Staaten zugewanderte Künstler, Gastprofessoren, Sportler usw. Arbeitsmigranten? Schließlich ist auch bei ihnen ihre berufliche Tätigkeit Grund für die Zuwanderung.

---

[111] Vgl. Bundesministerium für Familien, Senioren, Frauen und Jugend 2002, S. 100 und Antwort der Bundesregierung ebd., S. 12.

[112] Auch hier gibt es Ausnahmen, die sich durch historische Veränderungen erklären: Als Kontingentflüchtlinge werden diejenigen bezeichnet, die in einer bestimmten Anzahl (Kontingent) aufgenommen werden. Weitere Aufnahmen sind ausgeschlossen. Nicht aber bei den aus Russland und den Nachfolgestaaten der Sowjetunion kommenden jüdischen Kontingentflüchtlingen. Sie werden zu den Bedingungen von Kontingentflüchtlingen aufgenommen, aber ihre Zahl ist nicht beschränkt, sie sind sozusagen ‚nicht-kontingentierte Kontingentflüchtlinge'.

Text 12: „Eine Gruppe, die keine ist"

> „Fremde Deutsche", „Allochthone", „Menschen ausländischer Herkunft", „Deutsche Ausländer", „Menschen multikultureller Herkunft", „Mitglieder von Migrationsfolgegenerationen", „Schwarze Deutsche", „Ausländische Inländer", „Zweite (fünfte etc.) Ausländerinnen-Generation", „Deutsche nicht-deutschen Aussehens", „Ethnische Minderheitenangehörige", „Deutsch-Türkin (-Italienerin, - Inder ...)" oder wie ich, auf alle prägnante Eleganz verzichtend, zu Beginn formuliert habe: „Menschen, für die ein transnationaler Migrationshintergrund auf der Ebene von Selbstverständnis und Fremdbeschreibung bedeutsam ist" – wie soll die interessierende Personengruppe bezeichnet werden? Jede Bezeichnung ist in ihrer Art (un)angemessen, weil sie (nur) bestimmte Aspekte fokussiert und als Bezeichnung die phänomenale oder explanative Signifikanz des Gesichtspunktes suggeriert.
> *Unter Bezug auf ein von ihm und Thomas Theo herausgegebenes Buch mit dem Titel „Andere Deutsche ..." fährt Mecheril fort:*
> Mit der Bezeichnung „Andere Deutsche" wollten wir Erfahrungen und Lebenssituationen von Menschen in den Blick nehmen, die in Deutschland leben, aber keine konventionelle „deutsche Geschichte" aufweisen, weil sie zwar in Deutschland aufgewachsen sind, jedoch als Fremde angesehen werden. Andere Deutsche sind Menschen, die ihre Lebensmitte in Deutschland haben, hier genügsam und maßlos sind, hier ihre Ausbildung absolvieren und erwerbslos sind, die in Deutschland wichtige Bezugspersonen haben, in Deutschland um ihre Vergangenheit, ihre Gegenwart und Zukunft wissen, hier essen, lieben und streiten, ängstlich und zuversichtlich sind, mithin all das machen, was Menschen an dem Ort machen, an dem sie ihre Lebensmitte haben, die aber soweit von einem fiktiven, prototypischen Bild des oder der Standard-Deutschen abweichen, dass sie als zu weit abweichend und folglich nicht legitim zugehörig wahrgenommen und behandelt werden. Diese Abweichung, diese Konstruktion des Unterschiedes, entsteht in den diskursiv nahegelegten Diagnosen der anderen und, vermittelt über dieses Wahrnehmungs-Urteil, auch in den (Selbst-)Verständnissen derer, die abweichen.
> *Hinzuzufügen ist, dass die „Anderen Deutschen" Teil des Diskurses sind, der sie zu „Anderen" macht.*

Quelle: Mecheril 2003a, S. 2 f.

Diese Fragen sind auch dann nicht gelöst, wenn – wie dies in letzter Zeit in der (politischen) Öffentlichkeit zu beobachten ist – nicht mehr gedankenlos von ‚ausländischen' Kindern, Jugendlichen, Familien usw. gesprochen wird, sondern von Kindern und Jugendlichen oder Familien ‚mit Migrationshintergrund' oder ‚mit Migrationsgeschichte'. Diese etwas umständlich anmutende Formulierung macht zumindest darauf aufmerksam, dass nicht der Pass, sondern die Biographien der Betreffenden, ihre Erfahrungen und Lebensweisen entscheidende Kriterien sind. Aber: Wie lange ist dieser ‚Migrationshintergrund' bzw. diese ‚Migrationsgeschichte' ein Merkmal, das den Personen anhaftet, und wer entscheidet, wann sie nicht mehr Personen ‚mit Migrationshintergrund' sind? Etwas anders stellt sich die Frage, wenn Mecheril von ‚Migrationsgezeichneten' spricht (Mecheril 2003a); ‚Migrationsgezeichnete' soll direkt auf den Markierungsprozess durch die Aufnahmegesellschaft verweisen, so dass die entsprechende Frage lauten müsste: Wie lange, zu welchem Zweck und mit welchen Konsequenzen belegt die Aufnahmegesellschaft diese Personen mit diesem Merkmal?

Festzuhalten bleibt: Alle diese Termini treffen in einem oder mehreren Aspekten den Sachverhalt, in anderen nicht. Jede der Bezeichnungen/Umschreibungen kategorisiert die Menschen. Dies ist unvermeidlich und daher sollte das ‚Wie' sorgfältig bedacht sein und vor allem sollte geprüft werden, ob eine derartige Einordnung überhaupt notwendig ist. Für den Bildungsbereich ist die Staatsangehörigkeit eine relativ unerhebliche Kategorie (siehe oben). Für die pädagogische Arbeit im engeren Sinne sind andere Kategorien wichtig: sprachliche Kompetenzen, sozialer und Bildungshintergrund, die Art der eigenen bzw. der in der Familie tradierten Migrationserfahrungen, die mit Bildung verbundene Lebensplanung usw.

6.2.2 Beispiel: ‚Gastarbeiter'

Die Frage des Namens für die ab Mitte der 1950er Jahre in den Mittelmeerländern angeworbenen Arbeitskräfte stellte sich vor dem historischen Hintergrund der Nazizeit und der Fremdarbeiterpolitik, die ab Beginn des Zweiten Weltkriegs zur zwangsweisen Rekrutierung von Arbeitskräften und deren anschließende ‚Vernichtung durch Arbeit' führte. Die Benennung ‚Fremdarbeiter', die in der Schweiz auch nach dem Zweiten Weltkrieg genutzt wurde, wurde für die Bundesrepublik Deutschland vor dem Hintergrund der Nazizeit verworfen. Stattdessen wurde die Bezeichnung ‚Gastarbeiter' eingeführt. Dabei schien sich niemand daran zu erinnern, dass auch ‚Gastarbeiter' ein schon in der Nazizeit genutzter Begriff war, mit dem Angehörige eines anderen Staates gemeint waren, „die sich für eine begrenzte Zeit in einem Handels- oder gewerblichen Unternehmen im Gebiete des anderen Staates beschäftigen wollen, um ihre beruflichen und sprachlichen Kenntnisse zu vervollständigen."[113]

Unabhängig von und offensichtlich auch in Unkenntnis dieser ‚Vorgeschichte' wurde die Bezeichnung ‚Gastarbeiter' ab den 1960er Jahren von vielen Seiten kritisiert. Die Argumente liefen darauf hinaus, dass es sich um eine euphemistische Bezeichnung handele, die aber zugleich deutlich mache, dass eine längere Aufenthaltsdauer oder gar die Niederlassung nicht erwünscht sei, dass man Gäste schließlich nicht arbeiten ließe usw. Der WDR lobte einen Preis für eine treffendere Bezeichnung aus, doch unter den 32 000 Einsendungen, die von A wie ‚Arbeitende Gäste', ‚Auslandsmitmenschen' usw. bis Z wie ‚Zugvögel', ‚Zukunftseuropäer' oder ‚Zweiter Waffenbruder' (unter Anspielung auf die Geschichte der ‚Waffenbrüderschaft' des Kaiserreichs mit dem Osmanischen Reich) reichten, wurde keine der Einsendungen als eine überzeugende Alternative angesehen. Mit großer Mehrheit wurde daher seitens der Jury „der Begriff

---

[113] Siehe die Deutsch-Belgische Vereinbarung, 2.1.1935. In: Ministerialblatt der Inneren Verwaltung 1935, S. 33. In Frage kamen weibliche wie männliche Personen unter 30 Jahre aus verschiedenen europäischen Ländern, aber laut Vereinbarung nicht mehr als 75 pro Jahr und Land. Die Zulassung, die unabhängig von der Arbeitsmarktlage erfolgen sollte, wurde im Allgemeinen für ein Jahr erteilt und konnte im Ausnahmefall um sechs Monate verlängert werden. – Der Begriff „Gastarbeiter" war durch die Geschichte zwar nicht diskreditiert, aber es ist historisch falsch zu meinen, dass es sich um einen neuen (quasi ‚unschuldigen') Begriff handelt.

‚ausländischer Arbeitnehmer' als der unter den gegenwärtigen gebräuchlichen Bezeichnungen am wenigsten mißverständliche bewertet" (Klee 1972, S. 149). Aber die intensive Kritik des Begriffs ‚Gastarbeiter' hat nicht verhindert, dass er im Alltag, aber auch in einigen (wissenschaftlichen) Publikationen weiterhin anzutreffen ist, einmal sozusagen als historischer Begriff zur Bezeichnung der Personen, die in den 1950er bis Anfang der 1970er Jahre angeworben worden sind (dies kann der Präzisierung dienen), oder aber auch noch immer synonym zu Bezeichnungen wie ‚ausländische Arbeiter', ‚ausländische Arbeitnehmer' (vgl. Seeberger 2001; Phoenix 2000, S. 123[114]).

6.2.3 Beispiel: ‚Asylant'

Asylsuchende oder Flüchtlinge werden in der Alltagssprache und in den Medien häufig als ‚Asylanten' bezeichnet und – in Zeiten des Streits über Zuwandererzahlen, Asylgesetze usw. – auch mit den Kombinationen ‚Wirtschaftsasylant', ‚Scheinasylant'. Nach Recherchen des Germanisten Jürgen Link taucht die Bezeichnung ‚Asylant' ab Ende der 1970er Jahre in der Presse auf, zunächst sporadisch, dann mehr oder weniger regelmäßig, und sie habe – so Link – zerstörerische bis tödliche Folgen auf der Handlungsebene gezeigt. Nach Link zeigte die stärkere Nutzung wie auch die Art der Nutzung eine Diskursspaltung an: auf der einen Seite die als schutzbedürftig und unproblematisch angesehenen, willkommen geheißenen Flüchtlinge und die ungeliebten, als Belastung und Gefahr angesehenen ‚Asylanten' auf der anderen. Er schreibt (in radikaler Kleinschreibung):

> „man muß sich fragen, wie die deutschen die tausend jahre vor 1978 ohne das wort ‚asylant' zurechtgekommen sind: nun – da hatten sie (übrigens ganz kurze) wörter wie ‚flüchtling' und ‚verfolgter' dafür. diese begriffe sind also (und zwar nicht generell, z.b. noch nicht generell bei sog. ‚ostblockflüchtlingen', die sich häufig bereits dagegen wehren, mit ‚asylanten' gleichgesetzt zu werden) durch ‚asylant' ersetzt worden. es handelt sich also um das interessante symptom einer *diskurs-spaltung*, wodurch der früher allein mögliche *diskurs* als neuerlich ‚sektiererisch' an den rand gedrängt wird. und nun behaupte ich, dass es in gewisser weise kein wunder ist, wenn auf ‚asylantenläger' (statt ‚flüchtlingsläger') brandanschläge verübt werden. das ist bewusst ein wenig überpointiert formuliert; ich möchte durch das beispiel jetzt gleichzeitig erklären, was ich unter ‚diskurs' verstehe. das wort ‚asylant' ist ein modellfall für *stereotype öffentliche redeweise, die zugleich soziales verhalten und handeln stereotypisiert.* der ‚flüchtling' stellt wie das weihnachtliche paar in der bibel eine moralische und soziale aufgabe dar, der ‚asylant' bedeutet nur mehr wie der gleiche diskurs nach

---

[114] Siehe dort: Hurrelmann/Mansel (1993), abgedruckt in Phoenix (2000) „Gastgesellschaft" (S. 145), „Gastland" und „Gastkultur" (S. 146).

art eines automaten weiterredet, ‚eine unzumutbare' bzw. ‚nicht mehr verkraftbare belastung'. es ist michel foucault gewesen, der ‚diskurs' in diesem sinne als *stereotype rede mit machteffekt* definiert hat und der gleichzeitig betonte, daß diskurse in diesem sinne *stets an bestimmte gesellschaftliche institutionen und apparate gebunden sind*" (Link 1983, S. 36; vgl. auch Kap. 5.1).

Nach Link war der Begriff ‚Asylant' eine Wortschöpfung der Ausländerbürokratie auf kommunaler Ebene, die für die Unterbringung der Flüchtlinge zuständig ist. Von dort aus sei er in die Medien gewandert. Aufgrund des ihm vorliegenden Materials zieht Link den Schluss, dass ‚Asylant' ein „zentrales diskursives element entstehender sogenannter ausländerfeindlichkeit" war. Dafür spreche auch, dass ‚Asylant' von Anfang an mit „verhängnisvollen bildern" verknüpft worden sei: „‚asylantenströme', ‚asylantenfluten', ‚eindämmung der asylantenspringflut', ‚austrocknen der asylantenströme'" (Link 1983, S. 37; vgl. die entsprechenden ‚Bilder' in Kap. 6.4.3). Mit dieser Begrifflichkeit hätten die Medien

> „alle fluten einzelner krisenerscheinungen in der kritischen zeit zwischen 1978 und 1980 unter den einen hut der ‚ausländerfeindlichkeit' gezaubert […]. das war m.e. die diskursive hauptstütze für den von hans mommsen beobachteten prozeß der ‚enttabuisierung' neonationalistischer und neorassistischer positionen in der offiziellen politischen meinung" (Link 1983, S. 37).

Interessant ist in diesem Zusammenhang ein kurzer Blick auf die *einzige* pädagogische Publikation, in der der Begriff ‚Asylant' *konsequent* benutzt wird und sogar *titelgebend* ist; gemeint ist das 1987 erschienene Buch von Hans Hartmut Karg: „Asylantenpädagogik. Über Möglichkeiten mentalitätspädagogischer Erziehung: das Dietenhofener Modell". Aus dem Text selbst geht hervor, dass für Karg ‚Asylanten' diejenigen sind, die, anders als Einwanderer oder ‚Gastarbeiter' sich als anpassungs*un*willig erweisen. Es seien Personen,

> „die das Asylrecht auf alle Fälle in Anspruch nehmen wollen, jedoch ihre Heimatidentität sich zu bewahren anschicken wollen, und möglicherweise sogar mehr oder weniger missionierend zu wirken gedenken. Die integrativen Bestrebungen [seitens der Mehrheitsgesellschaft] werden durch ein mentales Beharrungsvermögen geradezu unterlaufen. Das Gastland wird in seiner Eigenart und mentalen Pluralität zwar als Land der Freiheit und des Schutzes, auch der ökonomischen Sicherung, willkommen geheißen, jedoch wird Pluralismus als Schwäche und als gegen die ‚Reinrassigkeit' der nationalen Identität verstoßend begriffen" (Karg 1987, S. 16 f.).

Dass Link Recht hat, wenn er die Begriffsschöpfung wie -nutzung in Zusammenhang mit (gezielt geschürten) Überfremdungsängsten bringt, lässt sich an

Kargs Buch nachzeichnen. Er hat seine „Asylantenerziehung" 1986/87 entworfen, als Bayern eine größere Zahl von Flüchtlingen aufnehmen musste, während – wie er schreibt – in Bayern Wahlkampf gewesen sei, und „die Politiker darüber stritten, wie man die Anzahl der Scheinasylanten und Wirtschaftsasylanten, auch der Sozialasylanten, beschränken" könnte, und wie es möglich wäre, die Überfremdung zu stoppen" (Karg 1987, S. 3). Karg kritisiert zwar an einigen Stellen diese ‚politischen Zwänge', aber gleichzeitig bestätigt er auch die Auffassung, dass die „Asylanten" eine Gefahr darstellen.

Eine derart gezielte Verwendung des Begriffs ‚Asylant' in der pädagogischen/erziehungswissenschaftlichen Literatur wie bei Karg ist die Ausnahme. Wohl aber findet man ‚Asylant' in Texten über Flüchtlinge/Flüchtlingskinder quasi gedankenlos eingesetzt als ‚Abwechslung' zum Begriff Flüchtling (vgl. z. B. Phoenix 2000, S. 159) und auch in Verbindung mit der Flutmetapher bzw. in der Gleichsetzung von Zuwanderung und Störung. So heißt es zum Beispiel bei Wiater in seiner Einführung in die Didaktik:

> „*Störungen* der zwischenmenschlichen Interaktion aufgrund unterschiedlicher sozioökonomischer Lebensbedingungen von Schulen gibt es von jeher. Seit den siebziger Jahren *verschärfte* sich dieses *Problem* durch die Einwanderungs*welle* von Aussiedlern, Übersiedlern und *Asylanten* aus europäischen und außereuropäischen Kulturräumen in die Bundesrepublik" (Wiater 1993, S. 105; Hervorh. M. K.-P.).

6.2.4 Beispiel: ‚ausländisch' = ‚türkisch'

Dass sich politisch-soziale Konflikte und gesellschaftliche Ausgrenzungsprozesse in der Sprache ‚spiegeln' – und dies nicht nur in den Medien, in den Politikerreden und an ‚Stammtischen', sondern auch in Fachtexten – zeigt der vielfach zu findende synonyme Gebrauch von ‚Ausländer'/‚ausländisch' und ‚Türke'/‚türkisch' (vgl. weiter oben Kap. 4.3.1.5). Dass ‚der Türke'/‚die Türkin' sozusagen zum Prototyp ‚des Ausländers'/‚der Ausländerin' geworden sind, wird oft mit der großen Zahl der aus der Türkei Zugewanderten erklärt. Diese Erklärung scheint zwar auf den ersten Blick zutreffend, aber Huth-Hildebrandt belegt anhand einer Auszählung der Literatur, dass die Gleichung ‚die Ausländerin' = ‚die Türkin' schon zu einem Zeitpunkt gegeben war, als die türkischen Migrantinnen und Migranten noch nicht die zahlenmäßig größte Gruppe unter den Zuwandernden stellten (vgl. Huth-Hildebrandt 1999, S. 36f.; 2002, S. 55). Entscheidend war die den türkischen Zuwandernden *zugeschriebene* besondere Fremdheit, die – implizit wie explizit – mit ihrer Herkunft aus den ökonomisch unterentwickelten Regionen[115] eines nicht christlichen Landes und ihrer Ver-

---

[115] Hierzu ist anzumerken, dass zwar ein Teil der aus der Türkei Zugewanderten in der Tat aus (Ost-)Anatolien kam, aber ein nicht unbeachtlicher Teil kam aus den größeren (Pro-

wurzelung im (Volks-)Islam gerechtfertigt wurde. Sie wurden als rückständig und hilflos, d. h. als „Opferfigur" beschrieben (vgl. Krüger-Potratz/Lutz 2003). Ein prominentes Beispiel für diese Art von Literatur ist das 1978 erschienene und mehrfach wieder aufgelegte Buch „Die verkauften Bräute" von Andrea Baumgartner-Karabak und Gisela Landsberger mit einem Vorwort. Es hat die Sicht auf die Zugewanderten und Zuwandernden aus der Türkei in der Pädagogik über lange Zeit bestimmt[116], und bis heute – wenn auch vielfach nicht so direkt – wird diese Sichtweise in zahlreichen Artikeln, Reportagen usw. weiter „transportiert". Hier ein Ausschnitt aus dem Vorwort von Susanne von Paczensky zu diesem Buch:

> „In der Bundesrepublik und West-Berlin leben rund eine Million[en] Türken, und etwa ein Drittel davon sind Frauen. Sie wohnen mitten unter uns, durchaus nicht unsichtbar, im Gegenteil: durch Kopftuch und Blumenhose, durch Mimik und Verhalten deutlich sichtbar, augenfällig ausgesondert. Sie sind ausgesondert, das heißt, sie sind sonderbar. Sie fügen sich nicht so leicht in den bunten Bevölkerungseintopf der Industriestädte. Langsamer als die anderen Zugewanderten aus südlichen Ländern lassen sie sich auf Sprache, Kleidung, Umgangsformen, ihrer deutschen Nachbarn ein; zögernder noch als ihre Männer, ihre Söhne nehmen sie den Kontakt zur Umwelt auf [...] Als unverdauliche Fremdkörper leben sie nun in unseren Städten [...] Wenn schon die Türken allgemein den geringsten sozialen Status unter allen Gastarbeitern haben, wenn schon die türkischen Kinder die schwersten Integrationsprobleme aufwerfen, so stehen die türkischen Frauen noch eine Stufe darunter [...] das ganze Wertesystem dieser Frauen stammt aus einer Welt, die dreitausend Kilometer und mehrere Kulturrevolutionen von uns entfernt ist [...] Als verkaufte Bräute kamen sie ohne ihr Zutun in unsere Städte, in unsere Betriebe – kein Wunder, dass sie uns fremd erscheinen. Den fremdartigen Hintergrund aufhellen, das sonderbare Verhalten verständlich machen, das will dieses Buch. Wer die Lebensbedingungen in Anatolien kennt, kann auch die Regeln besser begreifen, die in Berlin-Kreuzberg oder anderswo das türkische Getto beherrschen" (Baumgartner-Karabak/Landsberger 1978, S. 7-9).[117]

In vielen Texten erfolgt die Gleichsetzung von ‚ausländisch' und ‚türkisch' schrittweise[118]: Zunächst ist die Rede von ‚Ausländern', ‚ausländischen Kinder' usw., aber sowie es um Beispiele und Konkretisierungen geht, werden aus ‚Aus-

---

vinz-)Städten oder hatte schon eine Ost-West-Binnenwanderung hinter sich (vgl. Abadan-Unat 1985).
116 Und dies insbesondere, weil es mit den Alltagswahrnehmungen und Alltagstheorien übereinstimmte.
117 Vgl. kritisch dazu neuere Arbeiten über türkische Frauen z. B. Herberhold (2002).
118 Vgl. auch Merkens/Nauck 1993.

ländern' ‚Türken' und aus ‚ausländischen' ‚türkische' Kinder, erkennbar an der Kleidung, an ihren Namen, an Einstellungen und Gebräuchen, die auf ihre Religion zurückgeführt werden, oder erkennbar bei den Mädchen an ihrer stillen Art resp. bei den Jungen an ihrem lauten und machohaften Verhalten. Hierzu drei Beispiele:

Erstes Beispiel: In seinem Aufsatz „Annäherung an eine Theorie und Praxis Interkultureller Erziehung" will Helmut Essinger einleitend die „interkulturelle Situation einer *multiethnischen und multikulturellen* Gesellschaft" skizzieren und schreibt:

> „Ausgangspunkt unserer Überlegungen ist die Situation, wie wir sie in den Städten oder auch in Ballungsgebieten mit hohem *Ausländer*anteil vorfinden. Die *Migranten* sind nicht zu übersehen: Seien es nun die *türkischen* Frauen und Mädchen mit ihren *Kopftüchern* oder *grell-bunten Kleidern*, die Männer mit ihrem *anderen Aussehen* oder die Kinder, die sich *lautstark* die Straße als Spielplatz zu erobern versuchen (weil es sonst keine andere Spielmöglichkeit gibt!)" (Essinger 1986, S. 237 f.; Hervorh. M. K.-P.).

Von anderen Gruppen ist nicht die Rede, sondern ‚die Türken' stehen für alle. Im zweiten Beispiel, einem Artikel von Jürgen Zimmer über „Interkulturelle Erziehung als Erziehung zur internationalen Verständigung" in Vorschuleinrichtungen entnommen, erfolgt die Gleichsetzung ‚ausländisch = türkisch' über die Namen der Kinder und ihre ‚türkischen' Lebensformen (Geschlechterbeziehungen, Erziehungsregeln, Essensgewohnheiten, Feiertage usw.):

> „Vor allem in den beteiligten Berliner Kindergärten sind solche Situationsanalysen durchgeführt und zur Basis der Entwicklung didaktischer Einheiten gemacht worden. [...] in vielen dieser Situationen werden Wertekonflikte ausgetragen: wenn beispielsweise *Erdogan* den Tisch nicht abwischt und sagt, er sei ein Junge, wenn *Mehmet* an seinem Geburtstag heult, weil die deutschen Kinder ihn feiern wollen, wenn Lena zu *Hülya* sagt, sie stinke nach *Knoblauch*, wenn *Ahmet* mit *glattrasiertem Kopf* in die Gruppe kommt, und die Erzieherin ahnt, dass es daheim eine Bestrafungsaktion gegeben hat, wenn *Songüls* Mutter ihn zu Hause behält, weil Nikolaus gefeiert werden soll, oder wenn Barbaras Vater nicht einsieht, wenn seine Tochter zu Ende des *Ramadan* das *Şeker Bayrami*, das Zuckerfest, mitfeiern soll" (Zimmer 1986, S. 230: Hervorh. M. K.-P.).

Die Gleichung ausländisch = türkisch findet sich auch in Texten der 2000er Jahre: So beginnt der Artikel „Migrantinnen und Migranten" im „Handwörterbuch Sexuellen Missbrauchs" (Finkel 2002) mit einem Abschnitt, in dem zunächst darauf hingewiesen wird, dass es „die" Migranten nicht gäbe und explizit vor der Gefahr der Kulturalisierung gewarnt wird, um dann im Folgenden die Frage des sexuellen Missbrauchs ausschließlich am Beispiel der türkischen Familien resp. der türkischen Mädchen zu beschreiben und zu erklären.

Das dritte Beispiel stammt aus der Dokumentationsbroschüre zu einem antirassistischen Mädchenprojekt, das im Rahmen des Aktionsprogramms „Jugend für Toleranz und Demokratie" 2002 in Bielefeld mit ca. 100 Schülerinnen zwischen 14 und 21 Jahren durchgeführt wurde. Die Mehrzahl der Teilnehmerinnen waren ‚Mädchen mit Migrationserfahrungen'. Die Autorinnen sind sehr bemüht, sprachlich differenziert zu argumentieren. So halten sie „die Einteilungen in ‚deutsch' und ‚ausländisch' für problematisch, weil damit ‚die Erfahrungen, die bspw. afro-deutsche Menschen bezogen auf Rassismus machen", nicht gefasst werden können. Sie unterscheiden daher zwischen ‚Menschen of color' und ‚weißen Menschen' und fassen unter ‚Menschen' oder ‚Mädchen of color' auch die ‚weißen MigrantInnen', da auch sie Diskriminierungserfahrungen machen. Wenn es jedoch im Verlauf des Textes darum geht, einzelne Aussagen zu veranschaulichen, so wird vielfach das ‚türkische Mädchen' zum Prototyp der ‚weißen Migrantin mit Diskriminierungserfahrung' resp. des ‚Mädchens of color' genannt. Im Abschnitt ‚Perspektiven von Mädchen of color' heißt es beispielsweise:

> „Es sind dies schwarze (deutsche und nicht deutsche) Mädchen, Migrantinnen der 1., 2. oder 3. Generation, allgemeiner: alle Mädchen mit Migrationshintergrund. [...] Wir gehen davon aus, dass die psychosozialen Problemlagen, die eine migrierte Familie zu bewältigen hat, sich über Generationen weitertragen. Somit wirkt sich Migration z.B. auch auf ein *türkisch-deutsches Mädchen* aus, dessen Eltern schon hier geboren sind" (Mädchentreff Bielefeld 2002, S. 12).

Oder in dem Abschnitt, in dem zu Recht darauf verwiesen wird, dass „Mädchen of color [...] vielfachen Fremdzuschreibungen ausgesetzt [sind], am häufigsten der Beschreibung als ‚Ausländer'", wird für die ‚andere' Selbstbeschreibung wieder auf das ‚türkische Beispiel' zurückgegriffen:

> „Menschen of color werden immer wieder gefragt, woher sie kommen. Antworten sie vielleicht, sie kämen aus Düsseldorf, folgt die irritierte Nachfrage: ‚Ja, ja aber ich mein' jetzt so ursprünglich...'. Sicher ist die Frage nach der Herkunft eines Menschen meist nett und interessiert gemeint. Der Punkt ist jedoch, wie der/die solchermaßen Befragte sich damit fühlt. Denn implizit steckt in der Frage nach der Herkunft ja die Aussage: ‚Du bist hier fremd, kommst woanders her.' Diese Feststellung basiert auf phänotypischen Merkmalen; ich ordne jemand äußerlich als ‚nicht von hier', also nicht-deutsch ein. Damit bestimme ich, wer deutsch ist und wie ‚deutsch' aussieht. So wird eine harmlose Frage zur Ausgrenzung, die Angesprochene zur Ausgegrenzten. Es ist somit nicht angemessen, *ein Mädchen türkischen Hintergrundes als türkisches Mädchen* zu beschreiben. Sie selbst würde sich vielleicht eher als Deutsche oder *deutsch-türkisch* beschreiben, unabhängig davon, welchen Pass sie hat. So entstehen ganz neue Identi-

tätsmuster, wie z.B. afro-deutsch, deutsch-koreanisch, die Selbstbeschreibung könnte aber genauso gut ‚*türkisch*' sein; in jedem Fall sollte jede Person das Recht haben, sich selbst zu definieren" (Mädchentreff Bielefeld 2002, S. 15).

Die schnelle Gleichsetzung von „ausländisch" und „türkisch" lässt sich auch daran ablesen, dass die Zahl der Forschungsarbeiten, die eine bestimmte Fragestellung am Beispiel einer Gruppe untersuchen (Erziehungsvorstellungen, Jugendkonflikte, Schulerfolg usw.), sich mehrheitlich auf die „türkische Gruppe" konzentrieren. Die von Huth-Hildebrandt für den Zeitraum 1974 – 1990 aufgezeigte Diskrepanz zwischen der Vielzahl der Publikationen zu türkischen Frauen und den wenigen zu Frauen anderer Nationalitäten (Huth-Hildebrandt 1999, S. 36; 2002, S. 55) dürfte auch für die interkulturelle Literatur insgesamt gelten (vgl. auch Phoenix 2000, Bd. 1, S. 123). Seit den 1990er Jahren wird zwar eine weitere ‚Gruppe' in den Mittelpunkt der Aufmerksamkeit gerückt, die der Aussiedler, insbesondere die Aussiedlerjugendlichen, doch sie werden nicht zum Prototyp des ‚Fremden', sondern werden ‚nur' als neue ‚Problemgruppe' bzw. neue ‚Tätergruppe' insbesondere mit Kriminalität, Gewalt und Drogenproblemen in Verbindung gebracht (vgl. Reich 2003).

6.2.5 Beispiel: Zuwanderung, Einwanderung

‚Die Bundesrepublik ist kein Einwanderungsland' war die politikleitende Maxime bis in die späten 1990er Jahre. Als die 1998 gewählte Bundesregierung zunächst das Staatsangehörigkeitsgesetz zugunsten von Kindern ausländischer Eltern zu ändern und das Projekt eines Einwanderungs- und Integrationsgesetz in Angriff zu nehmen begann, wurde statt von Einwanderung von Zuwanderung gesprochen sowie von ‚Zuwanderern', ‚Zuwandernden', ‚Zugewanderten', ‚Zuwandererfamilien' usw.

Der Terminus ‚Zuwanderung' ist alt[119]. Neu ist jedoch sein mehrheitlicher Gebrauch in der offiziellen politischen wie in der Mediensprache und inzwischen auch im Alltag. Wer seine Karriere lanciert hat, ist nicht eindeutig (vgl. Text 13). Aber er klingt harmloser als ‚Einwanderung' und bedeutet keine grundsätzliche Abkehr von der bisherigen ‚Nicht-Einwanderungsland-Formel'. Er bietet sich als ein Begriff an, mit dem nur beschrieben wird, dass Personen aus anderen Ländern in die Bundesrepublik Deutschland kommen, ohne zugleich die Idee des endgültigen Sich-Niederlassens, die mit dem Begriff ‚Einwanderung' verbunden wird, zu vermitteln. Er wirkt wie eine Kombination von Zuzug und Einwanderung. In vielen Texten werden die Bezeichnungen ‚Ausländer' und ‚Zuwanderer' synonym benutzt; wenn jedoch zwischen ‚Aussiedlern' und ‚Ausländern' unterschieden werden soll, so werden letztere als ‚aus-

---

[119] Seit 1971 im Rechtschreibduden verzeichnet; aber man findet ihn auch schon in früheren Texten zu Fragen der Migration.

ländische Zuwanderer' bezeichnet, so zum Beispiel in Texten von Wirtschaftsinstituten oder im UN-Bericht über die Ausländerbeschäftigung in Deutschland:

> *Zuwanderer* konkurrieren kaum mit deutschen Arbeitnehmern auf dem Arbeitsmarkt. Die Befürchtung vieler Bundesbürger, *Ausländer* würden deutschen Arbeitnehmern die Arbeitsplätze wegnehmen, ist nicht zutreffend. Nach einer Studie des RWIs [Rheinisch-Westfälisches Institut für Wirtschaftsforschung] in Essen sind die 2,1 Millionen *Zuwanderer*, die einer sozialversicherungspflichtigen Beschäftigung in Deutschland nachgehen, in erster Linie als un- und angelernte Arbeiter im unteren Lohnsegment tätig. [...] Aufgrund der konjunkturellen Anfälligkeit der Bereiche, in denen *Ausländer* überwiegend beschäftigt sind, konkurrieren sie auf dem Arbeitsmarkt vor allem mit anderen *ausländischen Zuwanderern* und seit einigen Jahren verstärkt auch mit Aussiedlern" (Ausländer entlasten deutsche Sozialsysteme o. D., S. 1; Hervorh. M. K.-P.).

Außerdem bieten sich die Termini ‚Zuwanderer', ‚Zugewanderte' und ‚Zuwandernde' an, weil sie gruppenübergreifend bzw. gruppenunspezifisch sind: Unter ‚Zuwanderer', lassen sich alle Gruppen: ‚Arbeitsmigranten', ‚Aussiedler', ‚Flüchtlinge' ‚Green-Card-Inhaber' usw. fassen, und – darüber hinaus – sind die beiden Substantive – Zuwandernde und Zugewanderte – sozusagen geschlechtsneutral, so dass dem – zu Recht artikulierten – Monitum, dass in den Texten zur Migration in die Bundesrepublik Deutschland und ihrer Geschichte vielfach der Eindruck erweckt werde, als seien nur Männer zugewandert, Rechnung getragen wird (vgl. Huth-Hildebrandt 1999). Bemerkenswert ist, dass der Begriff ‚Migrant', der ebenfalls gruppenunspezifisch ist, kaum als solcher wahrgenommen wird. Sondern in vielen (nicht wissenschaftlichen) Texten wird ‚Migrant' allein für die angeworbenen Arbeitsmigranten benutzt, säuberlich unterschieden von ‚Aussiedlern' und ‚Flüchtlingen', neuerdings auch für alle, die in Europa noch „einfallen" werden, so 2002 im Magazin *Der Spiegel* (siehe weiter unten).

Text 13: Zuwanderung = Einwanderung light

In einem polemisch gehaltenen Artikel vom Juni 2002 in Zusammenhang mit den Auseinandersetzungen über das von den Regierungsparteien SPD und Bündnis 90/Die Grünen vorgelegte Zuwanderungsgesetz schreibt Lothar Baier in der Wochenzeitung Freitag die ‚(Wieder-)Entdeckung' und Das-in-Umlauf-bringen' des Terminus Zuwanderung bzw. Zuwanderungsgesellschaft der CSU (speziell ihrem Parteivorsitzenden Edmund Stoiber, Ministerpräsident von Bayern und Kanzlerkandidat der CDU/CSU für die Bundestagswahlen im September 2002) zu, ob zu Recht sei dahingestellt. Baier schreibt:

„Seit er [Edmund Stoiber] sich mit seiner Ende der achtziger Jahre ausgesprochenen Warnung vor einer multikulturellen ‚durchrassten' Gesellschaft den Unmut christlich gesonnener Geister unter seiner Kundschaft zugezogen hat, ist er in der Wahl seines Vokabulars vorsichtiger geworden. [...] Die Modernität verlangt auch, ‚to face reality', um es in der bevorzugten Sprache moderner Deutscher auszudrücken, und das heißt anzuerkennen, dass selbst in Bayern die Bayern nicht mehr ganz unter sich sind. Edmund Stoiber hat sich dazu durchgerungen, öffentlich einzuräumen, dass es da so ein Phänomen namens Einwanderung gibt. Ob es persönlich mag oder nicht, egal, Stoiber ist Profi genug, um zu wissen, dass ein Politiker um politischer Interessen willen persönliche Neigungen hinten an stellen muss. Die Interessenlage verlangte, mit der Schwesterpartei CDU in Sachen Immigrationspolitik gemeinsame Sache gegenüber der rot-grünen Regierung zu machen. Das Resultat innerchristdemokratischen Verhandelns liegt mittlerweile in Form des ‚Gemeinsamen Positionspapiers von CDU und CSU zur Steuerung und Begrenzung der Zuwanderung' vor.

Bereits der Überschrift ist zu entnehmen, dass die bayerische CSU sich in einem zentralen Punkt durchgesetzt hat, der Benennung der fraglichen Sache, die nun nicht mehr ‚Einwanderung' heißt, sondern ‚Zuwanderung'. Dieses im Deutschen kaum gebräuchliche Wort war zuvor von Stoiber und dessen Stab erfolgreich in Umlauf gesetzt worden: ein genialer Dreh, die Einwanderung mit allem was der Begriff an unangenehmen Vorstellungen mit sich schleppt (Schmelztiegel, Multikulti), einem Bad im linguistischen Lourdes zu unterziehen und sie dann, gesäubert, geheilt und frottiert, als freundlich blickende ‚Zuwanderung' wieder vorzuführen. Mit ihrer Vorsilbe ‚Ein' zielt die Einwanderung aufs Innerste, will sich da hinsetzen und breit machen – das aber passt dem bayerischen und anderen Stammtischen nicht, denen Stoiber und andere Politchristen ihr Ohr leihen. Die Vorsilbe ‚Zu' dagegen signalisiert Verbleiben im Äußeren: wer lediglich ‚zuwandert', von dem darf man vermuten, dass er eines Tages auch wieder ‚abwandert', so wie derjenige, der laut Eisenbahnerdeutsch ‚zugestiegen' ist, erfahrungsgemäß auch wieder aussteigt.

Das wahrhaft Bemerkenswerte an der Geschichte ist, dass Herrn Stoibers sprachpolitische Intervention sogleich von allen Seiten aufgegriffen und übernommen wurde, von der SPD sowieso, aber auch von den JournalistInnen, KommentatorInnen und FernsehsprecherInnen. Es ist nun alles nur noch ‚Zuwanderung', also etwas eigentlich Vorläufiges. Die ‚Einwanderung' wurde flugs über Bord geworfen, wie lästiger Ballast. Man ahnt, dass selbst bei denen, die früher unerschrocken aufgeklärt das ‚Einwanderungsland Deutschland' hochhielten gegenüber der verstockten ‚Reaktion', […] eine spürbare Erleichterung eingetreten ist, als ihnen die fettarme ‚Zuwanderung' zur Verfügung gestellt wurde. Somit dürfen sie alle bei ihrer guten (liberalen, gar ein wenig ‚linken') Gesinnung bleiben, müssen das aber mit ‚Einwanderung' nicht mehr so hart ausdrücken. Die ‚Zuwanderung' hat nicht allein CDU und CSU einander näher gebracht, sondern auch etwas gestiftet, was es schon längst nicht mehr gab zwischen Oder und Rhein: eine zuwanderungsbedingt zusammengeschmiedete deutsche Volksgemeinschaft".

Lothar Baier: Sprachliche Sommerdiät. Einwanderung light. Die CSU erfindet die deutsche „Zuwanderungsgesellschaft". In: Freitag, 27. vom 29. Juni 2002.

Seit Ende der 1990er Jahre kann man in den Medien und in der Politik weitere sprachliche Veränderungen beobachten, allerdings mit Unterschieden je nach politischer Couleur und Situation. Möglicherweise deutet sich auch hier eine Diskursspaltung an. In Zusammenhang mit der Diskussion über die PISA-Ergebnisse wurde – wenn es um stereotype Schuldzuweisungen ging – von ‚ausländischen' Schülerinnen und Schülern gesprochen. Es hieß, sie seien Schuld daran, dass Deutschland im internationalen Vergleich so schlecht abgeschnitten habe (vgl. Klein, in: Berliner Zeitung, 22.05.2002). In anderen Beiträgen hingegen, in denen die Fakten differenziert zur Kenntnis genommen wurden, war auffällig häufiger von ‚Kindern mit Migrationshintergrund', ‚Kindern nicht deutscher Erstsprache' oder ‚Kinder nicht deutscher Staatsangehörigkeit' die Rede – Umschreibungen, die zuvor fast ausschließlich in erziehungs- und sozialwissenschaftlichen Fachtexten zu finden waren. Diese Umschreibungen – sofern sie bewusst gewählt wurden – sind letztlich eine Reaktion auf die zunehmende Ausdifferenzierung der Gruppe derjenigen, die in der Statistik unter ‚deutsch' firmieren. Es wird zur Kenntnis genommen, dass ‚deutsch' sich nur auf den deutschen Pass bezieht, nicht aber auf die Erstsprache und Herkunft, und dass durch Einbürgerungen und vor allem in Folge des am 1. Januar 2000 in Kraft getretenen neuen Staatsangehörigkeitsgesetzes (Kinderstaatsbürgerschaft) die Zahl der Kinder mit Migrationshintergrund und deutschem Pass steigt (vgl. Kap. 6.2.1).

Ein Beispiel für das Bemühen um sprachliche Präzision und die damit (möglicherweise) verbundenen Probleme ist die folgende Passage aus den Forderungen des „Forum Bildung" im Anschluss an die Diskussion über die Ergebnisse der PISA-Studie. Dort heißt es in Abschnitt „X. Bildung und Qualifizierung von Migrantinnen und Migranten":

> „*Personen mit Migrationshintergrund* haben einen wesentlich schlechteren Zugang zu Bildung und größere Schwierigkeiten beim Erwerb von Bildung. Insgesamt stammen etwa 15 % der *in Deutschland lebenden Personen* im Alter von 30 Jahren aus *Migrantenfamilien*. Verlässliche Daten liegen nur für *Personen mit ausländischer Staatsangehörigkeit* vor: 19,5 % verließen 1998 die allgemeinbildenden Schulen, ohne zumindest den Hauptschulabschluss zu erreichen (Deutsche: 8,1 %). Nur 8,7 % der *Ausländerinnen und Ausländer* erreichen das Abitur. Die Sonderschulquoten von jungen *Jugoslawen*[120], *Italienern, Portugiesen* und *Türken* liegen zwei bis dreimal über der von gleichaltrigen Deutschen. […] Die Bildungssituation der *Aussiedlerinnen und Aussiedler, für die als deutsche Staatsbürger* keine eigenen Daten vorliegen, dürfte ähnlich schlecht sein" (Arbeitsstab Forum Bildung 2001/02, S. 21 f.; Hervorh. M. K.-P.).

Insgesamt ist eine gewisse sprachliche Sensibilität zu beobachten. Es wird zumindest stärker zur Kenntnis genommen, dass es sich bei den Zugewanderten und Zuwandernden nicht einfach um ‚Ausländer' handelt, sondern um in vielfältiger Weise unterschiedliche Personen, d. h. über die Differenzen in Bezug auf Geschlecht, Sozialstatus, Gesundheit, Religion usw. hinaus um Personen, die auf einer unterschiedlichen rechtlichen Basis in Deutschland leben, um Personen mit unterschiedlichen Herkünften usw.

Aber es wäre eine Überbewertung, wenn man von einer veränderten Sprache und Begrifflichkeit in einzelnen Texten direkt auf ein verändertes Bewusstsein schließen würde. Generell und über die Zeit hinweg ist die Sprache der Presse und der Politik quer durch die Lager zwar variantenreicher geworden, aber dies verhindert nicht, dass – insbesondere in Wahlkampfzeiten oder anlässlich politischer Krisen – auch mit dem neuen Vokabular die alten Stereotypen bedient werden. ‚Ausländer'; auch wenn sie nun in ‚politisch korrekter' Sprache als ‚Migranten' ‚Zuwanderer' oder ‚Einwanderer' bezeichnet werden, werden mit Bedrohung, Gefahr, Überfremdung in eins gesetzt, wenn es innenpolitisch passt. So erschien im Sommer 2002 (Nr. 25) das Magazin *Der Spiegel* mit dem Titelblatt: „Ansturm der *Migranten* – Europa macht dicht". In den einzelnen Unterti-

---

[120] Es ist unklar, wer gemeint ist: ob ‚Jugoslawen' fälschlicherweise für alle diejenigen steht, die aus dem ehemaligen Jugoslawien kommen oder für diejenigen aus Serbien und Montenegro (Bundesrepublik Jugoslawien).

teln und im Text werden die Termini ‚Zuwanderer', ‚Einwanderer', ‚Immigranten', ‚Exilanten', ‚Flüchtlinge', usw. gebraucht, ohne dass erkennbar wäre, nach welchen Überlegungen der jeweilige Begriff eingesetzt worden ist. Insgesamt aber wird durch verschiedene andere sprachliche Mittel, unter anderem durch die Beifügung ‚illegal', vermittelt, dass es sich um gefährliche Ausländer im Sinne von ‚Asylant' (‚Wirtschaftsasylant', ‚Sozialasylant' usw.) handelt. Der Terminus ‚Asylant' selbst taucht im Text relativ selten auf, aber der Kontext ersetzt ihn an vielen Stellen. So ist z. B. die Rede von drei „Einfallstoren" (Gibraltar, Adria und Osteuropa), durch die die ‚Illegalen' nach Europa für ein besseres Leben ‚geschleust' würden, um hier „Kindergeld, kostenlose ärztliche Versorgung, Nachzugsrechte für Angehörige" zu finden. In Bezug auf das „Einfallstor Osteuropa" heißt es dann:

> „Mit der Osterweiterung der Europäischen Union wird der *Druck von Osten* zunehmen. Migrationsforscher sehen eine *monströse Völkerwanderung* aus den Nachfolgestaaten der ehemaligen Sowjetunion in Richtung Westen voraus. Muss sich der Westen vor einem *neuen Tatarensturm fürchten?*" (Der Spiegel 2002, Nr. 25. S. 118; Hervorh. M. K.-P.).

Die Frage wird zwar anschließend verneint („So schlimm wird es nicht kommen."), aber zunächst einmal wird die Angst geschürt und werden Vorurteile bekräftig: „Druck von Osten", „monströse Völkerwanderung", „Tatarensturm", und es wird suggeriert, dass die in diesem Kontext Zuwandernden letztlich nichts anderes als (‚Wirtschafts-)Asylanten' sein können (vgl. auch Butterwegge 2002). In anderen Texten (und Bildern) geht die Bedrohung vom Islam resp. den Islamisten aus, wobei – nicht generell, aber auch – Personen muslimischen Glaubens und/oder Personen türkischer Herkunft mit ‚Islam' gleichgesetzt werden. In diesem Sinne kritisch schreibt Kugelmann unter Bezug auf die durch den 11. September 2001 ausgelösten Debatten:

> „Dennoch ist aufgrund der aktuellen Bedrohungslage durch den islamischen Terrorismus die Religionszugehörigkeit [hinzuzufügen wäre: oder auch die ethnische/nationale Zugehörigkeit ‚türkisch'] zum Identifikationsmerkmal geworden. Moslems stehen eher unter Verdacht, den unter nationalem Terrorismus in seinen aktuell bedrohlichen Erscheinungsformen zu unterstützen, als Angehörige anderer Glaubensrichtungen" (Kugelmann 2003, Abschnitt 3.2.2; vgl. auch Abb. 11).

6.2.6 Fazit

Die bisher angeführten Beispiele ließen sich um viele weitere ergänzen. Für das Wortfeld „Ausländer/ausländisch" mit seinen zahlreichen Varianten ist an dieser Stelle zunächst einmal festzuhalten, dass nur in einer Beziehung Eindeutigkeit gegeben ist: *‚Ausländer' ist ein Rechtsbegriff* bezogen auf die Staatsangehörigkeit. Darüber hinaus gibt es für die Frage, welcher Begriff wann korrekt ist, keine Lösung nach dem Muster eins zu eins. Sondern es gilt unter den verschiedenen Bezeichnungen sorgfältig nach der am besten geeigneten zu suchen, die Historizität und Kontextgebundenheit von Termini zu beachten und vor allem darauf zu achten, dass durch den Kontext das Bemühen um eine sach- und fachgerechte Sprache und Terminologie nicht konterkariert wird.

6.3 Begriffsfeld: ‚Rassismus', ‚Rasse', ‚Kultur'[121]

In gleicher Weise gilt es mit den vielen anderen zentralen Begriffen des Arbeits- und Forschungsbereichs Interkultureller Bildung umzugehen, mit ‚Kultur', ‚Ethnie', ‚Rasse', ‚Nation' usw. Sie scheinen unhinterfragbare quasi-natürliche Gegebenheiten zu fassen, während sich in Wirklichkeit in ihnen (Zwischen-)Ergebnisse gesellschaftlich-politischer Prozesse abbilden, die ihre je eigene facettenreiche Wirkungsgeschichte haben und die – je nach Standpunkt – auf unterschiedliche Konzepte und damit unterschiedliche Praxen verweisen. Jeder dieser Begriffe hat seine Entstehungs- und Wirkungsgeschichte. Sie sind Ergebnis sozialer Prozesse und zugleich strukturieren sie diese. Begriffe wie ‚Kultur', ‚Ethnie', ‚Rasse', ‚Nation' usw. sind „soziale Gemachtheiten", bei denen es sich nicht um

> „bloße Hirngespinste oder ‚irreale' Angelegenheiten handelt. Das Gegenteil ist der Fall: Soziale Konstruktionen greifen überaus nachhaltig und wirksam in gesellschaftliche Prozesse und soziale Beziehungen ein. ‚Sie sind verankert in gesellschaftlich institutionalisierten Kategorisierungen und Prestigehierarchien (sozial stabilisierten und kulturell überlieferten Prägeformen jener Kategorisierungsprozesse), sie finden in spezifisch historisch-gesellschaftlichen Situationen statt, haben eine durch die objektiven Lebenslagen klar strukturierte Interessengrundlage' (Bader 1995, S. 35)" (Leiprecht 2001, S. 24 f.).

Dies ist bei der Auseinandersetzung mit Texten und Dokumenten im Bereich Interkulturelle Bildung zu beachten, da in nicht wenigen Texten diese Begriffe a-historisch, ohne Bedacht auf ihre Wirkungsgeschichte und Wirksamkeit verwendet werden, und speziell Begriffe wie ‚Ethnie' und ‚Kultur' so, dass sie wie ‚natürliche Eigenschaften' von Personen resp. Personengruppen erscheinen. Im Folgenden wird lediglich auf die Begriffe ‚Rasse'/‚Rassismus' eingegangen und auf ‚Kultur' nur insoweit ‚Kultur' – wie Leiprecht sagt – „Sprachversteck für Rasse" ist (Leiprecht 2001, S. 23). Für die anderen zentralen Begriffe wird verwiesen auf Hansen 1994c und 2001).

---

[121] Zu ‚Kultur' siehe Glossar

6.3.1 ‚Rasse'/‚Rassismus'

In den „Flüchtlingsgesprächen" von Bert Brecht sprechen die beiden Protagonisten – Ziffel und Kalle – u. a. „Über Herrenrassen/Über die Weltherrschaft" (Kapitel XVI). Ziffel beginnt das Gespräch wie folgt:

> „Die Idee von der Rasse ist der Versuch von einem Kleinbürger, ein Adeliger zu werden. Er kriegt mit einem Schlag Vorfahren und kann auf etwas zurück – und auf was herabsehen. Wir Deutschen kriegen dadurch sogar eine Geschichte. Wenn wir schon keine Nation waren, können wir wenigstens eine Rasse gewesen sein" (Brecht 1967, S. 1490).

Der Begriff ‚Rasse' wird in der deutschsprachigen interkulturellen Literatur kaum verwendet, nicht nur weil er wissenschaftlich unhaltbar ist, sondern weil er aufgrund des ‚vernichtenden Gebrauchs' im Nationalsozialismus weitgehend tabuisiert ist. Denn, so Miles (1991, S. 193), „[D]a die ‚Endlösung' explizit mit einer Theorie biologischer Minderwertigkeit legitimiert wurde, haftete dem Wort ‚Rasse' der Geruch der Krematorien an". Gleichzeitig wird jedoch darauf hingewiesen, dass ‚Rasse' resp. ‚race' durchaus in der englischsprachigen Literatur einen Platz habe: Zum Beispiel spreche man von ‚race relations'. Dies sei zum einen deshalb möglich, so wird dann hinzugefügt, weil der Begriff in den englischsprachigen Ländern durch die Geschichte nicht diskreditiert sei, vor allem aber sei sein Bedeutungshorizont ein anderer; er entspräche eher dem Begriff der ‚Ethnie'.

Ein Beispiel für die ‚Wiedereinführung' des ‚Rasse'-Begriffs in die akademische Diskussion und die unreflektierte Übernahme des englischen ‚race' (teilweise neben ‚Ethnie') als ‚unbelastet' sind verschiedene Darstellungen von Management-Diversity-Konzepten. Mit dem Ziel ‚Diversity' zu definieren, werden „Erscheinungsformen von Diversity in zwei übergreifende Gruppen, nämlich Diversity in ‚observable differences' (wahrnehmbare Unterschiede) und ‚unobservable differences' (kaum wahrnehmbare Unterschiede) kategorisiert". Zu den ersteren, die als „hart" bezeichnet werden, werden Unterschiede „in Rasse und ethnischer Zugehörigkeit, Nationalität, Geschlecht und Alter" gezählt; zu den zweiten, den „weichen" werden „Wertunterschiede [...] und [...] Fähigkeiten- und Wesensunterschiede [wie] Persönlichkeit, kulturelle Werte, soziale Klasse [...], sexuelle Orientierung und religiöse Einstellung" gerechnet (Sepehri/Wagner 2002[2], S. 131).

Ob und wie bewusst Autorinnen und Autoren damit letztlich einen historisch mächtigen, unwissenschaftlichen Begriff rehabilitieren (möchten), kann hier nicht weiter diskutiert werden. Doch vor allen weiteren Erläuterungen zu ‚Antirassismus', ‚Neo-Rassismus', ‚Kulturrassismus' soll festgehalten werden:

(1) Rasse ist ein wissenschaftlich *nicht* haltbarer Begriff[122]; (2) auch kritisch gemeinte Begriffsbildung wie Rassismus/Antirassismus können so gelesen werden, als unterstellten sie weiterhin die Existenz von ‚Rassen', und (3) ungeachtet der in (2) zu Recht geäußerten Bedenken gegen den Begriff des ‚Rassismus' (und seine Varianten, wie ‚Neo-Rassismus', ‚Kulturrassismus', ‚Antirassismus' usw.) hat dieser in Deutschland eher an Terrain gewonnen. Mit dem Fall der Mauer Ende der 1980er Jahre, so Müller 1997 (S. 357), sei das „Tabu um den Rassismus-Begriff" aufgebrochen worden; seitdem habe er einen „inflationären Gebrauch" im vereinten Deutschland erfahren. Dies habe zu immer neuen Definitionsversuchen in Abgrenzung zu ‚Ethnie' und/oder ‚Kultur' geführt bzw. zu ‚Ausländerfeindlichkeit', ‚Fremdenfeindlichkeit', und – so ist zu ergänzen – neuerdings zu ‚Menschenfeindlichkeit' (vgl. Heitmeyer/Endrikat/ Heyder u. a. 2002). Letzteres soll ein Versuch sein, den Blick nicht von vornherein auf bestimmte Gruppen zu lenken. Menschenfeindlichkeit – so die Autoren – beginnt zumeist schleichend dann, wenn Personen aufgrund ihrer gewählten oder zugewiesenen Gruppenzugehörigkeit als ungleichwertig markiert werden und sich in ihrer körperlichen wie seelischen Unversehrtheit nicht mehr sicher sein können" (Heitmeyer/Endrikat/Heyder u. a. 2002; hier zit. nach Frankfurter Rundschau vom 8.11.2002).

Dass ‚Rasse' kein wissenschaftlich haltbarer Begriff ist bzw. dass die im 19. Jahrhundert entwickelten Rassetypologien wissenschaftlich nicht belegbar sind, darüber besteht heute weitgehend Konsens, wenn man einmal von Personen und Gruppierungen absieht, die sich politisch am rechten Rand verorten. Gleichzeitig zeigt ein Blick in neuere Lexika und Fachbücher der Medizin, Biologie[123], Anthropologie und verwandter Wissenschaftsgebiete, dass

„Rassetypologien in Verbindung mit Aussagen zu sozialen und kulturellen Eigenschaften von Menschen auch heute noch Geltung zugeschrieben wird. Alltagssprachlich und in den Medien findet der Begriff weiterhin Anwen-

---

[122] Siehe ausführlich dazu Kattmann 1999.

[123] Vgl. hierzu und zum Folgenden die ausführlichere Darstellung bei Leiprecht 2001; vgl. auch die Ergebnisse einer Studie an der Berliner Charité. Die 2001 durchgeführte Studie (Asking Students About Medicine And National Socialism) ergab, dass 74 % der Medizinstudierenden bereit sind, „Rassekriterien" auf Menschen anzuwenden. Sie ergab gleichzeitig, dass die Kenntnisse über die Rollen der Mediziner im Nationalsozialismus und deren rassistische menschenvernichtende Versuche kaum bekannt war (Studie von Timo Drewes, Peter Langkafel und Sebastian Müller, URL: http://www.asamans.de). Ein anderes Beispiel ist das 1993 in 3. überarb. und erweiterten Auflage erschienene Buch von E. Steitz über „Die Evolution des Menschen" (Stuttgart), ausführlich dazu Jansen (2003), in dem er die „wichtigsten Rassen des Jetztmenschen" in Anlehnung an v. Eickstedt unter Berücksichtigung morphologischer Merkmale (Wuchs, Hautfarbe, Augenfarbe, Kopfhaar, Körperbehaarung, Kopfform, Nase usw.) vorstellt. Er unterscheidet drei „Großrassenkreise" mit insgesamt 42 „Unterrassen". Eine Begründung dafür, weshalb die Einteilung nach ‚Rassen' notwendig und weiterführend ist, fehlt.

dung zur Erklärung sozialer Unterschiede und Konflikte. ‚Rassenbezogene' Denkstereotype scheinen schwer auflösbar. Ihr Reiz besteht darin, die soziale und wahrnehmbare Vielfalt mit all ihren Widersprüchen im Rahmen eines einzigen, relativ simplen Ansatzes zu ‚erklären'" (Müller 1997, S. 360).

Auch mit der modernen Biologie ist die Diskussion darüber, ob und nach welchen Kriterien Menschen(gruppen) sich unterscheiden (lassen), neu aufgekommen, und es sind neue Klassifizierungen und deren Legitimation zum Beispiel von Seiten der Soziobiologie vorgestellt worden.[124] Gegen diese neuen Versuche der ‚Sortierung' von Menschen nach genetischen Merkmalen haben unter anderem die Teilnehmerinnen und Teilnehmer einer wissenschaftlichen Arbeitsgruppe auf der internationalen UNESCO-Konferenz „Gegen Rassismus, Gewalt und Diskriminierung" (1995) protestiert und festgehalten, dass äußere Merkmale und genetische Variation keinesfalls übereinstimmen:

> „Die Revolution in unserem Denken über Populationsgenetik und molekulare Genetik hat zu einer Explosion des Wissens über Lebewesen geführt. Zu den Vorstellungen, die sich tiefgreifend verändert haben, gehören die Konzepte zur Variation des Menschen. Das Konzept der ‚Rasse', das aus der Vergangenheit in das 20. Jahrhundert übernommen wurde, ist völlig obsolet geworden. Dessen ungeachtet ist dieses Konzept dazu benutzt worden, gänzlich unannehmbare Verletzungen der Menschenrechte zu rechtfertigen. [...] Neue, auf den Methoden der molekularen Genetik und mathematischen Modellen der Populationsgenetik beruhende Fortschritte der modernen Biologie zeigen jedoch, dass [es zwar genetische Unterschiede gibt, dass aber] die grundlegende genetische Variation zwischen Populationen [...] viel weniger ausgeprägt [ist].

> Das bedeutet, dass die genetische Diversität beim Menschen gleitend ist und keine größere Diskontinuität zwischen den Populationen anzeigt. Befunde, die diese Schlußfolgerungen stützen, widersprechen der traditionellen Klassifikation in ‚Rassen' und machen jedes typologische Vorgehen völlig unangemessen. Darüber hinaus hat die Analyse von Genen, die in verschiedenen Versionen (Allelen) auftreten, gezeigt, dass *die genetische Variation zwischen den Individuen innerhalb jeder Gruppe groß ist,* während im Vergleich dazu *die Variation zwischen den Gruppen verhältnismäßig klein* ist.

---

124 Ein weiteres Feld, in dem ‚Rasse' als legitime Kategorie im Alltag tradiert wird, sind verschiedene Fantasy-Spiele, so z. B. wenn Protagonisten/Helden kreiert werden, so soll ihnen ein Name, ein Geschlecht, eine Rasse, eine Kultur, ein Beruf usw. zugeordnet werden (vgl. Helden-Software. URL: http://asc.gmahome/beispiel.html [Stand: 21.5.2004]; siehe auch http://www.net-lexikon.de/Kultur-Zyklus.html.

Es ist leicht, zwischen Menschen aus verschiedenen Teilen der Erde Unterschiede in der äußeren Erscheinung (Hautfarbe, Morphologie des Körpers und des Gesichts, Pigmentierung etc.) zu erkennen, *aber die zugrundeliegende genetische Variation selbst ist viel weniger ausgeprägt.*

Obwohl es angesichts der auffälligen genetisch determinierten morphologischen Unterschiede paradox erscheint, sind die genetischen Variationen in den zugrundeliegenden physiologischen Eigenschaften und Funktionen sehr gering, wenn Populationsdurchschnitte betrachtet werden. Mit anderen Worten: Die Wahrnehmung von morphologischen Unterschieden kann uns irrtümlicherweise verleiten, von diesen auf wesentliche genetische Unterschiede zu schließen.

Befunde deuten darauf hin, dass es im Verlauf der Evolution des modernen Menschen relativ wenig Veränderungen in der genetischen Grundausstattung der Populationen gegeben hat. Die molekularen Analysen von Genen legen außerdem sehr nahe, dass der moderne Mensch sich erst vor kurzer Zeit in die bewohnbaren Gebiete der Erde ausgebreitet hat und in diesem Prozeß während einer relativ kurzen Zeitspanne an sehr unterschiedliche und zuweilen extreme Umweltbedingungen angepaßt worden ist (z. B. an rauhes Klima). Die Notwendigkeit der Anpassung an extreme unterschiedliche Umweltbedingungen hat nur in einer kleinen Untergruppe von Genen, die die Empfindlichkeit gegenüber Umweltfaktoren betrifft, Veränderungen bewirkt. Es ist wert zu erwähnen, dass die Anpassungen als Antwort auf Umweltbedingungen größtenteils historisch zu verstehen sind und keine Konsequenzen für das Leben in der modernen Zivilisation haben. Nichtsdestoweniger werden sie von einigen so ausgelegt, als spiegelten sie wesentliche Unterschiede zwischen Menschengruppen wider, wodurch sie zum Konzept der ‚Rassen' beitragen.

Nach wissenschaftlichem Verständnis ist die Einteilung von Menschen anhand der Verteilung von genetisch determinierten Faktoren daher einseitig und fördert das Hervorbringen endloser Listen von willkürlichen und missleitenden sozialen Wahrnehmungen und Vorstellungen. Darüber hinaus gibt es keine überzeugenden Belege für ‚rassische' Verschiedenheit hinsichtlich Intelligenz, emotionaler, motivationaler oder anderer psychologischer und das Verhalten betreffender Eigenschaften, die unabhängig von kulturellen Faktoren sind. [...]

Rassismus ist der Glaube, dass menschliche Populationen sich in genetisch bedingten Merkmalen von sozialem Wert unterscheiden, so dass bestimmte Gruppen gegenüber anderen höherwertig oder minderwertig sind. Es gibt keinen überzeugenden wissenschaftlichen Beleg, mit dem dieser Glaube gestützt werden könnte. Mit diesem Dokument wird nachdrücklich erklärt, dass es *keinen wissenschaftlich zuverlässigen Weg gibt, die menschliche*

Vielfalt mit den starren Begriffen, ‚rassischer' Kategorien oder dem traditionellen ‚Rassen'-Konzept zu charakterisieren. Es gibt keinen wissenschaftlichen Grund, den Begriff ‚Rasse' weiterhin zu verwenden" (Stellungnahme zur Rassenfrage 1995; URL: http://www.dirinfo/literatur/begreifen/ r15.html [Stand 27.7.2002]; Hervorh. M. K.-P.).

Zu bedenken ist, dass der ‚Rasse'-Begriff auch über die Kritik am ‚Rassekonzept' und an seinen sozialen und politischen Auswirkungen tradiert wird. Zu fragen ist, ob er – als Begriff – nicht noch in der Verneinung legitimiert wird, so zum Beispiel in einer Reihe von Gesetzestexten, Deklarationen oder Konventionen, die sich explizit gegen rassistische Diskriminierung aussprechen. So heißt es in Artikel 3 Satz 3 des Grundgesetzes:

„Niemand darf wegen seines Geschlechtes, seiner Abstammung, seiner Rasse, seiner Sprache, seiner Heimat und Herkunft, seines Glaubens, seiner religiösen oder politischen Anschauungen benachteiligt oder bevorzugt werden. Niemand darf wegen seiner Behinderung benachteiligt werden" (Grundgesetz für die Bundesrepublik Deutschland (GG) vom 23. Mai 1949 [BGBL S. 1]; zuletzt geändert durch Bundesgesetz vom 27.10.1994 [BGBL S. 3146]).

Was ist der Gewinn an Präzision, wenn man zusätzlich zu ‚Abstammung' noch von ‚Rasse' spricht? Wäre ‚Herkunft' vielleicht der umfassendere Begriff, zumindest solange aufgrund der politischen Verfassung hier eine Differenzlinie gezogen wird? Dass der Begriff im Grundgesetz auftaucht, erklärt sich aus der Geschichte Deutschlands. Zu fragen ist, ob er heute noch in dieser historischen Spezifizierung verstanden wird.[125]

Auch in der Menschenrechtserklärung der Vereinten Nationen von 1948 wird der Begriffe ‚Rasse' benutzt[126], so in Artikel 2, in dem es nicht einfach heißt, dass *alle* Menschen das ‚Recht auf Menschenrechte' haben, sondern:

„1. Jedermann hat Anspruch auf die in dieser Erklärung proklamierten Rechte und Freiheiten ohne irgendeine Unterscheidung, wie etwa nach *Ras-*

---

[125] Jung (1997) hat am Beispiel des Duden gezeigt, wie sich die Sprache über ‚Rasse' und die „Sprache der Migration" – so der Titel seines Buches – verändert hat; siehe dort die Tabelle S. 198. Sein Ergebnis zu ‚Rasse': 1947 sind zum Beispiel „fremdrassig", „Rassenfrage", „Rassenpolitik", „Rassenvermischung" gestrichen worden; 1961 wurden „Rassenmischung", „Rassentrennung" als neue Begriffe aufgenommen. In den folgenden Jahren wurden eingefügt: „Rassenfrage" (1967), „Rassist", „Rassismus", „rassistisch", „Rassenproblem" (1973); 1981 wird „Rassenunruhen" aufgenommen und „Rassengemisch", „Rassenhygiene", „Rassenkampf" gestrichen; 1991 wird „Rassenkrawall/-hetze" eingefügt.

[126] Möglicherweise spielt die Frage der Übersetzung/Übersetzbarkeit (race – Rasse) bei internationalen Dokumenten eine Rolle. Aber gerade Übersetzungen bieten Anlass für Diskussionen über den sensiblen Umgang mit Sprache.

se, Farbe, Geschlecht, Sprache, Religion, politischer oder sonstiger Überzeugung, nationaler oder sozialer Herkunft, nach Vermögen, Geburt oder sonstigem Status" (Allgemeine Erklärung der Menschenrechte 1948, zit. nach Bundeszentrale für politische Bildung [Hrsg.] 1996², S. 38).

Dies wiederholt sich in Artikel 16 bezüglich des Rechts auf Schließung wie Auflösung der Ehe und des Rechts auf Familiengründung „ohne Beschränkung durch Rasse, Staatsbürgerschaft oder Religion" und in Artikel 26 in Bezug auf die Bildungsziele, die „Verständnis, Duldsamkeit und Freundschaft zwischen allen Nationen und allen *rassischen* oder religiösen Gruppen fördern" sollen (Allgemeine Erklärung der Menschenrechte 1948, zit. nach Bundeszentrale für politische Bildung [Hrsg.] 1996², S. 43 f.; Hervorh. M. K.-P.). In der UNESCO-Deklaration von 1951 (vgl. auch UN-Konvention 51/81 [1996]) zum „Rasseproblem" wird – wenn man es genau nimmt – der ‚Rassebegriff' nicht grundsätzlich in Frage gestellt, sondern nur die Vorstellung von ‚reinen Rassen'. Noch in der Kritik erscheint somit der ‚Rasse-Begriff' – ungewollt – legitimiert zu werden:

> „Bezüglich der meisten, wenn nicht aller meßbaren Merkmale, sind die Unterschiede zwischen den Individuen gleicher Rasse größer als die Unterschiede zwischen den beobachteten Durchschnittswerten zweier oder mehrerer Rassen innerhalb der gleichen Hauptrasse […] es gibt keinen Beweis für die Existenz sog. ‚reiner Rassen'" (vgl. auch Internationales Übereinkommen zur Beseitigung jeder Form von Rassendiskriminierung 1966).

Ein weiteres Beispiel ist die Genfer Flüchtlingskonvention, in der die „vertragschließenden Staaten" sich verpflichtet haben, keinen Flüchtling aus- oder zurückzuweisen, dessen Leben und Freiheit „wegen seiner *Rasse*, Religion, Staatsangehörigkeit […]"[127] bedroht ist. Auch hier ist zu fragen, ob diese *historisch verständliche* Begriffswahl heute noch adäquat ist und ob mit dem Begriff nicht das, was bekämpft werden soll, gleichzeitig wieder legitimiert wird.

Dass es auch ohne den ‚Rasse'-Begriff oder entsprechende Substitute (Kultur oder Herkunft) geht, zeigt die ausschnittweise Wiedergabe des Artikel 2 der UN-Konvention über die Rechte des Kindes von 1989; in der Broschüre heißt es unter der Frage: „Für wen gilt die Konvention?":

> „Sie gilt für *alle* Kinder und Jugendliche unabhängig von ihrer Hautfarbe, ihrem Geschlecht, ihrer Sprache, ihrer politischen Überzeugung, einer Behinderung oder irgendeiner anderen Lebensbedingung" (Auszüge aus der UN-Konvention über die Rechte der Kinder, zit. nach Niedersächsisches Kultusministerium (Hrsg.) [o. J.] 2000, S. 200).

---

[127] Genfer Flüchtlingskonvention vgl. URL: http://www.unhcr.at/index. php/aid/163 (Stand: 12.07.2004).

Dies scheint jedoch keine bewusste Vermeidung des Begriffs ‚Rasse' zu sein, denn in anderen Broschüren des Kinderschutzbundes taucht der Begriff ‚Rasse' auf (vgl. die vom Kinderschutzbund ins Internet gestellte Seite „Die UN-Kinderrechtskonvention und ihre Umsetzung in Deutschland" (URL: http:// www.uni-essen.de/tts/lehrangebot/kinderrecht/kinderrechte.htm; Stand 14.4.03) sowie den Text der Konvention selbst, in dem es heißt „...unabhängig von der Rasse, der Hautfarbe, dem Geschlecht ..." (abgedruckt in: Bundeszentrale für politische Bildung [Hrsg.] 1996², S. 156-178).

6.3.2 ‚Kultur' statt ‚Rasse'

Auffällig ist, dass gerade die Vertreter der ‚neuen Rassismen' in verschiedenen Dokumenten, mit denen sie öffentlich für ihre rassistischen Positionen werben, den Begriff ‚Rasse' zu vermeiden suchen und statt dessen von der Unvereinbarkeit der Kulturen sprechen. Rassistische Einstellungen und rassistisches Verhalten werden als ‚natürliche Reaktion auf fremde Lebensweisen (Kulturen)' interpretiert, als eine aus der Evolution erklärbare notwendige Überlebensreaktion, die, wie Leiprecht (2001, S. 28) ausführt, dann herangezogen werden, wenn es darum geht die Auffassung, dass „durch die Anwesenheit von Eingewanderten der Fortbestand der Lebensweise der Alteingesessenen in Gefahr" gerät, zu legitimieren (ebd.). Vertreter dieser Position betonen gleichzeitig, dass man nichts gegen die ‚Fremden', ihr ‚Anderssein' und ihre ‚Kultur' habe, nur sollten sie diese dort praktizieren, wo sie herkämen. Manchmal wird noch eine quasi-pädagogische Begründung hinzugefügt, dergestalt, dass die Fremden auch ein Eigeninteresse haben müssten, in ihr ‚Heimatland' oder in ihren ‚Kulturkreis' zurückzukehren (bzw. dort zu bleiben), weil sie sonst ‚ihrer Kultur' verlustig gingen.[128] Diese Art der ‚Argumentation' kann bis zu der Behauptung gehen, dass „Ausländer-Integration [...] Völkermord" sei, so der Titel einer 1981 erschienenen Broschüre von Wolfgang Seeger; eine Suchaktion im Internet fördert auch aktuell eine Fülle weiterer Beispiele zu Tage.

In dieser Variante von ‚Rassismus' wird – wie Leiprecht (2001, S. 28) es formuliert – ‚Kultur' zum Sprachversteck für ‚Rasse', ein ‚Versteck', auf das schon Theodor W. Adorno hinwies, als er 1955 darauf hinwies, dass „[D]as vornehme Wort ‚Kultur' [...] anstelle des verpönten Ausdrucks Rasse" tritt, aber „bloßes Deckbild für den brutalen Herrschaftsanspruch" bleibe (vgl. auch Text 14). Diese Variante wird auch als „Rassismus ohne Rassen" und „differenzialistischer Rassismus" (Taguieff 1991) charakterisiert oder als „Neorassismus", dessen „vorherrschendes Thema [...] die Unaufhebbarkeit der kulturellen Differenzen

---

[128] Dies erinnert von der ‚Logik' her an die Argumentation der Juristen, die sich gegen die Einbeziehung ausländischer Kinder in die Schulpflicht aussprachen (so z. B. Storck 1927/28), um die Kinder davor zu ‚bewahren', dass sie in der ‚Gedankenwelt eines fremden Volkes' erzogen und gebildet würden (vgl. Kapitel 3.3.1); zu Kultur = ‚innere Heimat' vgl. Kap. 4.3.1.5.

ist" und „der nicht mehr die Überlegenheit bestimmter Gruppen oder Völker über andere [behauptet], sondern [sich darauf] ‚beschränkt', die Schädlichkeit jeder Grenzverwischung und die Unvereinbarkeit der Lebensweisen und Traditionen zu behaupten" (Balibar 1989, S. 373). Stuart Hall (1989) spricht von „kulturellem Rassismus". ‚Kultur' ersetze ‚Rasse', und statt von ‚Rassenreinheit' zu sprechen werde die Unvereinbarkeit der ‚Mehrheits'- mit den ‚Minderheitenkulturen' behauptet, verbunden mit der Forderung, die dieser ‚unvereinbaren Kultur' Angehörenden in ihr Heimatland zurückkehren zu lassen, nicht zuletzt auch deshalb, weil sie nur dort ihre ‚eigene Kultur' bewahren könnten.[129] In solchen Erklärungen wird Kultur letztlich „auf genetische und naturhafte Größen reduziert" (Leiprecht 2001, S. 29; vgl. auch Höhne 2003, ferner Kap. 3). Diese Unvereinbarkeit wird allerdings nicht generell für jede ‚nicht-deutsche Kultur' behauptet, sondern – je nach historisch-politischem Kontext und eigener politischer Position – wird zwischen integrationsfähigen und -willigen und nicht integrationsfähigen und integrationsunwilligen Fremden unterschieden. Die ‚Kultur(en)' der ersteren werden dann als kompatibel, die der letzteren als unvereinbar und störend angesehen.

Leiprecht macht darauf aufmerksam, dass der Begriff ‚Kultur' nicht nur in rechten politischen Diskursen ein Sprachversteck für ‚Rasse' ist, sondern dass generell die Gefahr bestehe, dass der scheinbar neutrale Begriff ‚Kultur' für zahlreiche ‚kulturalisierende Rassismen' offen ist, wenn Menschen als durch ihre Kultur ‚geprägt' – im ursprünglichen Sinn des Wortes – vorgestellt werden, so als seien sie wie Marionetten von ihrer Kultur gesteuert. „Die einzelnen Personen", so Leiprecht (2001, S. 31) zur Erklärung seines Modells (Abb. 8), „die der ‚Kultur xy' zugeordnet werden, scheinen hier in der Tat wie Marionetten am Draht ‚ihrer Kultur' zu hängen. Ihr Handeln und Denken wird als durch die ‚Kultur xy' determiniert betrachtet und umgekehrt werden ihre Lebensäußerungen durch die Brille des Konstrukts ‚Kultur xy' gelesen und darauf reduziert" (vgl. auch Leiprecht 2004).

---

[129] Rassistische Argumentationen können sich auch hinter ‚pädagogischer Sorge' verstecken. So diskutierte der Deutsche Bundestag Anfang der 1950er Jahre darüber, ob man nicht die (zumeist 1946 geborenen) so genannten ‚Mischlingskinder' (‚Mulatten'), d. h. Kinder von (weißen) deutschen Frauen und (schwarzen) amerikanischen Soldaten in das Land ihrer Väter (zurück-)schicken sollte, da ihnen das dortige Klima sicher besser bekäme.

Abbildung 8: Reduktionistisch-determinierender Kulturbegriff

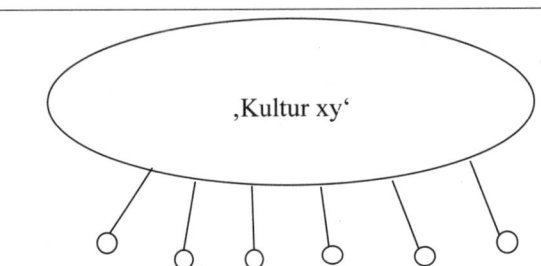

Personen, die der ‚Kultur xy' zugeordnet werden
- Kultur erscheint als statische, homogene und verdinglichte Größe;
- diejenigen, die der Kultur zugeordnet werden, werden als durch die ‚Kultur xy' determiniert betrachtet;
- ihre Lebensäußerungen werden auf die Wirkung der ‚Kultur xy' reduziert
- Kultur kann auf diese Weise als ‚Nationalkultur' oder als ‚Rasse' (als naturhafte Größe) konstruiert werden.

Das eiförmige Gebilde symbolisiert ein reduktionistisch-determinierendes Verständnis der ‚Kultur xy'. Bei einem solchen Verständnis handelt es sich um eine Art *Marionettenmodell* von Kultur. Die einzelnen Personen, die der ‚Kultur xy' zugeordnet werden, scheinen hier in der Tat wie Marionetten am Draht ‚ihrer Kultur' zu hängen. Ihr Handeln und Denken wird als durch die ‚Kultur xy' determiniert betrachtet, und umgekehrt werden ihre Lebensäußerungen durch die Brille des Konstrukts ‚Kultur xy' gelesen und darauf reduziert. Auch wird die Beziehung zwischen Kultur und den einzelnen Personen nur als Einrichtungsverkehr [Einbahnstraße] interpretiert. Die Tatsache, dass Menschen in irgendeiner Weise an der Produktion und Reproduktion von sozialen Makrostrukturen und symbolischen Ordnungen, die als Kultur definiert werden, beteiligt sein könnten, wird aus der Wahrnehmung ausgeklammert. Zudem wird Kultur in dieser Vorstellung Statik und Homogenität unterstellt. Kultur bekommt so einen dinglichen und essentiellen Charakter. Bewegungen, Entwicklungen, Gegensätze, Konflikte, unterschiedliche Standpunkte usw. werden in der ‚Kultur xy' genauso wenig wahrgenommen wie Überlagerungen und Verbindungen mit anderen Kulturen.

Quelle: Leiprecht 2001, S. 31.

Die Kultur erscheint in diesem Modell wie eine konstante, in sich geschlossene und gegenüber anderen ‚Kulturen' verschlossene ‚naturgegebene' Größe. Damit gerät aus dem Blick, dass sie nicht den Menschen ‚gegeben', sondern von diesen gemacht ist und immer wieder neu gemacht wird, und dass jede Kultur in sich ‚multikulturell', d. h. in sich heterogen ist und dass Kultur(en) immer auch das ‚Ergebnis' von Kulturkontakten ist/sind.

6.3.3 Fazit

Die Geschichte des Begriffs ‚Rasse' und seiner Varianten zeigt, dass zum einen die Gefahr besteht, dass noch in der Kritik der Begriff tradiert und erhalten wird und dass zum anderen diejenigen, die das mit dem Begriff verbundene Konzept nicht aufgeben wollen, der Kritik durch Begriffswechsel zu entgehen versuchen, und dabei zum Teil durchaus erfolgreich sind. Dies verweist noch einmal nachdrücklich darauf, dass Begriffe nicht einfach Wörter sind, sondern „soziale Werkzeuge", die die soziale Wirklichkeit in je spezifischer Weise konstruieren, diese Konstruktion und die mit ihr einhergehenden Deutungen legitimieren und dass diese Konstruktionen von Wirklichkeit in Entscheidungen und Handlungen wirksam werden. Abschließend ein Textauszug aus den *Minima Moralia* von Th. W. Adorno, in dem er das „geläufige Argument der Toleranz" von der Gleichheit „aller Menschen, aller Rassen" als eines der Intoleranz vorstellt und sich für eine Demokratie ausspricht, in der die Differenzen anerkannt, aber „versöhnt" sind (vgl. Text 14).

Text 14: Ohne Angst verschieden sein können ...

„*Melange.* – Das geläufige Argument der Toleranz, alle Menschen, alle Rassen seien gleich, ist ein Bumerang. Es setzt sich der bequemen Widerlegung durch die Sinne aus, und noch die zwingendsten anthropologischen Beweise dafür, dass die Juden keine Rasse seien, werden im Falle des Pogroms kaum etwas daran ändern, dass die Totalitären ganz gut wissen, wen sie umbringen wollen und wen nicht. Wollte man dem gegenüber die Gleichheit alles dessen, was Menschenantlitz trägt, als Ideal fordern, anstatt sie als Tatsache zu unterstellen, so würde das wenig helfen. Die abstrakte Utopie wäre allzu leicht mit den abgefeimtesten Tendenzen der Gesellschaft vereinbar. Daß alle Menschen einander glichen, ist es gerade, was dieser so paßte. Sie betrachtet die tatsächlichen oder eingebildeten Differenzen als Schandmale, die bezeugen, dass man es noch nicht weit genug gebracht hat; dass irgend etwas von der Maschinerie freigelassen, nicht ganz durch die Totalität bestimmt ist. Die Technik der Konzentrationslager läuft darauf hinaus, die Gefangenen wie ihre Wächter zu machen, die Ermordeten zu Mördern. Der Rassenunterschied wird zum absoluten erhoben, damit man ihn absolut abschaffen kann, wäre es selbst, indem nichts Verschiedenes mehr überlebt. Eine emanzipierte Gesellschaft jedoch wäre kein Einheitsstaat, sondern die Verwirklichung des Allgemeinen in der Versöhnung der Differenzen. Politik, der es darum im Ernst noch ginge, sollte deswegen die abstrakte Gleichheit der Menschen nicht einmal als Idee propagieren. Sie sollte statt dessen auf die schlechte Gleichheit heute [...] den besseren Zustand aber denken als den, in dem man ohne Angst verschieden sein kann. [...]."

Quelle: Adorno 1951/1969, S. 130 f.

6.4 Die offenen und heimlichen ‚Botschaften' von Bildern und Illustrationen[130]

Die Einstellung derjenigen, die für einen Text verantwortlich zeichnen – sei es als Autorin/Autor, Redakteurin/Redakteur, Herausgeberin/Herausgeber usw. –, wird auch in der Art und Weise sichtbar, wie Texte und Statistiken anschaulich d. h. bildlich aufbereitet werden: durch die Wahl von Photos, Zeichnungen, Collagen oder Karikaturen, mit Hilfe von Graphiken und Diagrammen usw. Dabei ist es nicht entscheidend, ob es sich um Illustrationen handelt, die lediglich den

---

[130] Im Folgenden wurden vor allem Beispiele aus Schulbüchern bzw. Materialien für den Unterricht ausgewählt, um deutlich zu machen, dass gerade in der Schule, die alle zumindest für 9 oder 10 Jahre besuchen müssen, auf derartige ‚heimliche Botschaften' zu achten ist.

Text auflockern sollen, oder ob durch sie Fakten und/oder Argumente belegt werden sollen. Im Ergebnis können Text und Bild in ihrer Aussage übereinstimmen; es kann aber auch zu – möglicherweise unbemerkten – widersprüchlichen Aussagen kommen, die entweder ein Anzeichen dafür sein können, dass die Position(en) der Autorinnen und Autoren selbst nicht hinreichend durchdacht ist/sind oder aber, dass andere Personen, z. B. diejenigen, die für die Endredaktion und das Layout einer Publikation verantwortlich sind, bei der Auswahl der Illustrationen usw. nicht hinreichend kritisch ihre eigenen Wahrnehmungsmuster in Bezug zum Text reflektiert haben.[131]

6.4.1 Beispiel: Bilder und Illustrationen

Insbesondere bei der Einfügung von Abbildungen (Photos, Zeichnungen, Karikaturen), die zur Auflockerung des Textes (zur Vermeidung der so genannten ‚Bleiwüste') gedacht sind, kann es passieren, dass mit der Illustration eine der Tendenz nach andere Botschaft vermittelt wird als im Text. Diese Gefahr besteht zum einen dann, wenn die Redaktion einer Zeitschrift ohne weitere Rücksprache mit den Autorinnen und Autoren die Texte ‚bebildert' und dabei als vordringliches Ziel ein ‚ansprechendes Layout' im Auge hat. Dies gilt für Zeitungen und Magazine, aber auch für Fachzeitschriften, Lehrwerke oder Materialien, wie sie für Sprachkurse, den Schulunterricht oder Jugendaustauschaktivitäten bereitgestellt werden. Beliebt sind immer wieder Bilder oder Zeichnungen, auf denen ‚türkische' bzw. ‚türkisch erscheinende' Frauen – gekennzeichnet durch Kopftuch und/oder lange, körperverhüllende Kleidung, durch eher bäuerliches denn städtisches Aussehen – für ‚die' Migrantin stehen. Gezeigt werden sie vor allem in Situationen, die auf ihre Rolle als Ehefrauen, Hausfrauen oder Mutter verweisen, während ‚ausländische' (‚türkische' bzw. ‚südländische') Männer eher als Arbeiter (Straßenbau, Fabrik) abgebildet werden oder in ‚Teestuben' sitzend (vgl. Huth-Hildebrandt 1999; Höhne 2000a). Beliebt sind Bilder mit Szenen aus Dörfern oder Städten der Türkei, von Moscheen. Dabei steht die Türkei vielfach stellvertretend für alle Herkunftsländer.

Auffällig ist dies z. B. in der von Rademacher und Wilhelm zusammengestellten Sammlung „Spiele und Übungen zum interkulturellen Lernen" (1991). Es enthält Aufwärm- und Kennenlernspiele, Übungen zur Selbst- und Fremdwahrnehmung, Spiele zur Vermittlung von Hintergrundinformationen über Herkunftsländer. Von den 9 Spielvorschlägen beziehen sich 2 auf Deutschland und 7 auf die Türkei (S. 99-149). Zwar, so heißt es in den Erläuterungen, könn(t)en sie auch auf andere Herkunftsländer übertragen werden, dafür jedoch müssten die Vorlagen für die Karten- bzw. Memoryspiele neu erstellt werden. Auffällig ist, dass die weiblichen ‚türkischen' Figuren durchgängig mit Kopftuch gekenn-

---

[131] Wer sich intensiver mit diesen Fragen beschäftigen möchte, sei hingewiesen auf: Gerhard/Link/Schulte-Holtey (Hrsg.) (2001); Ehrenspeck/Schäfer (Hrsg.) (2003)

zeichnet sind, mit einer Ausnahme, bei der Karte, bei der es um Kleidung zu besonderen Anlässen geht. Auffällig ist ferner, dass beim „Türkei Quartett", das „Hintergrundwissen über die Türkei vermitteln" soll (Rademacher/Wilhelm 1991, S. 113), alle Bilder über das ‚Leben in der Türkei' nur die *dörfliche Türkei* zeigen (vgl. Abb. 9).

Abbildung 9: Türkei-Quartett

Quelle: Rademacher/Wilhelm 1991, S. 114; 116

In ähnlicher Weise verstärken orientalisch anmutende Schmuckelemente den Eindruck, dass die Zuwanderung vor allem aus ‚für uns sehr fremden' Ländern kommt (‚Morgenland') und durch Abbildungen von arabischen Kalligraphien, Koranversen in arabischer Schrift wird suggeriert: ausländisch = türkisch = islamisch. Dass die Türkei ein laizistischer Staat ist und dass mit der Gründung der Republik Türkei das lateinische Alphabet eingeführt worden ist, wird ignoriert. Ein Beispiel dafür ist das Kapitel 2.4 „Kulturspezifische Aspekte von Erziehung" in „Phoenix", dem Lehrbuch für das Unterrichtsfach Pädagogik für die Sekundarstufe II (Jahrgangsstufe 11). Dass die in diesem Kapitel zusammengestellten Materialien sich „vor allem auf die Vielfalt türkischer Kultur" beziehen, wird damit begründet, „dass die hier lebenden türkischen Mitbürger und Mitbürgerinnen die längste Gastarbeitertradition [sic] in der BRD haben und dass sie den größten Anteil der in der BRD lebenden Ausländer und Ausländerinnen stellen" (Phoenix 2000, S. 123). Die Texte, Illustrationen und die für die Schülerinnen und Schüler gedachten Aufgaben folgen dem Muster der ‚Wir-Sie-Opposition'. Die „türkische Kultur und Erziehung" in der Türkei wie in der Migration wird vorrangig aus dem islamischen Glauben erklärt. Von sechs Abbildungen mit türkischen Mädchen und Frauen zeigen fünf die ‚Kopftuchtürkin'. Die Figur von dem „Zerrissensein zwischen den Kulturen" taucht – wenn auch in abgeschwächter Form – ebenfalls wieder auf (Phoenix 2000, S. 145-147).

Eine der wenigen Untersuchungen, die auch die ‚Bilder-Botschaften' analysiert hat, ist die schon genannte Studie von Höhne, Kunz und Radtke (1999) zur Frage, wie Migration in den Schulbüchern thematisiert wird (Kap. 4.3.1.5). Ein Ziel der Studie war es aufzuzeigen, ‚in welcher Weise sich die Definitionsmacht der Mehrheitsgesellschaft konkret in den Diskursen in Schulbüchern ausdrückt, wie Migrantinnen und Migranten positioniert und von Einheimischen unterschieden wurden" (Höhne 2000a, S. 30). Sie belegen dies mit Beispielen aus verschiedenen Schulbüchern, wobei sie sehr genau Text und Bild analysieren, die Art der Aufgabenstellung usw.

Abbildung 10: „Lernen mit Menschen aus verschiedenen Kulturen zusammenzuarbeiten" – Ausländerkinder zwischen zwei Stühlen

Quelle: TatSache Politik 2, 1997, S. 24 f., hier entnommen aus: Höhne 2000a, S. 14 f. (Ausschnitt)

Zur Abbildung 10 schreibt Höhne (2000a, S. 30 f.):

> „Die Redewendung ‚zwischen zwei Stühlen sitzen' wird verwendet, um den Konflikt darzustellen, in dem sich in Deutschland lebende Migrantinnen und Migranten angeblich befinden. Bild- und Textmetapher verstärken sich gegenseitig und vereindeutigen die Lesart der Schülercollage nachhaltig. Die drückenden und ziehenden Hände steigern die Dramatik des Bildes, und das Mädchen, so kann interpretiert werden, bemüht sich um einen Platz ‚in der Mitte', indem es sich mit beiden Händen aufstützt.[...] Die semantischen Merkmale ‚deutsch' bzw. ‚türkisch' werden im Leseprozess mit dem Mädchen assoziiert – es handelt sich also um eine in Deutschland lebende Türkin. Aber warum sitzt das Mädchen zwischen zwei Stühlen, sprich: hat Konflikte? Welches Wissen ist auf der Rezipientenseite notwendig, damit das Bild, so wie es *verstanden werden soll*, auch gelesen wird? Geht man davon aus, dass neben dem Bild die Überschrift „Lernen mit Menschen aus verschiedenen Kulturen zusammenzuarbeiten" [linke Spalte] eine markante Position innehat, so wird das Bild weiter spezifisch kontextualisiert: „Verschiedene Kulturen" stehen also thematisch zur Disposition, und die Zusammenarbeit scheint nicht von alleine möglich, denn: sie muss gelernt werden! Es ist also schon an dieser Stelle zu vermuten, dass es sich um einen Kulturkonflikt handelt, in den die Migrantenkinder hineingeraten sind. Eine damit verbundene *Prämisse* als notwendiger Teil des *vorausgesetzten Wissens*, das von Seiten der Rezipienten eingebracht werden muss, stellt die Gleichsetzung von Nation und Kultur dar. Bei den „Menschen aus verschiedenen Kulturen" handelt es sich offensichtlich um Menschen mit dem unspezifischen Merkmal ‚nicht-deutsch', das dann national spezifiziert wird – prototypisch angezeigt durch ‚türkisch' auf dieser Seite. Aber nicht nur die nationenspezifische Differenz wird hier als Kultur thematisch eingeführt, sondern auch der Konflikttopos, der zumindest eine Art Unvereinbarkeit der Kulturen voraussetzt" (Hervorh. im Orig.).

Nicht nur über die Texte, sondern insbesondere durch die Bilder und die Aufgabenvorschläge werden die Vorurteile und Stereotypen bedient, die nach Intention der Schulbuchautoren eigentlich abgebaut werden sollen. Die Unterrichtseinheit heißt „Lernen mit Menschen aus verschiedenen Kulturen zusammenzuarbeiten", aber „verschiedene Kulturen" wird auf ‚türkisch' reduziert, und die Denk- und Redefigur vom ‚Zerrissenwerden zwischen zwei Kulturen' wird anschaulich in Bild gesetzt und ins Zentrum gerückt.

Wie leicht und unbemerkt widersprüchliche, vorurteilsbestätigende ‚Botschaften' in Publikationen sich ‚einschleichen', lässt sich an dem insgesamt sorgfältig erstellten Handbuch zur interkulturellen Schulentwicklung, das vom niedersächsischen Kultusministerium herausgegeben worden ist, zeigen: In den Abschnitt „Interkulturelle Lernfelder: Sprachen – Befähigung zur interkulturellen Kommunikation als Ziel des Sprachunterrichts" ist ein Photo eingefügt, das „Schulkinder in einem ostanatolischem Dorf" zeigt (Abb. 11).

Abbildung 11: Text und Bild passen nicht zueinander

Befähigung zur interkulturellen Kommunikation als Ziel des Sprachunterrichts

Sprachunterricht hat nach seinen Zielen, Inhalten und Methoden in allen Schulformen und auf allen Schulstufen große Chancen, interkulturelle Bildung zu fördern. Dies ist nicht als eine zusätzliche Aufgabe zu sehen, sondern als ein Gewinn. Er tritt ein, wenn die kommunikative Kompetenz an interkulturell bedeutsamen Inhalten und über Verfahren erworben wird, die für kulturelle Gegebenheiten sensibilisieren, für solche der eigenen Kultur wie für die der Menschen, mit denen oder über die wir kommunizieren. Gelingen diese Prozesse interkultureller Bildung, ist tatsächliche kommunikative Kompetenz erreicht, denn sie enthält als einen wichtigen Bestandteil interkulturelle Kompetenz. Es ist aber noch mehr erreicht, nämlich ein tieferes Verständnis des Anderen und der eigenen Person.

Die Begegnung mit einer anderen (fremden) Sprache bietet - mehr noch als die Muttersprache - die Möglichkeit, Distanz zu gewinnen von der vermeintlichen Normalität des Gewohnten, das nur zu leicht als das einzig Richtige angenommen wird. Sie repräsentiert schon allein als eine andere Sprache auch eine andere Perspektive. Die Lernenden erfahren, dass auch die andere Sprache leistet, was die Muttersprache leistet. Sie tut das mit anderen Mitteln. Vergleiche zwischen verschiedenen Sprachen, die in der Lerngruppe vertreten sind, zeigen deren gleichen Wert und fördern "language awareness", Sprachaufmerksamkeit.

Aber auch Inhalte werden durch die eigene wie durch die fremden Sprachen transportiert: z.B. Informationen über die eigene Kultur und die Zielkulturen, die in Beziehung gesetzt werden zur eigenen Erfahrung. Die Lehrkräfte für Fremdsprachen sollten in fächerübergreifender Zusammenarbeit fremdsprachliche Texte für Sachfächer und für Unterrichtsprojekte bereitstellen und diese mit den daran beteiligten Schülerinnen und Schülern aufarbeiten. Auch die elektronischen Medien, in denen Englisch eine bedeutende Rolle spielt, bieten viele Möglichkeiten.

Natürlich enthält die persönliche Begegnung zwischen Menschen verschiedener Herkunft die größten Chancen zur Förderung interkultureller Bildung. Dabei ist nicht nur der Kontakt zu Menschen, die die zu lernende Fremdsprache als Muttersprache sprechen, interkulturell bedeutsam, sondern auch die Kommunikation mit Menschen, bei der die gemeinsam beherrschte Fremdsprache als lingua franca benutzt wird. Das ist unter anderem immer stärker über E-Mail-Kontakte und im Internet der Fall. Der Sprachunterricht sollte überhaupt für Kulturen sensibilisieren, und das heißt: nicht nur für fremde Kultur in der weiten Welt, sondern auch "für die Kultur, die vielleicht auf der anderen Straßenseite beginnt, die türkische beispielsweise, oder die serbokroatische, oder die kroatische, oder was es sonst noch im Einzugsbereich der Schule und der Schüler gibt." (Schröder 1994, S. 73)

Schulkinder in einem ostanatolischen Dorf

Der Sprachunterricht kann ferner über die Auseinandersetzung mit solchen literarischen Texten interkulturelles Verständnis fördern, in denen der Perspektivwechsel erleichtert, wenn nicht gar erzwungen wird. Durch Identifikation mit Personen in den Texten, die in einer anderen kulturellen Situation sind, wird deren Perspektive eingenommen und die eigene relativiert. Fremd- und Selbsterfahrung werden erweitert. Es zeigt sich immer wieder, dass über Texte, in denen Situationen dargestellt sind, die denen zugewanderter Schülerinnen und Schüler in unseren Lerngruppen ähnlich sind, die deutschen Angehörigen der Lerngruppe ihre nichtdeutschen Mitschülerinnen und Mitschüler besser verstehen und die nichtdeutschen Schülerinnen und Schüler im Schutze dieser Texte über ihre eigene Situation engagiert, aber auch distanziert sprechen können. (Konkrete Hinweise auf Texte, die den Perspektivwechsel fordern oder erleichtern, und solche Texte selbst enthalten die Aufsätze von Chee 1997 und Hermes 1998)

Quelle: Niedersächsisches Kultusministerium [o. J.] 2000, S. 84 f.

Das Photo steht nicht in einem direkten inhaltlichen Bezug zum Text, in dem es um die „Befähigung zur interkulturellen Kommunikation als Ziel des Sprachunterrichts" geht. Doch wenn im Text gesagt wird, dass der „Sprachunterricht [...] überhaupt für Kulturen sensibilisieren [soll] und das heißt: nicht nur für fremde Kultur in der weiten Welt, sondern auch ‚für die Kultur, die vielleicht auf der anderen Straßenseite beginnt, die türkische beispielsweise, oder die serbokroatische, oder die kroatische, oder was es sonst noch im Einzugsbereich der Schule und der Schüler gibt' [...]", so wird mit dem Bild angedeutet, dass die fremde Kultur von der „anderen Straßenseite" letztlich von sehr weit her kommt. Das Bild verstärkt die Distanz, die – laut Text – der Sprachunterricht wie auch der Hinweis auf die „andere Straßenseite" zu überwinden helfen soll. So gesehen ist das Bild nicht einfach nur ‚Platzfüller' bzw. ein Mittel zur Auflockerung der ‚Bleiwüste', sondern es bestätigt die allbekannte Assoziationskette: ‚andere' Sprache = ‚andere' Kultur = ‚fremd' = ‚türkisch' = ‚aus Ostanatolien stammend' = ‚kulturell weit weg' (vgl. auch Kap. 6.2.4).

Bei der Tages- und Wochenpresse kommt hinzu, dass die Illustration die Leserinnen und Leser auch neugierig machen und die Kaufbereitschaft anregen sollen. Dies bedeutet, dass Bekanntes und Unbekanntes gemischt werden müssen, dass die Aussagen der Bilder – zumindest auf den ersten Blick – aber als ‚eindeutig' empfunden werden sollen. Daraus folgt in der Regel, dass sie an Vor-Urteilen ansetzen, mit Stereotypen und gegebenenfalls mit Übertreibungen arbeiten, um Aufmerksamkeit zu erregen und den ‚Wiedererkennungs-Effekt' zu nutzen.

Die Mitglieder des DISS haben mehrfach ausführlich entsprechende Bilder, unter anderem Titelbilder des Magazins *Der Spiegel*, analysiert, die ‚offenen Botschaften' interpretiert und die ‚heimlichen Botschaften' explizit gemacht. ‚Heimlich' oder ‚versteckt' muss nicht bedeuten, dass die Autoren sich dieser ‚Botschaften' nicht bewusst sind; ein gewisses Spiel mit Ambivalenzen kann auch durchaus gewollt sein. ‚Heimlich' soll hier nur heißen, dass diese Botschaften nicht explizit ausgeführt werden (siehe hierzu Abb. 12 und weiter unten Abb. 19). Zu den ‚offenen Botschaften' gehören Verstärkungen von Stereotypen: Migranten = kinderreiche Familien = eng gedrängte Wohnverhältnisse = Getto = integrationsunwillig. Bezeichnenderweise haben „Die deutschen Türken – Opfer des Fremdenhasses" (linkes Titelbild) nur zwei Kinder, und die Mutter ist ‚kopftuchfrei' während die getto-bildenden „Eine Million Türken" viele Kinder haben – die sich am Fenster drängeln, fast rausfallen ... und die Mutter trägt Kopftuch: kinderreich, arm, rückständig. Die offenen und heimlichen Botschaften des dritten Titelbildes[132] sind die verschiedenen Formen von Gewalt, die von

---

[132] Dass dieses Titelbild nicht nur tendenziös ist, sondern zudem sozusagen aus Zitaten zusammengesetzt ist, die aus völlig anderen Kontexten stammen, hat der Journalist Florian Sendtner in der Süddeutschen Zeitung (Nr. 112, 56. Jg., 16. Mai 2000, S. 23.) unter dem Titel: „Die geschwärzte Fremde. Wie die junge Türkin Yasemin K. über den ‚Spiegel' siegte, und was der Fall aussagt" aufgedeckt. Er fand heraus, dass das Photo der jungen Frau, die hier als Symbolfigur für ‚gefährliche Fremde' auf einer Kundgebung im Mai 1993 in Solingen gemacht worden ist, nachdem dort das Haus der Familie Genc in Brand gesteckt und fünf Personen in den Flammen zu Tode gekommen war. (URL: http://www.zdf.de/ZDFde/inhalt/3/0,1872,2046915,00.html). In der Zusammenfassung des Artikels von Sendtner (abgedruckt in dem Buch von E. Beck-Germsheim: Wir und die Anderen. Frankfurt/M. 2004, Anm. 173, S. 211) heißt es: „Wer ist die Frau, die der Spiegel zur Allegorie des türkischen Nationalismus auserkor? Nachfrage beim Spiegel-Hausjustitiar Dietrich Krause: Ja, das sei sozusagen ein bedauerlicher Irrtum gewesen. Die junge Frau habe im Gegenteil ‚für Integration' demonstriert und sei durch den Titel ‚Gefährlich fremd' in einen ‚falschen Kontext' geraten. Die Titelredaktion habe das Foto von einer Agentur übernommen und den ‚konkreten Kontext' nicht gewusst." Florian Sendtner fügt hinzu: „Wer je das Fotoarchiv einer Zeitung gesehen hat, weiß, dass es kaum ein Foto gibt, schon gar nicht von einer Argentur, auf dem nicht auf der Rückseite Angaben zu Ort, Zeit, Situation vermerkt sind". Sendtner konnte dann auch den Kontext ausfindig machen: den Brandanschlag 1993 in Solingen und die nachfolgenden Demonstrationen. Auf einer der Kundgebungen war das Photo gemacht worden." Vier Jahre danach erhob sie Der Spiegel zur Symbolfigur für die fremden und gefährlichen Ausländer

‚den Ausländern' (‚Türken') ausgehen: (1) der Aufruf zum Angriff (zur Gewalt) – fahnenschwenkend und erobernd im modernen Gewand, (2) die religiöserzeugte und –gebundene Gewalt im Verborgenen noch schlummernd, weiblich-stille, unterdrückte Gewalt der Koranschülerinnen, die so viele sind, dass sich die Reihen im Hintergrund wie im Nebel verschwinden und (3) die männlich-jugendliche Gewalt, die mit Schlagketten usw. bewaffneten Machos, die unter der Fahne angriffsbereit hervorgucken.

Abbildung 12: Titelblätter „Der Spiegel"

Quelle: von links nach rechts Nr. 23/07.06.1993, Nr. 31/30.07.1973, Nr. 16/14.4.1997

Es ist sicher nicht einfach diesen ‚Fallen' zu entgehen. Doch es gibt Versuche, auf die herkömmlichen Bilder zu verzichten. So sind zum Beispiel im Rahmen des u. a. von Europäischen Sozialfonds unterstützten Projektprogramms *Xenos* Plakate und Postkarten entstanden, die das Thema der Verschiedenheit und Gleichheit in seinen verschiedenen Facetten bildlich zu fassen suchen. Die (national-)stereotypisierende Einteilung: ‚der Italiener', ‚die Türkin', ‚der Schwede' wird mit Zeichen menschlicher Gleichheit plus individueller Verschiedenheit kontrastiert: menschliche Eizelle, Fingerabdruck, Fußabdruck (Abb. 13). Im Original sind die Postkarten farbig (in der genannten Reihenfolge: blau, grün, ocker). Die Farbwahl erinnert nicht an die ‚rassistische Farbenlehre' (vgl. das Baumann-Gedicht in Kap. 4.3.1.5) und die gewählten physischen Merkmale nicht an die Merkmale, die zur ‚Rasseneinteilung' herangezogen wurden/werden (Schädelform, Gestalt, Haare usw.).

---

in Deutschland. Yasemin K., die Abgebildete, ging vor das Landgericht Hamburg und erwirkte eine nachträgliche Verfügung gegen den Spiegel, außerdem bekam sie ein kleines Schmerzensgeld vom Spiegel – dafür, dass er aus ihr eine türkische Nationalistin gemacht hatte, die halbwüchsigen Schlägern und Messerstechern den Weg bereitet.

Abbildung 13: Als Menschen gleich, aber individuell verschieden

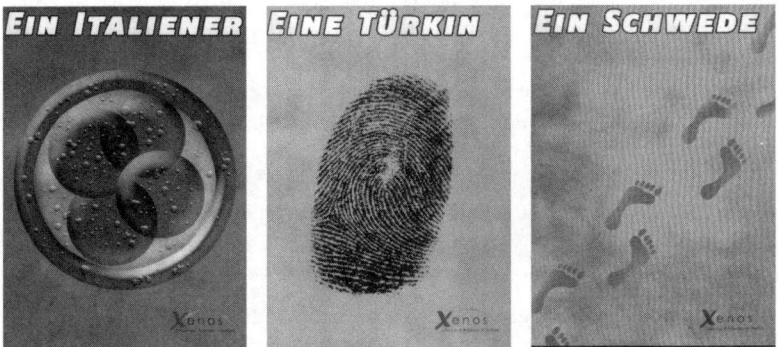

Quelle: Postkarten, gestaltet im Rahmen des Projekts Xenos, das vom Bundesministerium für Wirtschaft und Arbeit und dem Bundesministerium für Familie, Senioren, Frauen und Jugend sowie aus Mitteln des Europäischen Sozialfonds gefördert wird, vgl. URL: www.xenos-de.de[133]

6.4.2 Beispiel: Schaubilder und Diagramme[134]

Auch scheinbar nüchterne Statistiken und Graphiken können so gestaltet werden, dass die ‚reinen Daten' durch Illustrationen, Zeichen usw. ergänzt und ‚anschaulich' gestaltet werden und ihnen somit zusätzliche ‚Botschaften' zugeordnet werden, die ein erstes Interpretationsangebot darstellen. Dies kann durch Auslassungen, durch die Wahl der graphischen Elemente, durch die Titelgestaltung und durch beigefügte resp. unterlegte Zeichnungen bzw. durch eine Kombination dieser Mittel geschehen. Hierzu einige Beispiele:

Die in vielen Publikationen wiederholte – in dieser Form historisch unzutreffende – Aussage, Deutschland habe sich vom Auswanderungsland zum Einwanderungsland entwickelt, wird zum Beispiel mit einem Schaubild ‚belegt', das nicht die tatsächlichen Migrationsbewegungen, sondern nur die zum Beleg der problematischen These notwendigen zeigt (siehe Abb. 14). Schon die Überschrift steuert die Wahrnehmung, abgesehen davon, dass sie auch historisch-

---

[133] Wie unterschiedlich Wahrnehmungen sein können hat sich in einem Präsenzseminar in der Universität Münster (2003) gezeigt: Eine Studentin, deren Eltern aus der Türkei zugewandert sind, kommentierte die Karte „Eine Türkin", dass sie dies an Verbrechen erinnere, zumal grün die Farbe der Polizei sei, und dass sie daher diese Abbildung ablehne.

[134] Die Mehrzahl der im Folgenden als Beispiele abgedruckten Diagramme, Statistiken, Karikaturen usw. sind mehrfach abgedruckt worden. Für die vorliegenden Publikationen wurden vor allem Abbildungen aus Unterrichtsmaterialien für Schule und Erwachsenenbildung ausgewählt, nicht zuletzt um deutlich zu machen, dass es sich um breit rezipierte Beispiele handelt. Dabei ist – selbstverständlich – davon auszugehen, dass Lehrkräfte und Dozenten diese Abbildungen auch kritisch kommentieren (lassen). Teilweise, *aber keineswegs durchgehend*, werden die hier als Beispiel ausgewählten Diagramme usw. auch schon in den Materialien, die hier als Quellen angegeben sind, kritisch kommentiert.

rechtlich falsch ist. Denn Deutschland war (1) nicht nur immer Ab- *oder* Zuwanderungsland, sondern immer beides, (2) ist der Begriff ‚Auswanderung' unklar, weil nicht eindeutig ist, welche Abwanderungsbewegungen über welche Grenzen[135] mit diesen Zahlen gekennzeichnet sind (vgl. Wenning 1996b), (3) bis zur Verabschiedung des „Zuwanderungsgesetzes" kann als *Einwanderung* nur die Zuwanderung der Aussiedler bezeichnet werden und (4) fehlen Zahlen für wichtige Zeitspannen der Migrationsgeschichte: 1911-1920 und 1939 bis 1950, das heißt durch die ‚Leerstellen' werden gerade historisch brisante, weil erzwungene Migrationen geleugnet: die Verschleppung von Fremd- und Zwangsarbeiter in beiden Weltkriegen oder die erzwungene Auswanderung der jüdischen Bevölkerung (bis 1941) bzw. der politischen Gegner in der Nazizeit.

Abbildung 14: „Vom Auswanderungsland zum Einwanderungsland"

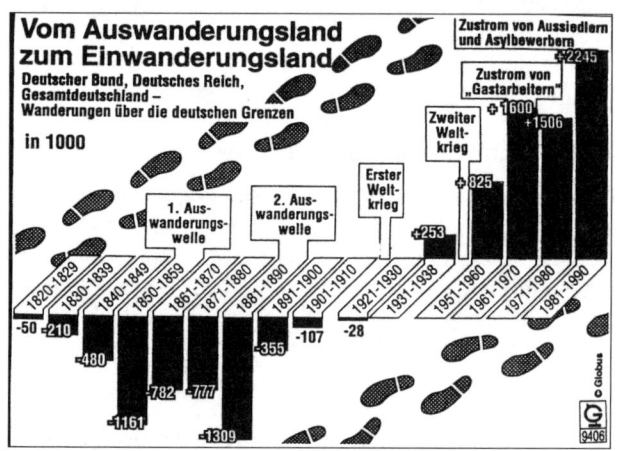

Quelle: Globus 9406: Statistische Angaben: Statistisches Bundesamt, Statistisches Amt der DDR, Ploetz „Raum und Bevölkerung", eigene Berechnungen; hier entnommen: Landeszentrale für politische Bildung Rheinland-Pfalz: Multiplikatorenpaket Politische Bildung. Migration: Geschichte(n) – Formen – Perspektiven. Ein Arbeits- und Lesebuch für Rheinland-Pfalz, Bl. 21

Das Schaubild spiegelt das politische Selbstbild Deutschlands, das sich zu keinem Zeitpunkt seiner Geschichte als Einwanderungsland definiert hat und dessen politische Vertreter über mehr als hundert Jahre (spätestens seit der Reichsgründung bis in die 1990er Jahre) nicht müde wurden zu betonen, dass – ungeachtet aller Zuwanderung und ungeachtet der Existenz sprachlich-ethnischer Minderheiten – Deutschland ein ethnisch, sprachlich und kulturell deutsch-

---

[135] Problematisch ist schon die Formulierung „Wanderung über die deutschen Grenzen", denn mindestens bis zur Gründung des Deutschen Reiches 1870 waren die deutschen Staaten dem Staatsangehörigkeitsrecht nach einander Ausland (zur komplizierten Geschichte des Staatsangehörigkeitsrechts in Deutschland vgl. Hansen 2001, S. 89 ff.; Gosewinkel 2001).

homogener Staat sei und dass Ansässigkeit (Sesshaftigkeit) der ‚Normalfall' und Aus- resp. Zuwanderung die Ausnahme darstellten. Erst seit Ende der 1990er Jahre beginnt diese ‚Selbstdefinition' brüchig zu werden. Aber gerade auch die Auseinandersetzungen über den Bericht der von der Regierung eingesetzten Unabhängigen Kommission ‚Zuwanderung' (Zuwanderung gestalten 2001) sowie der Streit über das im Juni 2002 vom Bundespräsidenten Johannes Rau unterzeichnete – aber erst im Juli 2004 verabschiedete – Zuwanderungsgesetz zeigen, wie lang die ‚Schatten der Vergangenheit' reichen (vgl. auch Kap. 3).

Der mögliche Einwand, ein Schaubild erfordere die Konzentration auf das Wesentliche und schließlich ginge es nur um den Beleg für die These, dass die Bundesrepublik zum Einwanderungsland geworden sei, überzeugt nicht. Denn eine These hat nur solange Bestand wie sie nicht widerlegt ist. Um dies aber prüfen zu können, bedarf es *aller* für die Verifizierung resp. Falsifizierung notwendigen Informationen. Bedient wird hier – ob bewusst oder unbewusst sei dahingestellt – die Überfüllungsthese – gefasst in den Metaphern: ‚Das-Boot-ist-voll' bzw. das ‚Haus Deutschland wird von Einwandererströmen überflutet' –, wie sie in den politischen Debatten immer wieder und auch quer durch die Parteien vertreten, von den Medien kolportiert und in Bilder, Bildcollagen und Karikaturen umgesetzt wird (vgl. Abb. 16; ferner die Titelseite des Magazins *Der Spiegel* 2002, Nr. 25; siehe auch weiter oben).

Wie durch die gewählte Art der Umsetzung von statistischen Daten in Schaubildern die Wahrnehmung gelenkt wird, zeigt ein Vergleich mit Abbildung 15.

Abbildung 15: „Zu- und Fortzüge über die Grenzen der BRD"

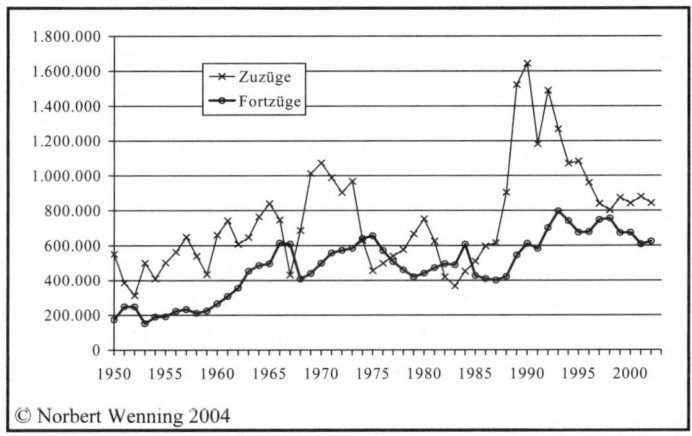

Erstellt von N. Wenning nach: Statistische Jahrbücher, teilweise eigene Berechnungen, http://www.destatis.de/basis/d/bevoe/bevoetab6.htm, 01.06.2004

Abbildung 15 ist zwar auf einen anderen historischen Ausschnitt bezogen, aber sie bildet (1) die Gleichzeitigkeit von Ab- und Zuwanderung so ab, dass deutlich wird, dass ‚nicht immer nur alle nach Deutschland rein wollen', dass es (2) immer auch Zeitpunkte gibt, in denen mehr Personen ab- als zuwandern, dass es (3) keinen Zeitraum ‚ohne Migration' gibt und (4) mit den Begriffen „Zuzüge/Fortzüge" bleibt – korrekterweise offen – welche Staatsangehörigkeit diejenigen haben, die kommen/gehen, wielange sie (fort-)bleiben usw.

Abbildung 16: Das Boot ist voll

Quelle: Bundeszentrale für politische Bildung (Hrsg.): Informationen zur politischen Bildung, Nr. 237, Thema: Ausländer. Bonn 1992. S. 33

Nicht nur die Tages- und Wochenzeitungen oder das Fernsehen arbeiten mit derartigen Bildern, sondern – wie schon weiter oben gezeigt – auch in Schulbüchern und Unterrichtsmaterialien finden sich Bilder, Zeichnungen, Diagramme und Karten, die – unter Umständen in Diskrepanz zum Text – die gängigen Vorurteile gegen Einwanderung und Integration stützen: Abbildung 16 ist eine zunächst in der Frankfurter Allgemeinen Zeitung erschienene Karikatur, in der die „Asylantenflut" das schon bis über das Dach des „Hauses Deutschland" voll besetzte Boot überschwemmt und – da es schon auf dem Trockenen liegt – zum Einsturz bringt bzw. zu bringen droht. Hier werden zwei Bedrohungsszenarien miteinander verquickt: die Überflutungsgefahr und die Gefahr des Zusammenbruchs.

Weit verbreitet sind Kartenabbildungen der Bundesrepublik Deutschland, in die mit unterschiedlich dicken Pfeilen entweder nur die Zuwanderungen oder sowohl Zu- wie Abwanderungsbewegungen eingetragen sind und/oder durch Figuren (statt Säulen- oder Tortendiagrammen) die ‚Landes-Besetzung' angezeigt wird.

Abbildung 17: Andrang von Asylanten

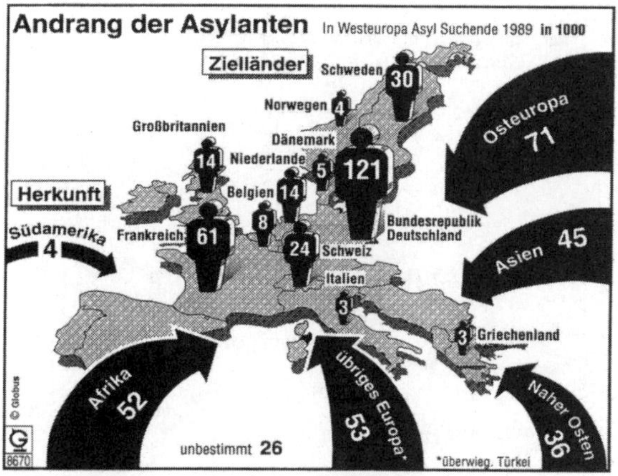

Quelle: Bundeszentrale für politische Bildung (Hrsg.): Informationen zur politischen Bildung, Nr. 210, Thema: Menschenrechte. Bonn 1991, S. 24.

In die Interpretation derartiger Schaubilder sind stets alle Elemente einzubeziehen, und es sind die im umgebenden Text (möglicherweise) vorgestellten Anweisungen zur ‚Nutzung' des Materials zu beachten. So verstärken in Abbildung 16 zum Beispiel alle Elemente einander: (1) Die Überschrift „Andrang der Asylanten" (mit bestimmtem Artikel) gibt die Richtung vor und bringt die Botschaft auf den Punkt: „Andrang" = alle wollen (mit Druck) hinein: „Asylanten" = ungeliebte Flüchtlinge (siehe Kap. 6.2.3). Während „Asylanten" groß und fettgedruckt ist, steht im Untertiel „Asylsuchende". Warum ist der Untertitel nicht als Titel gewählt worden? (2) Die Botschaft ‚Das-Boot-ist-voll' wird hier in der ‚Landvariante' illustriert: ‚Alle wollen nach Europa rein – niemand geht aus Europa raus'. (3) Die Pfeile unterstreichen dies: Alle Pfeile sind auf Europa gerichtet; keiner weist hinaus. (4) Verstärkt wird diese Botschaft noch durch Figuren, die Europa ‚besetzen': dunkle, gesichtslose Figuren. Die größte ‚dunkle Figur' besetzt die Bundesrepublik.

Bei der Beurteilung des Verhältnisses von Text und Schaubild ist jedoch zu beachten, dass in den für den Unterricht oder für die Erwachsenenbildung gedachten Materialien Abbildungen – wie z. B. Abbildung 16 – auch in kritischer Absicht eingesetzt werden (können). So ist z. B. Abbildung 16 im Themenheft „Menschenrechte" dem Stichwort „Stimmungsmache" zugeordnet, aber in anderen Publikationen ist die gleiche Darstellung als ‚Illustration zu Fakten' abgebildet. *Daher ist also stets auf den Kontext zu achten.*

Abbildung 18: Grenzüberschreitende Pendler 1995 nach Herkunfts- und Zielländern

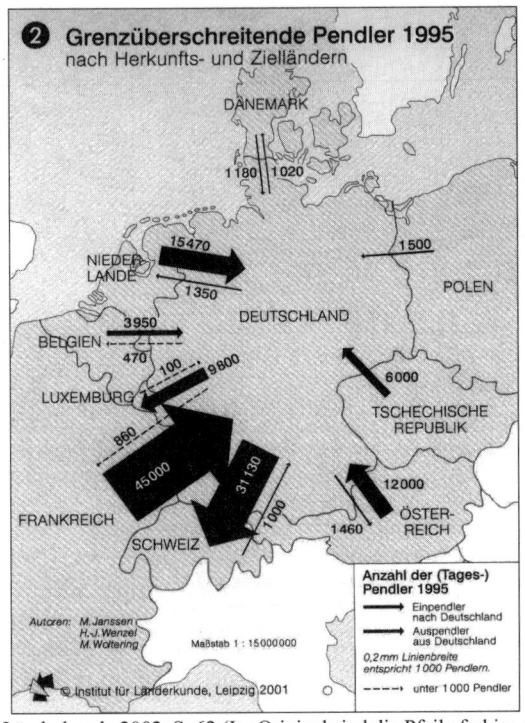

Quelle: Institut für Länderkunde 2002, S. 62 (Im Original sind die Pfeile farbig: die in die Bundesrepublik weisen sind rot, die anderen blau.)

In Abbildung 18 wird zwar auch mit Pfeilen gearbeitet, aber nun in beide Richtungen. Dass die Zahl der ‚Einpendler' größer ist als die der ‚Auspendler', wird jedoch nicht nur durch die Dicke der Pfeile, sondern auch durch die Farbe unterstrichen. Die ‚Einpendler' sind durch Rot angezeigt (Rot = Signalfarbe, aber auch Farbe der Aggression, der Gefahr) und die ‚Auspendler' durch Blau oder Grau (Blau = Farbe der Ruhe, Grau = neutrale Farbe). Die Farbwahl mag ‚unbewusst' geschehen, signifikant bleibt sie dennoch. Die Pfeile sind zudem so gezeichnet, dass sie das jeweilige Land ‚treffen', auch hier wieder die Idee der Bedrohung, je nach Größe und Farbe unterschiedlich einzuschätzen.

Wählt man zur Darstellung des gleichen Sachverhalts statt Pfeile Säulendiagramme oder Kurven (vgl. Abb. 15), oder verlegt die Pfeile nach außen, wie in Abbildung 19, so wird der Phantasie des Betrachters keine Anregung zu Assoziationen nach dem Motto ‚Das Boot ist voll' oder ‚alle wollen hinein' gegeben. Es bedarf zudem einer viel größeren Aufmerksamkeit, um die Karte lesen zu können. Dies wiederum dürfte eine differenziertere Wahrnehmung und Auseinandersetzung mit dem Thema fördern.

Abbildung 19: Zu- und Abwanderung in der Bundesrepublik Deutschland im Jahr 1999 (Ausländer und Deutsche)

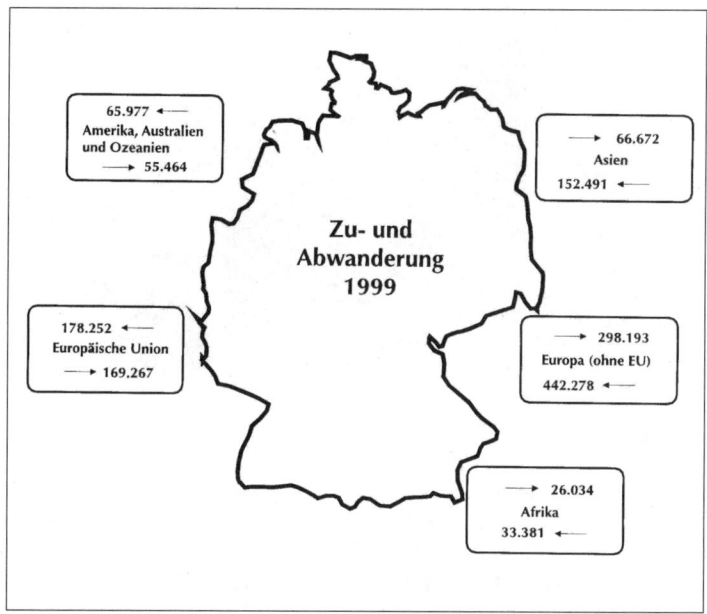

Quelle: Migrationsbericht 2001, S. 8

Weitere Möglichkeiten, Diagramme bildlich ‚aufzubereiten' und mit unausgesprochenen Botschaften anzureichern, reichen von der unterschiedlichen Gestaltung der Kurven bis zur Beifügung von Illustrationen, die zur Sache nichts beitragen, aber die Interpretation der Daten wiederum nachhaltig steuern (können). In Abbildung 20 zum Beispiel wird die „Flutmetapher" genutzt (Strom, Wellen, Fluten), um den nüchternen Zahlen eine Deutung beizufügen, wie sie schon in der Überschrift zum Ausdruck kommt. Die Zahlen allein scheinen dem Autor nicht zu reichen, um die Vorstellung davon zu erzeugen, dass die Zuwanderung die Bundesrepublik „überflutet": Mit dem großen Pfeil am Ende des Wellenbandes, der auf die „kleine Bundesrepublik" zielt (Überschwemmungsgefahr: ‚Land unter'), unterstreicht er dies nachdrücklich.

Abbildung 20: Zuwanderer-Wellen

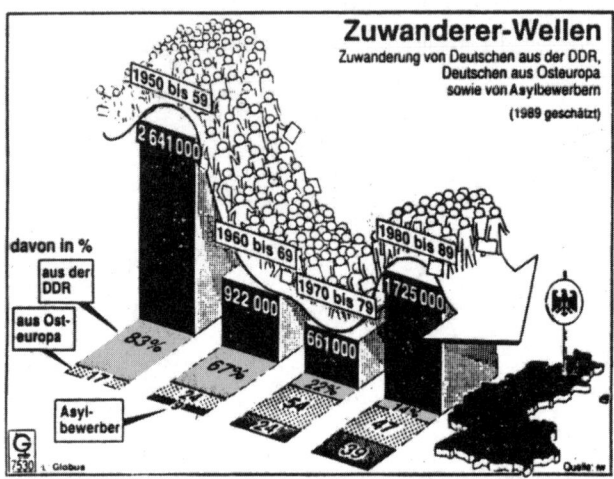

Quelle: Der Spiegel 1991, Nr. 37

Eine andere Variante ist die Betonung der Anziehungskraft (vgl. Abb. 21 und 22). Auch hier wird durch die Wahl der Metapher und die Größenverhältnisse (das viel zu kleine Territorium der Bundesrepublik Deutschland gegenüber den vielen und hohen Säulen der Zuwanderung) das Bild des „Andrangs", des „Überschwemmt – bzw. Überrollt-Werdens" erzeugt (wie schon in Abb. 20).

Abbildung 21: Magnet Deutschland

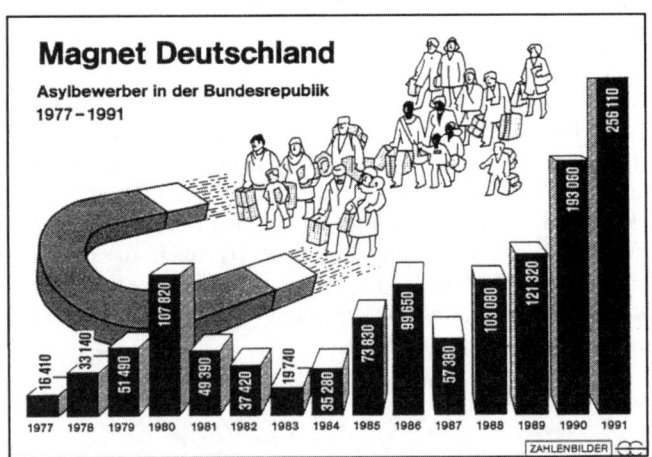

Quelle: Bundeszentrale für politische Bildung (Hrsg.): Informationen zur politischen Bildung, Nr. 237, Thema: Ausländer. Bonn 1992, S. 32.

6 Orientierung im Feld I

Abbildung 22: Eingewandert – ausgewandert: 1991-1999

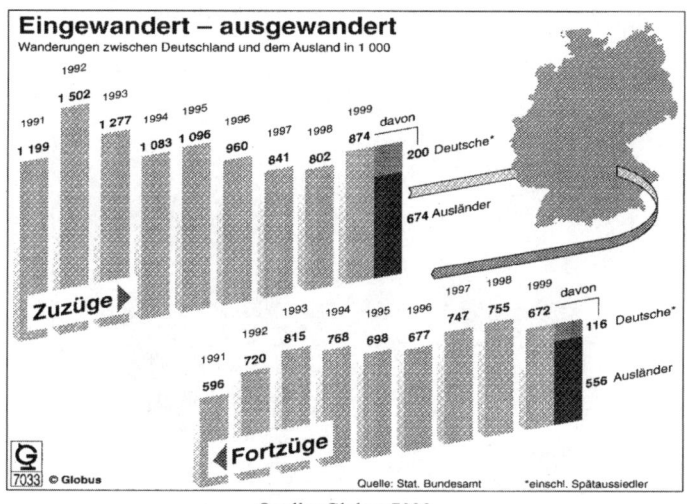

Quelle: Globus 7033

Die beiden Abbildungen, die mit der Magnet-Metapher arbeiten, unterscheiden sich in einem wichtigen Punkt: In Abbildung 21 wird nur die Anziehungskraft Deutschlands dargestellt; hier kommt die Magnet-Metapher voll zum Ausdruck und sie wird – wie schon in Abbildung 15 – für die unerwünschte Gruppe „Asylanten" genutzt. Dass es sich um eine „arme Gruppe" handelt, wird durch die Bündel bzw. Kartons statt Koffer und die – im Vergleich – vielen Kinder sowie die Hautfarbe angezeigt (vgl. Abb. 28).

In Abbildung 22 hingegen ist die Magnet-Metapher abstrakter aufgenommen. Angezeigt werden Anziehungs- und Abstoßbewegung, angezeigt ist außerdem – für das letzte Jahr – die Zuwanderung von Deutschen (deutschen Staatsbürgern einschließlich Aussiedlern) ebenso wie die Abwanderung deutscher Staatsbürger. Damit wird zumindest der Tatsache Rechnung getragen, dass Migration stets Zu- und Abwanderung ist und dass Zu- bzw. Abwandernde nicht nur Ausländer sind. Aber die Größenverhältnisse (Säulendiagramm im Verhältnis zur Größe Territorium der BRD) evozieren weiterhin das Bild des „Zuviel".

Besonders beliebt sind Zeichnungen, die die Personen darstellen sollen, die ‚hinter den Zahlen stecken'. Auffällig sind folgende Unterschiede: Typische Gestaltungselemente zur Kennzeichnung von ‚Ausländer' und ‚Ausländerinnen' sind dunkle Haare, Männer bzw. Männergesichter mit Schnauzbärten, Frauen mit Kopftüchern und/oder ‚bäuerlich anmutender Kleidung'. Nicht selten wird dem Betrachter wieder die Gleichsetzung ‚ausländisch = türkisch' angeboten: kenntlich gemacht durch die Frau mit (islamischen) Kopftuch, den Mann mit dunklen Haaren und Schnurrbart, das dunkelhaarige Kind. Diese Art der Illustration kann als (zusätzliche) Information dahingehend verstanden werden, dass

‚die Türken' die zahlenmäßig größte und ‚fremdeste' Gruppe von „Nachbarn aus dem Ausland" sind (Abb. 23; 31) oder dass nicht (nur) Einzelpersonen zuwandern, sondern Familien; bzw. schärfer, dass „die Ausländer" mit „Kind und Kegel" kommen (Abb. 24).

Abbildung 23: Nachbarn aus dem Ausland

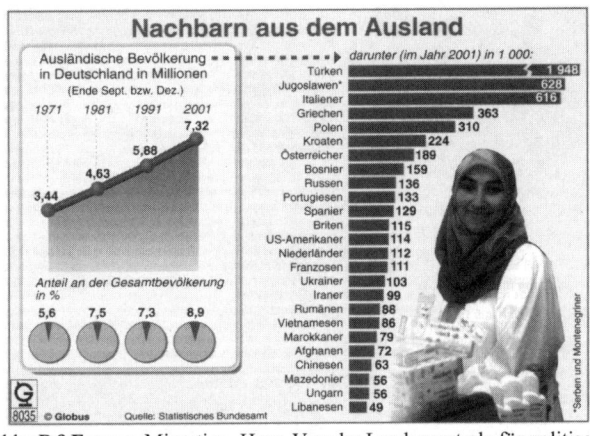

Quelle: DeutschlanD&Europa: Migration. Hrsg. Von der Landeszentrale für politische Bildung Baden-Württemberg (= Reihe für Politik, Geschichte, Deutsch, Geografie, Kunst, Heft 45). Stuttgart 2002, S. 44

Abbildung 24: Wo leben die meisten Ausländer?

Quelle: Bundeszentrale für politische Bildung (Hrsg.): Informationen zur politischen Bildung, Nr. 237, 1992, S. 2

Weitere ‚Kenntlichmachungen', die auf die Betrachter wirken, sind zum Beispiel die Gestaltung der Männerköpfe, diesmal mit einer Andeutung von Gesichtszügen, aber die Augenbrauen und Augen bilden einen dunklen Strich (wie in Abb. 25), so dass sie eher unfreundlich, vielleicht sogar böse oder gefährlich wirken[136]. ‚Der Ausländer' ist ‚gesichtslos', entindividualisiert.

Abbildung 25: Anteil der Ausländer an der Bevölkerung
Ausländer – wo? – Ausländer in deutschen Großstädten

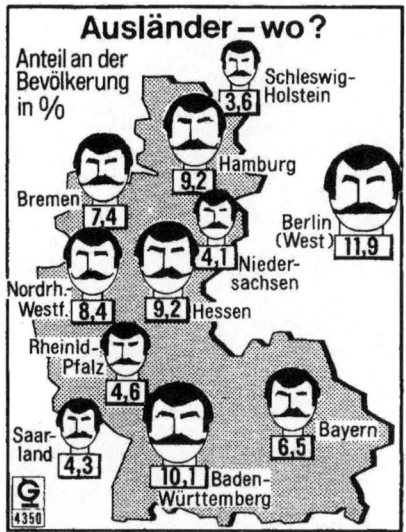

Quelle: Globus 4350, wiederholt abgedruckt; hier entnommen aus: extra.
Die Zeitung für junge Zeitungsmacher, Informationen für die Jugendpresse 1982

Die gleichen Informationen, nur ohne die stigmatisierenden Zusätze, bieten die Abbildungen 26 und 27: In Abbildung 26 sind statt der Köpfe die Zahlen per Tortengrafik wiedergegeben einschließlich der Prozentzahlen wie in Abbildung 25. Hinzu kommt die Einfärbung der Bundesländer: je höher der Anteil der Ausländer desto intensiver die Einfärbung. Dies wiederum folgt einer weitverbreiteten ‚Tradition' der farbigen Illustrationen: je mehr ..., desto dunkler ... Auch über diese ‚Tradition' ließe sich streiten..., aber sie gilt generell, unabhängig von den dargestellten Inhalten. In Abbildung 27 wird zwar auch mit Figuren gearbeitet, aber die Figuren ‚besetzen' nicht das Gebiet der Bundesrepublik, und außerdem ist darauf *verzichtet* worden, die Figuren nach Größe anzuordnen, was die Wahrnehmung in eine bestimmte Richtung lenken könnte.

---

[136] So auch die Interpretation von Studierenden, denen diese Statistiken vorgelegt wurden.

Abbildung 26: Anteil der ausländischen Bevölkerung an der Gesamtbevölkerung in den Bundesländern am 31.12.2001

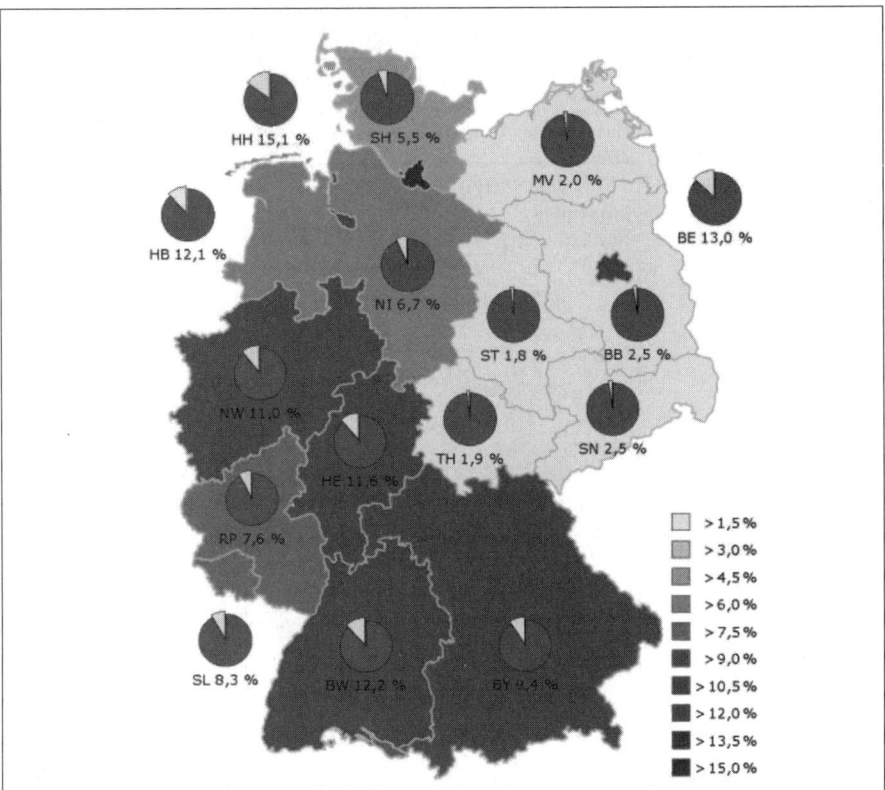

Neben den Stadtstaaten Hamburg, Bremen und Berlin hatten Ende des Jahres 2001 die Bundesländer Hessen, Baden-Württemberg und Nordrhein-Westfalen (1,98 Millionen Ausländer) die höchsten Ausländeranteile zu verzeichnen. In den vier Bundesländern Baden-Württemberg, Bayern, Hessen und Nordrhein-Westfalen lebten 70,4 % aller Ausländer. In den neuen Bundesländern (ohne Berlin) waren 301.719 Ausländer ansässig. Das sind 4,1 % aller in der Bundesrepublik Deutschland lebenden Ausländer. Der Ausländeranteil in den neuen Bundesländern lag zwischen 1,8 % in Sachsen-Anhalt und 2.51 % in Sachsen.

Quelle: Statistisches Bundesamt und Europäisches Forum für Migrationsstudien (efms), Universität Bamberg, URL: http://www.uni-bamberg.de/~ba6ef3/ds141a_d.htm (Stand: 12.07.2004).

6 Orientierung im Feld I 233

Abbildung 27: Formen der Zuwanderung nach Deutschland 1999/2000

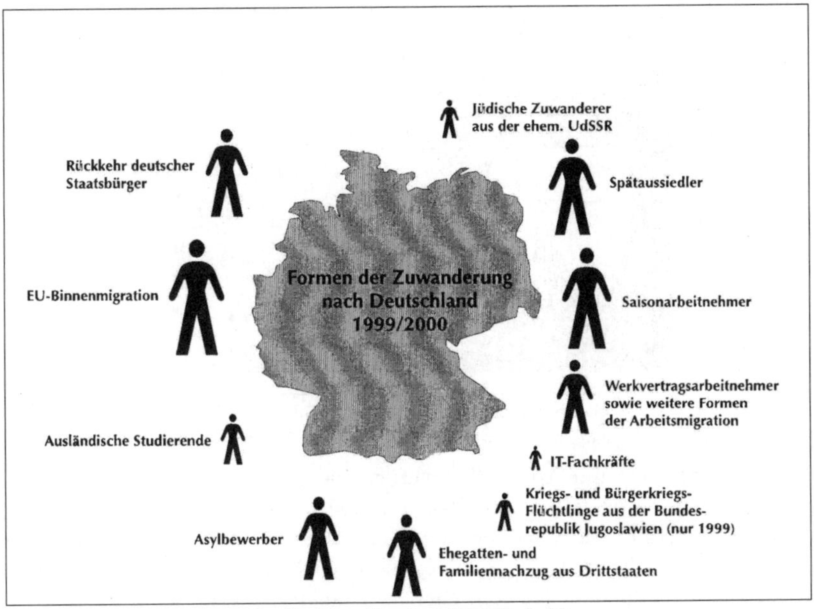

[Schaubild: Deutschlandkarte mit umgebenden Figuren, die verschiedene Zuwanderungsformen darstellen: Rückkehr deutscher Staatsbürger, Jüdische Zuwanderer aus der ehem. UdSSR, Spätaussiedler, EU-Binnenmigration, Saisonarbeitnehmer, Werkvertragsarbeitnehmer sowie weitere Formen der Arbeitsmigration, Ausländische Studierende, IT-Fachkräfte, Asylbewerber, Ehegatten- und Familiennachzug aus Drittstaaten, Kriegs- und Bürgerkriegs-Flüchtlinge aus der Bundesrepublik Jugoslawien (nur 1999)]

Quelle: Migrationsbericht 2001, S. 20

Bemerkenswert ist der Unterschied zwischen der Darstellung von Ausländerinnen und Ausländern einerseits und Aussiedlerinnen und Aussiedlern (Abb. 28) andererseits. Schon die Überschrift – „Die Deutschen aus dem Osten" – signalisiert den ersten entscheidenden Unterschied zu ‚den Ausländern' und die ‚Nähe zum Deutschen'. Der Kleidung nach wirken die Aussiedler zwar etwas altmodisch, aber doch eher vertraut: Die Männer tragen Hüte, wie sie in den 1950er/1960er Jahren modern waren, und die Köpfe der Frauen sind so gezeichnet, dass mal ein Kopftuch, mal eine Frisur angedeutet wird. Deutlich ist jedoch, dass das ‚Aussiedlerinnenkopftuch' nicht mit dem ‚türkischen (islamischen) Kopftuch' gleich zu setzen ist (vgl. Abb. 23, 24). Außerdem sind sie wie Reisende ausgestattet: Sie kommen mit Koffern, mit ‚ordentlichem Gepäck'. Die Ausländer hingegen führen allenfalls (bunte) Bündel mit, in denen sie – wie auch Flüchtlinge – ihre (geringe) Habe zusammengeschnürt haben (vgl. auch Abb. 21).

Abbildung 28: Die Deutschen aus dem Osten

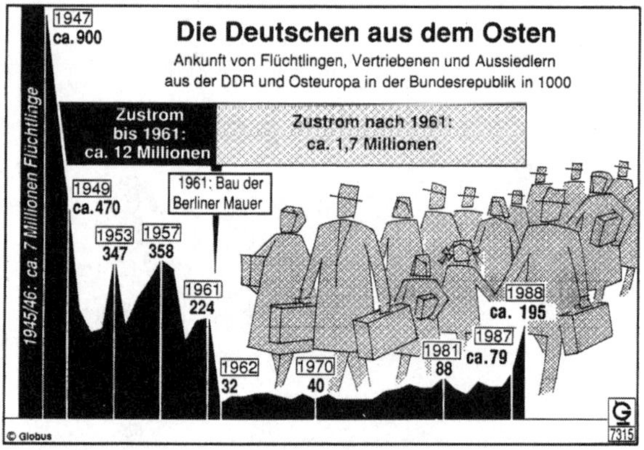

Quelle: Bundeszentrale für politische Bildung (Hrsg.):
Informationen zur politischen Bildung, Nr. 222, Bonn 1989.

Ähnlich neutral wie die Aussiedler werden die *abwandernden Ausländer und Ausländerinnen* dargestellt (Abb. 29). Jetzt haben auch sie Koffer, die Männer tragen sowohl Hüte wie Schiebermützen (Zeichen für den Status Arbeiter), die Frauen sind entweder ohne Kopfbedeckung oder ihr Kopftuch ist nicht ‚traditionell-islamisch' gebunden, sondern eher im ‚Hausfrauen-Stil' oder nach Art von ‚Freizeit-Wandernden'. Signalisiert wird – so könnte man interpretieren – der ‚Wanderungsgewinn' an Modernität und Besitz, mit dem sie fortgehen bzw. in ihre verschiedenen Herkunftsländer (angedeutet durch das ‚Fahnenband') zurückkehren.

Abbildung 29: Ausländer wandern ab

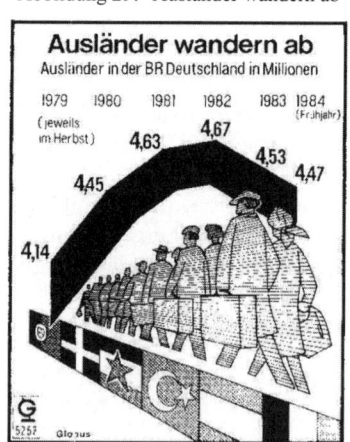

Quelle: Globus 5257

Besonders interessant sind Illustrationen zu Flüchtlingsstatistiken. Vielfach wird gerade im Zusammenhang mit Flüchtlingen die „Flut-Metapher" bemüht (vgl. Abb. 16 und 20), oder aber sie werden als „dunkle Menschenmenge", die in die Bundesrepublik hineindrängt, dargestellt. Eindrucksvoll in diesem Sinn ist die Abbildung als ‚schwarze Männer', die schon ins ‚Haus Deutschland' eingedrungen sind und nun hinter den Fenstern ‚lauern' (Abb. 30).

Abbildung 30: Flüchtlinge in Deutschland

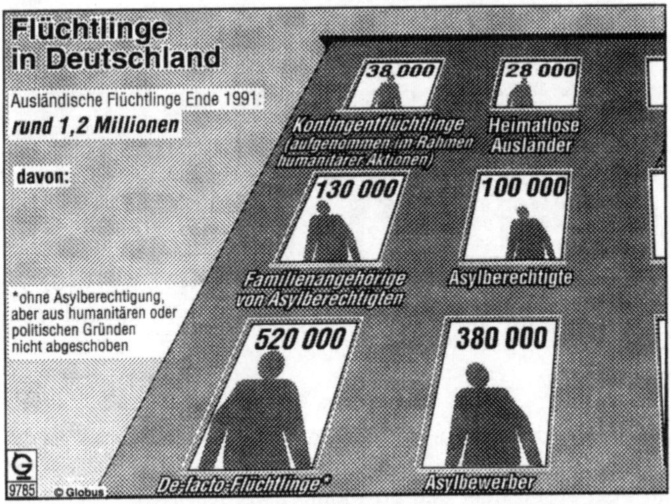

Quelle: Globus 9785; hier entnommen aus: Bundeszentrale für politische Bildung (Hrsg.): Informationen zur politischen Bildung, Nr. 237, Bonn 1992, S. 3

Abbildung 31 spielt mit den Assoziationsmöglichkeiten: ‚Exotik', ‚Folklore', ‚südliches Temperament' und mit der Betonung der großen Zahl an Einwanderern aus der Türkei. Die Balken sind so angeordnet, dass der ‚türkische' Balken nur passt, wenn er mehrfach geknickt wird,[137] man könnte sagen: ‚ihre Zahl sprengt den Rahmen'. Unter den immer kürzer werdenden Balken – ein Signal dafür, dass die ‚anderen Ausländer' deutlich weniger sind und somit ‚Platz lassen' – tanzen ‚die Ausländer' einen für südliche Länder typischen Rundtanz. Welche Botschaft soll hier vermittelt werden? Mögliche Assoziationen sind: ‚Ihnen geht es anscheinend gut (viel zu gut?) in der Bundesrepublik'; ‚sie leben statt zu arbeiten', ‚sie leben auf unsere Kosten' oder das ist die ‚Multikulti-Gesellschaft', die ‚die Linke' mit ihrem Plädoyer für Einwanderung herbeiführen will usw.

---

[137] In Abbildung 23 ist dies durch Unterbrechung der Balken gelöst.

Abbildung 31: Die ausländischen Mitbürger

Quelle: Politik und Zeitgeschichte. Beilage zu Das Parlament, 19.10. 2001 (B43/2001), S. 46

6.4.3 Fazit

Festzuhalten bleibt, dass die ‚Sprache' der Illustrationen – in der Wahl der Titel, der Bezeichnungen, der Art und Weise wie Zahlen ins Bild gesetzt, Photos bzw. Bilder zum Text ausgesucht und positioniert werden usw. – mehrfach deutbare Botschaften enthält. Vielfach wiederholen sie auf einer anderen Ebene, was im Text mehr oder weniger explizit gesagt wird[138], und nicht selten greifen sie Stereotypen auf. Möglich ist auch, dass die Autorinnen und Autoren bzw. diejenigen, die für die Endredaktion von Beiträgen zuständig sind, gar nicht merken, dass die Illustrationen, zumal wenn sie nur eingefügt sind, um die ‚Bleiwüste' aufzulockern, dem Text widersprechende oder ihn einseitig akzentuierende Botschaften vermitteln. Aber auch in diesem Fall können die Illustrationen als Anzeichen für Unklarheiten, fort bestehende Vorurteile, bzw. noch bestehende ‚blinde Flecken' gelesen werden.

Bei der Anfertigung *eigener* Texte ist sorgfältig auf die sprachliche Gestaltung und die Verwendung von Fachtermini zu achten. Sofern Illustrationen bzw.

---

[138] Ein gutes Beispiel ist das Buch von Werner Schiffauer: Fremde in der Stadt (Frankfurt/M. 1997). Hier sind in einigen Texten Illustrationen zum Text eingefüt, die das Geschriebene *belegen*: zum Beispiel die Bilder S. 62, 63, auf die der Autor im Text Bezug nimmt. Desgleichen die Illustrationen auf den Seiten 23, 115, 117 usw. Im Unterschied dazu hat der Autor oder der Verlag für den Umschlag ein Titelbild gewählt, das das Klischee von Migranten aufnimmt und nicht auf die historische und theoretische Spannweite hinführt, mit der der Autor das Thema „Fremde in der Stadt" behandelt.

Darstellungen in Form von Schaubildern vorgesehen werden, ist genau zu prüfen, welche möglichen ‚heimlichen Botschaften' in ihnen versteckt sein können. Möglicherweise bietet es sich aber auch an, derartige Widersprüche als Teil der Auseinandersetzung mit einem Thema explizit aufzunehmen.

Aufgaben zu Kapitel 6

Aufgabe 1
Vergegenwärtigen Sie sich die Gründe, weshalb es wichtig ist, sprachlich und terminologisch so präzis wie möglich zu arbeiten. Stellen Sie sich vor, Sie sollten dies einer Kommilitonin/einem Kommilitonen erklären, die/der die Einführung nicht gelesen und sich auch sonst nicht näher mit Fragen interkultureller Bildung und Erziehung befasst hat. Wählen Sie ein Beispiel aus, an dem Sie deutlich machen können, welche Missverständnisse (oder Vorurteile oder …) entstehen können, wenn sprachlich/terminologisch unsauber gearbeitet wird. Eine andere Möglichkeit: Wählen Sie einen Text(ausschnitt), der aus Ihrer Sicht terminologisch / sprachlich nicht hinreichend präzise ist und schreiben Sie ihn um.
Lösungshinweis siehe Anhang

Aufgabe 2
Erklären Sie, was Mecheril mit folgendem Satz meint: „Hinzuzufügen ist, dass die ‚Anderen Deutschen' Teil des Diskurses sind, der sie zu ‚Anderen' macht" (Mecheril 2000b, S. 3).
Lösungshinweise siehe Anhang

Aufgabe 3
Erläutern Sie die Formel „Kultur als Sprachversteck" und suchen Sie zwei passende Beispiele.

7 Orientierung im Feld II: Literaturlage und Studierhilfen

Die Herausbildung und Etablierung eines neuen Arbeits- und Forschungsbereichs – hier der Interkulturellen Bildung – lässt sich unter anderem an der Literaturentwicklung ablesen. In dem Maße wie sich eine neue Fachrichtung etabliert, entstehen spezielle *Orte der Diskussion*, an denen die Fachleute ihre Positionen, Sichtweisen und Erfahrungen untereinander diskutieren und sie einer breiteren fachlich interessierten Öffentlichkeit zugänglich machen. Gleichzeitig sind diese ‚Orte' Hilfen *zur „Orientierung im Feld"* und in diesem Sinne *Studierhilfen*. Zu den als Studierhilfen geeigneten ‚*Orten der Diskussion*' gehören Einführungen in die Interkulturelle Bildung (Interkulturelle Pädagogik resp. Erziehungswissenschaft), Fachlexika und Handbücher, Zeitschriften und Bibliographien in Printform und, da seit den 1990er Jahren die elektronischen Medien immer größere Bedeutung bekommen haben, ist auch das Internet zu einem wichtigen Ort der Information und des Austausches geworden.

Im Folgenden werden nach einem kurzen Überblick über die Entwicklung der Publikations- und Forschungstätigkeit ausgewählte Studierhilfen vorgestellt, die den Zugang zum und eine erste Orientierung im Arbeits- und Forschungsgebiet Interkulturelle Bildung erleichtern und helfen sollen, sich vertieft in einen Themenaspekt einzuarbeiten und auf dem Laufenden zu bleiben. Die hier aufgelisteten Studierhilfen beziehen sich auf Deutschland bzw. auf die deutschsprachigen Länder. Ein erster Zugang zur Forschungs- und Praxisliteratur im Bereich der Interkulturellen Bildung in anderen (europäischen) Ländern wird anhand der ausgewählten Dokumentationszentren eröffnet, aber es handelt sich lediglich um einzelne Hinweise. Zu beachten ist, dass das ‚Feld in Bewegung' ist. Es bedarf daher stets eigener Recherchen, um zu überprüfen, ob Zeitschriften, noch erscheinen bzw. neue auf dem Markt sind, Datenbanken noch im Netz sind usw.

7.1 Zur Entwicklung der Literaturlage

1977, in einer der ersten Dissertationen zur Beschulung ausländischer Kinder, beklagt der Autor, Heinz Bolte, die schwierige Literatursituation. Ein Großteil der *veröffentlichten* Literatur stamme „von staatlichen Stellen und öffentlichen Körperschaften und zwar auf europäischer, auf Bundes- Landes- und Kommunalebenen" (Bolte 1977, S. 45). Aus ihnen erfahre man zwar etwas über die Problemwahrnehmung und -definition, aber nur ansatzweise etwas über die

Problembearbeitung. Wissenschaftlich fundierte Analysen, so Bolte 1977, seien nicht zu finden:

> „Nur ein ganz geringer Teil der Literatur ist durch Buchveröffentlichungen abgedeckt. Den weitaus größeren Teil bilden neben aktuellen Meldungen und Analysen der großen Zeitungen und Magazine hektographierte Papiere und Einzelschriften: Statistiken, Tagungsprotokolle, Diskussions-, Resolutions- und Arbeitspapiere, Examensarbeiten, parlamentarische Anfragen und Schulmodellentwürfe, Verfügungen, Erlasse und Richtlinien. Viele Texte werden [...] als ‚Insider-Papiere' nur direkt von Hand zu Hand weitergegeben, oft nur im Austausch gegen eigene ‚Papiere', oder gar als vertrauliche Interna ganz und gar gehütet" (Bolte 1977, S. 45).

Die Beschreibung Boltes traf auf die Situation bis Mitte der 1970er Jahre zu, das heißt auf den Zeitraum, in dem er für seine Dissertation recherchiert und sie geschrieben hat (vgl. auch Thränhardt 1975/[1999]). Doch schon zum Zeitpunkt der Veröffentlichung seiner Dissertation hatte sich die Situation geändert. Erst ab der zweiten Hälfte der 1970er Jahre, so Ursula Boos-Nünning in ihrem 1992 veröffentlichten Rückblick auf „20 Jahre Ausländerforschung in der Bundesrepublik Deutschland", könne man von einer „professionellen Beschäftigung mit diesen Fragen und einer Spezialisierung auf diesen Bereich, gekoppelt an eine Ausdifferenzierung von Themen" sprechen (Boos-Nünning 1992, S. 3[139]).

Ende der 1970er/Anfang der 1980er Jahre stieg die Zahl der Publikationen sprunghaft an: Es erschienen zahlreiche Beiträge zu ausländerrechtlichen und ausländerpolitischen Fragen, Diskussionen über Probleme der Ausländerberatung und -betreuung, Fragen der Sprachförderung und Berichte über erfolgreiche wie gescheiterte Unterrichtsvorhaben. Erste (sozial-)pädagogische Zeitschriften zu Fragen der Integration ausländischer Kinder, Jugendlicher und ihrer Familien wurden gegründet, und eine Reihe der etablierten schul- und sozialpädagogischen Zeitschriften griff die Thematik in Themenheften auf. Bei allen Unterschieden im Einzelnen ähnelten sich die Beiträge insofern, dass bis spät in die 1980er Jahre der Blick vor allem auf die Migrantinnen und Migranten gerichtet blieb, auf ihre mangelhaften oder fehlenden Sprachkenntnisse, auf ihre ‚ganz andere Kultur', auf die Frage, wie sich das Aufwachsen ‚zwischen zwei Sprachen und Kulturen' auf die Identitätsentwicklung auswirke, was ‚Erhalt der kulturellen Identität' bedeute usw. Nicht zu vergessen ist jedoch, dass in diesen Jahren – bei aller berechtigten Kritik an der unzureichenden Qualität vieler Studien (Boos-Nünning 1992, S. 20 f.) – auch die ersten Grundsteine in der Forschung gelegt wurden, unter anderem mit Publikationen aus internationalen wissenschaftlichen Begleit- und Evaluationsprojekten, wie sie die Forschergruppe *Ar-*

---

[139] Dort sind eine Reihe von Beiträgen aufgeführt, die einen Überblick über die Literaturentwicklung in den 1970er/1980er Jahren bieten, für eine zeitgenössisch kritische Sicht vgl. Abrecht-Heide 1979.

beitsgruppe Lehrerausbildung für ausländische Kinder – ALFA vorgelegt hat (vgl. Boos-Nünnning/Hohmann/Reich 1976) oder mit der – wenn auch von Beginn an heftig umstrittenen – Studie von Schrader, Nikles, Griese (1976, 1979²) zur Sozialisation ausländischer Kinder (vgl. Albrecht-Heide 1979; vgl. auch Kap. 4.3.1.2).

Ende der 1980er/Anfang der 1990er Jahre differenzierte sich das Forschungsfeld stark aus. Mit den an einer Reihe von Hochschulen geschaffenen Studienangeboten und spezialisierten Arbeitsstellen bzw. Instituten hatten die Themen der Interkulturellen Bildung Einzug in Lehre und Forschung gehalten. Wenn auch die defizitorientierte Sicht keineswegs verschwunden war, so begann sich das Interesse deutlich stärker auf die ‚aufnehmende Gesellschaft', deren integrationshemmende Strukturen und Institutionen zu richten einschließlich der mit der Geschichte von Schule und Pädagogik tradierten Normalitätsmuster, der Trennung von ‚fremd' und ‚eigen' und der Ausgrenzung des ‚Fremden'. Die ersten größeren Untersuchungen dazu sind unter anderem aus dem von der Deutschen Forschungsgemeinschaft (DFG) unterstützten Forschungsschwerpunktprogramm *Folgen der Arbeitsmigration für Bildung und Erziehung – FABER* hervorgegangen[140] (Gogolin/Krüger-Potratz/Neumann/Reich 1990; Gogolin/Nauck 2000).

Mit dem Fall der Mauer und den gewalttätigen Übergriffen auf Ausländer in Ostdeutschland (wie auch in Westdeutschland), der sich anschließenden Debatte über Gewalt in der Schule und mit den durch den Fall des Eisernen Vorhangs und den Versuchen einer Neuordnung der weltweiten Konfliktlinien ausgelösten Auseinandersetzungen über den ‚Kampf der Kulturen' rückten Themen wie Fremdenfeindlichkeit, Rassismus, Rechtsextremismus und Fundamentalismus in den Mittelpunkt des Interesses.

Gleichzeitig richtete sich Anfang der 1990er Jahre in Zusammenhang mit dem Maastrichter Vertrag von 1992 und der Öffnung des europäischen Binnenmarktes am 1.1.1993 die Aufmerksamkeit zunehmend auf ‚Europa'. Die Zahl der relevanten Publikationen zum Thema ‚Europäische Dimension im Bildungswesen' stieg stark an. Dies belegt eindrucksvoll die vom *Deutschen Institut für Internationale Pädagogische Forschung (DIPF)* 1994 herausgegebene mehrsprachige *Bibliographie zur europäischen Dimension im Bildungswesen* mit über 4000 Titeln in den damals neun Amtssprachen der Europäischen Gemeinschaft „aus über 40 Jahren, mit Schwerpunkt auf den achtziger und frühen neunziger Jahren" (Vorwort).

Im Unterschied zu den Anfängen der Interkulturellen Pädagogik etablierte sich keine neue Spezialisierung, sondern ‚europäische Bildung' wurde von An-

---

[140] Im Rahmen des 1973 etablierten DFG-Forschungsschwerpunktprogramms „Sprachlehrforschung" haben Fragen der sprachlichen Pluralität schon eine Rolle gespielt, wenn auch der Akzent vornehmlich auf der Fremdsprachenforschung lag (vgl. Bausch/Briegel/Bünting et al. 1975.

fang an als Querschnittaufgabe verstanden, so wie es auch schon die mit den europäischen Bildungsdokumenten eingeführte Bezeichnung ‚europäische Dimension im Bildungswesen' nahe legt. Diese andere Sichtweise zeigt sich unter anderem darin, dass keine speziellen Fachzeitschriften gegründet worden sind, sondern die pädagogischen wie fachdidaktischen Zeitschriften das Thema ‚wie selbstverständlich' aufgegriffen haben.

Im Folgenden werden die verschiedenen Typen von „Studierhilfen" vorgestellt: Einführungstexte, Fachlexika und Handbücher, Fachzeitschriften, Bibliographien, Studierhilfen im Internet und (internationale) Datenbanken. In den meisten Fällen musste eine rigorose Auswahl getroffen werden. Dabei war das Bemühen, Hinweise auf „Studierhilfen" für alle pädagogischen Arbeitsfelder zu geben, leitend. Aus Platzgründen ist auf eine Kommentierung der einzelnen Titel, Zeitschriften, Datenbanken usw. verzichtet worden[141].

7.2 Einführungen

Bis Ende der 1990er Jahre lag nur eine explizit als Einführung in den Arbeits- und Forschungsbereich Interkulturelle Bildung konzipierte Monographie vor: Georg Auernheimer: *„Einführung in die interkulturelle Erziehung"*. Erstmals 1990 bei der Wissenschaftlichen Buchgesellschaft Darmstadt erschienen, in 2. überarbeiteter Auflage 1995 bzw. 1996. 2003 ist sie als vollständig überarbeitete Ausgabe wiederum bei der Wissenschaftlichen Buchgesellschaft Darmstadt und mit leicht verändertem Titel *„Einführung in die Interkulturelle Pädagogik"* (Auernheimer 2003) erschienen. Der geänderte Titel – so Auernheimer – trage „der Etablierung als eigenes Fachgebiet Rechnung". Ende der 1990er Jahre ist eine zweite – von ihrer Anlage anders aufgebaute – Einführung im Kohlhammer Verlag herausgekommen, verfasst von *Isabell Diehm* und *Frank-Olaf Radtke*; ihr Titel: *Migration und Erziehung – eine Einführung* (Diehm/Radtke 1999). Zwei neue, wiederum sehr unterschiedliche Einführungen sind 2004 erschienen: die *Einführung in die Migrationspädagogik* von *Paul Mecheril* in der Reihe *Beltz Studium* des Beltz Verlags und *Interkulturelle Pädagogik* von Alfred Holzbrecher im Cornelsen Verlag Berlin in der Reihe „*Studium kompakt*". In 2005 werden drei weitere Einführungen hinzukommen: Zum einen die vorliegende *Einführung in die Interkulturelle Bildung* in der weiter unten noch vorzustellenden Reihe *Lernen für Europa* im Waxmann Verlag Münster; zum zweiten der von *Rudolf Leiprecht* im Wochenschau Verlag herausgegebene Sammelband *Grundkurs: Schule in der multikulturellen und pluriformen Gesellschaft* und zum dritten in der Reihe *Einführungstexte Erziehungswissenschaft* (UTB/Verlag Leske+Budrich) die *Einführung in die Interkulturelle Pädagogik* von *Ingrid Go-*

---

[141] Eine kommentierte Darstellung ist einzusehen unter der URL: http://www.uni-muenster.de/InterkulturPaedagogik; auch erreichbar über die URL: http://egora.uni-muenster.de/ew/ew_personen/kruegerpotratz.shtml

golin und *Marianne Krüger-Potratz* in der Reihe *Einführungstexte Erziehungswissenschaft*). Für 2005/2006 ist bei der Wissenschaftlichen Buchgesellschaft (Darmstadt) eine Monographie angekündigt, die den in den bisherigen Einführungen zwar angesprochenen, aber nicht ausführlich behandelten Komplex der sprachliche Bildung in der Einwanderungsgesellschaft zum Gegenstand hat, verfasst von Ingrid Gogolin und Hans-Joachim Roth.

Einführungen in Teilgebiete des Arbeits- und Forschungsgebiet Interkulturelle Bildung bieten verschiedene Bände aus der Reihe *Lernen für Europa* (Waxmann Verlag), in der auch die vorliegende Einführung als Band 10 erschienen ist, so *Perspektivwechsel. Eine Einführung* von *Georg Hansen* (Hansen 1996), *Die nationale Schule. Öffentliche Erziehung im Nationalstaat* und *Migration in Deutschland – ein Überblick*, beide von *Norbert Wenning* (Wenning 1996a; 1996b) und *Die Durchsetzung der Nationalsprachen in Europa* von *Georg Kremnitz*. (Kremnitz 1997). Hinzuweisen ist auch auf das Buch *Interkulturelle Sprachdidaktik – eine Einführung* von Jörg Roche (2001)

Selbstverständlich gibt es auch in anderen Ländern entsprechende Einführungstexte und Handbücher; stellvertretend für viele andere sei auf das relativ knapp gehaltene, in mehrfacher Auflage (zuletzt 2002) erschienene amerikanische Handbuch „*An introduction to Multicultural Education*" von *James A. Banks* (Banks 1994; 1999[2]; 2002[3]) hingewiesen und für die französische Diskussion auf die (für eine breitere interessierte Öffentlichkeit geschriebene) Darstellung „*L'éducation interculturelle*" von *Martine Abdallah-Pretceille* (Abdallah-Pretceille 1999).

7.2.1 Fachlexika und Handbücher

Zu unterscheiden sind allgemein orientierende erziehungswissenschaftliche Fachlexika bzw. Handbücher sowie Lexika und Handbücher für einzelne Teildisziplinen der Erziehungswissenschaft: Sozialpädagogik, Erwachsenenbildung, Lehrerbildung, Frauenforschung usw. Eine Durchsicht der Lexika der Erziehungswissenschaft (Krüger-Potratz 2004) zeigt, dass in nur einigen wenigen die Artikel zur Interkulturellen Bildung und Erziehung einen sachangemessenen Überblick über die Entwicklung der Fachrichtung und/oder den Stand der Fachdiskusion geben; dazu gehören zum Beispiel das *Pädagogik-Lexikon* (1999) und das *Handbuch Kritische Pädagogik* (1997), jeweils mit einem von Georg Auernheimer verfassten Beitrag. Von den Handbüchern zu einzelnen Teildisziplinen sind unter anderem zu nennen: das *Handbuch der Erwachsenenbildung* (1999) mit einem Artikel von Franz Hamburger; der *Grundriss Soziale Arbeit,* 2002 mit dem Beitrag von Friedhelm Vahsen und Dursun Tan, oder der Artikel von Ingrid Gogolin im *Handbuch Bildungsforschung* (2002) bzw. das *Handbuch zur Frauenbildung* (2001) mit einem Eintrag zu „Interkulturalität" von Monika Oels. In keinem der genannten Lexika oder Handbücher ist bisher „Interkulturelle Bildung" konsequent als Querschnittaufgabe berücksichtigt, sondern allenfalls als solche thematisiert, so zum Beispiel im Handbuch Lehrerbildung 2004.

Ein spezielles, aktuelles Lexikon oder Hand(wörter)buch[142] zur Interkulturellen Bildung (Interkulturellen Pädagogik) fehlt[143]; wohl aber gibt es spezielle Lexika bzw. Handbücher zu den in der Bundesrepublik lebenden ‚alten' und ‚neuen' Minderheiten und zu einzelnen Ausschnitten aus dem Feld von Migration und Integration; dazu gehören zum Beispiel: *Ethnische Minderheiten in der Bundesrepublik Deutschland* (1995) oder das in mehreren Lieferungen erschienen *Handbuch ethnischer Minderheiten in Deutschland. Arbeitsmigranten, Asylbewerber, Ausländer, Flüchtlinge, regionale und religiöse Minderheiten, Vertriebene und Zwangsarbeiter* (1992; 1994; 1996; 1997) oder das Lexikon *Ethnische Minderheiten in Europa* (Ludwig 1995).

Ferner gibt es Handbücher, die vor allem für die in bestimmten Praxisfeldern Arbeitenden gedacht sind, so zum Beispiel das *Handbuch der Sozialen Arbeit mit Kinderflüchtlingen* (1999), das *Handbuch für LehrerInnen „Interkulturelle und antirassistische Erziehung in der Schule"* (Lüddecke/Kloeters/Quehl 2001), das *Handbuch soziale Arbeit in der Einwanderungsgesellschaft* (2004) oder – sehr speziell – Eimmermacher, Hanna/Lanfranchi, Andrea/Radice von Wogau, Janine (2004): *Therapie und Beratung von Migranten*. Weinheim oder das *Handbuch Migration für AIDS-Hilfen* (Archiv für Sozialpolitik e.V. 1998). Wieder einen anderen Ausschnitt dokumentiert das *Handbuch der Ausländer- und Zuwanderungspolitik* (Gieler 2003). Als Handbuch firmiert auch der Sammelband *Fachdidaktik interkulturell*, da er in umfassender Form eine Aufarbeitung des interkulturellen Diskurses der in der Sekundarstufen vertretenen Fachdidaktiken bietet (Reich/Holzbrecher/Roth 2000).

Einen Zugang zur amerikanischen bzw. internationalen englischsprachigen interkulturellen Forschung und Diskussion bieten zum einen das *Handbook of research on multicultural education* (Banks/McGee Banks 2001; 2003[2]), das *Dictionary of multicultural education* (Grant/Ladson-Billings [Hrsg.] 1997) oder das *Dictionary of Race Ethnicity and Culture* (Bolaffi/Bracalenti/Braham/Gindro [Hrsg.] 2003).

---

[142] Es gibt eine Fülle von Publikationen, die sich laut Titel als *Handbuch* ausweisen, obwohl es sich *nicht* um Versuche einer enzyklopädisch-systematisch angelegten Darbietung des Fachwissens – wie dies für Handbücher im engeren Sinne gilt – handelt, sondern um thematisch fokussierte Sammelbände oder auch um (kommentierte) Verzeichnisse von Organisationen, elektronischen Medien, Zeitschriften usw. mit Bezug zum Themenbereich Migration und Bildung. Diese sind in der hier vorgestellten Auswahl nicht berücksichtigt.

[143] Das 1984 von Georg Auernheimer herausgegebene *Handwörterbuch Ausländerarbeit* spiegelt die Diskussion der 1970er/1980er Jahre und ist von daher zwar eine wichtige historische Quelle, aber als Nachschlagewerk heute nicht mehr geeignet.

7.3 Fachzeitschriften

Die Zahl der für den Bereich der interkulturellen Studien im weitesten Sinne zugehörigen *deutschsprachigen* Zeitschriften, Newsletter und Info-Dienste beläuft sich auf ca. 500. Einige wenige sind vor den 1950er/60er Jahren gegründet worden (z. B. *Der Islam [Berlin], 1. Jg. 1910; Der Islam [Zürich/Frankfurt/M.] 1. Jg. 1949); Moslemische Revue [Altenberge/Soest], 1. Jg. 1924; Europa Ethnica [Wien], 1. Jg. 1944; Das Menschenrecht [Wien], 1. Jg. 1949).* Die überwiegende Mehrzahl erscheint jedoch erst seit den 1970er/1980er Jahren – in Reaktion auf das wachsende Interesse für Fragen von Migration und Integration. Diese ‚Zeitschriftenlandschaft' ist vielfältig und ständig in Bewegung. Viele der circa 500 Periodika sind nur kurz erschienen, einige sind nach einigen Jahren der Selbständigkeit mit anderen zusammengelegt, oder sie sind eingestellt worden. Manchmal sind an ihre Stelle neue getreten. Etliche waren bzw. sind ausschließlich zur Dokumentation eines Praxisprojekts oder Modellversuchs gedacht, das heißt, sie sind von vornherein ‚auf Zeit' angelegt (gewesen). Wiederum andere sind Mitgliederzeitschriften, deren Lebensdauer an die der jeweiligen Initiativen und Vereine gebunden ist. So weit es möglich war, ausreichende und einigermaßen verlässliche Daten zu diesen circa 500 Publikationsorganen zu ermitteln, sind die bis 2000/2001 erschienenen verzeichnet in:

Bibliografisches Handbuch „Migration und Bildung", Teil II: Gedruckte und elektronische Zeitschriften, Newsletter und Info-Dienste (= interkulturelle Studien, iks – Materialien, Texte, Dokumente, 37). Münster: Arbeitsstelle Interkulturelle Pädagogik, Universität Münster 2001 (124 S.).

Einen ersten Überblick Zugang zu den international erscheinenden interkulturellen Zeitschriften bietet:

Casagrande, Giovanni/D'Amato, Gianni: *Internationale wissenschaftliche Zeitschriften im Bereich Migration. Kommentierte Bibliographie.* Neuchâtel: Forum suisse pour l'étude des migrations 2001 (15 S.).
URL: http://www.unine.ch/fsm/libri/pdf/7888.pdf (Stand: 12.07.2004)

Das in den 1990er Jahren zu konstatierende steigende Interesse für interkulturelle Fragen und Studien spiegelt sich nicht nur in der Neugründung vielfältiger (antirassistischer) Initiativen mit ihren entsprechenden Newsletter-Ausgaben, sondern auch neuer Fachzeitschriften in den klassischer Weise involvierten Bereichen wie Deutsch als Fremdsprache/Zweitsprache oder generell im (Fremd-)Sprachenbereich (z. B. *Zeitschrift für interkulturellen Fremdsprachenunterricht. Didaktik und Methodik im Bereich Deutsch als Fremdsprache.* 1. Jg. 1996), aber auch in anderen Disziplinen. Beispiele dafür sind: *Polylog. Zeitschrift für interkulturelles Philosophieren,* Wien (1. Jg. 1998); *Frauen in der Einen Welt. Zeitschrift für interkulturelle Frauenalltagsforschung,* Frankfurt a. M (1. Jg. 1990) oder *Migration und Bevölkerung,* Humboldt Universität Berlin (1. Jg. 1998). Noch recht selten sind interkulturell orientierte fachdidaktische Zeitschriften über die sprachlichen Fächer hinaus; ein Beispiel aus dem englischsprachigen Raum ist: *Multicultural Perspectives in Mathematic Education* (University of Georgia).

In die folgende eng begrenzte Auswahl von deutsch-, französisch- und englischsprachigen Zeitschriften und Newsletter sind nur solche aufgenommen worden, die (1) noch erscheinen und im engeren Sinne zum Themenbereich *Migration: Politik, Recht, Bildung, Sprache* gehören. Dies ist nicht so zu verstehen, dass die Beiträge der inzwischen eingestellten Zeitschriften, wie zum Beispiel *Deutsch lernen (1976 – 2000)* nur noch historischen Wert haben, aber sie sind keine *aktuellen* ‚Orte der Diskussion' mehr.[144] Die nachfolgende Auflistung erfolgt alphabetisch und ohne Kommentierung; für alle weiteren Informationen kann auf das genannte „*Bibliografische Handbuch*" zurückgegriffen werden, das zumindest den Stand bis 2001 dokumentiert. Die hier angegebenen Internetadressen sind letztmalig im Juli 2004 überprüft worden.

7.3.1 Zeitschriften in Printform

AiD – Ausländer in Deutschland. Informationsdienst zu aktuellen Fragen der Ausländerarbeit.
Hrsg.: Institut für Entwicklungsforschung, Wirtschafts- und Sozialplanung GmbH (Isoplan). Saarbrücken: Eigendruck 1. Jg. (1984) Nr. 1 ff.; 4 Nr./Jahr (ISSN 0177-1566).
URL: http://www.isoplan.de/aid

Deutsch als Zweitsprache[145]. *Zeitschrift für den Sprachunterricht mit ausländischen Arbeitnehmern.*
Hrsg. vom Bundesamt für Migration und Flüchtlinge. Hohengehren; 5 Nr./Jahr incl. 1 wiss. Sonderheft (ISSN 1619-8433)
URL: http://www.paedagogik.de; URL: http://www.bafl.de

Hommes et Migrations.
Hrsg.: ADRI. Paris 1. Jg. 1950 [1965], Heft 1 ff.; 6 Nr./Jahr (ISSN 0223-3290)
URL: http://www.adri.fr/HM/

Info DaF. Informationen Deutsch als Fremdsprache.
Hrsg.: Deutscher Akademischer Austauschdienst (DAAD) in Zusammenarbeit mit dem Fachverband „Deutsch als Fremdsprache". München: 1. Jg. (1974) Nr.

---

[144] Dass Zeitschriften eingestellt worden sind, muss kein Zeichen für mangelnde Qualität und/oder Aktualität sein, sondern vielfach mangelt es an ausreichenden finanziellen und/oder personellen Ressourcen zur Fortführung der Arbeit.

[145] Deutsch als Zweitsprache ist aus den Zeitschriften *Deutsch lernen. Zeitschrift für den Sprachunterricht mit ausländischen Arbeitnehmern* (1976 – 2000) und *Bildungsarbeit in der Zweitsprache Deutsch* (1992 – 2000) hervorgegangen.

1 ff.; 6 Nr./Jahr, inkl. 1 Doppelheft (ISSN 0724-9616).
URL: http://www.daf.de

Intercultural Education.
(Formerly *European Journal of Intercultural Studies*).
Hrsg.: Pieter Batelaan, Barry van Driel. Hilversum 1 (1990), Nr. 1 ff.; 4 Nr./ Jahr [zuvor 3 Nr./Jahr] (ISSN 1467-5986; online: ISSN 1469-8439)
URL: http://www.tandf.co.uk/journals/carfax/14675986.html

Interface.
Hrsg.: Centre de recherches tsiganes der Universität René Descartes, Paris: 1. Jg. (1990), Heft 1 ff.; 4 Nr./Jahr (ISSN 1169-0984).
URL: http://www.isn.ethz.ch/osce/links/docs_related_to_links/gypsy_center_F.htm

Interkulturell und Global.
(zuvor: Forum für interkulturelle Kommunikation, Erziehung und Bildung; 1980-1987 u.d.T.: *Ausländerkinder – Forum für Schule und Sozialpädagogik).*
Hrsg.: Forschungsstelle Migration und Integration an der Pädagogischen Hochschule Freiburg. Freiburg: 1. [9.] Jg. (1988) Nr. 1 ff.; 4 Nr./Jahr (Jg. 1-8, ISSN 0720-2857; ab Jg. 9: ISSN 0935-0993).
URL: http://www.ph-freiburg.de/fomi/zeitschrift.htm

Journal für Konflikt- und Gewaltforschung – JKG.
(1993-1998 u.d.T.: Newsletter Forschungsnetzwerk ethnisch-kulturelle Konfliktforschung. Rechtsextremismus und Gewalt)
Hrsg.: Institut für Interdisziplinäre Konflikt- und Gewaltforschung der Universität Bielefeld. Bielefeld: 1. Jg. (1999) Nr. 1 ff.; 2 Nr./Jahr (ISSN 1438-9444)
URL: http://www.uni-bielefeld.de/ikg/publikationen_periodika.htm

Migration und soziale Arbeit – iza.
(1980-1995 u.d.T.: *Informationsdienst zur Ausländerarbeit -iza*)
Hrsg.: Institut für Sozialarbeit und Sozialpädagogik (ISS), Frankfurt/M.: 1. Jg. (1996) Nr. 1 ff.; 4 Nr./Jahr (ISSN 0172-746x)
URL: http://www.iss-ffm.de/zmsa.htm

Multicultural Perspectives.
Hrsg.: National Association for Multicultural Education. Mahwah, 1. Jg. 1993, Heft 1 ff.; 4 Nr./Jahr (ISSN 1532-7892).
URL: http://www.leaonline.com/toc/mcp/6/2

PRIMAR. Zeitschrift für Deutsch als Fremd- und Zweitsprache im Primarschulbereich.
Hrsg.: Goethe-Institut, München. Regensburg: 1. Jg (1992) Nr. 1 ff.; 3 Nr./Jahr (ISSN 0942-0533).
URL: http://www.goethe.de/z/50/pub/primar/

SIETAR – Newsletter.
Hrsg.: Society for Intercultural Education, Training and Research (Sietar) Deutschland e. V. Stuttgart: 1. Jg. 1995, Nr. 1 ff.; 3 Nr./Jahr.
URL: http://www.sietar-deutschland.org

Stimme von und für Minderheiten.
Hrsg.: Initiative Minderheiten, Verein zur Förderung des Zusammenlebens von Minderheiten und Mehrheiten; Wien/Innsbruck 1. Jg. (1991) Nr. 1 ff.; 4 Nr./Jahr.
URL: http://www.initiative.minderheiten.at

Überblick.
Zeitschrift der Informations- und Dokumentationsstelle gegen Gewalt, Rechtsextremismus und Ausländerfeindlichkeit in Nordrhein-Westfalen.
Hrsg.: IDA-NRW (Informations-, Dokumentations- und Aktionszentrum gegen Ausländerfeindlichkeit für eine multikulturelle Zukunft e. V.). Düsseldorf: 1. Jg. (1995) Nr. 1 ff.; 4 Nr./Jahr.
URL: http://ida-nrw.de
URL: http://idaev.de

VIA-Magazin. Eine Fachzeitschrift für Praktiker.
(1970-1985 erschien die Zeitschrift als Reihe mit dem Titel: *Materialien zum Projektbereich Ausländischer Arbeiter.* VIA-MAGAZIN)
Hrsg.: Verband der Initiativgruppen in der Ausländerarbeit (VIA) e. V. (seit 2001: Verband für Interkulturelle Arbeit [VIA] e. V.). Bonn: 1. Jg. (1986) Nr. 1 ff.; bis 1988: 6 Nr./Jahr; ab 1989/90: 5 Nr./Jahr (ISSN 0943-1985).
URL: http://www.paritaet.org/via

ZAR – Zeitschrift für Ausländerrecht und Ausländerpolitik.
Hrsg.: Jürgen Haberland [u. a.]. Baden-Baden: 1. Jg. (1981) Nr. 1 ff.; 6 Nr./Jahr (ISSN 0721-5746).
URL: http://www.nomos.de/

Zeitschrift für KulturAustausch.
Hrsg.: Institut für Auslandsbeziehungen, Stuttgart: 1. Jg. (1951) Nr. 1 ff.; 4 Nr./Jahr (ISSN 0044-2976).
URL: http://www.ifa.de/zfk/zfk/index.htm

7.3.2 E-Mail-Newsletter und Internet-Zeitschriften

Die nur elektronisch verfügbaren interkulturellen Zeitschriften sind noch selten; stärker vertreten sind E-Mail Newsletter, in den aktuelles Material zur Unterstützung des Unterrichts in Deutsch als Fremdsprache/Zweitsprache zum Beispiel bereitgestellt wird:

Beispiel für eine Fachzeitschrift und ein Newsletter in elektronischer Form:

ZIF – Zeitschrift für Interkulturellen Fremdsprachenunterricht
Edmonton, Alberta, Canada 1. Jg. (1996), Ausgabe 1 ff.; 3 Nr./Jahr
URL: http://www.ualberta.ca/~german/ejournal/ejournal.html
URL: http://zif.spz.tu-darmstadt.de

Beispiele für E-Mail-Newsletter:

DaF/Daz Newsletter Infobrief Deutsch als Fremdsprache (E-Daf-Info).
Internetservice für den Unterricht Deutsch als Fremdsprache. 1 Jg. (1998) ff. Hrsg.: Institut für Interkulturelle Kommunikation (IIK) Düsseldorf e. V.; 12 Ausgaben/Jahr (ISSN 1439-3603 E-Mail-Infobrief) (ISSN 1439-3611 Internet-Archiv).
Archiv: URL: http://www.deutsch-als-fremdsprache.de/infodienst

der die DaF – online Klett International
E-Mail: Heike Ewers: ewers@klett-mail.de
Online-Redaktion: derdiedaf@edition-deutsch.de

Mediendienst Migration
URL: http://www.migration-online.de/pub_newsletter.html

Migration und Bevölkerung
Newsletter zu Migration, Integration und Bevölkerungsentwicklung
Herausgegeben vom Netzwerk Migration in Europa e. V. in Kooperation mit der Bundeszentrale für politische Bildung und dem Hamburger Welt-Wirtschafts-Archiv.
URL: http://www.migration-info.de

7.3.3 Regelmäßige Informationsdienste

Für aktuelle Informationen zu migrationspolitischen Fragen, statistischen Daten usw. sind die von der/dem Beauftragten der Bundesregierung für Migration, Flüchtlinge und Integration (Integrationsbeauftragte, früher Ausländerbeauftragte) herausgegebenen Informationsmaterialien von Interesse. Sie können in gedruckter Form bezogen oder direkt im Netz eingesehen und abgerufen werden (URL: http://www.integrationsbeauftragte.de), so zum Beispiel:

- *Daten und Fakten zur Ausländersituation.* Bonn/Berlin (1. Ausgabe 1983 ff.; jährlich)
- *Bericht der Beauftragten der Bundesregierung für Ausländerfragen über die Lage der Ausländer in der Bundesrepublik Deutschland.* Berlin (1. Ausgabe 1994 ff.; zweijährig)[146]

---

[146] Der Bericht 2002 ist noch unter der alten Bezeichnung erschienen.

- *Migrationsbericht der Ausländerbeauftragten im Auftrag der Bundesregierung.* Berlin/Bonn (1. Ausgabe 2001; jährlich).

Die Ausländerbeauftragten der Länder (sofern die Länder entsprechende Ämter eingerichtet bzw. nicht – wie z. B. Hamburg im Frühsommer 2002 – wieder abgeschafft haben) geben ähnliche Materialien heraus, zum Teil auch Materialien und Informationen speziell zum Bildungsbereich (so zum Beispiel in Niedersachsen oder in Berlin). Teilweise gibt es auch Ausländerbeauftragte auf kommunaler Ebene. Ferner haben einige andere Organisationen entsprechende Stellen eingerichtet, so z. B. die Kirchen oder der Deutsche Gewerkschaftsbund (DGB).

7.4 Bibliographien

Für eine professionelle Literaturrecherche ist die Konsultation von Bibliographien (gedruckten wie elektronischen) und Datenbanken unerlässlich. Inzwischen gibt es auch im Bereich der interkulturellen Studien eine Vielzahl an selbständigen und thematischen Bibliographien sowie bibliografischen Reihen. Zu unterscheiden sind (1) bibliographische Informationen zu *Neuerscheinungen*, die regelmäßig als spezielle Rubrik in einer Fachzeitschrift veröffentlicht werden (z. B. in der Zeitschrift *Migration und Soziale Arbeit – iza),* (2) Jahresbibliographien, die im Jahres- oder Mehrjahresrhythmus publiziert werden und Neuerscheinungen (Buch- und Zeitschriftenveröffentlichungen sowie ‚graue Literatur') in thematischen Rubriken geordnet dokumentieren und (3) thematische Bibliographien, in denen – in der Regel ohne Anspruch auf Vollständigkeit – Buch- und Aufsatzpublikationen zu bestimmten Themenbereichen (z. B. ‚Frauen in der Migration', ‚interkulturelle Jugendliteratur', ‚Flucht und Asyl', ‚Muslime in Europa' usw.) zusammengestellt sind. Vielfach helfen Personen-, Institutionen- und/oder Sachregister bei einer schnelleren Orientierung. Im Folgenden werden zwei bibliografische Reihen als Beispiele aufgeführt. Die über 700 seit dem Zweiten Weltkrieg in deutschsprachigen Ländern erschienenen gedruckten wie elektronischen Bibliographien/bibliographischen Reihen können über die nachstehende „Bibliographie der Bibliographien" ermittelt werden über:

Bibliografisches Handbuch „Migration und Bildung". Teil I: gedruckte und elektronische Bibliografien und bibliografische Reihen (= interkulturelle studien, 36). Münster: Arbeitsstelle Interkulturelle Pädagogik 2001 (148 S.)

7.4.1 Beispiele für bibliografische Reihen:

Migration und ethnische Minderheiten.
Hrsg.: Informationszentrum Sozialwissenschaften der Arbeitsgemeinschaft Sozialwissenschaftlicher Institute e.V., Bonn und Landeszentrum für Zuwanderung

Nordrhein-Westfalen, Solingen. Bearb. von Bernhard Santel und Hermann Schock. Bonn 1995 ff. (zwei Ausgaben pro Jahr, einschließlich einer CD ROM).

Für Sie gelesen ...
In: Info DaF: Informationen Deutsch als Fremdsprache, Kommentare und Rezensionen zu [...] Neuerscheinungen für das Fach Deutsch als Fremdsprache 11. Jg. (1983/84) ff. (in der Regel im Heft 6).

7.4.2 Beispiel für thematische Bibliographien

Filsinger, Dieter (unter Mitarbeit von Jörg Panter und Judith Meter); Hrsg. vom Deutschen Jugendinstitut München: *Kommentierte Bibliographie. Kommunale Integration ausländischer Kinder und Jugendlicher im Rahmen des Aktionsprogramms „Integration junger Ausländerinnen und Ausländer" des Bundesministeriums für Familie, Senioren, Frauen und Jugend. Stand: Mai 2000.*
Als Printversion und URL: URL: http://www.dji.de

7.4.3 Beispiele für elektronische Bibliographien

Bei der Nutzung elektronischer Bibliographien ist auf das *up-date*-Datum zu achten; die Intensität der Pflege der Daten ist unterschiedlich. Außerdem ist darauf zu achten, dass man die in großer Zahl im Internet verfügbaren Literaturlisten von Seminaren, Haus- oder Examensarbeiten usw. nicht mit Bibliographien verwechselt.

Migration und ethnische Beziehungen
Berliner Institut für Vergleichende Migrationsforschung [Datenbank mit eigenem Stichwortsystem]
URL: http://www.emz-berlin.de/bib/bib.htm

Bibliographie zur Auswanderung.
Hrsg. von der Arbeitsgemeinschaft Migrationsgeschichte Bremerhaven e. V. in Zusammenarbeit mit IUPUI Max Kade German-American Center und der Society for German-American Studies.
URL: http://www-lib.iupui.edu/kade/agm_home

Deutsch als Fremdsprache: Bibliographien: Basisbibliographie; Gesamtbestand; Seminarbibliographien.
Bearb. von Willkop, Eva; Braun, Angelika; Grein, Marion (Universität Mainz); Kontakt: willkop@mail.uni-mainz.de
URL: http://www.daf.uni-mainz.de/bibliogr.htm

Migration und Minderheiten im WWW
Hrsg. vom InformationsZentrum (IZ) Sozialwissenschaften; bearb. von Köhler, Anne; Ohly, Peter.
URL: http://www.bonn.iz-soz.de/themen/migration/alphA-C.htm

Bibliographie (Sinti und Roma).
URL: http://www.volkskunde.uni-freiburg.de/WS_03_04/Roma_und_Sinti/
Literatur_Sinti_und_Roma.html

Sprachliche Integration von Aussiedlern. Bibliographie.
Bearb.: Ulrich Reitemeier (Institut für deutsche Sprache) (Stand 25.7.2002).
URL: http://www.ids-mannheim.de/prag/aussiedler/

Verein für Friedenspädagogik Tübingen e. V. (Hrsg.): Literaturübersicht, Friedenserziehung
Grundsätzliches; Orientierungshilfen, Literaturübersichten; Sachliteratur und didaktische Materialien; Literatur und Materialien zu verschiedenen Erziehungs- und Bildungsbereichen; Lesebücher, Liederbücher, Kinderbücher, Spiele; Dokumente und Zeitschriften.
URL: http://www.global-lernen.de/service/literatur/in_lit.html

7.5 Weitere Studierhilfen im WWW: Internet-Portale, interkulturelle und internationale Datenbanken und Dokumentationszentren

Die Gefahr, dass man sich im WWW ‚verliert', ist relativ groß. Problematisch ist, dass die Informationen so dargeboten werden, als lägen sie alle auf einer Ebene. Dabei werden zu einem Suchwort (zum Beispiel: Interkulturelle Bildung) äußerst unterschiedliche ‚Fundstellen' angeboten: wissenschaftliche Publikationen, Zeitungsmeldungen, Stellungnahmen von (Nicht-Regierungs-)Organisationen und Vereinen, die sich mit Fragen interkultureller Bildung – im weitesten Sinne – befassen, Texte zu Aufklärungskampagnen über Rassismus und Diskriminierung, Berichte auf privaten Webseiten, z. B. über das zweisprachige Aufwachsen des eigenen Kindes, Ratgeberliteratur, Veranstaltungsankündigungen usw. bis hin zu Einladungen, Mitglied einer Sekte zu werden. Deshalb sind Internet-Portale und Datenbanken nützlich, da hier schon – mit Blick auf das jeweils angestrebte Profil – eine erste Auswahl getroffen worden ist. Eine Zusammenstellung (Bibliographie) von Datenbanken und Websites liegt vor von

> Jörg Schütte: **Interkulturelle Datenbanken und Web-Angebote.** Oldenburg: Verlag IBIS – Interkulturelle Arbeitsstelle e. V. (= Interkulturelle Reihe, 2) Oldenburg: Universität Oldenburg 1999 (98 S.).

und

> Finegan, Colleen/Helms, Ronald G.: **Quick Guide to the Internet for Multicultural education.** Boston, London, Toronto u. a.: Allyn and Bacon 2000 (123 S.).

sowie

Northern Arizone University/Reyhner, Jon (May 2004): **Multicultural Education Internet Resource Guide**. URL: http://jan.ucc.nau.edu/~jar/Multi.html (Stand: 24.10.2004).

Ein Portal *Migration und Bildung* oder wie immer es auch benannt würde, existiert noch nicht, wohl aber Portale zum Bereich Deutsch als Fremd-/Zweitsprache, an denen neben dem Goethe-Institut Inter Nationes verschiedene (Schulbuch-)Verlage beteiligt sind; die Redaktion liegt bei Mathias Hahn:

DaF-Portal.
URL: http://www.daf-portal.de

Heimat in Deutschland
URL: http://www.heimat-in-deutschland.de

Eine aktive Mitarbeit der Nutzerinnen und Nutzer ist erwünscht beim

Network Migration.
URL: http://www.network-migration.org

einem Zusammenschluss von Personen und Organisationen/Institutionen zur Verbreitung von Kenntnissen über und Verständnis von Migration in Europa. Ziel ist es den Austausch von Wissenschaftlern und Praktikern zu intensivieren.

Für wissenschaftliche Arbeiten über die Ursachen und Folgen der Migration sind über folgende Adresse an der Universität Bamberg Materialien zu Migration und Integration: Statistiken, Abbildungen, Texte, Datenbanken usw. zugänglich:

europäisches forum für migrationsstudien.
URL: http:www.efms.de

Das Internet ist nicht an nationale Grenzen gebunden, wohl aber diejenigen, die entsprechende Dokumentationsstellen und Datenbanken einrichten, finanzieren und pflegen. Das bedeutet nicht, dass in den von Deutschland aus betriebenen Datenbanken nur nationale Daten verzeichnet sind, aber eine gewisse Standortgebundenheit des Dokumentationsinteresses ist schon gegeben, ganz abgesehen davon, dass die nationalen Daten auch am besten zugänglich sind. Vielfach haben jedoch die (nationalen) Datenbanken *Links* zu entsprechenden Einrichtungen im Ausland gelegt. Nachstehend werden Datenbanken und Dokumentationsstellen aufgelistet, die von Institutionen oder Organisationen in Deutschland oder in anderen Ländern gefördert und von dort jeweils auch betrieben werden.

Berliner Institut für Vergleichende Sozialforschung – B.I.V.S. e. V.
URL: http://www.emz-berlin.de

efms – Europäisches Forum für Migrationsstudien.
URL: http://www.efms.de

Netzwerk Migration in Europa.
URL: http://www.network-migration.org

CEIFO – Centre for Research in International Migration and Ethnic Relations.
URL: http://www.ceifo.su.se

CRER – Centre for Research in Ethnic Relations.
URL: http://www.warwick.ac.uk/fac/soc/CRER_RC/search.html

European Research Center on Migration and Ethnic Relations – Ercomer.
URL: http://www.ercomer.org

World-Wide-Web Virtual Library on Migration and Ethnic Minorities.
URL: http://www.ercomer.org/wwwvl/index.html

Österreichisches Forum für Migrationsstudien – ÖFM.
URL: http://www.oefm.org

Remisis – Centre National de Recherche Scientifique.
Université Paris VII et Paris VIII. Documentation – Réseau d'information sur des Migrations Internationales
URL: http://remisis.free.fr

Aufgaben zu Kapitel 7

Aufgabe 1
Vergegenwärtigen Sie sich – per Internetrecherche – welche der genannten Studierhilfen Ihnen vor Ort bzw. im Netz zur Verfügung stehen: Welche der in Kapitel 7 aufgelisteten Zeitschriften, Einführungen und Fachlexika sind Ihrer/in der nächsten Universitäts- oder Fachbereichsbibliothek (oder einer anderen Fachbibliothek) zugänglich? Welche Erstinformationen können Sie darüber im Netz abrufen? Welche Internet-Adressen (Achtung: hier können sich ständig Veränderungen ergeben) sind für Ihre Arbeit von besonderem Interesse? Stellen Sie maximal fünf (ertragreiche) Internetadressen zusammen und kommentieren Sie sie kurz, so dass deutlich wird, was unter der jeweiligen Internetadresse zu finden ist.
Für Lösungshinweise orientieren Sie sich an den Angaben in Kapitel 7

Aufgabe 2
Wählen Sie eine Sie besonders interessierende Zeitschrift (gedruckte oder elektronisch) aus und beschreiben Sie diese, in dem Sie sich mindestens die drei, maximal die fünf letzten Jahrgänge ansehen: Versuchen Sie ein Profil der Zeitschrift zu erstellen; dazu gehören neben den bibliographisch relevanten Informationen (Titel; Untertitel; Redaktion; Ort des Erscheinens und Verlag; Erscheinungsweise; Adressaten) Auskünfte zu dem inhaltlichen Profil (Themenwahl, eher praxis- oder eher theorieorientiert usw.). Achten Sie bitte auch darauf, welche im Rahmen interkultureller Bildung und Erziehung relevanten Informationen über die Artikel hinaus gegeben werden (z.B. regelmäßige Rezensionen zu einschlägigen Neuerscheinungen, Materialien für die praktisch pädagogische Arbeit, Hinweise auf Stellen usw.).
Lösungshinweise siehe Anhang

Aufgabe 3
Machen Sie ein kurze Recherche zu einem frei gewählten Thema aus dem Spektrum der Kapitel 1 bis 6. (1) Nennen Sie das Thema; (2) suchen Sie mindestens drei gedruckte Quellen zum Thema und drei Internetquellen. Erstellen Sie eine kommentierte Bibliographie, das heißt: Notieren Sie die bibliographischen Angaben (siehe Literaturverzeichnis und Kapitel 7 als Beispiele) und kommentieren Sie jede der sechs Angaben, so dass deutlich wird, weshalb sie für die Bearbeitung des von Ihnen gewählten Themas wichtig sind.

Glossar

Vorbemerkung

Zur Frage der sprachlichen Genauigkeit und der Fachterminologie vgl. Kapitel 6. Im Internet werden eine Reihe von Glossaren für den Themenbereich Migration angeboten. Zu beachten ist, dass jedes dieser Glossare im Rahmen eines bestimmten Faches, für eine spezifische Lehrveranstaltung oder für ein Projekt erstellt ist, und dass sie deshalb nicht unbefragt genutzt werden können. Für die politisch-rechtlichen Begriffe (Ausländer, Asyl, Staatsangehörigkeit usw.) sollte das auf der Website der Bundesintegrationsbeauftragten eingestellte Glossar konsultiert werden:
URL: http://www.integrationsbeauftragte.de/gra/lexikon/14.php

Bei allen mit * bezeichneten Stichwörtern ist zu erwarten, dass sich Änderungen infolge des im Juli 2004 verabschiedeten Zuwanderungsgesetzes ergeben. Es tritt am 1. Januar 2005 in Kraft. Für die Veränderungen sind vor allem die verschiedenen Texte zur Ausführung des Gesetzes wichtig.

Arbeitsmigrantinnen/Arbeitsmigranten*

Personen, die (teils durch Anwerbung) zur Arbeitsaufnahme in die Bundesrepublik gekommen sind und – insofern sie einen längeren oder auch im Prinzip einen Daueraufenthalt plan(t)en – ihre Familien nachholen. Der Begriff umfasst damit aus dem Ausland zugewanderte Arbeitnehmer/innen, Selbständige und auch deren nachziehende Familienangehörige. In den Texten zur Interkulturellen Pädagogik sind damit in der Regel die Personen gemeint, die aus den so genannten Anwerbeländern gekommen sind, d. h. aus den Ländern, in denen ab Mitte der 50er Jahre bis zum Anwerbestopp 1973 eine gezielte Anwerbung betrieben wurde: Griechenland, Italien, dem ehemaligen Jugoslawien, Portugal, Spanien, der Türkei sowie aus Marokko, Tunesien und Korea. Weitere Bezeichnungen: ⇨ **Gastarbeiter**, ausländische Arbeitnehmer, Wanderarbeitnehmer

Asyl*

Sich selbst als demokratische Rechtsstaaten definierende Länder gewähren ⇨ **Verfolgten** Asyl. Asyl war bereits in der Antike ein Rechtsbegriff. Seit der Französischen Revolution theoretisch – aber nicht immer praktisch – ist es ein Grundrecht in zivilisierten Staaten.

Asylbewerberinnen/Asylbewerber*

Asylbewerber/innen sind Flüchtlinge, die an der Grenze oder bei einer Ausländerbehörde einen Asylantrag gestellt haben und darauf warten, dass ihr Asylbegehren rechtskräftig entschieden wird. Sie fallen unter den Artikel 16a des Grundgesetzes, demzufolge politisch Verfolgte in der Bundesrepublik Deutschland das Asylrecht genießen (trotz der Einschränkungen in den Absätzen 2 und 3 des Artikels 16a, der den bisherigen Absatz 2, Satz 2 des Artikels 16 ersetzt). Ihr Aufenthalt in der Bundesrepublik unterliegt einer Reihe von Einschränkungen: Sie werden nach einem bestimmten Schlüssel regional verteilt, ihr Aufenthalt ist auf den Bezirk beschränkt, in dem sie ihren Antrag gestellt haben und sie können ihre Wohnung nicht frei wählen. Zwar ist inzwischen das langjährige Arbeitsverbot weitgehend (wieder) aufgehoben, aber nur, soweit nachgewiesen ist, dass der gewünschte Arbeitsplatz nicht durch andere Arbeitnehmer (Deutsche und EU-Ausländer) zu besetzen ist. Sofern der Asylsuchende nicht arbeitet, bekommt er Sozialhilfe (teilweise nur in Sachleistungen). Bis zur Klärung der Asylberechtigung erhält der Asylbewerber ein bedingtes Aufenthaltsrecht und – wie gezeigt – eine deutlich eingeschränkte Arbeitserlaubnis. – Zum „Killerwort" Asylant (J. Link) siehe Kapitel 6. – Welche Änderungen sich infolge des im Juli 2004 verabschiedeten Zuwanderungsgesetzes ergeben, wird abzuwarten sein.

Aufenthalt*

Der Status des Aufenthalts von Staatsangehörigen anderer Staaten (⇨ **Ausländer**, ⇨ **EU-Ausländer**) ist rechtlich abgestuft: Aufenthaltsbewilligung, Aufenthaltsbefugnis, Aufenthaltserlaubnis (alle befristet) und Aufenthaltsberechtigung (unbefristet). Dies ändert sich teilweise mit dem im Juli 2004 verabschiedeten Zuwanderungsgesetz. Im Gesetz sind nur noch zwei Aufenthaltstitel vorgesehen: Aufenthaltserlaubnis (befristet), Niederlassungserlaubnis (unbefristet).

Ausländerin/Ausländer

Ausländer ist in der Bundesrepublik Deutschland jeder, der nicht die bundesdeutsche Staatsbürgerschaft hat. Selbst diejenigen, die nach Art. 116, Abs. 2 des Grundgesetzes Anrecht auf diese haben, müssen solange in diesem Sinne als Ausländer gelten, wie sie nicht den bundesdeutschen Pass in ihren Händen halten. Die Bezeichnung Ausländer (⇨ **Ausländergesetz**) wird in vielen Texten synonym für ⇨ **Arbeitsmigranten** gebraucht, ohne dass die Passzugehörigkeit als spezielles Kriterium beachtet würde. D. h. mit ‚ausländische Frauen', ‚ausländische Kinder' usw. können *alltagssprachlich* auch Personen gemeint seien, die ‚fremd' aussehen bzw. die selber (oder deren Eltern) ursprünglich zugewandert sind, aber inzwischen einen bundesdeutschen Pass haben. In wissenschaftlichen Texten sollte die Bezeichnung ‚ausländisch', ‚Ausländer' korrekt benutzt werden (vgl. Kap. 6.2.1, Text 9).

Ausländergesetz*

Im Ausländergesetz (letzte Fassung von 1991) werden die Bedingungen definiert, unter denen sich ⇨ Ausländer im Inland zeitweilig oder dauerhaft aufhalten dürfen. Das Ausländergesetz wirkt sich in mehrfacher Weise auf den Bereich von Bildung und Erziehung aus: Familien, die sich aufgrund ihres Aufenthaltsstatus nicht sicher fühlen, haben es schwerer, langfristige Perspektiven zu entwickeln – z. B. langfristige Bildungsgänge für ihre Kinder zu planen –; Ausländer dürfen nicht wählen, haben somit keinen Einfluss auf die politische Entwicklung des Bildungs- und Ausbildungsangebotes. Hinzu kommen alltägliche Schwierigkeiten, etwa wenn Schüler ohne bundesdeutschen Pass als einzige ein Visum für eine Klassenreise ins Ausland brauchen – auch wenn im Fall von Reisen im Klassenverband von politischer Seite Ausnahmen beschlossen wurden. Die Mitglieder der Stationierungsstreitkräfte sowie der ausländischen diplomatischen und konsularischen Vertretungen im Bundesgebiet unterliegen mit ihren Familienangehörigen nicht den Bestimmungen des Ausländergesetzes.

Ausländerpädagogik

A. war als Bezeichnung vor allem bis Anfang der 80er Jahre üblich. Darunter wurden alle bildungspolitischen wie pädagogischen Maßnahmen sowie forscherischen Tätigkeiten zusammengefasst, die in Zusammenhang mit der Anwesenheit von Kindern und Jugendlichen aus Arbeitsmigrantenfamilien standen. Der Terminus sollte nur noch in historischer Perspektive gebraucht werden (siehe Kap. 4.3.1). (⇨ **Interkulturelle Pädagogik**)

Aussiedlerin/Aussiedler*

Der juristischen Definition nach (§ 1 Abs. 2 Nr. 3 des Bundesvertriebenen- und Flüchtlingsgesetzes – BVFG) sind Aussiedler deutsche Staatsangehörige oder Volkszugehörige, die vor dem 8. Mai 1945 ihren Wohnsitz in den ehemaligen deutschen Ostgebieten bzw. in Polen, der ehemaligen Sowjetunion, der ehemaligen Tschechoslowakei, Ungarn, Rumänien, dem ehemaligen Jugoslawien, Danzig, Estland, Lettland, Litauen, Bulgarien, Albanien oder China gehabt und diese Länder nach Abschluss der allgemeinen Vertreibungsmaßnahmen verlassen haben oder verlassen, es sei denn, dass sie – ohne aus diesen Gebieten vertrieben und bis zum 31. März 1952 dorthin zurückgekehrt zu sein – nach dem 8. Mai 1945 einen Wohnsitz in diesen Gebieten begründet haben.

Aussiedler entsprechend dieser Definition erhielten bisher problemlos die (bundes)deutsche Staatsbürgerschaft, ungeachtet der Tatsache, dass sie mehrere Jahrzehnte und zum Teil sogar mehrere Jahrhunderte ⇨ **Ausländer** im Sinne der Staatsbürgerschaft bzw. des Untertanenverhältnisses waren (vgl. Kap. 6, Text 11). Die Aufnahmebedingungen für Aussiedler/-innen haben sich in den 1990er Jahren verschärft.

Allochthone Minderheit

Als allochthone Minderheiten werden Gruppen bezeichnet, deren Angehörige zugewandert sind, (in der Regel) eine fremde Sprache sprechen und als Angehörige einer fremden ethnischen/kulturellen Gruppe gelten. Die Frage der Staatsbürgerschaft spielt nur eine untergeordnete Rolle. Als allochthone Minderheit würden auch Personen gerechnet, die sprachlich-kulturell einer ‚nichtdeutschen' Gruppe zugerechnet werden bzw. sich selbst dieser Gruppe zurechnen, aber einen bundesdeutschen Pass haben; z. B. können die im Zuge der Arbeitsmigration Zugewanderten als eine allochthone Minderheit gelten. In der Verfassung von Sachsen z. B. heißt es: „Das Land achtet die Interessen ausländischer [= allochthoner] Minderheiten" (Verfassung des Freistaates Sachsen 1992, Art. 5, zit. n. Schroeder 2001, S. 379). Der Gegenbegriff dazu ist ⇨ **autochthon**.

Autochthone Minderheit

Als autochthone Minderheiten werden Gruppen bezeichnet, die z. B. eine andere Sprache als die offiziell anerkannte Landessprache sprechen, aber schon seit langem Staatsbürger des Staates sind, d. h. als ‚alteingesessen' gelten, weil sie außerdem auf einem klar umrissenen Territorium leben. Das gilt z. B. für die Sorben in der Ober- bzw. Niederlausitz oder die Dänen in Schleswig-Holstein. Der Gegenbegriff dazu ist ⇨ **allochthon**.

Beide Begriffe (allochthon-autochthon) sind nicht trennscharf, bzw. sie sind nur dann (relativ) trennscharf, wenn sie im Zusammenhang mit einer bestimmten Minderheitenpolitik stehen, wie z. B. in den Niederlanden, oder im Kontext der Volksgruppentheorie gebraucht werden. Die Vertreter der letztgenannten Theorie gehen u. a. davon aus, dass eine Volksgruppe mindestens drei Generationen im Aufnahmestaat leben muss und zudem territorial identifizierbar sein muss, d. h. nicht verstreut wohnen darf, um als autochthon anerkannt zu werden.

Deutsche

„Deutscher im Sinne dieses Grundgesetzes ist vorbehaltlich anderweitiger Regelung, wer die deutsche Staatsangehörigkeit besitzt oder als Flüchtling oder Vertriebener deutscher Volkszugehörigkeit oder als dessen Ehegatte oder Abkömmling in dem Gebiete des Deutschen Reiches nach dem Stande vom 31. Dezember 1937 Aufnahme gefunden hat" (Art. 116 Abs. 1 des Grundgesetzes).

Die Bezeichnung ‚deutsch' wird – wie auch ‚ausländisch' nicht nur im rechtlich-korrekten Sinn gebraucht, sondern alltagssprachlich auch synonym für diejenigen, die als ‚zugehörig' wahrgenommen werden, wobei – insbesondere auch um schulischen Alltag – ‚deutsch' = ‚problemfrei' assoziiert wird.

Diversity

Vielfach im Zusammenhang mit Management (Diversity Management) gebraucht und bezieht sich auf den Umgang mit sprachlich-kultureller Verschiedenheit im Kontext internationaler Geschäftsbeziehungen, eben auch Umgang mit Differenzen in Bezug auf Geschlecht, Religion, Alter usw. So heißt es z. B. unter der Überschrift „Diversity bei der Ford-Werke AG": „Diversity bedeutet Vielfalt/Vielfältigkeit/Verschiedenartigkeit und schließt alle Unterschiede ein, die wir als Individuen in das Arbeitsleben einbringen" (Bong [2004]).

Einbürgerung

Bei *Anspruchseinbürgerungen* werden Personen eingebürgert, die ⇨ **Deutsche** im Sinne des Art. 116 Abs. 1 des Grundgesetzes sind, ohne dass sie die deutsche Staatsangehörigkeit besitzen. Ab dem 01.07.1993 fällt darunter auch die Einbürgerung von Ausländern und Ausländerinnen nach § 85 und § 86 Abs. 1 des Ausländergesetzes (AuslG).

Davon sind *Ermessenseinbürgerungen* zu unterscheiden, die die Einbürgerung von ⇨ **Ausländern** nach § 8 des seit dem 01.01.2000 gültigen Staatsangehörigkeitsgesetzes oder die Einbürgerung ausländischer Ehegatten von Deutschen nach § 9 des gleichen Gesetzes betreffen.

Neu ist, dass ein in Deutschland geborenes Kind ausländischer Eltern die deutsche Staatsangehörigkeit erwirbt, wenn sich wenigstens ein Elternteil seit mindestens acht Jahren dauerhaft und rechtmäßig in Deutschland aufhält und seit mindestens drei Jahren eine unbefristete Aufenthaltsgenehmigung hat. Wenn diese Kinder durch das Geburtsrecht Deutsche werden und daneben die Staatsangehörigkeit ihrer Eltern erwerben, müssen sie bis zur Vollendung des 23. Lebensjahres erklären, welche dieser Staatsangehörigkeiten sie behalten wollen bzw., warum sie die ausländische nicht aufgeben können. Im letzten Fall kann *Mehrstaatigkeit* durch eine sogenannte Beibehaltungsgenehmigung hingenommen werden.

Verbessert wurde das neue Staatsangehörigkeitsgesetz auch durch die Regelungen des *Anspruchs* auf Einbürgerung für Ausländer in Deutschland nach § 85 des Ausländergesetzes. Unter bestimmten Bedingungen haben sie einen solchen Anspruch und sind nicht mehr auf das nicht einklagbare Ermessen der Behörden angewiesen.

Ethnie

Wir-Gruppe, die tatsächliche oder fiktive Gemeinsamkeiten behauptet (Gemeinschaftsglaube). Häufig behauptete Gemeinsamkeiten: Abstammung (‚Rasse'), Sprache, ⇨ **Kultur**, Geschichte, Sitten. Innerhalb der Wir-Gruppe wird ⇨ **Homogenität** unterstellt und Konformität erwartet (Max Weber: Solidaritätszumutungen).

„Ethnische Gruppen / Ethnien sind familienübergreifende und familienerfassende Gruppen, die sich selbst eine (u. U. auch exklusive) kollektive Identität zusprechen. Dabei sind die Zuschreibungskriterien, die die Außengrenze setzen, wandelbar" (Elwert 1989, S. 447).

Ethnozentrismus
Wörtlich: Das eigene ⇨ **Volk** als Mittelpunkt nehmen. Ethnozentrismus ist eine Form der Bestätigung ethnischer Identität. Dabei werden die normativen Setzungen der behaupteten ⇨ **Kultur** der eigenen Gruppe (⇨ **Ethnie**) – unbewusst oder bewusst, naiv oder böswillig – zum Maßstab für die Bewertung anderer Gruppen, bzw. Angehöriger dieser Gruppen, genommen.

Der Begriff hat eine Ausweitung erfahren, indem nicht nur die eigene ⇨ **Ethnie**, sondern auch der eigene ⇨ **Nationalstaat**, der eigene internationale Machtblock usw., aber auch die eigene Sozialschicht zum verabsolutierten Bezugspunkt der Wertungen herangezogen werden kann; treffender wäre deshalb, von Soziozentrismen oder Natiozentrismus zu sprechen, wobei ‚Ethnozentrismus' ein Sonderfall neben anderen wäre.

EU-Ausländerin/Ausländer
Im Unterschied zu ⇨ **Ausländern** aus Nicht-EU-Staaten genießen EU-Ausländerinnen bzw. -ausländer in den Mitgliedsstaaten der Europäischen Gemeinschaft besondere Rechte, z. B. in Bezug auf Aufenthalts- und Arbeitserlaubnis. Deshalb treffen nicht alle Restriktionen des ⇨ **Ausländergesetzes** auf die EU-Ausländer zu.

Flüchtlinge
Nach Art. 1, Nr. 2 der Genfer Flüchtlingskonvention (GFK) – dem Abkommen der Vereinten Nationen über die Rechtsstellung der Flüchtlinge vom 28.7.1951 – ist ein Flüchtling

> „jede Person, die infolge von Ereignissen, die vor dem 1. Januar 1951 eingetreten sind und aus der begründeten Furcht vor Verfolgung wegen ihrer Rasse, Religion, Nationalität, Zugehörigkeit zu einer bestimmten sozialen Gruppe oder wegen ihrer politischen Überzeugung sich außerhalb des Landes befindet, dessen Staatsangehörigkeit sie besitzt, und den Schutz dieses Landes nicht in Anspruch nehmen kann oder wegen dieser Befürchtungen nicht in Anspruch nehmen will; oder die sich als staatenlos infolge solcher Ereignisse außerhalb des Landes befindet, in welchem sie ihren gewöhnlichen Aufenthalt hatte, und nicht dorthin zurückkehren kann oder wegen der erwähnten Befürchtungen nicht dorthin zurückkehren will."

Flüchtlinge kann man in verschiedene Gruppen unterteilen: Je nach den aufenthaltsrechtlichen Regelungen, denen sie unterliegen bzw. nach den Kriterien, nach denen sie aufgenommen wurden und – in bestimmten Fällen – nach dem Land, aus welchem sie geflohen sind (als Beispiel für die letztgenannte Unterscheidung: DDR-Flüchtlinge), nach den juristisch festgelegten Unterscheidungsmerkmalen gibt es folgende Gruppen: De-facto-Flüchtlinge, Kontingentflüchtlinge, Bona-fide-Flüchtlinge usw.

Flüchtlingskinder sollen inzwischen zwar in allen Bundesländern in die Schule aufgenommen werden – auch wenn ihr Aufenthaltsstatus noch nicht endgültig geklärt ist –, aber nur in einigen sind sie schulpflichtig (vgl. Reuter 2003).

Gastarbeiterin/Gastarbeiter

Bis in die 70er Jahre übliche Bezeichnung für die ⇨ **Arbeitsmigranten**, die zwischen 1955 und 1973 für Betriebe in der BRD angeworben wurden; davon abgeleitet: ‚Gastarbeiterkinder'. Nach und nach haben sich andere – ebenso umstrittene – Bezeichnungen durchgesetzt: ausländische Arbeitnehmer, ausländische Mitbürger ⇨ **Ausländer**. Die Bezeichnung ‚Gastarbeiter' war der Versuch, einen positiven Begriff dem früheren Begriff ‚Fremdarbeiter' entgegenzusetzen, der vor allem durch den Nationalsozialismus belastet war (siehe dazu Kap. 6.2.2).

Herkunftssprachen

So werden in der Literatur die Sprachen bezeichnet, die die ⇨ **(Arbeits-) Migranten** in ihren Heimatländern in der Regel als standardisierte Kommunikationsmittel meist als Erst- bzw. Muttersprache erworben, gelernt und gebraucht haben und die im Aufnahmeland häufig die Funktion einer ‚Familiensprache' haben. Bildungspolitisch relevant ist der ⇨ **muttersprachliche Ergänzungsunterrricht** in der Herkunftssprache, der jedoch nur für einige der Migrantengruppen angeboten wird. Zu beachten ist, dass Herkunftssprache in diesem Fall mit der Amtssprache des jeweiligen Staates gleichgesetzt wird: Die Herkunftssprache aller Kinder mit türkischem Pass ist demnach Türkisch, auch wenn es sich um Kinder handelt, deren Erstsprache Kurdisch ist.

Homogenisierung

Der Vorgang, der Homogenität – Gleichartigkeit – herstellt. In komplexen, modernen Gesellschaften ist Homogenität nur entlang weniger Merkmale herstellbar – z. B. gleiche Verkehrssprache (lingua franca), gleiche Akzeptanz grundlegender Rechtsnormen wie Grundrechte usw. Homogenisierung hier bedeutet die Durchsetzung einer *Vorstellung* von Gleichartigkeit nach dem Muster: Alle in Deutschland Lebenden sind Deutsche, alle Deutschen sprechen deutsch, alle Deutschen haben eine gemeinsame Kultur u. ä. Konstrukte.

Integration

Gleichberechtigte Teilhabe an den gesellschaftlichen Entscheidungsprozessen und Ressourcen, darunter auch an der Ressource Bildung.

Interkulturelle Bildung

Interkulturelle Bildung ist ein relativ neuer Terminus, der neben dem früheren Terminus Interkulturelle Erziehung gebraucht wird. Bildung akzentuiert die eigenständige und eigentätige Auseinandersetzung des Individuums mit den tradierten und umgebenden ⇨ **Kulturen** (Lebensformen, Weltsichten usw.) mit dem Ergebnis der selbstgestalteten Persönlichkeit. (⇨ **Interkulturelle Pädagogik,** ⇨ **Interkulturelle Erziehung**). Im vorliegenden Band wird Interkulturelle Bildung auch zur Bezeichnung der fachlichen Spezialisierung (⇨ **Interkulturelle Pädagogik**) gebraucht.

Interkulturelle Erziehung

Dies ist die am häufigsten und insofern auch diffus verwendete Bezeichnung sowohl für schulorganisatorische und unterrichtsbezogene Lernarrangements wie auch für entsprechende Lernarrangements in der Sozialpädagogik bzw. im außerschulischen Bereich, bei denen die sprachliche, ethnische und kulturelle Heterogenität der Schülerschaft bzw. der Klientel explizit berücksichtigt wird. Mit interkultureller Erziehung wird in verschiedenen Texten aber auch das Arbeits- und Forschungsfeld bezeichnet (⇨ **Interkulturelle Pädagogik**).

Interkulturelle Pädagogik

Interkulturelle Pädagogik wird manchmal in gleicher Weise wie ⇨ **interkulturelle Erziehung** gebraucht; vielfach ist damit jedoch die fachliche Spezialisierung gemeint, die sich seit den 70er Jahren (auch in der Bundesrepublik Deutschland) herausgebildet hat (siehe Kap. 4.3.2) und die bis in die 1980er Jahre (z. T. auch noch aktuell) als ⇨ **Ausländerpädagogik** bezeichnet wurde. In der vorliegenden Einführung bezeichnet ⇨ **Interkulturelle Bildung** die Fachrichtung.

Kultur

Es gibt eine Fülle von Versuchen, Kultur zu definieren. Wichtig im vorliegenden Fall ist es darauf zu achten, Kultur *nicht* als etwas Statisches, In-sich-Homogenes aufzufassen (vgl. dazu Kap. 3.3.4). Hierzu zwei Definitionen:

Ina-Maria Greverus fasst Kultur als
„das Potential des Menschen, in die äußere und innere Natur verändernd und gestaltend einzugreifen, um sich als Art und Einzelorganismus zu erhalten. In diesem Prozeß schafft er seine auf die und aus der menschlichen Mitwelt bezogenen Werke und Werte, die durch die Institutionalisierung und Tradierung verbindlich werden, bis sie immer wieder neuen Werken

und Werten weichen müssen, die Antworten auf veränderte Umweltbedingungen darstellen. Kultur umfaßt alle Bereiche des menschlichen Lebensvollzugs: von der materiellen Lebenssicherung über die soziale Lebensordnung bis zu einer ästhetischen und wertorientierten Umweltauseinandersetzung" (Greverus 1982, S. 24 f.).

Kultur ist
„die besondere und distinkte Lebensweise [einer] Gruppe oder Klasse, [es sind] die Bedeutungen, Werte und Ideen, wie sie in den Institutionen, in den gesellschaftlichen Beziehungen, in Glaubenssystemen, in Sitten und Bräuchen, im Gebrauch der Objekte und im materiellen Leben verkörpert sind. Kultur ist die besondere Gestalt, in der dieses Material und diese gesellschaftliche Organisation des Lebens Ausdruck findet. Eine Kultur enthält die ‚Landkarten der Bedeutung', welche die Dinge für ihre Mitglieder verstehbar machen. Die ‚Landkarten der Bedeutung' trägt man nicht einfach im Kopf mit sich herum: sie sind in den Formen der gesellschaftlichen Organisationen und Beziehungen objektiviert, durch die das Individuum zu einem ‚gesellschaftlichen Individuum' wird. Kultur ist die Art, wie die sozialen Beziehungen einer Gruppe strukturiert und geformt sind; aber sie ist auch die Art, wie diese Formen erfahren, verstanden und interpretiert werden.[...] So bilden die bestehenden Muster eine Art historisches Reservoir – ein vorab konstituiertes ‚Feld der Möglichkeiten', das die Gruppen aufgreifen, transformieren und weiterentwickeln" (Clarke u. a. 1979, S. 40 f.).

Die Diskussion über die Frage „Was ist Kultur?" wird in vielen Disziplinen, unter anderem in Zusammenhang mit der Postkolonialismus-Debatte, geführt. Eine wichtige Rolle spielt zum Beispiel Homi Bhabhas Konzept von Hybridität, insofern hier versucht wird, die das Widersprüchliche und Prozesshafte von Kultur in den Blick zu nehmen und mit Begriffen wie Hybridtät, ‚Zwischenraum' (Interstice) oder ‚dritter Raum' (third space) zu fassen (Bhabba 1996).

Mehrheit / Majorität
Der Begriff Mehrheit/Majorität lässt sich unterschiedlich definieren. In einem Sozialgebilde (Gesellschaft) kann Mehrheit bedeuten:
- die zahlenmäßig größere Gruppe;
- die zahlen- und machtmäßig überlegene Gruppe;
- die zahlenmäßig kleinere, aber machtmäßig überlegene Gruppe;
- das Sozialgebilde (Gesellschaft) selbst.
⇨ **Minderheit/Minorität**

Migrantenkinder/-jugendliche

Die Bezeichnung Migrantenkinder (Migrantenjugendliche, Migrantenschüler usw.) ersetzt zunehmend die Bezeichnung ⇨ **ausländische Kinder**. In einigen Texten findet sich auch die Bezeichnung migrante Schüler/innen. Relativ neu ist die Bezeichnung ‚Kinder mit Migrationshintergrund'. Diese Formulierung soll deutlich machen, dass die Betreffenden sowohl selbst zugewandert sein können oder aus Familien kommen, die in den letzten Jahrzehnten in die Bundesrepublik zugewandert sind ⇨ **Zuwanderinnen/Zuwanderer**, während sie selbst in der Bundesrepublik geboren und aufgewachsen sind, dass sie die deutsche Staatsbürgerschaft haben usw. Die Bezeichnung Personen (Kinder, Jugendliche usw.) mit Migrationshintergrund schließt die ⇨ **Aussiedler** mit ein (vgl. auch Kap. 6.2.5).

Migration

Jede längerfristige, räumliche Verlagerung des Lebensschwerpunktes über eine größere Distanz, die ein Verlassen des sozialen Aktionsraumes zur Folge hat.

Minderheit / Minorität

Der Begriff Minderheit/Minorität lässt sich unterschiedlich definieren. In einem Sozialgebilde (Gesellschaft) kann Minderheit bedeuten:
- die zahlenmäßig kleinere Gruppe;
- die zahlen- und machtmäßig unterlegene Gruppe;
- die machtunterlegene, aber zahlenmäßig stärkere Gruppe;
- eine mengen- und machtmäßig unterlegene Teilgruppe eines Sozialgebildes (Gesellschaft).

⇨ **Mehrheit/Majorität**

Multikulturelle Gesellschaft

Als multikulturell wird vielfach eine ethnisch, konfessionell, kulturell, sprachlich und sozial ausdifferenzierte Gesellschaft bezeichnet. Multikulturelle Gesellschaft wird zum einen als beschreibender Begriff verwendet. Damit wird u. a. der Sachverhalt benannt, dass Zuwanderer in die Bundesrepublik Deutschland gekommen sind, die ihr Recht auf Sprache und Kultur einfordern. Zum anderen wird multikulturelle Gesellschaft als Zielbegriff wie auch als politischer Kampfbegriff für eine politische und gesellschaftliche Entwicklung gebraucht, die entweder angestrebt oder bekämpft wird.

Muttersprache

Die von Geburt an individuell erworbene und gelernte Sprache; heute zutreffender ersetzt durch die Begriffe Erst- oder Primärsprache. Die Erst- oder Primärsprache unterliegt im Laufe des Lebens eines Individuums komplexen Veränderungen; hierzu zählt auch, dass unter bestimmten Bedingungen die Erstsprache durch eine Zweit- oder Fremdsprache ersetzt werden kann. Im Widerspruch zu dieser Defintion steht die Bezeichnung ⇨ Muttersprachlicher Unterricht: Hier ist mit Muttersprache nicht in jedem Fall die Muttersprache des einzelnen Kindes gemeint, sondern die offizielle Amtssprache, sozusagen die ‚Muttersprache des Vaterlandes', d. h. die Amtssprache des Landes, dessen Staatsangehörigkeit der Schüler hat. ⇨ **Herkunftssprache**

Muttersprachlicher Unterricht

oder auch muttersprachlicher Ergänzungsunterricht: Unterricht in der ⇨ **Muttersprache** von Schulkindern. In der BRD wird Muttersprachlicher Unterricht vor allem in Form von Ergänzungsunterricht für Kinder von ⇨ **Arbeitsmigranten** aus den ehemaligen Anwerbeländern erteilt. Dabei wird in der Regel in der Amtssprache des jeweiligen Staates unterrichtet – unabhängig davon, ob diese die Erst- oder Familiensprache der Kinder ist (z. B. Türkisch für Kurden, Kastilisch für Katalanen und Basken). Es gibt inzwischen aber auch Ausnahmen, z. B. Kurdischunterricht. Der Status des muttersprachlichen Unterrichts ist prekär, desgleichen der Status der Lehrkräfte, die ihn erteilen. Wurde er anfangs *nur* in den Amtssprachen der Anwerbeländer angeboten, so sind inzwischen weitere Sprachen hinzugekommen (vgl. Gogolin/Neumann/ Reuter 2001; Reich/Hienz de Albentiis 1998).

Nation

⇨ **Ethnie**, Wir-Gruppe, die staatlich organisiert ist oder dies anstrebt.

„Unter Nation verstehen wir eine (lockere oder festgefügte) soziale Organisation, welche überzeitlichen Charakter beansprucht, von der Mehrheit ihrer Glieder als (imaginierte) Gemeinschaft behandelt wird und sich auf einen gemeinsamen Staatsapparat bezieht" (Elwert 1989, S. 446).

Nationalstaat

Staat mit rechtlich definiertem Territorium und rechtlich fixierten Einwohnern (Staatsbürgern), die sich der Wir-Gruppe ⇨ **Nation** zugehörig fühlen und/oder dazugerechnet werden. Das unterscheidet Nationalstaaten z. B. von Staaten, die als Territorien von Fürsten definiert sind und durch die Krone zusammengehalten werden.

Rassismus

Biologistische Variante von ➪ **Ethnozentrismus**; die behaupteten Merkmale werden als biologisch festgelegt (vererbt) begriffen oder als kulturell bedingt erklärt.

„Der Rassismus ist die verallgemeinerte und verabsolutierte Wertung tatsächlicher oder fiktiver Unterschiede zum Vorteil des Anklägers und zum Nachteil seines Opfers, mit dem seine Privilegien oder seine Aggressionen gerechtfertigt werden sollen" (Memmi 1987, S. 105; vgl. auch ders. 1993, S. 143-152).

Diese Definition reicht nicht, um den ‚neuen Rassismus' zu beschreiben, der „sich deutlich von traditionellen Rassismen, in Deutschland etwa dem Nationalsozialismus unterscheidet. Der Neorassismus beruht auf einem relativ lockeren Netz zwischen 1. alltäglichen, häufig wohlstandschauvinistischen (➪) Vorurteilen, 2. ausgrenzenden Stereotypen der Medien und Politik und 3. kulturalistischen Theoremen […], in deren Zentrum die Frage nach ‚Kulturkreisen' und ‚Ethnien' steht. […] Dabei leugnet der (explizite) Neorassismus zwar Hierarchien zwischen ‚Ethnien' und ‚Kulturkreisen', wendet sich aber radikal gegen jede ‚Vermischung'" (Gerhard/Link 1991, S. 138).

Ein entscheidendes Merkmal von Rassismus/Neorassismus ist, dass er jegliche ‚Vermischung' ablehnt. Siehe dazu ausführlicher Kapitel 6.3.1 im vorliegenden Band.

Volk

Volk wird zur Bezeichnung unterschiedlicher Phänomene herangezogen. Darunter kann verstanden werden:
- der Souverän (alle Staatsbürger) eines Staates;
- Wir-Gruppe, die sich über einen Gemeinschaftsglauben definiert (➪ **Ethnie**);
- die große Masse der Regierten im Gegensatz zu den Regierenden (Elite, Adel).

Vorurteil

- Seit dem Zeitalter der Aufklärung ist Vorurteil der Gegenbegriff zur Aufklärung. Seitdem wird er umgangssprachlich dazu benutzt, dem Widerpart in einer – tatsächlichen oder virtuellen – Diskussion zu unterstellen, er sei nicht so aufgeklärt/gebildet wie derjenige, der den Vorwurf: „Das ist ein Vorurteil" erhebt.
- Gruppen-Vorurteil:
bezeichnet die Behauptung, jemand tue das, was er tut, in seiner Eigenschaft als Angehöriger ‚seiner' Gruppe, nicht aber in seiner Eigenschaft als entscheidungsfähiges Individuum. Auch wenn die Entscheidung von Individuen dahingehend ausfällt, dass sie sich z. B. als ‚Musterexemplare' ihrer Gruppe aufführen und so die Vorurteile sozusagen bestätigen wollen, bleiben es Vor-

urteile, weil die individuelle Entscheidung für derartiges Verhalten unberücksichtigt bleibt.

Zweisprachigkeit/Mehrsprachigkeit
Der Fachbegriff Zweisprachigkeit/Bilingualismus bezeichnet die individuelle Kompetenz in zwei (oder mehreren) Sprachen. Dabei wird die symmetrische Zweisprachigkeit – mit gleich guten Kenntnissen in beiden Sprachen – von der häufigeren asymmetrischen Zweisprachigkeit – mit abweichend guten Kenntnissen in beiden Sprachen – unterschieden. Als instrumentelle oder funktionale Zweisprachigkeit bezeichnet man die vorwiegend praktisch orientierte Erweiterung der eigenen Ausdrucks- und Kommunikationsmöglichkeiten. Davon wird die integrative Zweisprachigkeit unterschieden, die den Sprecher besser in eine (neue) Gesellschaft (oder Gesellschaftsgruppe) integrieren soll. Es gibt Autoren, die den Begriff Zweisprachigkeit ablehnen zugunsten des Begriffs Mehrsprachigkeit, u. a. mit dem Hinweis darauf, dass jede Sprache in sich ‚mehrsprachig' sei.

Literaturverzeichnis

Abadan-Unat, Nermin (Hrsg.) (1985): Die Frau in der türkischen Gesellschaft. Frankfurt a. M.
Abdallah-Pretceille, Martine (1999): L'éducation interculturelle. Paris (= Que sais-je?, 3487).
Adick, Christel (1993a): Missions- und Kolonialpädagogik. In: Bildung und Erziehung 46, S. 243-250.
Adick, Christel (1993b): Muttersprachliche und fremdsprachliche Bildung im Missions- und Kolonialschulwesen. In: Bildung und Erziehung 46, S. 283-298.
Adick, Christel (1997): Kolonialpädagogik. In: Hierdeis, Helmwart/Hug, Theo (Hrsg.): Taschenbuch der Pädagogik. Hohengehren, S. 952-964.
Adick, Christel (2001): Aufgaben der International und Interkulturell Vergleichenden Erziehungswissenschaft. Thesenpapier. URL: http://www.venro.org/ schwerpunkte/bildung21/dokumentation/arbeitsgruppen/24_adick.htm.
Adick, Christel/Mehnert, Wolfgang (2001): Deutsche Missions- und Kolonialpädagogik in Dokumenten. Eine kommentierte Quellensammlung aus den Afrikabeständen deutschsprachiger Archive 1884-1914. (Unter Mitarbeit von Thea Christiani.) Frankfurt a. M. (= Historisch-vergleichende Sozialisations- und Bildungsforschung, 2).
Adorno, Theodor W. (1951/1969): Melange. In: ders.: Minima Moralia. Reflexionen aus dem beschädigten Leben. Frankfurt a. M., S. 130 f.
Albrecht-Heide, Astrid (1979): Grundzüge der Migrantenkinderforschung in der Bundesrepublik Deutschland. Berlin (Technische Universität).
*Allemann-Ghionda, Cristina (1999; 2002²): Schule, Bildung und Pluralität. Sechs Fallstudien im europäischen Vergleich. Bern u. a.
Allemann-Ghionda, Cristina (2004): Einführung in die Vergleichende Erziehungswissenschaft. Weinheim.
Allgemeine Erklärung der Menschenrechte (1948): In: Bundeszentrale für politische Bildung (Hrsg) (1996²), S. 37-43.
Amt für Multikulturelle Angelegenheiten (Hrsg.) (2000): 10 Jahre Amt für Multikulturelle Angelegenheiten in der Stadt Frankfurt. Erfahrungen und Perspektiven. Frankfurt a. M.
Arbeitsgruppe pädagogisches Museum (Hrsg.) (1987): Ich bin kein Berliner. Minderheiten in der Schule. Berlin (= Mitteilungen und Materialien Nr. 25 und 26 der Arbeitsgruppe Pädagogisches Museum).
Arbeitsstab Forum Bildung (Hrsg.) (2001): Empfehlungen des Forum Bildung. Bonn. Siehe auch: Ergebnisse des Forum Bildung I; Ergebnisse des Forum Bildung II. Bonn. URL: http://bildungplus.forum-bildung.de/templates/index.php
Archiv für Sozialpolitik e. V. (AfS)/Verband der Initiativen in der Ausländerarbeit e. V (VIA) (1998): Handbuch Migration für AIDS-Hilfen, für AIDS-Fachkräfte und andere in AIDS-Bereichen Tätige.

Auernheimer, Georg (Hrsg.) (1984): Handwörterbuch Ausländerarbeit. Weinheim.
Auernheimer, Georg (1990; 1995²; 1996): Einführung in die interkulturelle Erziehung. Darmstadt; 2. überarb. u. erg. Auflage 1995; Nachdruck als Taschenbuch: Darmstadt 1996.
*Auerheimer, Georg (2003): Einführung in die Interkulturelle Pädagogik. 3., neu bearb. u. erweiterte Aufl., Darmstadt.
Ausländer entlasten deutsche Sozialsysteme jährlich um 30 Mrd. Mark. Auswertung von Studien des Rheinisch-Westfälischen Instituts für Wirtschaftsforschung (RWI), des Instituts der Deutschen Wirtschaft (IW) und der Vereinten Nationen (UNO) über Ausländerbeschäftigung in Deutschland. URL: http://www.spdfraktion.de/cnt/rs/rs_datei/0,,1481,00.pdf. (Stand: 20.5.2004).
Ausländerkinderunterricht (2001³): In: Schröder, Hartwig Didaktisches Wörterbuch. Wörterbuch der Fachbegriffe von „Abbilddidaktik" bis „Zugpferd-Effekt". 3., erw. und aktualisierte Aufl., München, S. (= Hand- und Lehrbücher der Pädagogik).

*Bachmaier, Peter (Hrsg.) (2003): Nationalität oder multikulturelle Gesellschaft. Die Minderheitenpolitik in Mittel- und Osteuropa im Bereich des Bildungswesens, 1945 – 2002. Wien (= St. Pöltner Osteuropa Studium, 1).
Badawia, Tarek/Hamburger, Franz/Hummrich, Merle (Hrsg.) (2003); Wider die Ethnisierung einer Generation. Beiträge zur qualitativen Migrationsforschung, Frankfurt a. M.
Bade, Klaus J. (1997): Einführung: Zuwanderung und Eingliederung in Deutschland seit dem Zweiten Weltkrieg. In: Ders. (Hrsg.): Fremde im Land. Osnabrück (= IMIS-Schriften, 3), S. 9-44.
*Bade, Klaus J. (2000): Europa in Bewegung. Migration vom späten 18. Jahrhundert bis zur Gegenwart. München.
*Bade, Klaus B./Münz, Rainer (Hrsg.) (2002): Migrationsreport 2002. Frankfurt a. M./New York.
Bader, Veit-Michael (1995): Rassismus, Ethnizität, Bürgerschaft. Münster.
Balibar, Etienne (1989): Gibt es einen „neuen Rassismus"? In: Das Argument, H. 175, S. 369-380.
Banks, James A. (1994, 1999²; 2002³): An introduction to Multicultural Education. Boston/London.
Banks, James A./McGee Banks/Cherry, A. (Hrsg.) (2001; 2003²): Handbook of research on multicultural education. San Francisco.
Baumgartner-Karabak, Andrea/Landsberger, Gisela (1978; 1980⁴): Die verkauften Bräute. Türkische Frauen zwischen Kreuzberg und Anatolien. Reinbek bei Hamburg.
Baur, Rupprecht (2001): Deutsch als Fremdsprache – Deutsch als Zweitsprache – Deutsch als Muttersprache. Felder der Begegnung. In: Wolff, Armin/Winters-Ohle, Elmar (Hrsg.): Wie schwer ist die deutsche Sprache wirklich? Beiträge der 28. Jahrestagung DaF vom 1.–3. Juni in Dortmund. Regensburg, S. 1-22.
Bausch, Karl-Richard/Briegel, M./Bünting, K. D./Hartmann, P./Hüllen, W./Krumm, Hans-Jürgen/List, Gudula/Raasch, Albert (1975): Sprachlehr- und Sprachlernforschung. Eine Zwischenbilanz. Kronberg/Ts.

Bausch, Karl-Richard/Briegel, M./Bünting, K. D./Hartmann, P./Hüllen, W./Krumm, Hans-Jürgen/List, Gudula/Raasch, Albert (1983): Sprachlehr- und Sprachlernforschung: Begründung einer Disziplin. Hrsg. vom Koordinierungsgremium im DFG-Schwerpunkt Sprachlehrforschung. Tübingen: G. Narr Verlag.

*Benhabib, Seyla (1999): Strange multiplicity – Die Politik der Identität und Differenz im globalen Zusammenhang. In: Benhabib, Seyla: Kulturelle Vielfalt und demokratische Gleichheit. Politische Partizipation im Zeitalter der Globalisierung. Frankfurt a. M. (= Horkheimer Vorlesungen).

Berg, Christa (Hrsg.) (1991): Handbuch der deutschen Bildungsgeschichte, Band IV: 1870-1918 – Von der Reichsgründung bis zum Ende des Ersten Weltkriegs. München.

Berg, Christa/Buck, August/Führ, Christoph/Furck, Carl-Ludwig/Hammerstein, Notker/Hermann, Ulrich/Jäger, Georg/Jeismann, Karl-E./Lundgreen, Peter/Müller, Detlef K./Stratmann, Karlwilhelm/Tenorth, Heinz-E./Vierhaus, Rudolf (Hrsg.) (1987): Handbuch der deutschen Bildungsgeschichte. Bd. III (1800-1870: Von der Neuordnung Deutschlands bis zur Gründung des Deutschen Reichs); Bd. IV 1991 (1870-1918: Die Weimarer Republik und die nationalsozialistische Diktatur). München.

Bhabha, Homi (1996): Culture's In-Between. In: Hall, Stuart/du Gay, P. (Hrsg.): Questions of Cultural Identity. London, S. 53-60.

Blocher, Eduard (1909): Zweisprachigkeit. Vorteile und Nachteile. In: Pädagogisches Magazin, Heft 385. (Sonderabdruck aus Reins Encyklopädischem Handbuch der Pädagogik). Langensalza. 1910 veröffentlicht in: Rein, Wilhelm (Hrsg.): Encyklopädisches Handbuch der Pädagogik. Bd. 10. Langensalza, 2. Auflage, S. 665-670.

Bock, Irmgard (1994): Interkulturelle Erziehung als Aufgabe von Gegenwart und Zukunft. In: Seibert, Norbert/Serve, Helmut (Hrsg.): Bildung und Erziehung an der Schwelle zum dritten Jahrtausend. Multidisziplinäre Aspekte, Analysen, Positionen, Perspektiven. München, S. 569-589.

*Böcker, Lisa (Bearb.)/Erlach, Dietrich/Schurf, Bernd (Hrsg.) (2001): Sprache im Gebrauch: Vielfalt und Normierung. Berlin.

Böhme, Hartmut/Matussek, Peter/Müller, Lothar (2002^2): Orientierung Kulturwissenschaft: was sie kann, was sie will. Reinbek b. Hamburg (= Rowohlts Enzyklopädie, 55608, 2).

Böke, Karin (1997): Die „Invasion" aus den Armenhäusern Europas. Metaphern im Einwanderungsdiskurs. In: Jung, Matthias/Wengeler, Martin/Böke, Karin (Hrsg.): Die Sprache des Migrationsdiskurses. Das Reden über „Ausländer" in Medien, Politik und Alltag. Opladen, S. 164-194.

Böse, Georg/Schiffer, Jochen (2004): Möglichkeiten interkultureller Weiterbildung im Strafvollzug. URL: http://www.uni-koeln.de/ew-fak/paedagogik/erwachsenenbildung/projekte/ieis.html

Bogensee, Julius/Skala, Jan (Hrsg.) (1929): Die nationalen Minderheiten im Deutschen Reich und ihre rechtliche Situation. Mit einer Karte. (= Schriften zur europäischen Minderheitenfrage, 1). Bautzen.

Bolaffi, Guido/Bracalenti, Raffaele/Braham, Peter/Gindro, Sandro (Hrsg.) (2003): Dictionary of Race Ethnicity and Culture. London.

Bolte, Heinz (1977): Ausländische Kinder in Bremer Vorbereitungsklassen. Bremen: Wissenschaftliches Institut für Schulpraxis.

Bong, Hans-Bert [2004]: Ausbildung in der Migrationsgesellschaft. Diversity bei der Ford-Werke AG.

Boos-Nünning, Ursula (1992): 20 Jahre Ausländerforschung in der Bundesrepublik Deutschland. In: Baur, Rupprecht S./Meder, Gregor/Previšic, Vlatko (Hrsg.): Interkulturelle Erziehung und Zweisprachigkeit. Baltmannsweiler, S. 2-25.

Boos-Nünning, Ursula/Hohmann, Manfred/Reich, Hans-H. (1976): Integration ausländischer Arbeitnehmer. Schulbildung ausländischer Kinder. Bonn (= Institut für Kommunikationswissenschaft der Konrad-Adenauer-Stiftung, 14).

Boos-Nünning, Ursula/Hohmann, Manfred/Reich, Hans H./Wittek, Fritz (1983): Aufnahmeunterricht, Muttersprachlicher Unterricht, Interkultureller Unterricht. Ergebnisse einer vergleichenden Untersuchung zum Unterricht für ausländische Kinder in Belgien, England, Frankreich und den Niederlanden. München.

Boos-Nünning, Ursula/Neumann, Ursula/Reich, Hans H./Wittek, Fritz (1984): Krise oder Krisengerede? Von den Pflichten einer illegitimen Wissenschaft. In: Reich, Hans H./Wittek, Fritz (Hrsg.): Migration – Bildungspolitik – Pädagogik. Aus der Diskussion um die interkulturelle Erziehung in Europa. Essen/Landau, S. 7-13.

Bos, Wilfried/Lankes, Eva-Maria/Prenzel, Manfred/Schwippert, Knut/Walther, Gerd/Valtin, Renate (Hrsg.; 2003): Erste Ergebnisse aus IGLU-Schülerleistungen am Ende der vierten Jahrgangsstufe im internationalen Vergleich. Münster.

Bosbach, Gerd (2004): Demografische Entwicklung – nicht dramatisieren! Bei ganzheitlicher Betrachtung der vorliegenden Daten zur demografischen Entwicklung ergibt sich, dass zu einem „Demografie-Pessimismus" kein Anlass besteht. In: Gewerkschaftliche Monatshefte, Nr. 2, S. 96-103; vorab leicht gekürzt veröffentlicht unter dem Titel: Die modernen Kaffeesatzleser. Gerd Bosbach hat die demografischen Zahlen des Statistischen Bundesamts wider den Strich gebürstet und in einen Gesamtrahmen gestellt. In: Frankfurter Rundschau, 23.02.2004.

Brecht, Bertolt (1967): Flüchtlingsgespräche. XVI über Herrenrassen/über die Weltherrschaft. In: Brecht, Bertolt: Gesammelte Werke 14, Prosa 4 (= Werkausgabe edition Suhrkamp). Frankfurt a. M., S. 1490-1495.

Britschgi-Schimmer, Ina (1996): Die wirtschaftliche und soziale Lage der italienischen Arbeiter in Deutschland: ein Beitrag zur ausländischen Arbeiterfrage. 1. Aufl., unveränd. Nachdr. der Orig.-Ausg. Karlsruhe i.B., Braun, 1916, vers. mit einem Nachw. von Carmine Chiellino. Essen (= Geschichte der Italiener in Deutschland 1870 – 1995, 2).

*Bronfen, Elisabeth/Marius, Benjamin (1997): Hybride Kulturen. Einleitung zur anglo-amerikanischen Multikulturalismusdebatte. In: Bronfen, Elisabeth/Marius, Benjamin/Steffen, Theresa (Hrsg.): Hybride Kulturen. Beiträge zur anglo-amerikanischen Multikulturalismusdebatte. Tübingen, S. 1-29.

Buhren, Claus (1997): Community Education. Münster, New York (Lernen für Europa, Band 4).

Bundesarbeitsgemeinschaft der Immigrantenverbände (BAGIV) (1985): Muttersprachlicher Unterricht in der Bundesrepublik Deutschland. Sprach- und bildungspolitische Argumente für eine zweisprachige Erziehung von Kindern sprachlicher

Minderheiten (mit der Neubearbeitung des Memorandums zum muttersprachlichen Unterricht). Hamburg.

Bundesministerium für Familie, Senioren, Frauen und Jugend (2000): Sechster Familienbericht. Familien ausländischer Herkunft in Deutschland. Leistungen, Belange, Herausforderungen und Stellungnahme der Bundesregierung. Deutscher Bundestag, 14. Wahlperiode; Drucksache 14/4357 vom 20.10.2000.

Bundesministerium für Familie, Senioren, Frauen und Jugend (2002): Elfter Kinder- und Jugendbericht. Bericht über die Lebenssituation junger Menschen und die Leistungen der Kinder- und Jugendhilfe in Deutschland. Berlin (URL: http://www.bmfsfj.de) Auch erschienen unter: Sachverständigenkommission 11. Kinder- und Jugendbericht (Hrsg.) (2002): Migration und die europäische Integration. Herausforderungen für die Kinder- und Jugendhilfe. München.

Bundeszentrale für politische Bildung (Hrsg.) (1995; 1996^2; 1999^3): Menschenrechte. Dokumente und Deklarationen. Bonn.

Burgard, Oliver (2000): Das gemeinsame Europa – von der politischen Utopie zum außenpolitischen Programm. Frankfurt/Main.

Burke, Peter (1980): Did Europe exist before 1700? In: History of European Ideas, Nr. 1, S. 21-29.

Busch, Adelheid (1983): Die Vergleichende Pädagogik in der DDR. Eine disziplingeschichtliche Untersuchung. München.

Busch, Adelheid/Busch, Friedrich W./Krüger, Bernd/Krüger-Potratz, Marianne (1974): Vergleichende Erziehungswissenschaft. Texte zur Methodologie-Diskussion. Pullach bei München (= Uni-Taschenbücher, 410).

Butterwegge, Christoph (2002): Kommen und bleiben. Migration und interkulturelles Leben in Deutschland. Zuwanderungsdiskurse. Migrant(inn)en, multikulturelle Gesellschaft und Rechtsextremismus in den Massenmedien. URL: http://www.rosaluxemburgstiftung.de/Einzel/konf02_02/butterwegge.htm

CDU [o.D.] Projekt 21. Familien in Deutschland. Fakten und Trends. URL: http://www.cdu.de/projekt21/familie/fakten_part01.htm (Stand: 18.05.2004).

Clarke, John/Hall, Stuart/Jefferson, Tony/Roberto, Brian (1979): Subkulturen, Kulturen und Klassen. In: Clarke, John u. a.: Jugendkultur als Widerstand. Milieu, Rituale, Provokationen. Frankfurt a. M., S. 39-131.

Cortina, Kai S./Baumert, Jürgen/Leschinsky, Achim (2003): Das Bildungswesen in der Bundesrepublik Deutschland: Strukturen und Entwicklungen im Überblick. Reinbek.

Council of Europe (2000): Europäisches Portfolio der Sprachen. Soest.

Dahl, W. vom (1925): Zur Frage der Schulpflicht der Ausländer (in Preußen). In: Staats- und Selbstverwaltung, S. 714 f.

Dannenbeck, Clemens/Eßer, Felicitas/Lösch, Hans (1999): Herkunft (er)zählt. Befunde über Zugehörigkeiten Jugendlicher. Münster (= Interkulturelle Bildungsforschung, 4).

Del Fabbro, René (1996): Transalpini: italienische Arbeitswanderung nach Süddeutschland im Kaiserreich 1870-1918. Osnabrück (= Studien zur historischen Migrationsforschung, 2).

Demandt, Alexander (1990): Die Grenzen in der Geschichte Deutschlands. In. Ders. (Hrsg.): Deutschlands Grenzen in der Geschichte. München, S. 9-32.

Der Schulrath an der Oder für Vorsteher der Volksschulen, Lehrer an denselben und andere Freunde und Beförderer des Volksschulwesens. Hrsg. von Daniel Krüger und Wilhelm Harnisch. Breslau/Leipzig 1815-1819.

Derrida, Jacques (1967; 1990): Die différance. Vortrag vor der Société française de philosophie. Veröffentlicht in: Engelmann, Peter (Hrsg.): Postmoderne und Dekonstruktion. Texte französischer Philosophen der Gegenwart. Stuttgart, S. 76-113.

*Deutsches PISA-Konsortium (Hrsg.) (2001): PISA 2000. Basiskompetenzen von Schülerinnen und Schülern im internationalen Vergleich. Opladen.

Diamant, Doris (1972): Ausländische Kinder in der deutschen Schule. In: Klee, Ernst (Hrsg.), S. 58-103.

Dickopp, Karl-Heinz (1982): Erziehung ausländischer Kinder als pädagogische Herausforderung: das Krefelder Modell. Düsseldorf.

Dickopp, Karl-Heinz (1986): Begründungen und Ziele einer interkulturellen Erziehung – Zur Konzeption einer transkulturellen Pädagogik. In: Borelli, Michele (Hrsg.): Interkulturelle Pädagogik. Positionen – Kontroversen – Perspektiven. Baltmannsweiler 1986, S. 37-48 (= Interkulturelle Erziehung in Praxis und Theorie, 4).

Die Beauftragte der Bundesregierung für Ausländerfragen (2002): Daten und Fakten zur Ausländersituation. Berlin.

Dieckmann, Laura (2001): europe-digital.de. URL: http://www.europe-digital.de/ aktuell/dossier/migration/demographie.shtml

*Diehm, Isabell/Radtke, Frank-Olaf (1999): Erziehung und Migration. Eine Einführung. Stuttgart.

Diehm, Isabell (2000): Erziehung und Toleranz. Prämissen und Implikationen Interkultureller Pädagogik. Frankfurt a. M. (Habilitationsschrift; Typoskript).

Edathy, Sebastina (2000): „Wo immer auch unsere Wiege gestanden hat" – Parlamentarische Debatten über die deutsche Staatsbürgerschaft 1870-1999. Frankfurt a. M. (= Zwischnwelten: Theorien, Prozesse und Migrationen, 5).

Ehrenspeck, Yvonne/Schäfer, Burkhard (Hrsg.) (2003): Film- und Fotoanalyse in der Erziehungswissenschaft. Ein Handbuch. Opladen: Leske+ Budrich.

Elwert, Georg (1989): Nationalismus und Ethnizität. Über die Bildung von Wir-Gruppen. In: Kölner Zeitschrift für Soziologie und Sozialpsychologie, Jg. 41, 1989, Heft 3, S. 440-464

Entschließungsantrag (1929): Entschließungsantrag Nr. 2141 zur zweiten Beratung des Haushalts des Ministeriums für Wissenschaft, Kunst und Volksbildung für das Rechnungsjahr 1929. In: Preußischer Landtag, Drucksachen, Band 3, S. 1488 f.

Enzensberger, Hans Magnus (1992): Die Große Wanderung. Dreiunddreißig Markierungen. Mit einer Fußnote „Über einige Besonderheiten bei der Menschenjagd". Frankfurt a. M.

Epstein, Norbert (2001): Herrschaftsdenken und Selbstkritik in der Dominanzkultur. Perspektiven interkultureller Pädagogik. Frankfurt a.M. (= Internationale Beiträge zu Kindheit, Jugend, Arbeit und Bildung, 5).

Erwägen, Wissen, Ethik (2003): Hauptartikel [...] Kritik [...] Replik [...]. In: Erwägen, Wissen Ethik/Deliberation, Knowledge, Ethics (vormals Ethik und Sozialwissenschaften, Streitforum für Erwägungskultur), Heft 1, S. 137-228.

Essinger, Helmut (1986): Interkulturelle Pädagogik. In: Borelli, Michele (Hrsg.): Interkulturelle Pädagogik. Positionen – Kontroversen – Perspektiven. Baltmannweiler, S. 71-80 (= Interkulturelle Erziehung in Praxis und Theorie, 4).

Essinger, Helmut (1991): Interkulturelle Erziehung in multiethnischen Gesellschaften. In: Marburger, Helga (Hrsg.): Schule in der multikulturellen Gesellschaft. Ziele, Aufgaben und Wege Interkultureller Erziehung. Frankfurt a. M., S. 3-18.

Ethnische Minderheiten in der Bundesrepublik Deutschland: Ein Lexikon (1995): Hrsg. von Cornelia Schmalz-Jacobsen und Georg Hansen. München (als Taschenbuch: Kleines Lexikon der ethnischen Minderheiten in Deutschland. [= Becksche Reihe, 1192])

Europäische Kommission (Hrsg.) (1997): Entwicklung einer interkulturellen Perspektive. Luxemburg.

Finkel, Margarete (2002): Migrantinnen und Migranten. In: Bange, Dirk/Körner, Wilhelm (Hrsg.): Handwörterbuch sexueller Missbrauch. Göttingen/Bern u. a., S. 346-354.

Flechsig, Karl-Heinz (1998): Kulturelle Schemata und interkulturelles Lernen. URL: http://www.gwdg.de/~kflechs/iikdiaps3-98.htm (Stand 07.03.03).

Flechsig, Karl-Heinz (2001): Auf dem Weg zur „interkulturellen" Gesellschaft! Konzepte zur interkulturellen Arbeit. Vortrag auf der Tagung „Auf dem Weg zur ‚interkulturellen' Gesellschaft!? – Trainings und Konzepte zur interkulturellen Arbeit", veranstaltet von der Petra-Kelly-Stiftung, Bayerisches Bildungswerk für Demokratie und Ökologie in der Heinrich-Böll-Stiftung e. V. München. 30. November 2001.

URL: http://www.gribs.net/Protokolle/InterkulturelleGesellschaft.pdf.

Fraustädter, Werner (1927/28): Besteht Schutzrecht für Ausländer. In: Zentralblatt für Jugendrecht und Jugendwohlfahrt (ZBlJJ), S. 213 f.

*Friedenthal-Haase, Martha (1992): Erwachsenenbildung und Interkulturalität. Perspektiven einer jungen Disziplin. In: Friedenthal-Haase, Martha (Hrsg.): Erwachsenenbildung, interkulturell. Frankfurt a. M.: Pädagogische Arbeitsstelle des DVV, S. 13-22.

Friesenhahn, Günter J. (1988): Zur Entwicklung interkultureller Pädagogik. Berlin.

Fritsche, Peter K. (2004): Menschenrechte. Eine Einführung mit Dokumenten. Paderborn.

Führ, Christoph/Furck, Carl-Ludwig (Hrsg.) (1998): Handbuch der deutschen Bildungsgeschichte, Band VI/I: 1945 bis zur Gegenwart – Bundesrepublik Deutschland; Band VI/II: Deutsche Demokratische Republik und neue Bundesländer. München.

*Führing, Gisela (1996): Begegnung als Irritation. Ein erfahrungsgeleiteter Ansatz in der entwicklungsbezogenen Didaktik. Münster/New York (= Schriften der Arbeitsstelle „Eine Welt/Dritte Welt-Initiativen", 3).

*Fürstenau, Sara (2002): Mehrsprachigkeit ‚als Kapital' im ‚transnationalen Raum'. Perspektiven portugiesischsprachiger Jugendlicher aus zugewanderten Familien

an der Schwelle zum Beruf. Hamburg (Dissertation, Fachbereich Erziehungswissenschaft) [Erscheint im Waxmann Verlag (Münster, New York) in der Reihe „Interkulturelle Bildungsforschung"].
Fürstenau, Sara (2004): Mehrsprachigkeit als Kapital im transnationalen Raum. Perspektiven portugiesischsprachiger Jugendlicher beim Übergang von der Schule in den Beruf. Münster (= Interkulturelle Bildungsforschung, 12); hier zit. nach dem Manuskript: Fürstenau, Sara (2002): Mehrsprachigkeit ‚als Kapital' im ‚transnationalen Raum'. Perspektiven portugiesischsprachiger Jugendlicher aus zugewanderten Familien an der Schwelle zum Beruf. Hamburg (Diss.).
Fürstenau, Sara/Gogolin, Ingrid/Yağmur, Kutlay (Hrsg.; 2003): Mehrsprachigkeit in Hamburg. Ergebnisse einer Spracherhebung an den Grundschulen in Hamburg. Münster.

Geißler, Gert (2002): Die Schulgruppen des „Vereins für das Deutschtum im Ausland". Das Beispiel Groß-Berlin in den Jahren 1920 – 1940. In: Jahrbuch für historische Bildungsforschung 8, S. 229-258.
Gemeinsame Kommission für die Studienreform im Land NRW (1996): Abschlußbericht der Sachverständigenkommission „Lehrerausbildung" vom 17.1.1996. Bochum.
Gerhard, Ute/Link, Jürgen (1991): Kleines Glossar neorassistischer Feindbild-Begriffe. In: Boehncke, Heiner/Wittich, Harald (Hrsg.): Buntes Deutschland. Reinbek bei Hamburg.
Gerhard, Ute/Link, Jürgen/Schulte-Holtey, Ernst (Hrsg.) (2001): Infografiken, Medien, Normalisierung. Zur Kartographie politisch-sozialer Landschaften. Synchron: Heidelberg
Gieler, Wolfgang (2003): Handbuch der Ausländer- und Zuwanderungspolitik. Von Afghanistan bis Zypern. (= Politik: Forschung und Wissenschaft, 6). Münster.
Glück, Helmut (1979): Die preußische Sprachenpolitik. Eine Studie zu Theorie und Methodologie der Forschung über Sprachenpolitik, Sprachenbewußtsein und Sozialgeschichte am Beispiel der preußisch-deutschen Politik gegenüber der polnischen Minderheit vor 1914. Hamburg.
GÖS (1988): Rahmenkonzept Gestaltung des Schullebens und Öffnung von Schule. Hrsg. vom Kultusminsiterium des Landes Nordrhein-Westfalen. Sonderdruck. URL: http://www.learn-line.nrw.de/angebote/goes/download/rahmenkonzept.pdf
GÖS (1997): GÖS – Gestaltung des Schullebens und Öffnung von Schule . Ein Beitrag zur Qualitätsverbesserung von Schule? URL: http://www.goes.nrw.de [Das Programm ist jetzt umbenannt in: GanzTag und Öffnung von Schule].
*Gogolin, Ingrid (1994): Der monolinguale Habitus der multilingualen Schule. Münster/New York.
*Gogolin, Ingrid (1998): Kultur als Thema der Pädagogik der 1990er Jahre. In: Stroß, Annette M./Thiel, Felicitas (Hrsg.): Erziehungswissenschaft, Nachbardisziplinen und Öffentlichkeit. Themenfelder und Themenrezeption der allgemeinen Pädagogik in den achtziger und neunziger Jahren. Weinheim, S. 125-150.
Gogolin, Ingrid/Fürstenau, Sara (2001): Sprachliches Grenzgängertum. Zur Mehrsprachigkeit von Migranten. In: List, Gundula/List, Günther: Quersprachigkeit. Zum

transkulturellen Registergebrauch in Laut- und Gebärdensprachen. Tübingen, S. 49-64.
*Gogolin, Ingrid/Helmchen, Jürgen/Lutz, Helma/Schmidt, Gerlind (Hrsg) (2003): Pluralismus unausweichlich? Blickwechsel zwischen vergleichender und interkultureller Pädagogik. Münster/New York.
*Gogolin, Ingrid/Krüger-Potratz, Marianne (2005): Einführung in die Interkulturelle Pädagogik. Stuttgart (= Einführungstexte Erziehungswissenschaft, 9; UTB 8246) (im Erscheinen).
Gogolin, Ingrid/Krüger-Potratz, Marianne/Neumann, Ursula/Reich, Hans-Heinz (1990): Folgen der Arbeitsmigration für Bildung und Erziehung. Kurzfassung des Antrags auf Errichtung des Schwerpunktprogramms FABER (Folgen der Arbeitsmigration für Bildung und Erziehung) an die DGfE. In: Deutsch lernen, 15, Heft 1, S. 70-88.
*Gogolin, Ingrid/Nauck, Bernhard (Hrsg.) (2000): Migration, gesellschaftliche Differenzierung und Bildung. Opladen.
*Gogolin, Ingrid/Neumann, Ursula/Reuter, Lutz R. (Hrsg.) (2001): Schulbildung für Kinder aus Minderheiten in Deutschland (1989 – 1999). Schulrecht, Schulorganisation, curriculare Fragen, sprachliche Bildung. Münster/New York. (= Interkulturelle Bildungsforschung, 8).
Gogolin, Ingrid/Neumann, Ursula/Roth, Hans-Joachim (2003): Gutachten zum Thema Förderung von Kindern und Jugendlichen mit Migrationshintergrund, erstellt im Auftrag der BLK. Bonn: BLK, Geschäftsstelle, Heft 107; URL: http://www.blk-bonn.de/materialien.htm.
Gogolin, Ingrid/Pries, Ludger (2004): Stichwort: Transmigration und Bildung. In: Zeitschrift für Erziehungswissenschaft, 7, Heft 1, S. 5-19.
Goldberg, David Theo (1998): Die Macht der Toleranz. In: Das Argument, Nr. 224, 40, Heft 1-2, S. 11-27.
Gollwitzer, Heinz (1951): Europabild und Europagedanke. Beiträge zur deutschen Geistesgeschichte des 18. und 19. Jahrhunderts. München.
Golz, Reinhard (2001): Migration und Multikulturalismus im Globalisierungsdiskurs. Rezensionen zu neueren englischsprachigen Publikationen. In: Humanisierung der Bildung. Jahrbuch 2001. Hrgs. von Golz, Reinhard/Keck, Rudolf W./Mayrhofer, Wolfgang. Frankfurt a. M. u. a., S. 312-326.
Golz, Reinhard/Keck, Rudolf W./Mayrhofer, Wolfgang (Hrsg.) (2001): Jahrbuch 2001 der internationalen Akademie zur Humanisierung der Bildung (IAHB). Frankfurt a. M..
Gomolla, Mechtild (2003): Schulautonomie und pädagogische Schulentwicklung – neue Handlungsspielräume zum Abbau institutioneller Diskriminierung? Ein Vergleich von Strategien in England und in der Schweiz. In: Gogolin, Ingrid/Helmchen, Jürgen/Lutz, Helma/Schmidt, Gerlind (Hrsg.), S. 157-172.
Gomolla, Mechtild (2004): Institutionelle Diskriminierung. In: Leiprecht, R. (Hrsg.): Schule in der pluriformen Einwanderungsgesellschaft. Schwalbach/Ts.: Wochenschau Verlag (im Erscheinen).
*Gomolla, Mechtild (2005): Organisationsentwicklung – ein Ansatz für erfolgreiche multikulturelle Schulen? Eine vergleichende Analyse von Strategien der Schulentwicklung im Umgang mit einer sprachlich, sozial und kulturell heterogenen

Schülerschaft in England, der Schweiz und Deutschland. Münster (Dissertation). (im Erscheinen).

Gomolla, Mechtild/Radtke, Frank-Olaf (2000): Mechanismen institutioneller Diskriminierung in der Schule. In: Gogolin, Ingrid/Nauck, Bernhard (Hrsg.): Migration, gesellschaftliche Differenzierung und Bildung. Opladen, S. 321-341.

*Gomolla, Mechtild/Radtke, Frank-Olaf (2002): Institutionelle Diskriminierung. Die Herstellung ethnischer Differenz in der Schule. Opladen.

Gosewinkel, Dieter (2001): Einbürgern und ausschließen. Die Nationalisierung der Staatsangehörigkeit vom Deutschen Bund bis zur Bundesrepublik Deutschland (= Kritische Studien zur Geschichtswissenschaft, 150). Göttingen.

Grant, Carl A./Ladson-Billings, Gloria (Hrsg.) (1997): Dictionary of multicultural education. Phoenix, AZ.

Greverus, Ina-Maria (1982): Plädoyer für eine multikulturelle Gesellschaft. In: Nitzschke, Volker: Multikulturelle Gesellschaft – multikulturelle Erziehung, S. 23-27.

Griese, Hartmut M (1995): Von der „Gastarbeiterforschung" zum „interkulturellen Lernen". Zur Geschichte der wissenschaftlichen Reaktionen auf Einwanderungsprozesse in der Bundesrepublik Deutschland. In: Behrendt, Günther M./IIK (Hrsg.): Zur Geschichte der Arbeitsmigration. Hildesheim.

Griese, Hartmut M. (Hrsg.) (2002): Kritik der „Interkulturellen Pädagogik". Essays gegen Kulturalismus, Ethnisierung, Entpolitisierung und einen latenten Rassismus. Münster (= Pädagogik: Forschung und Wissenschaft, 1).

Gronau [o.Vn.] (1929): Fremdsprachlicher Unterricht. In: Pädagogisches Lexikon. In Verbindung mit der Gesellschaft für evangelische Pädagogik und unter Mitwirkung zahlreicher Fachmänner. Hrsgg. von Hermann Schwartz. Bielefeld/Leipzig, Bd. 2, Sp. 222-230.

Grosch, Harald/Leenen, Wolf R. (1998): Bausteine zur Grundlegung interkulturellen Lernens. In: Bundeszentrale für politische Bildung (Hrsg.): Interkulturelles Lernen. Arbeitshilfen für die politische Bildung. Bonn, S. 29-47.

Grosse, Pascal (2002): Koloniale Lebenswelten in Berlin 1885-1945. In: van der Heyden, Ulrich/Zeller, Joachim (Hrsg.), S. 195-201.

Grundgesetz für die Bundesrepublik Deutschland (GG) vom 23. Mai 1949 (BGBl. S.1) URL: http://www.bundestag.de/gesetze/gg/index.htm; Grundgesetz für die Bundesrepublik Deutschland (Bundesgesetz vom 27.10.1994 (BGBl.1 S. 3146)) URL: http://www.verfassungen.de/de/gg-index.htm (Stand 11.12.02).

Grundriss Soziale Arbeit (2002): Ein einführendes Handbuch. Hrsg. von Thole, Werner. Opladen. Darin: Vahsen, Friedhelm/Tan, Dursun: Interkulturelle Pädagogik und soziale Arbeit, S. 387-395.

Gültekin, Nevâl (2003): Bildung, Autonomie, Tradition und Migration. Doppelperspektivität biographischer Prozesse junger Frauen aus der Türkei. Opladen

Hafeneger, Benno/Henkenberg, Peter/Scherr, Albert (Hrsg.) (2002): Pädagogik der Anerkennung. Grundlagen, Konzepte, Praxisfelder. Schwalbach/Ts.

*Hall, Stuart (1989): Rassismus als ideologischer Diskurs. In: Das Argument, Heft 178, S. 913-921.

Haller-Wolf, Angelika/Osterwinter, Ralf (1997): Political Correctness in der Lexikographie. In: Sprachspiegel, Nr. 6 (URL: http://www.duden.de/index2.html? deutsche_sprache/zumthema/political_correctness.html (Stand: 25.7.2004).
Hamburger, Franz (1988): Der „Kulturkonflikt" und seine pädagogische Kompensation. Mainz (= Schriftenreihe des Pädagogischen Instituts der Universität Mainz, 8).
Hamburger, Franz (1990): Der Kulturkonflikt und seine pädagogische Kompensation. In: Dittrich, Eckard J./Radtke, Frank-Olaf (Hrsg.): Ethnizität, Wissenschaft und Minderheiten. Opladen, S. 311-325. Wiederabgedruckt in: Hamburger, Franz (1994): Erziehung in der Einwanderungsgesellschaft. Frankfurt a. M., S. 33-46.
Hamburger, Franz/Seus, Lydia/Wolter, Otto (1984): Über die Unmöglichkeit, Politik durch Pädagogik zu ersetzen. In: Griese, Hartmut (Hrsg.): Der gläserne Fremde. Bilanz und Kritik der Gastarbeiterforschung und der Ausländerpädagogik. Opladen, S. 32-42. Zuerst veröffentlicht 1981 in: Unterrichtswissenschaft 9, S. 158-167.
Handbuch Bildungsforschung (2002). Hrsg. von Tippelt, Rudolf. Opladen. Darin: Gogolin, Ingrid: Interkulturelle Bildungsforschung, S. 263-279.
Handbuch der Erwachsenenbildung/Weiterbildung (1999). Hrsg. von Tippelt, Rudolf Opladen1999[2]. Darin: Hamburger, Franz: Weiterbildung von Ausländern und Aussiedlern, S. 618-625.
Handbuch der Sozialen Arbeit mit Kinderflüchtlingen (1999). Hrsg. von Woge e. V./Institut für Soziale Arbeit e. V. Münster
Handbuch ethnischer Minderheiten in Deutschland (1992; 1994; 1996; 1997): Arbeitsmigranten, Asylbewerber, Ausländer, Flüchtlinge, regionale und religiöse Minderheiten, Vertriebene und Zwangsarbeiter. Hrsg. vom Berliner Institut für Vergleichende Sozialforschung. Red. Frank Gesemann. Berlin (1. Lieferung 1992; 2. Lieferung 1994; 3. Lieferung 1994; 4. Lieferung 1996; 5. Lieferung 1997).
Handbuch für Frauenbildung (2001). Hrsg. von Gieseke, Wiltrud. Opladen. Darin: Oels, Monika: Interkulturalität, S. 549-558.
Handbuch Kritische Pädagogik (1997): Eine Einführung in die Erziehungs- und Bildungswissenschaft. Hrsg. von Bernhard, Armin/Rothermel, Lutz. Weinheim. Darin: Auernheimer, Georg: Interkulturelle Pädagogik, S. 344-356.
Handbuch Lehrerbildung (2004). Hrsg. von Blömeke, Sigrid/Reinhold, Peter/Tulodziecki, Gerhard/Wildt, Johannes. Bad Heilbrunn/Hannover. Darin: Krüger-Potratz, Marianne: Umgang mit Heterogenität in der Lehrerbildung.
Handbuch Soziale Arbeit in der Einwanderungsgesellschaft (2004). Hrsg. von Cyrus, Norbert/Treichler, Andreas. Frankfurt a. M.
Handwörterbuch Ausländerarbeit (1984). Hrsg. von Auernheimer, Georg. Weinheim.
Hansen, Georg (1986): Diskriminiert. Über den Umgang der Schule mit Minderheiten. Weinheim.
Hansen, Georg (1994): Schulpolitik als Volkstumspolitik. Quellen zur Schulpolitik der Besatzer in Polen 1939-1945. Münster.
Hansen, Georg (1994a): Elemente völkischer Bildungspolitik im besetzten Polen 1939 – 1945 am Beispiel des „Reichsgau Wartheland". In: Gogolin, Ingrid (Hrsg.): Das nationale Selbstverständnis des Bildung. Münster/New York, S. 131-146.

Hansen, Georg (1994b): Die nationalstaatlichen Eierschalen erziehungswissenschaftlicher Theorien. In: Luchtenberg, Sigrid/Nieke, Wolfgang (Hrsg.): Interkulturelle Pädagogik und Europäische Dimension – Herausforderungen für Bildungssystem und Erziehungswissenschaft. Münster/New York, S. 189-198.

Hansen, Georg (1994c): Materialien zu „Kultur". Studienbrief der FernUniversität Hagen.

*Hansen, Georg (1996): Perspektivwechsel. Eine Einführung. Münster, New York (= Lernen für Europa, 1).

*Hansen, Georg (2001): Die Deutschmachung. Ethnizität und Ethnisierung im Prozess von Ein- und Ausgrenzungen. Münster/New York (= Lernen für Europa, 7).

*Hansen, Georg (2003): Pluralitätsrhetorik und Homogenitätspolitik. In: Gogolin, Ingrid/Helmchen, Jürgen/Lutz, Helma/Schmidt, Gerlind (Hrsg.), S. 59-73.

*Hansen, Georg (2004): Die Ethnisierung des deutschen Staatsbürgerrechts und seine Tauglichkeit für die EU. URL: http://www.fernuni-hagen.de/KSW/forschung/pdf/fk2_ksw_hansen.pdf

Hansen, Georg/Krüger-Potratz, Marianne/Oenning, Karl (Hrsg.) (1993): Die nationalsozialistische Bildungspolitik und das geheime Unterrichtswesen während der Zeit der deutschen Besetzung in Polen. Eine deutsch-polnische Expertentagung. Tagung der Evangelischen Akademie Iserlohn vom 2.–4. September 1992. Iserlohn (= Tagungsprotokoll 96/92).

*Hansen, Georg/Wenning, Norbert (2003): Schulpolitik für andere Ethnien in Deutschland. Zwischen Autonomie und Unterdrückung. Münster/New York (= Lernen für Europa, 9).

Hauff, [o. Vn.] von (1929): Grenzlanddeutschtum. In: Schwartz, H. (Hrsg.): Pädagogisches Lexikon. Bd.2, Bielefeld/Leipzig, Sp. 511-520.

Heckmann, Friedrich/Tomei, Verónica (1997): Einwanderungsgesellschaft Deutschland – Zukunftsszenarien: Chancen und Konfliktpotentiale. Gutachten für die Enquête-Kommission „Demographischer Wandel" des Deutschen Bundestags. Bamberg (= Europäisches Forum für Migrationsstudien)
URL: http://www.uni-bamberg.de/~ba6ef3/pdf/enquete.pdf (Stand: 07.07.2004).

Heimat- und Sachkunde 3 (1994^2). Hrsg. von Gschwender, G./Schweizer, J. Regensburg.

Heinemann, Manfred (1975): Die Assimilation fremdsprachiger Schulkinder durch die Volksschule in Preußen seit 1880. In: Bildung und Erziehung, S. 53-69.

Heitmeyer, Wilhelm/Endrikat, Kirsten/Heyder, Ari/Kühnel, Steffen/Schaefer, Dagmar/Schmidt, Peter/Wagner, Ulrich (2002): Feindselige Mentalitäten. Zustandsbeschreibungen zur angetasteten Würde von Menschen in Deutschland. Auszüge aus dem GMF-Survey 2002 und dem Suhrkamp-Band „Deutsche Zustände" (2002).
URL: http://www.uni-bielefeld.de/Universitaet/Aktuelles/pdf/Heitmeyer.pdf.

Henß, Wilhelm (1927): Das Problem der Zwei- und Mehrsprachigkeit und seine Bedeutung für den Unterricht und die Erziehung in deutschen Grenz- und Auslandsschulen. In: Zeitschrift für pädagogische Psychologie 28, Heft 9, S. 393-414.

Henß, Wilhelm (1928): Eine Internationale Konferenz über Zweisprachigkeit in Luxemburg. Die Deutsche Schule im Auslande, S. 248-253.

Henß, Wilhelm [o. J. 1929]: Erziehungsfragen der fremden Minderheiten, insbesondere das Problem der Zweisprachigkeit. Erfahrungen und Beobachtungen in deutschen Schulen im Ausland. In: Bureau International d´Education (Hrsg.): Le Bilinguisme et l´Education. Travaux de la conférence internationale, tenue à Luxembourg du 2 au 5 avril 1928. Luxembourg/Genève, S. 69-86.

Herberhold, Mechthild (2002): Kulturkonstruktionen. Die Auswirkung der Rede von den ‚verschiedenen Kulturen' auf die Lebensbedingungen alter türkischer Frauen in Deutschland – eine ethische Auseinandersetzung. Bamberg: Universität Bamberg; elektronische Hochschulschriften. URL: http://elib.uni-bamberg.de/volltexte/2002/9/3Mig.pdf.

Hienz de Albentiis, Milena/Reich, Hans-Heinz (1998): Der Herkunftssprachenunterricht. Erlasslage und statistische Entwicklung in den alten Bundesländern. In: Deutsch lernen, Heft 1, 1998, S. 3-45.

Hilker, Franz (1962): Vergleichende Pädagogik. Eine Einführung in ihre Geschichte/Theorie und Praxis. München.

*Hinz-Rommel, Wolfgang (1994): Interkulturelle Kompetenz. Ein neues Anforderungsprofil für die soziale Arbeit. Münster/New York.

Hoffmann, Klaus T. (1992): Community Education in der Multikulturellen Gesellschaft. Eine notwendige Erweiterung des Konzeptes Interkulturelle Erziehung als Beitrag der RAA. In: Kalb, Peter E./Petry, Christian/Sitte, Karin (Hrsg.): Leben und Lernen in der multikulturellen Gesellschaft. Weinheim, S. 24-40 (= 2. Weinheimer Gespräche).

Hohmann, Manfred (1983): Interkulturelle Erziehung – Versuch einer Bestandsaufnahme. In: Ausländerkinder in Schule und Kindergarten, Nr. 4, S. 4-8.

Hohmann, Manfred (1987): Interkulturelle Erziehung als Herausforderung für allgemeine Bildung. In: Vergleichende Erziehungswissenschaft – Informationen, Berichte, Studien. Heft 17, Münster, S. 98-115.

Hohmann, Manfred (1989): Interkulturelle Erziehung eine Chance für Europa? In: Hohmann, Manfred/Reich, Hans H. (Hrsg.): Ein Europa für Mehrheiten und Minderheiten. Diskussionen um interkulturelle Erziehung. Münster/New York, S. 1-32.

Höhne, Thomas (2000): Fremde im Schulbuch. Didaktische Vorstrukturierung und Unterrichtseffekte durch Schulbuchwissen am Beispiel der Migrantendarstellung. Münster (= iks-Querformat, 3).

Höhne, Thomas (2000b): Zum Migrationsdiskurs in Massenmedien, Schulbüchern und Alltag. Frankfurt a. M. (Manuskript).

Höhne, Thomas (2001): Fremde in bayrischen Sachkunde- und Sozialkundebüchern. In: Höhne, Thomas/Kunz, Thomas/Radtke, Frank-Olaf (2000): Bilder von fremden – Formen der Migrantendarstellung als der „anderen Kultur" in deutschen Schulbüchern 1980 – 1995. URL: http://www.rz.uni-frankfurt.de/~bfischer/VW-Zwischenber.pdf (als Printfassung 2001 erschienen). [Die abschließende Publikation zu dem Schulbuch-Forschungsprojekt von Th. Höhne, Th. Kunz und F.-O. Radtke erscheint voraussichtlich 2004].

*Höhne, Thomas (2003): Schulbuchwissen. Umrisse einer Wissens- und Medientheorie des Schulbuchs. Frankfurt a. M. (= Frankfurter Beiträge zur Erziehungswissenschaft).

Höhne, Thomas (2004): Pädagogik und das Wissen der Gesellschaft. Frankfurt a. M. [unveröff. Manuskript].
*Höhne, Thomas/Kunz, Thomas/Radtke, Frank-Olaf (1999): Bilder von Fremden – Formen der Migrantendarstellung als der „anderen Kultur" in deutschen Schulbüchern von 1981 – 1997. Frankfurt a. M. (URL: www.rz.uni-frankfurt.de/~bfischer/vw-zwischenber.pdf).
Höhne, Thomas/Kunz, Thomas/Radtke, Frank-Olaf (2000): Bilder von fremden – Formen der Migrantendarstellung als der „anderen Kultur" in deutschen Schulbüchern 1980 – 1995. URL: http://www.rz.uni-frankfurt.de/~bfischer/VW-Zwischenber.pdf (als Printfassung 2001 erschienen).
Humanisierung der Bildung (2001): Jahrbuch der internationalen Akademie der Bildung (IAHB). Frankfurt a. M.
*Horstmann, Susanne (2002): „... dass man sie nicht gleich umbringen soll, sondern erst einmal gucken ...". Diskursanalytische Untersuchungen zur interaktiven Beziehungskonstitution und damit verbundenen Konstruktion des ‚Anderen' in Unterrichtsgesprächen. Frankfurt a. M.
*Hummrich, Merle (2002): Bildungserfolg und Migration. Biographien junger Frauen in der Einwanderungsgesellschaft. Opladen.
Hurrelmann, Klaus/Mansel, Jürgen (1993): Psychosoziale Befindlichkeiten junger Ausländer in der Bundesrepublik Deutschland. In: Bundesarbeitsgemeinschaft Kinder- und Jugendschutz (Hrsg.): Soziale Probleme, Heft 2, Pfeffenweiler, S. 165-192. Hier zitiert nach dem Ausschnitt (S. 182-188) abgedruckt in: Phoenix 2000, S. 145-147.
Huth-Hildebrandt, Christine (1999): Die fremde Frau. Auf den Spuren eines Konstrukts der Migrationsforschung. Münster (= Interkulturelle Studien, 29).
*Huth-Hildebrandt, Christine (2002): Das Bild von der Migrantin: Auf den Spuren eines Konstrukts. Frankfurt a. M.

*ILTIS- Projektpartner (Hrsg.) (2002): Sprachen lernen – interkultureles Lernen in Schülerbegegnungen. Module zur Aus- und Fortbildung von Fremdsprachenlehrkräften. Ismaning.
Institut der deutschen Wirtschaft/Hermann, Helga (Hrsg.) (2000): Ausländer in Deutschland. Daten und Fakten von A – Z. Köln. (= Dossier, Themen-Service des Instituts der deutschen Wirtschaft Köln, 19).
Institut für Länderkunde (Hrsg.) (2002): Nationalatlas Bundesrepublik Deutschland – Bildung und Kultur. Heidelberg.
Internationales Übereinkommen zur Beseitigung jeder Form von Rassendiskriminierung vom 7. März 1966. In: Bundeszentrale für politische Bildung 1996^2, S. 92-106.

Jäger, Siegfried (Hrsg.) (1999): Aus der Werkstatt: Anti-rassistische Praxen. Konzepte – Erfahrungen – Forschungen. Duisburg.
*Jansen, Rainer (2003): Schwarz in Weiß. Von der Frühgeschichte zur Zukunft der Menschheit am Beispiel des Verhältnisses vom wissenschaftlichen Erkenntnisstand und schulischem Kanon in Deutschland seit 1870. Münster (Diss.; Manuskript). (Erscheint 2004/2005 im Iko-Verlag Frankfurt a.M.)

Jeiler, [o.V.] (1926): Die Schulpflicht. Nach dem thüringischen Schulpflichtgesetz und unter Berücksichtigung des künftigen preußischen Gesetzes. In: Blätter für Schulrecht. Beilage zur Allgemeinen Deutschen Lehrerzeitung, 27, Heft 7, S. 49-51; Heft 8, S. 57 f.

Jeismann, Karl-Ernst/Lundgren, Peter (Hrsg.) (1987): Handbuch der deutschen Bildungsgeschichte, Band III: 1800-1870 – Von der Neuordnung Deutschlands bis zur Gründung des Deutschen Reichs. München.

John, Gus (1990): Antirassistische Erziehung und ihre Schranken. In: Rassismus und Migration in Europa. Beiträge des Kongresses „Migration und Rassismus in Europa". Hamburg, 20.-30. September 1990. Berlin, Argument Sonderband 201, S. 244-250.

Jung, Matthias (1997): Lexik und Sprachbewußtsein im Migrationsdiskurs. Methodik und Ergebnisse wortbezogener Untersuchungen. In: Jung, Matthias/Wengeler, Martin/Böke, Karin (Hrsg), S. 194-213.

*Jung, Matthias/Wengeler, Martin/Böke, Karin (Hrsg.) (1997): Die Sprache des Migrationsdiskurses. Das Reden über „Ausländer" in Medien, Politik und Alltag. Opladen.

Jungmann, Walter (1995): Kulturbegegnung als Herausforderung der Pädagogik. Studie zur Bestimmung der problemstrukturierenden Prämissen und des kategorialen Bezugsrahmens einer Interkulturellen Pädagogik. Münster/New York.

*Kalpaka, Annita/Räthzel, Nora (1990): Die Schwierigkeit, nicht rassistisch zu sein. Leer.

Kalpaka, Annita/Wilkening, Christiane (1997): Multikulturelle Lerngruppen. Veränderte Anforderungen und das pädagogische Handeln. Ein Seminarkonzept. Lübeck.

Karakaşoğlu-Aydın, Yasemin/Neumann, Ursula (2001): Bildungsinländerinnen und Bildungsinländer. Situation, Datenlage und bildungspolitische Anregungen. In: Forum Bildung. Bildung und Qualifizierung von Migrantinnen und Migranten. Anhörung des Forum Bildung am 21. Juni 2001 in Berlin. Köln, Bonn (= Materialien des Forum Bildung, 11).

Karg, Helmut (1987): Asylantenpädagogik: Über Möglichkeiten mentalitätspädagogischer Erziehung: Das Dietenhofener Modell. Frankfurt a. M.

Kasberger, Erich (1994): „Fremdländische Zugvögel" – Jugendliche italienische Gastarbeiter um 1900. In: „Schon ist die Jugendzeit?" – Katalog zur Ausstellung (Bayerische Staatskanzlei. Haus der Bayerischen Geschichte) Augsburg; URL: http://www.bjr-online.de/bjr_docs/00970_kasberger.html (Stand 4.11.2004).

Kattmann, Ulrich (1999): Warum und mit welcher Wirkung klassifizieren Wissenschaftler Menschen? In: Kaupen-Haas, Heidrun/Saller, Christian (Hrsg.): Wissenschaftlicher Rassismus. Frankfurt a. M., S. 65-83.

Keim, Wolfgang (1997): Erziehung unter der Nazi-Diktatur. Band 2: Kriegsvorbereitung, Krieg und Holocaust. Darmstadt.

Keller, Reiner (1997): Diskursanalyse. In: Hitzler, Ronald/Honer, Anne (Hrsg.): Sozialwissenschaftliche Hermeneutik. Eine Einführung. Opladen, S. 309-334.

Kiesel, Doron (1996): Das Dilemma der Differenz. Zur Kritik des Kulturalismus in der Interkulturellen Pädagogik. Frankfurt a. M. (= Migration und Kultur).

Kiper, Hanna (2001): Einführung in die Schulpädagogik. Weinheim/Basel.
Kiper, Hanna/Meyer, Hilbert/Topsch, Wilhelm (2002): Einführung in die Schulpädagogik. Berlin (= studien kompakt).
Klee, Ernst (Hrsg.) (1972): Gastarbeiter. Analysen und Berichte. Frankfurt a. M.
Klein, Michael: Sündenbock oder Bildungsreserve. In: Berliner Zeitung vom 22.05.2002
(URL: http//www.berlinonline.de/wissen/berliner_zeitung/archiv2002/...)
Klüttermann, Manfred (1980): Schulbeginn und Vorbereitungsklassen. In: Die Grundschule, S. 60-62.
[KMK (1964)]: Ständige Konferenz der Kultusminister der Länder in der Bundesrepublik Deutschland: Unterricht für Kinder von Ausländern. 14./15.05.1964. Hier zit. nach: Puskeppeleit, Jürgen/Krüger-Potratz, Marianne 1999, Dokument 4, S. 39-40.
*[KMK (1996)]: Ständige Konferenz der Kultusminister der Länder in der Bundesrepublik Deutschland: Empfehlung „Interkulturelle Bildung und Erziehung in der Schule" vom 24./25.10.1996. Hier zit. nach: Puskeppeleit, Jürgen/Krüger-Potratz, Marianne 1999. Bd. 1. Dokument 8, S. 59-70.
*Knabe, Ferdinande (2000): Sprachliche Minderheiten und nationale Schule in Preußen zwischen 1871 und 1933. Eine bildungspolitische Analyse. Münster/New York.
Koch, Herbert (1970): Gastarbeiter in deutschen Schulen. Königswinter.
*Kremnitz, Georg (1997): Die Durchsetzung der Nationalsprachen in Europa. Münster (= Lernen für Europa, 5).
Kristen, Cornelia (2003): Ethnische Unterschiede im deutschen Schulsystem. In: Aus Politik und Zeitgeschichte (B 21-22/2003); URL: http://www.bpb.de/ publikationen/2DVVHT,0,0,Ethnische_Unterschiede_im_deutschen_ Schulsystem.html#art0 auch zu erreichen über URL: http://www.bpb.de/publikationen/ und dann über „Aus Politik und Zeitgeschichte" gehen und die entsprechende Ausgabe (siehe oben) anklicken.
Krüger, Bernd (1974): Bildungswesen und Pädagogik im Prozess ihrer Internationalisierung – ein gegenstandstheoretisches Modell der Geschichte der Vergleichenden Erziehungswissenschaft. Diss. PH Westf./Lippe, Abt. Münster.
Krüger, Bernd (1984): Die Herstellung des Fremden. Anmerkungen zu einer Schwierigkeit Interkultureller Erziehung. In: Busch, Adelheid/Busch, Friedrich W. (Hrsg.): Suche nach Identität. Oldenburg, S. 265-277.
Krüger-Potratz, Marianne (1989): Die Ausländerpädagogik versichert sich ihrer Geschichte: Plädoyer für eine historische Minderheitenbildungsforschung. In: Unterrichtswissenschaft, 17, Nr. 3, S. 223-242.
*Krüger-Potratz, Marianne (1994a): Interkulturelle Pädagogik als Kritik der gegebenen Pädagogik? Eine disziplintheoretische Skizze am Beispiel der Historischen Pädagogik. In: Luchtenberg, Sigrid/Nieke, Wolfgang (Hrsg.): Interkulturelle Pädagogik und Europäische Dimension – Herausforderungen für Bildungssystem und Erziehungswissenschaft. Münster/New York, S. 199-208.
Krüger-Potratz, Marianne (1994b): Interkulturelle Erziehung. Studienbrief der Fernuniversität Gesamthochschule Hagen, Fachbereich Erziehungs-, Sozial- und Geisteswissenschaften.

Krüger-Potratz, Marianne (1996): Zwischen Weltfrieden und Stammesversöhnung – ein Kapitel aus der Geschichte des internationalen Schüleraustauschs. In: Bildung und Erziehung, S. 165-181.

Krüger-Potratz, Marianne (1997): Ein Blick in die Geschichte ausländischer Schüler und Schülerinnen in deutschen Schulen. In: Kodron, Christoph (Hrsg.): Vergleichende Erziehungswissenschaft. Herausforderungen, Vermittlung, Praxis. Festschrift für Wolfgang Mitter zum 70. Geburtstag. Frankfurt a. M., S. 656-672.

Krüger-Potratz, Marianne (1998): Integration mit Tradition? Interkulturelle Pädagogik – eine Fachrichtung mit „kurzer Geschichte" und „langer Vergangenheit". In: Forschungsjournal. Westfälische Wilhelms-Universität, Heft. 2, S. 13-19.

*Krüger-Potratz, Marianne (1999): Stichwort: Erziehungswissenschaft und kulturelle Differenz. In: Zeitschrift für Erziehungswissenschaft, Heft 2, S. 149-165.

*Krüger-Potratz, Marianne (2000a): Schulpolitik für fremde Kinder. In: Gogolin, Ingrid/Nauck, Bernhard (Hrsg.): Migration, gesellschaftliche Differenzierung und Bildung. Resultate des Forschungsschwerpunktprogramms FABER. Opladen, S. 365-384.

Krüger-Potratz, Marianne (2000b): Tradition und Transformation – ein historischer Blick auf den Umgang mit Heterogenität. In: Achtenhagen, Frank/Gogolin, Ingrid (Hrsg.): Bildung und Erziehung in Übergangsgesellschaften. Opladen, S. 95-109.

Krüger-Potratz, Marianne (2001a): Lehrerbildung interkulturell. Texte. Materialien, Dokumente. Münster (= interkulturelle studien, 34).

Krüger-Potratz, Marianne (2001b): „...die fremde Sprache nutzen, ja – in ihr leben, nein ..." – Deutungsmuster und pädagogisch-anthropologische Legitimationsfiguren für ‚Einsprachigkeit als Normalfall'. In: List, Gundula/List, Günther (Hrsg.): Quersprachigkeit. Zum transkulturellen Registergebrauch in Laut- und Gebärdensprachen. Tübingen, S. 145-162 (= Tertiärsprachen. Drei- und Mehrsprachigkeit, 5).

Krüger-Potratz, Marianne (2003): Beharrlichkeit und Innovation – Konsequenzen aus der internationalen Schulentwicklungsdiskussion für die pluralisierte Schule. In: Franke, Nicole/Jansen, Rainer/Schulz, Uwe (Hrsg.): Akzeptanz und Ignoranz. Festschrift für Jens Naumann. Frankfurt/M.: IKO Verlag 2003, S. 143-160.

Krüger-Potratz, Marianne (2004): Migration als Herausforderung für Bildungspolitik. In: Leiprecht, Rudolf (Hrsg.): Schule in der pluriformen Einwanderungsgesellschaft. Schwalbach/Ts: Wochenschau Verlag (im Erscheinen).

*Krüger-Potratz, Marianne/Jasper, Dirk/Knabe, Ferdinande (1998): ‚Fremdsprachige Volksteile' und deutsche Schule. Schulpolitik für die Kinder der autochthonen Minderheiten in der Weimarer Republik. Münster/New York.

*Krüger-Potratz, Marianne/Lutz, Helma (2002): Sitting at a crossroad – rekonstruktive und systematische Überlegungen zum wissenschaftlichen Umgang mit Differenz. In: Tertium Comparationis. Journal für international und interkulturell vergleichende Erziehungswissenschaft 8, H. 2, S. 81-92.

Krüger-Potratz, Marianne/Lutz, Helma (2004): Gender in der Interkulturellen Pädagogik. Münster/Amsterdam. In: Glaser, Edith/Klika, Dorle/Prengel, Annedore (Hrsg): Handbuch Gender in der Erziehungswissenschaft, S. 436-448.

Krüger-Potratz, Marianne/Puskeppeleit, Jürgen (2001): Dokumentensammlung 1950 – 1999. Studienbrief der FernUniversität Hagen.
Kugelmann, Dieter (2003): Terrorismusbekämpfung und Zuwanderer. Referat im Rahmen der Hohenheimer Tage zum Ausländerrecht 2003 „Nach dem Zuwanderungsgesetz = vor dem Zuwanderungsgesetz!?" Akademie der Diözese Rottenburg-Stuttgart, 31.1.-2.2.2003.
URL: http://akademie-rs.de/dates/030131_auslaenderrecht_kugelmann.htm.

Lafranchi, Andrea (1999): Interkulturelle Pädagogik in der Lehrerbildung des Kanton Zürichs: Umsetzung, Wirksamkeit, Entwicklung eines Standard-Curriculums. In: Beiträge zur Lehrerbildung, Zeitschrift zu Theorie und Praxis der Grundausbildung, Fort- und Weiterbildung von Lehrerinnen und Lehrern. 17, H. 3, S. 307-318.
*Lang, Susanne/Leiprecht, Rudolf (2000): Sinnvolles und Problematisches in der antirassistischen Bildungsarbeit. Eine kritische Betrachtung des Blue-Eyed/Brown-Eyed-Trainings (Jane Elliott). In: Neue Praxis 30, S. 449-471.
Langenohl-Weyer, Angelika/Wennekes, Renate/Bendit, René/Akpinar, Ünal/Vink, Jan (1980): Zur Integration der Ausländer im Bildungsbereich. Probleme und Lösungsversuche. München.
Langewiesche, Dieter/Tenorth, Heinz-Elmar (Hrsg.) (1989): Handbuch der deutschen Bildungsgeschichte, Band VI: 1918-1945 – Die Weimarer Republik und die nationalsozialistische Diktatur. München.
Leenen, Wolf R./Groß, Andreas/Grosch, Harald (2002): Interkulturelle Kompetenz in der Polizei: Qualifizierungsstrategien. In: Gruppendynamik und Organisationsberatung, Nr. 1, S. 97-120.
Lehmann, Rainer H./Peek, Rainer/Gänsefuß, Rüdiger (1997): Aspekte der Lernausgangslage von Schülerinnen und Schülern der fünften Klassen an Hamburger Schulen. Hamburg.
*Leiprecht, Rudolf (2001): Alltagsrassismus. Eine Untersuchung bei Jugendlichen in Deutschland und den Niederlande. Münster/New York (= Interkulturelle Bildungsforschung).
Leiprecht, Rudolf (2002): Politiewerk in de multiculturele samenleving /Polizeiarbeit in der Einwanderungsgesellschaft Deutschland. Gravenhage.
Leiprecht, Rudolf (2004): Kultur – Was ist das eigentlich? Oldenburg: Interdisziplinäres Zentrum für Bildung und Kommunikation in Migrationsprozessen (= Arbeitspapiere, 7).
*Leiprecht, Rudolf (Hrsg.; 2005): Grundkurs: Schule in der multikulturellen und pluriformen Gesellschaft. Schwalbach/T.
*Leiprecht, Rudolf/Lutz, Helma (2003): Heterogenität als Normalfall. Eine Herausforderung für die Lehrerbildung. In: Gogolin, Ingrid/Helmchen, Jürgen/Lutz, Helma/Schmidt, Gerlind (Hrsg.), S. 115-127.
Leiprecht, Rudolf/Riegel, Christine/Held, Josef/Wiemeyer, Gabriele (Hrsg.) (2001): ‚International Lernen – Lokal Handeln'. Interkulturelle Praxis ‚vor Ort' und Weiterbildung im internationalen Austausch. Ergebnisse und Erfahrungen aus Deutschland, Griechenland, Kroatien, Lettland, den Niederlanden und der Schweiz. Frankfurt a. M.: IKO.

Lenhardt, Gero (1996): Bürgerlicher Universalismus und staatliche Schule. In: Recht der Jugend und des Bildungswesens 44, Heft 3, S. 300-308.
Lenzen, Dieter (1999): Erziehung zu sozialer Integration in einem Europa der Minoritäten. In: Zeitschrift für Erziehungswissenschaft 2, S. 179-194.
Lichte, Joseph (1901): Welche Aufgaben erwachsen unserer Schule aus dem Vorhandensein der fremdsprachigen Kinder? In: Erziehung und Unterricht 8, Heft 21, S. 191-194.
Lill, Rudolf (Hrsg.) (1997): Der Kulturkampf. Paderborn.
Link, Jürgen (1983): Asylanten. Ein Killwort. In: KulturRevolution 2, S. 36-38.
*Link, Jürgen (1986): Asylanten. Ein Schimpfwort. In: Kauffmann, Heiko: Kein Asyl bei den Deutschen. Reinbek bei Hamburg, S. 55-59 (= rororo aktuell).
Link, Jürgen (1988): Medien und „Asylanten". Zur Geschichte eines Unworts. In: Thränhardt, Dietrich/Wolken, Simone (Hrsg.): Flucht und Asyl. Informationen, Analysen und Erfahrungen aus der Schweiz und der Bundesrepublik Deutschland. Freiburg, S. 50-61.
*List, Günther (2003): Zweisprachigkeit als interkulturelles Konstrukt. In: Gogolin, Ingrid/Helmchen, Jürgen/Lutz, Helma/Schmidt, Gerlind (Hrsg.), S. 33-57.
Lohrenscheit, Claudia (2004): Das Recht auf Menschenrechtsbildung. Grundlagen und Ansätze einer Pädagogik der Menschenrechte. Frankfurt a.M./London.
Luchtenberg, Sigrid (1999): Interkulturelle kommunikative Kompetenz. Kommunikationsfelder in Schule und Gesellschaft. Opladen.
Ludwig, Klemens (1995): Ethnische Minderheiten in Europa. Ein Lexikon. München.
*Lüddecke, Julian/Kloeters, Ulrike/Quehl, Thomas/ARIC NRW (Hrsg.) (o. D. [2003]): Interkulturelle und antirassistische Erziehung in der Schule. Ein Handbuch für LehrerInnen. Düsseldorf. Auszugsweise URL: http://www.aric-nrw.de/de/docs/pdf/Lehrerhandbuch_Auszug.pdf (Stand: 22.7.2004). Printausgabe (2003) u.d.T.: Schulwege in die Vielfalt Handreichung zur Interkulturellen und Antirassistischen Pädagogik in der Schule. Frankfurt.
*Lutz, Helma (1999): The State of the Art: Zum Stand der Interkulturellen Pädagogik. In: Tertium Comparationis. Journal für international und interkulturell vergleichende Erziehungswissenschaft 5, H. 2, S. 134-149.
*Lutz, Helma (2004): Migrations- und Geschlechterforschung: Zur Genese einer komplizierten Beziehung. In: Becker, Ruth/Kortendiek, Beate (Hrsg.): Handbuch Frauen und Geschlechterforschung. Opladen.
Lutz, Helma/Wenning, Norbert (2001): Debatten über Differenz – Einführung in die Debatten. In: Lutz, Helma/Wenning, Norbert (Hrsg.), S. 11-24.
*Lutz, Helma/Wenning, Norbert (Hrsg.) (2001): Unterschiedlich verschieden. Differenz in der Erziehungswissenschaft. Opladen.

Mae, Michiko (o.D./2003): Transkulturalität als neues Paradigma für die kultur- und sozialwissenschaftliche Japanforschung. URL: http://www.uni-duesseldorf.de/HHU/Jahrbuch/2001/PDF/pagesmae.pdf (Stand 29.7.2004).
Mächler, Stefan/Autorenteam (2000; 2001^2): Schulerfolg: kein Zufall. Zürich.
Mädchentreff Bielefeld e. V. (o.D. [2002]): Dokumentationsbroschüre. „Girl's act – Antirassistsiche Mädchenarbeit in Kooperation mit Schule". DokNr. E5.5434.01.02 URL http://www.google.de/search?q=cache:ErLxY8UXQrMJ:

www.maedchentreff-bielefeld.de/archiv/antira/doku.pdf+transkulturell+Interkult urell&hl=de.
Marburger, Helga (1991): Von der Ausländerpädagogik zur Interkulturellen Erziehung. In: Marburger, Helga (Hrsg.), Frankfurt a. M., S. 19-34.
Marburger, Helga (Hrsg.) (1991): Schule in der multikulturellen Gesellschaft. Ziele, Aufgaben und Wege Interkultureller Erziehung. Frankfurt a. M.
Materialreihe (1995 – 1998) Materialreihe Impulse für das interkulturelle Lernen. Heft 1 (1995) – Heft 12 (1998). Hrsg. von der Regionalen Arbeitsstelle zur Förderung ausländischer Kinder und Jugendlicher [Regionale Arbeitsstellen zur Förderung von Kindern und Jugendlichen aus Zuwandererfamilien] – RAA in Zusammenarbeit mit der Bezirksregierung Münster(Lehrerfortbildung). Essen siehe auch http://raa.de/.
Mecheril, Paul (2002): Multikulturalismus und die Konstruktion der Anderen. Ein anerkennungstheoretischer Kommentar. Münster (= iks-Querformat 5).
*Mecheril, Paul (2003a): Prekäre Verhältnisse. Über natio-ethno-kulturelle (Mehrfach-)Zugehörigkeit. Münster (= Interkulturelle Bildungsforschung, 13)
Mecheril, Paul (2003b): Jenseits von Affirmation und Transformation. Überlegungen zu einer Pädagogik des Anderen. In: Gogolin, Ingrid/Helmchen, Jürgen/Lutz, Helma/Schmidt, Gerlind (Hrsg.), S. 129-143.
*Mecheril, Paul (2004): Einführung in die Migrationspädagogik. Weinheim (= Beltz Studium) (im Erscheinen).
Meinhardt, Rolf (1996): Von der „Ausländerpädagogik" zur interkulturellen Erziehung – ein historischer Rückblick. In: Niedersächsisches Kultusministerium (Hrsg.): In: Niedersachsen Schule machen. Beispiele, Nr. 4, S. 14-17.
Meisel, Klaus (1984): Erwachsenenbildung. In: Auernheimer, Georg (Hrsg.): Handwörterbuch Ausländerarbeit. Weinheim, S. 117-122.
Melber, Henning (1986): Rassismus und Eurozentrismus als Phänomene kolonialhistorischer Betrachtungsweisen. In: Geiger, Klaus f. (Hrsg.): Rassismus und Ausländerfeindlichkeit in Deutschland. Kassel, S. 5-80.
Melber, Henning (2002): „... dass die Kultur der Neger gehoben werde!" – Kolonialdebatten im deutschen Reichstag. In: van der Heyden, Ulrich/Zeller, Joachim (Hrsg.), S. 67-73.
*Memmi, Albert (1987): Rassismus. Frankfurt a. M.
Memmi, Albert (1993): Versuch einer kommentierten Definition des Rassismus. In: Schwarz-weiße Zeiten. AusländerInnen in Ostdeutschland vor und nach der Wende. Erfahrungen der Vertragsarbeiter aus Mosambik. Bremen 1993, S. 143-152.
Merkens, Hans/Nauck, Bernhard (1993): Ausländerkinder. In: Markefka, Manfred/Nauck, Bernhard (Hrsg.): Handbuch der Kindheitsforschung. Neuwied, S. 447-457.
Mickel, Wolfgang W./Stachwitz, Reinhard (Hrsg.) (1990): Arbeitsbuch. Politik I (5./6. Jahrgangsstufe). Düsseldorf.
Migrationsbericht (2001): Migrationsbericht der Ausländerbeauftragten im Auftrag der Bundesregierung. Berlin.
(URL: http://www.integrationsbeauftragte.de/publikationen/migration2001.pdf).

*Miles, Robert (1991): Rassismus. Einführung in die Geschichte und Theorie eines Begriffs. Hamburg.
*Motte, Jan/Ohliger, Rainer (Hrsg.) (2004): Geschichte und Gedächtnis in der Einwanderungsgesellschaft. Migration zwischen historischer Rekonstruktion und Erinnerungspolitik. Essen.
Müller, Hermann (1971): Gutachten zur Schul- und Berufsausbildung der Gastarbeiterkinder. Köln/Bochum.
Müller, Hermann (Hrsg.) (1974): Ausländerkinder in deutschen Schulen. Stuttgart.
*Müller, Heinz (1997): Antirassistische Pädagogik. In: Bernhard, Armin/Rothermel, Lutz (Hrsg.): Handbuch Kritische Pädagogik. Eine Einführung in die Erziehungs- und Bildungswissenschaft. Weinheim/Basel, S. 357-370.
Musner, Lutz (Hrsg.) (2001): Cultural turn: zur Geschichte der Kulturwissenschaften. Wien (= Kultur, Wissenschaft, 3).

Nestvogel, Renate (1986): Die Erziehung des Negers zum deutschen Untertan. In: Bruchhaus, Eva M./Harding, Leonard (Hrsg.): Hundert Jahre Einmischung in Afrika 1884 – 1984. Hamburg, S. 215-255.
Nestvogel, Renate (Hrsg.) (1991): Interkulturelles Lernen oder verdeckte Dominanz? Hinterfragung „unseres" Verhältnisses zur ‚Dritten Welt'. Frankfurt a. M.
*Niedersächsisches Kultusministerium (Hrsg.) (o.J. [2000]): Sichtwechsel. Wege zur interkulturellen Schule. Ein Handbuch. Hannover.
URL: http://nibis.ni.schule.de/nibis.phtml?menid=556 (Stand: 10.2.2003).
Niedrig, Heike (1996): „Interkulturelle Erziehung" als Bereich der Lehrerfortbildung der 16 Bundesländer. In: Zeitschrift für Bildungsverwaltung 11, Heft 1, S. 11-32.
Nieke, Wolfgang (1986): Multikulturelle Gesellschaft und interkulturelle Erziehung. Zur Theoriebildung in der Ausländerpädagogik. In: Die Deutsche Schule, Heft 4, S. 462-473.
Nieke, Wolfgang (1992): Konzepte interkultureller Erziehung: Perspektivwechsel in der Arbeit mit ausländischen Kindern und Jugendlichen. In: Baur, Rupprecht/Meder, Georg/Previšić, Vlatko (Hrsg.): Interkulturelle Erziehung und Zweisprachigkeit. Baltmannsweiler, S. 47-70.
*Nieke, Wolfgang (1995; 2000^2): Interkulturelle Erziehung und Bildung. Wertorientierungen im Alltag. Opladen.
Niekrawitz, Clemens (1990): Interkulturelle Pädagogik im Überblick – Von der Ausländerpädagogik zur interkulturellen Pädagogik für Alle. Frankfurt a. M.
Norris, Edward Graham (1993): Die Umerziehung des Afrikaners. Togo 1895-1993. München.
Nuscheler, Franz (1995): Internationale Migration. Flucht und Asyl. Opladen (= Grundwissen Politik, 14).

Oberndörfer, Dieter (2002): Was ist ein integrierter Deutscher? Zuwanderung und nationale Identität/Dieter Oberndörfer über den Wandel der Gesellschaft und den notwendigen kulturellen Pluralismus. In: Frankfurter Rundschau vom 8.10.2002.
Oenning, Ralf K. (1991): „Du da mitti polnischen Farben…": Sozialisationserfahrungen von Polen im Ruhrgebiet 1918 bis 1939. Münster/New York.

Otto, Berthold (1902): Polen und Deutsche. Ein Mahnwort an die deutsche Jugend. Leipzig.
Pädagogik-Lexikon (1999). Darin: Auernheimer, Georg: Interkulturelle Erziehung, S. 273-276.
Petrat, Gerhard (1979): Schulunterricht. Seine Sozialgeschichte in Deutschland 1750 – 1850. München.
Petrat, Gerhard (1987): Schulerziehung. Ihre Sozialgeschichte in Deutschland bis 1945. München.
Pfriem, Ruth/Vink, Jan (1977): Ausländische Arbeiter und ihre Familien. Eine Bibliographie der Neuerscheinungen. Hrsg. vom Institut für Sozialarbeit und Sozialpädagogik (ISS). Frankfurt a. M. (= ISS-Materialien).
Phoenix (2000): Der etwas andere Weg zur Pädagogik. Ein Arbeitsbuch. Band 1. Verfasst von Dorlöchter, Heinz/Maciejewski, Gudrun/Stiller, Erwin. Paderborn.
Popp, Ulrike (1998): 3. Die soziale Funktion schulischer Bildung. Einleitung. In: Führ, Christoph/Furck, Carl-Ludwig (Hrsg.): Handbuch der deutschen Bildungsgeschichte. Band VI: 1945 bis zur Gegenwart. Teilband I: Bundesrepublik Deutschland. München, S. 265-276.
Prengel, Annedore (1990): Annäherung an eine egalitäre Politik der Differenzgedanken gegen Sexismus und Rassismus. In: Beiträge zur feministischen Theorie und Praxis 27, S. 127-134.
*Prengel, Annedore (1993; 1995^2): Pädagogik der Vielfalt. Verschiedenheit und Gleichberechtigung in Interkultureller, Feministischer und Integrativer Pädagogik. Opladen.
*Prengel, Annedore (2001): Egalitäre Differenz in der Bildung. In: Lutz, Helma/Wenning, Norbert (Hrsg.): Unterschiedlich verschieden. Differenz in der Erziehungswissenschaft. Opladen, S. 93-107.
Puskeppeleit, Jürgen (1990): Aussiedler. Mit Beiträgen von Peter Hilkes, Marianne Krüger-Potratz, Raimund Pfundtner, Jürgen Puskeppeleit, Rex Rexheuser. Münster (= iks – interkulturelle studien, 20).
*Puskeppeleit, Jürgen/Krüger-Potratz, Marianne (1999): Bildungspolitik und Migration. Texte und Dokumente zur Beschulung ausländischer und ausgesiedelter Kinder und Jugendlicher, 1950-1999. Münster, 2 Bde (= Interkulturelle Studien, 31; 32).
Puskeppeleit, Jürgen/Thränhardt, Dietrich (1990): Vom betreuen Ausländer zum mündigen Bürger. Perspektiven der Beratung und Sozialarbeit, der Selbsthilfe und Artikulation und der Organisation und Integration der eingewanderten Ausländer aus den Anwerbestaaten in der Bundesrepublik Deutschland. Freiburg.

Rademacher, Helmolt/Wilhelm, Maria unter Mitarbeit von Uekermann, T. (1991): Spiele und Übungen zum interkulturellen Lernen. Berlin.
Radtke, Frank-Olaf (1991): Die Rolle der Pädagogik in den westdeutschen Migrations- und Minderheitenforschung. Bemerkungen aus wissenssoziologischer Sicht. In: Soziale Welt. Zeitschrift für sozialwissenschaftliche Forschung und Praxis, Heft 1, S. 93-108.

Rat für Migration/Bade, Klaus J./Bommes, Michael (Hrsg.) (2004): Migration – Integration – Bildung. Grundfragen und Problembereich. Osnabrück (= IMIS Beiträge, 23).

Rat für Migration/Bade, Klaus J./Bommes, Michael/Münz, Rainer (Hrsg.) (2004): Migrationsreport 2004. Fakten – Analysen – Perspektiven. Frankfurt a. M.

Rau, Johannes (2000): Ohne Angst und Träumereien: gemeinsam in Deutschland leben. Berliner Rede im Haus der Kulturen der Welt am 12. Mai 2000. Hrsgg. von „Partner für Berlin". Berlin.

*Reich, Hans H. (1994): Interkulturelle Pädagogik. Eine Zwischenbilanz. In: Zeitschrift für Pädagogik 40, Heft 1, S. 9-28; und in: Allemand-Ghionda, Cristina (Hrsg.): Multikultur und Bildung in Europa. Multiculture et éducation en Europe. Bern et., S. 55-81.

Reich, Hans-Heinz (1997): Wie geht das Bildungswesen mit der (auch migrationsbedingten) Vielsprachigkeit um? Verschiedene Ansätze in Europa. In: Deutsch lernen 22, Heft 1, S. 48-59.

Reich, Hans-Heinz/Hienz de Albentiis, Milena (1998): Der Herkunftssprachenunterricht. Erlasslage und statistische Entwicklung in den alten Bundesländern. In: Deutsch lernen, Nr. 1, S. 3-45.

*Reich, Hans H./Holzbrecher, Alfred/Roth, Hans Joachim (Hrsg.) (2000): Fachdidaktik interkulturell. Ein Handbuch. Opladen (= Reihe Schule und Gesellschaft, 20).

Reich, Kerstin (2003): Prozesse von Integration, sozialer Ausgrenzung und kriminellem Verhalten bei jungen Aussiedlern. In: Krüger-Potratz, Marianne (Hrsg.): Kriminalitäts- und Drogenprävention bei jugendlichen Aussiedlern. Göttingen (= Beiträge der Akademie für Migration und Integration, 6).

Reiter, Ilse (2001): Die autochthonen Volksgruppen Österreichs. Ein Überblick über die Rechtslage von 1848 bis zur Gegenwart. (Erstveröffentlichung: 14.08.2001). URL: http://www.rewi.hu-berlin.de/online/fhi/articles/0108reiter.htm'108 (Stand: 18.05.2004)

Reichsverfassung 1919: Die Verfassung des Deutschen Reichs vom 11. August 1919. In: Reichsgesetzblatt, Nr. 152, S. 1383-1418.

Reuter, Lutz-R. (2001a): Länderbericht Mecklenburg-Vorpommern. In: Gogolin, Ingrid/Neumann, Ursula/Reuter, Lutz-R. (Hrsg.), S. 207-238.

Reuter, Lutz-R. (2001b): Schulrecht für Schüler nichtdeutscher Erstsprache. In: ZAR – Zeitschrift für Ausländerrecht 3, S. 111-119.

Reuter, Lutz-R. (2001c): Länderbericht Sachsen-Anhalt. In: Gogolin, Ingrid/Neumann, Ursula/Reuter, Lutz-R. (Hrsg.), S. 397-429.

*Reuter, Lutz-Rainer (2003): Gesetzesvorbehalt und Migration: Anforderungen an schulrechtliche Standards für zugewanderte Kinder und Jugendliche. In: Recht der Jugend und das Bildungswesen 51, S. 23-36.

Reuter, Lutz-R./Dodenhoeft, Martin (1988): Arbeitsmigration und gesellschaftliche Entwicklung. Stuttgart.

Roche, Jörg (2001): Interkulturelle Sprachdidaktik. Eine Einführung. Tübingen.

Röhrs, Hermann (1994): Die „New Education Fellowship" – ein Forum der internationalen Reformpädagogik. In: ders./Lenhart, Volker: Die Reformpädagogik auf den Kontinenten. Frankfurt a. M., S. 191-203.

Röhrs, Hermann (1995a): Die Vergleichende und Internationale Erziehungswissenschaft. Weinheim.
Röhrs, Hermann (1995b):Die vergleichende und internationale Erziehungswissenschaft. – Xerograph. Nachdr. (= Gesammelte Schriften, 3)
Römhild, Regina (o. D.): Multi-, Trans- und Inter- ... Was ist eigentlich Kultur? URL: http://www.wusgermany.de/stube/seminare/bericht/ArtikelInterkult.htm (Stand: 20.7.2004)
*Roth, Hans-Joachim (2002): Kultur und Kommunikation. Systematische und theoriegeschichtliche Umrisse Interkultureller Pädagogik. Opladen.
Rux, Johannes (2002): Der Kopftuchstreit und kein Ende. In: Zeitschrift für Ausländerrecht und Ausländerpolitik – ZAR, S. 366-368.

Sachverständigenkommission Lehrerausbildung (1996): Lehrerinnen und Lehrer für das „Haus des Lernens". Abschlußbericht der Sachverständigenkommission „Lehrerausbildung". In: Gemeinsame Kommission für die Studienreform im Lande Nordrhein-Westfalen (Hrsg.): Perspektiven: Studium zwischen Schule und Beruf. Analysen und Empfehlungen zum Übergang Schule – Hochschule, zur Lehrerausbildung, zur Ingenieurausbildung. Neuwied, S. 59-119.
Sandfuchs, Uwe (1981): Zur Situation und Sozialisation der Arbeitsmigranten und ihrer Kinder in der Bundesrepublik Deutschland. In: Ders. (Hrsg.): Lehren und Lernen mit Ausländerkindern. Bad Heilbrunn.
Sayler, Wilhelmine M. (Hrsg.) (1987): Ausländerpädagogik als Friedenspädagogik: außerschulische pädagogische Arbeit mit ausländischen und deutschen Kindern und deren Familien. Saarbrücken.
Sayler, Wilhelmine (1991): Ausländerpädagogik – Integrative Pädagogik. Zum Problemhorizont einer wissenschaftlichen Teildisziplin. In: Lernen in Deutschland, Heft 1, S. 16-36.
Scheffer, Thomas (1997): Die Kategorie des Ausländers. (Vortrag, gehalten am 19.3.97 in der Polizeiakademie Münster im Rahmen des Seminars „Polizei und Fremdenfeindlichkeit"). Münster.
URL: http://www.oeko-net.de/kommune/kommune5-97/TAUSLAEN.html.
*Scherr, Albert (1998): Die Konstruktion von Fremdheit in sozialen Prozessen. Überlegungen zur Kritik und Weiterentwicklung interkultureller Pädagogik. In: Neue Praxis 28, 1, S. 13-22.
*Schiffauer, Werner (1997): Fremde in der Stadt. Zehn Essay über Kultur und Differenz. Frankfurt a. M. (= suhrkamp taschenbuch, 2699).
Schmidt, Gerlind/Krüger-Potratz, Marianne (Hrsg.) (1999): Bildung und nationale Identität in der Russischen Föderation aus russischer und rußlanddeutscher Perspektive – Analysen und Dokumente. Münster.
Schmidt-Rohr, Georg (1932): Die Sprache als Bildnerin der Völker. Eine Wesens- und Lebenskunde der Volkstümer. Jena (= Schriften der Deutschen Akademie, 12).
Schneider, Friedrich (1961): Vergleichende Erziehungswissenschaft. Geschichte, Forschung, Lehre. Heidelberg (= Vergleichende Erziehungswissenschaft und Pädagogik des Auslands, 1).
Schneider, Friedrich (1970): Ein halbes Jahrhundert erlebter und mitgestalteter Vergleichender Erziehungswissenschaft. Paderborn.

Schöfthaler, Traugott (1984): Multikulturelle und transkulturelle Erziehung: Zwei Wege zu kosmopolitischen kulturellen Identitäten. International Review of Education, S. 11-24.

Schrader, Achim/Nikles, Bruno W./Griese, Hartmut M. (1976; 1979): Die Zweite Generation. Sozialisation und Akkulturation ausländischer Kinder in der Bundesrepublik. Königstein/Ts.

Schreiben des Reichsstatthalters im Warthegau an alle Behörden, Posen 23.02.1943 zur Anwendung der deutschen Sprache durch Polen. Institut Zachodni w Poznaniu, I.Z. Dok. I - 69, S. 1-3.

Schreiner, Manfred (o. J. [1992]): Bildung und Erziehung von ausländischen Kindern. Die Entwicklung der Ausländerpädagogik in der Bundesrepublik. In: Bayerischer Lehrer- und Lehrerinnenverband (BLLV) (Hrsg.): Ausländerkinder in unseren Schulen unerwünscht. Impulse für den Interkulturellen Unterricht. München, S. 77-86 (= Materialien zur Schul- und Bildungspolitik, 2).

Schriewer, Jürgen (2000): Stichwort: Internationaler Vergleich in der Erziehungswissenschaft. In: Zeitschrift für Erziehungswissenschaft 4, S. 495-515.

Schröder, Hartwig (2001^3): Didaktisches Wörterbuch. Wörterbuch der Fachbegriffe von „Abbilddidaktik" bis „Zugpferd-Effekt". München und Wien, 3., erw. und aktualisierte Aufl. (= Hand- und Lehrbücher der Pädagogik).

Schroeder, Joachim (2001): Länderbericht Sachsen. In: Gogolin, Ingrid/Neumann, Ursula/Reuter, Lutz-R. (Hrsg.), S. 379-395.

Schubert, Friedrich Wilhelm (1873): Unterrichtssprache. In: Schmidt, Karl Anton (Hrsg.): Enzyklopädie des gesamten Erziehungs- und Bildungswesens. Bd. 9, S. 595-599.

Schweitzer, Helmuth (1994): Der Mythos vom interkulturellen Lernen. Zur Kritik der sozialwissenschaftlichen Grundlagen interkultureller Erziehung und subkultureller Selbstorganisation ethnischer Minderheiten am Beispiel der USA und der Bundesrepublik Deutschland. Münster.

Schwippert, Knut/Schnabel, Kai-U. (2000): Einflüsse sozialer und ethnischer Herkunft beim Übergang in die Sekundarstufe II und in den Beruf. Opladen.

Sechster Familienbericht der Bundesregierung (2000): Familien ausländischer Herkunft in Deutschland. Ausgabe Nr. 35. URL: http://www.bundesregierung.de /bericht,-23337/Ausgabe-Nr.-35-418-2000.-Famil.htm (Stand: 10.3.2003).

Seeberger, Bernd (2001): Zur Geschichte und Lebenssituation der älteren türkischen Gastarbeiter/-innen in Deutschland.
URL: http://www.bernd-seeberger.de/Alte_Tuerken.htm (Stand: 22.7.2004)

Senatsverwaltung für Schule, Jugend und Sport (Hrsg.) (2001)/Felgner, Moritz/Grassau, Ulrike/Frose, Sabine (Red.): Handreichung für Lehrkräfte an Berliner Schulen. Interkulturelle Bildung und Erziehung. Berlin.

Sepehri, Paivand/Wagner, Dieter (2002^2): Diversity and Managing Diversity, Verständnisfragen, Zusammenhänge und theoretische Erkenntnisse. In: Peters, Sibylle/Bendel, Norbert (Hrsg.): Frauen und Männer im Management. Diversity in Diskurs und Praxis. 2. überarb. u. erw. Aufl. Wiesbaden, S. 121-142.

Siewert, Peter (1980): Zur Entwicklung der Gastarbeiterpolitik und den schulpolitischen Abstimmung der Kultusministerkonferenz. In: Max-Planck-Institut für Bil-

dungsforschung/Projektgruppe Bildungsbericht (Hrsg.): Bildung in der Bundesrepublik Deutschland. Daten und Analysen. Stuttgart, S. 1053-1112.
Spaich, Herbert (1981): Fremde in Deutschland. Unbequeme Kapitel unserer Geschichte. Weinheim/Basel.
Sprachverordnung (1943): Chef der Sicherheitspolizei/III „SD-Berichte zu Inlandsfragen" vom 12.07.1943 (Sprachverordnung der Regierungspräsidenten in Zichenau und des Reichsstatthalters im Warthegau). Institut für Zeitgeschichte, München: MA 441/8, Bl. 9866 f.
Spranger, Eduard (1936/1969): Probleme der Kulturmorphologie. In: Wenke, Hans (Hrsg.): Kulturphilosophie und Kulturkritik. Tübingen, S. 129-172. (= Gesammelte Schriften. Hrsg. von Bähr, Hans-W./Bollnow, Otto-F., Bd. V).
Sprengel, Johann Georg (1928): Deutsches Bildungswesen. In: Pädagogisches Lexikon. Hrsg. von Hermann Schwartz. Bielefeld/Leipzig Bd. 1, Sp. 940-968.
Sprengel, Johann Georg (1931): Schrifttum (deutsch). In: Pädagogisches Lexikon. Hrsg. von Hermann Schwartz. Bielefeld/Leipzg, Band 4, S. 343-359.
Stadt Göttingen (Hrsg.) Lange, Matthias/Pagel, Nils (Red.; 1999): Interkulturelle Kompetenz in Kommunalverwaltung und Gemeinwesenarbeit. Dokumentation. Göttingen.
Stellungnahme zur Rassenfrage von Teilnehmern der wissenschaftlichen Arbeitsgruppe der internationalen UNESCO-Konferenz „Gegen Rassismus, Gewalt und Diskriminierung", 8.-9. Juni 1995 in Stadtschlaining (Österreich); unterzeichnet von Cavalli-Sforza, L. (University of Stanford); Worth, Charles W. (University of Minnesota), Chiarelli, B. (Universität Florenz); u. a.; Kontakt für Deutschland: Kattmann, U. (Universität Oldenburg). URL: http://www.uni-oldenburg.de/ biodidaktik/rasse.html (Stand: 27.07.2002).
Stenographisches Protokoll (1999): Stenographisches Protokoll der 11. Bundesversammlung der Bundesrepublik Deutschland vom 23. Mai 1999.
Stötzel, Georg (1994 ff.): DFG-forschungsprojekt: Die Einwanderungsdiskussion im öffentlichen Sprachgebrauch seit 1945. URL: http://www.phil-fak.uni-duesseldorf.de/germ/germ1/arb_end.htm#6.1 (Stand. 30.7.2004)
Storck, [o. Vn.] (1927/28): Schulpflicht für Ausländerkinder. In: Zentralblatt für Jugendrecht und Jugendwohlfahrt (ZBlJJ), S. 243.
Stourzh, Gerald (1985): Die Gleichberechtigung der Nationalitäten in der Verfassung und Verwaltung Österreichs, 1848-1918. Wien.

*Taguieff, André (1991): Die Metamorphosen des Rassismus und die Krise des Antirassismus. In: Bielefeld, Uli (Hrsg.): Das Eigene und das Fremde: Neuer Rassismus in der Alten Welt? Hamburg, S. 221-268.
TatSache Politik (1997), Hrsg.: Helbig, Ludwig, Frankfurt a. M. Band 2.
Thiersch, Friedrich W. (1838): Ueber den gegenwärtigen Zustand des öffentlichen Unterrichts in den westlichen Staaten von Deutschland, in Holland, Frankreich und Belgien. Stuttgart/Tübingen, Bd. 2.
Thränhardt, Dietrich (1975/1999): Ausländer im deutschen Bildungswesen. In: Thränhardt, Dietrich: Texte zu Migration und Integration in Deutschland einschließlich einer Rezension von Bernhard Santel. Münster (= iks – interkulturelle studien, 30).

Trevisiol, Oliver (2003): Scheidung vom Vaterland. Die Einbürgerung von italienischen Migranten im Deutschen Kaiserreich am Beispiel von Konstanz. Konstanz; kostenlos als PDF-Datei URL: http://www.magi-e.historicum.net/reihe/magie_band_03.html (Stand: 20.04.2004).

Trincia, Luciano (1998): Migration und Diaspora: katholische Kirche und italienische Arbeitswanderung nach Deutschland und in die Schweiz vor dem Ersten Weltkrieg. Freiburg im Breisgau.

UN-Konvention über die Rechte des Kinds vom 20. November 1989. In: Bundeszentrale für politische Bildung (1996²), S. 156-178.

Uhlig, Otto (1978): Die Schwabenkinder aus Tirol und Vorarlberg. Stuttgart.

UNESCO-Resolution 51/81: Rassismus weltweit – UN-Generalversammlung 1.2.1.2 Dritte Dekade des Kampfs gegen Rassismus und Rassendiskriminierung. Auszug aus der Resolution 51/81 vom 12. Dezember 1996 (A/RES/51/81). URL: http://www.dir-info.de/dokumente/international/12bdritte_dekade.shtml (Stand: 8.2.2003).

UNESCO-Weltkonferenz (1994): Zur Pädagogik für besondere Bedürfnisse. Salamanca.

UNESCO (2003): Education in a multilingual world: UNESCO education position paper. Paris.

van der Heyden, Ulrich/Zeller, Joachim (Hrsg.) (2002): Kolonialmetropole Berlin. Eine Spurensuche. Berlin.

Velden, Manfred (2001): The Heritability of Mental Traits. Science and Ideology. Osnabrück.

Velden, Manfred: Biologismus – Möglichkeiten eines neuen wissenschaftlich verbrämten Rassismus.
URL: http://www.sozialwiss.uni-osnabrueck.de/inst/ag3w/Sektion_Umwelt...

Verband bi-nationaler Partnerschaften (2000): Interkulturelle Erziehung. URL: http://www.verband-binationaler.de/ik-erziehung.htm (Stand:02.10.2000).

Verband der Kinder- und Jugendarbeit Hamburg e.V. Fachverband für offene Arbeit mit Kindern und Jugendlichen (Hrsg.) (2001): Fortbildungsreihe „Interkulturelle Arbeit". Hamburg.

Wallraff, Günther (1985): Ganz unten. Köln.

*Weber, Martina (2002): Vergeschlechtlichende Ethnisierung. Untersuchung herkunfts- und geschlechtsbezogener Zuschreibungen am Beispiel der Konstruktion des „türkischen" Mädchens in der gymnasialen Oberstufe. (Dissertation) Hamburg (Manuskript).

Wehberg, Hans (1984): Ideen und Projekte betreffend die Vereinigten Staaten von Europa in den letzten 100 Jahren. Bremen [Reprint].

Weicken, F. (1914): Muttersprache. In: Roloff, E.M. (Hrsg.): Lexikon der Pädagogik. Freiburg i. Br., Bd. 3, Sp. 791 f.

Weidenfeller, Gerhard (1995): „Volkstumsarbeit" in der Weimarer Republik. Zur Struktur und Ideologie einer Bewegung. In: Essener Unikate, Nr. 6/7, S. 143-149.

Weinert, Sigrid (1982): Gehorsam und Unterwerfung. In: Rabitsch, Erich (Hrsg.): Ausländische Schüler – Hilfen für den Lehrer. Länderinformationen, Methodisch-didaktische Fragen, Unterrichtspraktische Hilfen. Donauwörth, S. 42-49.

Weisgerber, Leo (1966): Vorurteile und Gefahren von Zweisprachigkeit. In: Wirkendes Wort, Heft 2, S. 273-289.

Welsch, Wolfgang (1994): Transkulturalität – die veränderte Verfassung heutiger Kulturen. In: Weimarer Klassik (Hrsg.): Sichtweisen. Die Vielheit in der Einheit. Frankfurt a. M., S. 84-125.

Welsch, Wolfgang (1995): Transkulturalität. In: Zeitschrift für Kulturaustausch, S. 39-44.

Welsch, Wolfgang (1996): Vernunft. Die zeitgenössische Vernunftkritik und das Konzept der transversalen Vernunft. Frankfurt a. M.

Welsch. Wolfgang (1997): Transkulturalität. Zur veränderten Verfassung heutiger Kulturen. In: Schneider, Irmela/Thomsen, Christian W. (Hrsg.): Hybridkultur: Medien, Netze, Künste. Köln, S. 67-90.

*Wenning, Norbert (1993): Migration und Ethnizität in pädagogischen Theorien. Münster/New York.

*Wenning, Norbert (1996a): Die nationale Schule. Öffentliche Erziehung im Nationalstaat. Münster, New York (= Lernen für Europa, 2).

Wenning, Norbert (1996b): Migration in Deutschland. Ein Überblick. Münster, New York (= Lernen für Europa, 3).

*Wenning, Norbert (1999): Vereinheitlichung und Differenzierung. Zu den „wirklichen" gesellschaftlichen Funktionen des Bildungswesens im Umgang mit Gleichheit und Verschiedenheit. Opladen.

*Wenning, Norbert (2001): Migration, Migration in Vergangenheit und Zukunft. Studienbrief der FernUniversität Hagen.

Wenning, Norbert (2003a): Heterogenisierung der Schülerschaft und schulische Reaktionen. Was Schulen in Pluralisierungsprozessen machen können. In: Schulleitung und Schulentwicklung. Loseblattsammlung, Ergänzungslieferung April 2003, B. 2.4.

Wenning, Norbert (2003b): Staatliche Schulpolitik für andere ethnische Gruppen, Einflussfaktoren und Motive. In: Gogolin, Ingrid/Helmchen, Jürgen/Lutz, Helma/Schmidt, Gerlind (Hrsg.), S. 75-97.

Wiater, Werner (1993): Unterrichten und lernen in der Schule. Eine Einführung in die Didaktik. Donauwörth.

Wilcke, Gudrum (1999): vergessene Jugendschriftsteller der Erich-Kaestner-Generation. Frankfurt a. M.

Wirthgen, Andrea (o.D.): Political Corretness. Die „korrigierte" Sprache und ihre Folgen. In: Linguistik-Server Essen.
URL: http://www.linse.uni-esscn.de/esel/pdf/pol_correct.pdf (Stand: 25.7.2004).

Witt, Stefanie (2002): Interview mit Prof. Dr. Renate Nestvogel. In: Witt, Stefanie: Lehrerinnen- und Lehrerbildung für die Schule in der Einwanderungsgesellschaft. Konzepte, Maßnahmen und Forderungen. Dargestellt am Beispiel Nordrhein-Westfahlen. Münster (Staatsarbeit) Juni 2002.

Wulf, Christoph (2002): Anthropologie – Alterität – transkulturelle Bildung. Statement des Fachausschusses Bildung und Erziehung der Deutschen UNES-

CO-Kommission. In: unesco heute online. Online-Magazin der Deutschen U-NESCO-Kommission, Ausgabe 11.
URL: http://www.unesco-heute.de/1102/wulf.htm.

Zeller, Joachim (2000): Kolonialdenkmäler und Geschichtsbewusstsein. Eine Untersuchung der kolonialdeutschen Erinnerungskultur. Frankfurt a. M.

Zeller, Joachim (2002): „Die koloniale Wissens- und Willensbildung der Jugend" fördern – Die „Kolonialschau" in der Pankower Oberrealschule. In: van der Heyden, Ulrich/Zeller, Joachim (Hrsg.), S. 252-256.

Zentralblatt für die gesamte Unterrichtsverwaltung in Preußen. Hrsg. vom Ministerium für Wissenschaft, Kunst und Volksbildung. Berlin 1 (1859) bis 75 (1932).

Zimmer, Jürgen (1986): Interkulturelle Erziehung als Erziehung zur internationalen Verständigung. In: Borrelli, Michele (Hrsg.): Interkulturelle Pädagogik: Positionen, Kontroversen, Perspektiven. Baltmannsweiler, S. 225-242 (= Interkulturelle Erziehung in Theorie und Praxis, 4).

Zuckmayer, Carl (1945 [1973]): Des Teufels General. Drama in drei Akten. Frankfurt a. M.

Zuwanderung gestalten (2001): Zuwanderung gestalten – Integration fördern. Bericht der Unabhängigen Kommission ‚Zuwanderung'. Berlin, 4. Juli 2001.

Zuwanderungsgesetz (2004): Gesetz zur Steuerung und Begrenzung der Zuwanderung und zur Regelung des Aufenthalts und der Integration von Unionsbürgern und Ausländern (Zuwanderungsgesetz). Berlin.
URL: http://www.bundesregierung.de/Anlage258092/Zuwanderungsgesetz.pdf

Anhang

Lösungsvorschläge bzw. Lösungshinweise

Lösungshinweis zu Kapitel 1 / Aufgabe 1

Die von Ihnen formulierte Multiple Choice Aufgabe könnte wir folgt aussehen:
Bitte kreuzen Sie die aus Ihrer Sicht *korrekte Fortsetzung* des Satzes: „Dass Deutschland sich vom Auswanderungsland zum Einwanderungsland entwickelt hat, ..." an; Mehrfachankreuzungen sind möglich:
„Dass Deutschland sich vom Auswanderungsland zum Einwanderungsland entwickelt hat,
- o stimmt, denn bis zum Zweiten Weltkrieg fand keine Auswanderung statt, und seit den 1950er Jahren hat die Zahl der Einwanderinnen/Einwanderer stetig zugenommen.
- o stimmt, allerdings ist Deutschland auch jetzt noch kein Einwanderungsland, sondern erst ab dem Zeitpunkt, ab dem das Zuwanderungsgesetz in Kraft tritt.
- o *stimmt nicht, denn Migration ist – auch in Deutschland – der „Normalfall der Geschichte".*
- o *stimmt nicht, weil es auch schon im 19. Jahrhundert Zeitpunkte gegeben hat, zu denen die Zahl der Zuwandernden größer war als die der Abwandernden.*
- o *stimmt nicht, denn es hat stets Ab- und Zuwanderung gegeben, allerdings lässt sich nichts Genaues sagen, weil es keine zuverlässigen Angaben gibt.*

Die richtigen Lösungen sind kursiv gesetzt.

Lösungshinweis zu Kapitel 1 / Aufgabe 2

Lösungsvorschlag: Die Aufgabe könnte wie folgt aussehen:

Aufgabe:
Sprachlich-kulturelle Heterogenität ist der „Normalfall der Geschichte"; daraus folgt
- o dass angesichts der Tatsache, dass es eine Reihe von Fördermaßnahmen gibt, es keiner weiteren Veränderungen in den pädagogischen Institutionen bedarf.
- o *die Einführung interkultureller Bildung und Erziehung als Querschnittaufgabe ist dringend notwendig.*
- o *dass die Schule schon stets auf diesen „Normalfall" reagiert hat, wenn auch aus heutiger Sicht nicht adäquat.*

Die korrekte Antwort ist kursiv gesetzt.

Lösungshinweis zu Kapitel 1 / Aufgabe 3

Lösungsvorschlag: Interkulturelle Bildung als Fachrichtung bezeichnet eine Spezialisierung im Bereich von Lehre/Ausbildung und Forschung, die sich u. a. damit auseinandersetzt, wie in der pädagogischen Theoriebildung, in der Bildungspolitik und in den verschiedenen pädagogischen Praxisfeldern auf sprachlich-kulturelle, ethnische und nationale Heterogenität reagiert wird. Sie befasst sich auch mit der Frage, wie diese Reaktionen in der Vergangenheit aussahen, welche Normalitätsmuster herausgebildet wurden, die – möglicherweise – bis heute sich als hinderlich für die Umsetzung der Forderung, interkulturelle Bildung und Erziehung als Querschnittaufgabe und Schlüsselqualifikation zu entwickeln und durchzusetzen.

Interkulturelle Bildung und Erziehung als Querschnittaufgabe bedeutet, dass in allen pädagogischen Arbeitsfeldern überprüft werden muss, wo Linien der Ausgrenzung verlaufen, welche strukturellen Vorgaben, aber auch welche Einstellungen, Veränderungen zugunsten eines anderen Umgangs mit Heterogenität verhindern.

Interkulturelle Bildung und Erziehung als *Schlüsselqualifikation* bezieht sich auf die Veränderungen der Einzelnen (im Bildungsbereich Tätigen): Erwerb von Wissen über die gegebene Heterogenität, Kenntnisse hinsichtlich unterschiedlicher Sichtweisen, Einstellungen, usw. sowie Reflexion und ggf. Veränderungen der eigenen Einstellungen, Haltungen, Denk-, Entscheidungs- und Handlungsmuster unter Berücksichtigung der gegebenen rechtlichen Verhältnisse und der durch die Menschenrechte gesetzten Standards.

Empfehlung: Vergleichen Sie die entsprechenden Passagen in den in Kapitel 7 genannten Einführungstexten miteinander.

Lösungshinweis zu Kapitel 1 / Aufgabe 4

„Ausländerpädagogik'	…	erzeugt die Idee, dass es lediglich um die Zielgruppe „Ausländer/innen resp. ausländische Kinder und Jugendliche" geht, so als ließe sich das „Ausländersein" pädagogisch bearbeiten.
Interkulturelle Pädagogik	…	richtet den Blick nicht auf eine bestimmte Zielgruppe, stellt aber die Frage „Was ist Kultur?" zu stark in den Mittelpunkt. Damit besteht die Gefahr, dass soziale und politische Ungleichheiten aus dem Blick geraten …
Minderheitenpädagogik	…	erweckt den Eindruck, als gäbe es eine spezielle Pädagogik für Migranten

Interkulturelle Bildung ...
usw.

Empfehlung: Prüfen Sie, ob und wie die Autoren der in Kapitel 7 aufgeführten Einführungen bzw. die dort empfohlenen Handbuchartikel die jeweils gewählte Bezeichnung begründen.

Lösungshinweis zu Kapitel 2 / Aufgabe 1

Lösungshinweis:
Teil I der Aufgabe: Defizithypothese: darunter werden Ansätze gefasst, bei denen in der Beschreibung der Zielgruppe und angesichts der vorgeschlagenen Integrationsmaßnahmen, der Eindruck entsteht, als seien die Zugewanderten (Ausländer/innen) mit Defiziten behaftet, so zum Beispiel werden sie als quasi ‚sprachlos' beschrieben, weil sie nicht oder nur unzureichend die deutsche Sprache beherrschen oder als ‚rückständig', weil sie andere Vorstellungen von Familie, vom Generationen- und/oder Geschlechterverhältnis haben, ... usw. Die von Ihnen mitgebrachten Kompetenzen werden nicht gesehen bzw. entwertet: ihre Sprache, die Stärke und Flexibilität in den Einstellungen, die mit dem Migrationsprojekt verbunden ist, ... usw.

Sie können dies auch an einem Textbeispiel erläutern. Folgende Textpassagen sind Beispiele, in denen diese Defizitsicht deutlich wird: „..."

Teil II der Frage: Differenzhypothese: ....
....
Textbeispiele: ....

Lösungshinweis zu Kapitel 2 / Aufgabe 2

Lösungshinweise: Einteilung in verschiedene, scheinbar gegeneinander abgrenzbare zeitliche Phasen; Zuordnung von Konzepten, Programmen usw. zu einzelnen Phasen, so dass der Eindruck entsteht, als seien bestimmte Ansätze/Konzepte auch in dem Sinne überholt, dass man sich nicht mehr mit ihnen auseinandersetzen müsste; Erzeugung des Eindrucks, einer unilinear, auf die jeweilige Gegenwart zulaufende Geschichte der Entwicklung der Fachrichtung Interkulturelle Bildung, sei es als Geschichte von Fortschritten oder auch als Geschichte von Niederlagen, Stagnation ... usw.

Lösungshinweis zu Kapitel 2 / Aufgabe 3

Lösungshinweise: Sprachlich-kulturelle, ethnisch und nationale Vielfalt ist kein neues Phänomen; zum Zeitpunkt der Herausbildung der modernen Schule, Ende des 18. Jahrhunderts, war die gegebene sprachlich-kulturelle Vielfalt sogar deutlich stärker. Eine der Aufgaben der nationalen Schule, als eine der zentralen Institutionen des Nationalstaats, war die sprachlich-kulturelle Homogenisierung, ohne die weder eine Identifikation mit ‚dem' Staat und die Partizipation der Bürger am staatlichen Leben, noch die ökonomisch erwünschte Mobilität innerhalb des Staatsterritoriums möglich schien. Die Schule bzw. die Bildungspolitik hat auf sprachlich-kulturelle, ethnische und nationale Heterogenität der Schülerschaft stets reagiert, wenn auch bis in die erste Zeit nach dem Zweiten Weltkrieg ausgrenzend. Die Begründungen für diesen ausgrenzenden Umgang sind nicht von einer bestimmten Spezialisierung innerhalb der Pädagogik/Erziehungswissenschaft explizit formuliert und vertreten worden, sondern sie sind Teil der Theorien, die zur Begründung einer nationalen Bildung herausgebildet und weiter entwickelt worden sind. Sie sind zum Beispiel eingegangen in die Vorstellungen von ‚normaler' Entwicklung oder in die Auswahl der für bildungsrelevant erklärten Inhalte oder in die Vorstellungen über die ‚richtige sprachliche Bildung' oder in die Idee von der Volk(s)bildung, in die staatsbürgerliche Bildung ... usw.

Eine eigene Fachrichtung hat sich erst ab dem Moment herausgebildet, ab dem der ‚alte' Umgang mit sprachlich-kultureller, ethnischer und nationaler Heterogenität der Schülerschaft nicht mehr unwidersprochen fortführbar war, und dies auch thematisiert wird. Dies ist ab den 1960er Jahren der Fall. Ab diesem Zeitpunkt bildet sich langsam die Fachrichtung Interkulturelle Bildung heraus, unter anderem erkennbar an verschiedenen äußeren Merkmalen: Publikationen, Forschungsprojekten, Studienangeboten, ... usw.

Lösungshinweis zu Kapitel 3 / Aufgabe 1

Lösungshinweis: Sie könnten zum Beispiel eine Tabelle erstellen, ähnlich wie die untenstehende. Sie können aber auch jede andere Form der Antwort wählen:

Tabellarische Darstellung: Zweisprachigkeit: Argumente pro/contra und die Frage von Kontinuitäten/Diskontinuitäten

Pro	contra	(Dis)Kontinuitäten
	stört die körperliche Entwicklung	wird nicht mehr angeführt
	zu hohe Belastung der Schüler/innen	wird noch angeführt
kann beruflich von Vorteil sein, aber nur für einige		spielt heute mit Bezug auf alle eine Rolle
....	....	
....		....

Lösungshinweis zu Kapitel 3 / Aufgabe 2

Lösungshinweise: Europäische Mehrsprachigkeit wird seitens der EU explizit gefordert (siehe …). Die dabei berücksichtigten Sprachen sind die Amtssprachen der Mitgliedstaaten, ggf. noch die anerkannten autochthonen Minderheitssprachen, nicht aber die ‚zugewanderten Sprachen' aus Ländern/Regionen außerhalb der EU. Dominant ist immer noch ein nationalstaatlicher Blick. Gleichzeitig erlaubt das im Rahmen der vom Europarat geförderten Untersuchungen entwickelte Sprachportfolio die Berücksichtigung der Kompetenzen in allen erworbenen/gelernten Sprachen, auch der Sprachen der Zuwanderinnen/Zuwanderer Forderungen, die sich auf die migrationsbedingte Mehrsprachigkeit beziehen, haben in der Regel nicht nur die ‚zugewanderten Sprachen' im Blick, sondern die jeweils faktisch gegebene mehrsprachige Situation. Der Anspruch ist, Mehrsprachigkeit als neues Normalitätsmuster zu etablieren, unabhängig davon, welche Sprachen in diese Mehrsprachigkeit eingehen und durchaus im Bewusstsein, dass die Sprachkompetenz in den einzelnen Sprachen sehr unterschiedlich ist/sein kann. Gleichzeitig gilt es als selbstverständlich, dass die Sprache des Landes, in dem man lebt, auf jeden Fall gelernt werden muss.

Lösungshinweis zu Kapitel 3 / Aufgabe 3

Lösungsvorschlag: Das primäre Interesse galt der Situation der deutschen Minderheiten im Ausland, speziell den deutschen Minderheiten (Grenzdeutschtum), die nach dem Ersten Weltkrieg infolge der neuen Grenzziehungen entstanden waren. Sie wurden als Vorposten für eine mögliche Grenzrevision angesehen. Für das Verhältnis von Sprache, Ethnizität und Nationalität galt über lange Zeit als Ideal: ein Mensch – eine Sprache – ein Volk – ein Staat

Lösungshinweis zu Kapitel 3 / Aufgabe 4

Lösungshinweis: Würden Sie zum Beispiel die Differenzlinie Staatsangehörigkeit auswählen, so müssten sie bezogen auf die aktuelle Situation prüfen, ob und wo diese noch wirksam ist: in Fragen der Schulpflicht, der individuellen bzw. familialen Bildungsplanung … usw.

Lösungshinweis zu Kapitel 4 / Aufgabe 1

Lösungshinweis: Orientieren Sie sich an den Diagrammen und versuchen Sie von dort aus, die Aufgabe zu lösen.

Lösungshinweis zu Kapitel 4 / Aufgabe 2

Lösungshinweis: Sie können auch aus der genannten Literatur einen Text aussuchen und aus diesem eine hier nicht zitierte Passage analysieren oder sich einen weiteren Text aussuchen.

Lösungshinweis zu Kapitel 5 / Aufgabe 1

Lösungshinweis: Sie können zusätzlich Texte heranziehen, insbesondere dann, wenn sie verschiedene Diskursbegriffe (Varianten) erarbeiten wollen.

Lösungshinweis zu Kapitel 5 / Aufgabe 2

Lösungshinweis: Die Tabelle könnte wie folgt aussehen:

Diskurse	Gleichheits-diskurs	Essentialisierungs-diskurs	Universali-tätsdiskurs	Pluralitäts-diskurs
Merkmale				
......	......	....		
....			....	

Lösungshinweis zu Kapitel 6 / Aufgabe 1

Sehen Sie sich beispielsweise den Artikel „Ausländerkinderunterricht" in: Schröder, Hartwig (2001): Didaktisches Wörterbuch. Wörterbuch der Fachbegriffe von „Abbilddidaktik" bis „Zugpferd-Effekt". München und Wien, 3., erw. u. aktualisierte Aufl. (= Hand- und Lehrbücher der Pädagogik) an und (a) vergegenwärtigen Sie sich Erscheinungsdatum, Anspruch des Wörterbuchs (siehe Vorwort) und (b) prüfen Sie daraufhin den Text.

Oder: Nehmen Sie einen Text aus einer aktuellen Nummer einer Fachzeitschrift (schulstufenbezogen, oder auf pädagogisch Arbeitsfelder bezogen) und prüfen Sie diesen.

Lösungshinweis zu Kapitel 6 / Aufgabe 2

Nehmen Sie hierzu ggf. auch die 2004 erschienene Einführung von Mecheril zur Hand, siehe Kapitel 7.

Lösungshinweis zu Kapitel 6 / Aufgabe 3

Zum einen vergewissern Sie sich noch einmal – auch hier die Empfehlung – in einer aktuellen Nummer; siehe hierzu auch: Rudolf Leiprecht (2004): Kultur. Was ist das eigentlich? Oldenburg (= Arbeitspapiere des IBKM, Universität Oldenburg) (zu beziehen über: Carl von Ossietzky Universität Oldenburg, Institut für Bildung und Kommunikation in Migrationsprozessen (IBKM) Postfach 2503, 26111 Oldenburg) oder versuchen Sie Leiprechts Erklärung einzuordnen in die Positionen, die dargestellt sind in: Regina Römhild (Institut für Kulturanthropologie und Europäische Ethnologie der Universität Frankfurt am Main): Multi-, Trans- und Inter- ... Was ist eigentlich Kultur? URL: http://www.tu-darmstadt.de/wusgermany/stube/seminare/bericht/RoemhildReferat.htm

Lösungshinweis zu Kapitel 7 / Aufgabe 1

Lösungshinweis: Sie sollten diese Informationen so zusammenstellen, das Sie auch später darauf zurückgreifen können, zum Beispiel wenn Sie für ein Referat, eine Hausarbeit oder für einen Vortrag recherchieren.

Lösungshinweis zu Kapitel 7 / Aufgabe 2

Achtung: die nachstehenden Angaben sind erfunden!!!

Beispiel für die Aufnahme der Daten:
Titel der Zeitschrift: Interkulturell- aktuell
Untertitel: Eine interdisziplinäre Zeitschrift für Studium und Praxis
Redaktion: Gottfried Müller/Charlotte Meier
Ort/Verlag: Baalin: Normalverlag
URL: http://www.baalin-verlag.de/publik//zs_iks
Erscheinungsweise: 1. Jg. 1989; 4 Hefte pro Jahr; einmal pro Jahre ein thematisches Sonderheft
Adressaten: richtet sich an Auszubildende und Praktiker/innen
Inhaltliches Profil: Pro Heft ein zentrales Thema, mit Beiträgen sowohl aus der Forschung wie aus der Praxis; jedem Artikel ist ein Abstract vorangestellt, das auch im Internet zugänglich ist.
Weiteres: guter Rezensionsteil; im Anhang eine Liste der Neuerscheinungen, die bei der Redaktion eingegangen sind.
Autorinnen/Autoren sowie Schwerpunkte des/der letzten Jahrgangs/Jahrgänge: Es ist nur ein kleiner Kreis von AutorInnen, der vor allem aus den Institutionen ... kommt; daher wenig Breite in den Positionen, dafür aber eine gute Möglichkeit, über die Zeit festzustellen, ob eine Entwicklung stattfindet. Das Themenspektrum ist aus dem gleichen Grund relativ eng.

Interkulturelle Bildungsforschung

herausgegeben von Ingrid Gogolin und Marianne Krüger-Potratz

■ Band 2
Marianne Krüger-Potratz, Dirk Jasper, Ferdinande Knabe
„Fremdsprachige Volksteile" und deutsche Schule
1998, 460 Seiten, br., 25,50 €
ISBN 3-89325-625-3

■ Band 6
Meike Heckt
Guatemala – Interkulturelle Bildung in einer ethnisch gespaltenen Gesellschaft
2000, 278 Seiten, br., 25,50 €
ISBN 3-89325-846-9

■ Band 7
Ingrid Gogolin, Sjaak Kroon (Hrsg.)
„Man schreibt, wie man spricht"
Ergebnisse einer international vergleichenden Fallstudie über Unterricht in vielsprachigen Klassen
2000, 210 Seiten, br., 19,50 €
ISBN 3-89325-927-9

■ Band 8
Ingrid Gogolin, Ursula Neumann, Lutz Reuter (Hrsg.)
Schulbildung für Kinder aus Minderheiten in Deutschland (1989–1999)
Schulrecht, Schulorganisation, curriculare Fragen, sprachliche Bildung
2001, 474 Seiten, br., 45,50 €
ISBN 3-89325-993-7

■ Band 10
Werner Schiffauer, Gerd Baumann, Riva Kastoryano, Steven Vertovec (Hrsg.)
Staat – Schule – Ethnizität
Politische Sozialisation von Immigrantenkindern in vier europäischen Ländern
2002, 370 Seiten, br., 29,90 €
ISBN 3-8309-1155-6

■ Band 11
Olaf Beuchling
Vom Bootsflüchtling zum Bundesbürger
Migration, Integration und schulischer Erfolg in einer vietnamesischen Exilgemeinschaft
2003, 316 Seiten, br., 25,50 €
ISBN 3-8309-1278-1

■ Band 12
Sara Fürstenau
Mehrsprachigkeit als ‚Kapital' im ‚transnationalen sozialen Raum'
Perspektiven portugiesischsprachiger Jugendlicher beim Übergang von der Schule in die Arbeitswelt
2003, ca. 340 Seiten, br., 29,90 €
ISBN 3-8309-1267-6

■ Band 13
Paul Mecheril
Prekäre Verhältnisse
Über natio-ethno-kulturelle (Mehrfach-)Zugehörigkeit
2003, 430 Seiten, br., 36,00 €
ISBN 3-8309-1268-4